高等院校经济管理类专业"互联网+"创新规划教材

赣南师范大学教材建设基金资助项目

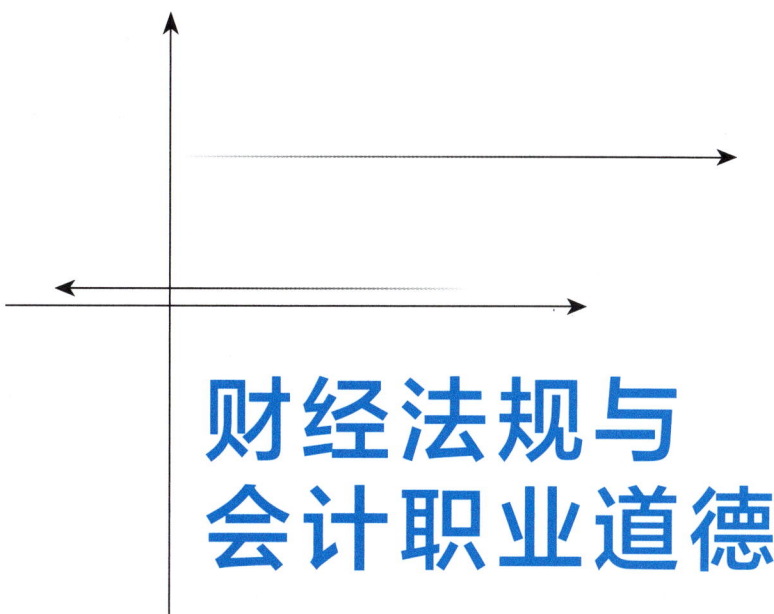

财经法规与会计职业道德

陈红花◎主　编

贺小华　罗小根　刘　柳◎副主编

北京大学出版社

PEKING UNIVERSITY PRESS

图书在版编目(CIP)数据

财经法规与会计职业道德 / 陈红花主编. --北京：北京大学出版社，2025.8. (高等院校经济管理类专业"互联网+"创新规划教材). -- ISBN 978-7-301-36350-8

Ⅰ. D922.2；F233

中国国家版本馆 CIP 数据核字第 2025MS3098 号

书　　　名	财经法规与会计职业道德 CAIJING FAGUI YU KUAIJI ZHIYE DAODE
著作责任者	陈红花　主编
策 划 编 辑	韩兆丹
责 任 编 辑	张营营
数 字 编 辑	金常伟
标 准 书 号	ISBN 978-7-301-36350-8
出 版 发 行	北京大学出版社
地　　　址	北京市海淀区成府路 205 号　100871
网　　　址	http://www.pup.cn　新浪微博:@北京大学出版社
电 子 邮 箱	编辑部 pup6@pup.cn　总编室 zpup@pup.cn
电　　　话	邮购部 010-62752015　发行部 010-62750672　编辑部 010-62750667
印 刷 者	河北文福旺印刷有限公司
经 销 者	新华书店
	787 毫米×1092 毫米　16 开本　20.75 印张　492 千字 2025 年 8 月第 1 版　2025 年 8 月第 1 次印刷
定　　　价	58.00 元

未经许可，不得以任何方式复制或抄袭本书之部分或全部内容。
版权所有，侵权必究
举报电话：010-62752024　电子邮箱：fd@pup.cn
图书如有印装质量问题，请与出版部联系，电话：010-62756370

前言
FOREWORD

人类社会依靠制定规则指导个体行为，才得以更高效、更和谐地发展。规则有三大来源，即法律制度、非法律规定的制度、道德规范。其中，法律制度是判断合法与非法的标准，是人们行为准则的最低要求；道德规范是关乎个体行为对与错的衡量标准，是符合社会公众利益的最高期望；非法律规定的制度则介于法律制度与道德规范之间，目的是制止人们的某些行为，如单位制定的考勤制度。从会计人员的角度，遵守财经法规的行为是社会期望的最低行为等级，遵循会计职业道德的行为是社会期望的最高行为等级。

随着社会的发展，规则也进一步完善。经济全球化与数字化发展在促进全球经济增长和繁荣发展的同时，也驱动着财经领域的变革，人工智能等数字技术在财会行业得到广泛应用，电子凭证、智能财务等新事物应运而生。为了适应新时代的发展，财经法律制度及会计职业道德规范都在逐步完善。2023年国家出台了《会计人员职业道德规范》；2024年通过了《中华人民共和国增值税法》（于2026年施行），修订形成了《会计信息化工作规范》（2025年1月施行），修改了《支付结算办法》和《中华人民共和国会计法》。会计从业人员应当全面理解和准确把握这些新的规则，使之成为自觉践行的行为准则。

本书以财经领域最新的规则为基础，结合《国际职业会计师道德守则》《2025年度初级会计专业技术资格考试大纲》以及历年考试真题等内容进行编撰。内容包括：第一章总论、第二章会计法律制度、第三章支付结算法律制度、第四章预算法律制度、第五章税收法律制度、第六章会计职业道德、第七章数智时代会计职业道德和第八章国际职业会计师职业道德，力图为会计专业学生理解财经法规、财经法规与会计职业道德关系、数智时代下会计职业道德问题等提供一个初步的"全景式框架"。本书可作为普通高等（职业）院校的会计、财务管理、工商管理等专业"财经法规与会计职业道德"课程的教材或参考书，也可作为初级会计专业技术资格考试的参考读物。

本书由赣南师范大学资助，采用校企合作方式编撰而成。主编由赣南师范大学经济管理学院陈红花（非执业注册会计师）担任，副主编由华中师范大学教育学院贺小华（通讯作者）、赣南师范大学经济管理学院罗小根、北京中银（赣州）律师事务所执业律师刘柳担任，赣南师范大学经济管理学院罗爱芳、张婷婷，今日中科科技（北京）有限公司薛文林以及赣州恒诚联合会计师事务所（普通合伙）执业注册会计师钟兆泉参编，具体分工如下：第一、第四章由陈红花和刘柳执笔；第二章由贺小华执笔；第三章由陈红花和张婷婷执笔；第五章由罗小根和刘柳执笔；第六章由陈红花和罗爱芳执笔；第七章由罗小根执笔；第八章由薛文林和钟兆泉执笔。全书由陈红花负责修改并统稿，罗小根和会计硕士研究生马先凯负责编写各章习题、答案、解析以及制作配套课件。

在编写过程中，本书采纳了同类教材之长，查阅了法学、哲学、伦理学和会计学领域的大量相关文献，对这些文献的作者表示诚挚的谢意。最后，需要指出的是，会计职业道德作为会计从业者的道德信仰和精神指南，其内容注定与人性和灵魂深处的东西为伴，因而具有不言而喻的重要性、深刻性和编写难度。因编者水平有限，教材难免存在诸多不足之处，怀着诚恳、感恩而惶恐的心情，求方家雅正。

陈红花
2025.4.25

目 录
CONTENTS

第一章　总　论 ··· 1
　第一节　财经法规概述 ··· 1
　第二节　会计职业道德概述 ······································· 7
　第三节　财经法规与会计职业道德的关系 ·················· 18

第二章　会计法律制度 ·· 21
　第一节　会计法律制度概述 ····································· 21
　第二节　会计工作管理体制 ····································· 24
　第三节　会计核算制度 ·· 33
　第四节　会计监督制度 ·· 54
　第五节　会计机构和会计人员 ·································· 66
　第六节　法律责任 ·· 76

第三章　支付结算法律制度 ····································· 85
　第一节　支付结算法概述 ·· 85
　第二节　银行结算账户 ·· 89
　第三节　票据结算 ·· 96
　第四节　电子支付业务 ··· 117
　第五节　结算方式 ··· 124
　第六节　法律责任 ··· 129

第四章　预算法律制度 ··· 135
　第一节　预算法律制度概述 ···································· 135
　第二节　预算 ··· 142
　第三节　决算 ··· 146

第四节　财政总会计制度 ……………………………………………………… 151
第五节　国库集中收付制度 …………………………………………………… 171
第六节　法律责任 ……………………………………………………………… 185

第五章　税收法律制度 …………………………………………………………… 188

第一节　税收法律制度概述 …………………………………………………… 188
第二节　税务管理 ……………………………………………………………… 193
第三节　流转税法 ……………………………………………………………… 212
第四节　所得税法 ……………………………………………………………… 228
第五节　其他税法 ……………………………………………………………… 239
第六节　法律责任 ……………………………………………………………… 243

第六章　会计职业道德 …………………………………………………………… 253

第一节　会计职业道德规范 …………………………………………………… 253
第二节　会计职业道德建设 …………………………………………………… 262
第三节　会计职业道德教育与培养 …………………………………………… 273
第四节　会计职业道德检查与奖惩 …………………………………………… 278

第七章　数智时代会计职业道德 ………………………………………………… 283

第一节　数智时代法律规范与道德原则 ……………………………………… 283
第二节　数智时代会计职业道德困境 ………………………………………… 293
第三节　数智时代会计职业道德规范 ………………………………………… 299

第八章　国际职业会计师职业道德 ……………………………………………… 304

第一节　《国际职业会计师道德守则》概述 ………………………………… 304
第二节　国际注册会计师职业道德 …………………………………………… 310
第三节　工商业界职业会计师道德 …………………………………………… 315
第四节　国际职业会计师道德教育 …………………………………………… 320

参考文献 …………………………………………………………………………… 327

第一章

总 论

本章要点

财经法规的概念；财经法规的特征；财经法规的基本原则；财经法律关系与责任；会计职业道德概述；财经法规与会计职业道德的联系与区别。

第一节　财经法规概述

一、财经法规的概念

财经法规是国家为了规范经济活动和财政秩序，对财经领域活动进行干预、管理和调控而制定的一系列法律规范的总称。相关的法律规范主要包括以下内容。

法律：《中华人民共和国会计法》《中华人民共和国票据法》《中华人民共和国注册会计师法》《中华人民共和国预算法》《中华人民共和国税收征收管理法》《中华人民共和国资源税法》以及《中华人民共和国增值税法》（2024年通过，2026年施行）等。

行政法规：《总会计师条例》《企业财务会计报告条例》《中华人民共和国预算法实施条例》《中华人民共和国税收征收管理法实施细则》等。

部门规章：《财政部门实施会计监督办法》《支付结算办法》《财政电子票据管理办法》《会计基础工作规范》《会计档案管理办法》《人民币银行结算账户管理办法》等。

部门规范性文件：《票据交易管理办法》《会计信息化工作规范》《中央银行存款账户管理办法》等。

地方性法规：《江苏省财政监督条例》《云南省会计条例》等。

二、财经法规的特征

财经法规,既具有一般法律法规的基本特征,即国家意志性、特殊的规范性和应有的强制性,同时与其他法律法规相比较,又有自己的一些特征,具体表现在以下几个方面。

(一) 专业性

涉及财经领域的专业知识和技术规范。

(二) 广泛性

调整范围广泛,既包括宏观经济领域的管理和调控关系,也包括微观经济领域的管理和协作关系。这些关系具体涵盖了工业、农业、商贸、财政、税收、金融等诸多领域。

(三) 复合性

由多种类型的法律规范所形成的有机联系的统一整体,包括法律、法令、条例、细则和办法等许多规范形式,涉及民事、行政、刑事等多种调整手段。

(四) 可操作性

财经法规具有较强的行为准则性、可操作性,对财经法律关系主体的行为具有导向作用,便于立法机关、执法机关和司法机关执行。

(五) 动态性

随着经济形势的变化,财经法规需不断修订和完善。

三、财经法规的基本原则

财经法规的基本原则应当包括合法干预原则、公开透明原则、兼顾公平与效率原则。

(一) 合法干预原则

国家或经济自治团体应当在合法及充分尊重经济自主的前提下,对财经领域的经济活动进行有效又合理谨慎的干预。对社会经济主体及经济活动的干预,必须依赖于法律规定,必须符合法律规定的具体程序,不得与现行法律规定相抵触,也不得在无法律授权的情形下擅自干预。

(二) 公开透明原则

财经法规的公开透明原则指导着财经法规的制定和实施,确保其在社会经济活动中发挥积极作用,同时对财经领域的执法和守法活动也具有指导意义。

(三) 兼顾公平与效率原则

公平原则,能够保障各方合法权益,维护财经秩序;效率原则,可以提升财经活动的效果。

一个公平、自由、正义、有序的社会必然是一个高效的社会。公平与效率,既有相互促进的一面，又有相互矛盾的一面。只要效率而不要公平，最终会降低效率；只要公平而不要效率，这种公平也很难维持长久。

四、财经法律关系

（一）法律关系

通常而言，法律关系是指经过法律规范调整形成的法律主体之间具有权利和义务性质的社会关系。基于其所反映的物质社会关系的不同，可将其分为以下几种不同类型的法律关系。

民事法律关系：以调整平等主体之间的财产关系和人身关系而形成的法律关系。

行政法律关系：以调整行政管理关系而形成的法律关系。

刑事法律关系：以调整刑事犯罪与惩罚关系为目的而形成的法律关系。

财经法律关系：以调整财经领域管理与协调关系而形成的法律关系。

（二）财经法律关系的概念

财经法律关系是指通过财经法规调整人们行为而形成的经济权利和经济义务关系。我们可从以下几方面把握这一概念的基本含义。

（1）财经法律关系是财经法规规定和调整的法律关系。由于财经法规是财经法律关系产生和财经法律关系内容得以实现的法律前提，因而没有财经法规的具体规定，财经法律关系不能产生，其内容也难以实现。从这个意义而言，财经法律关系也是财经法规调整经济关系的必然结果。

（2）财经法律关系是一种具有经济内容的权利义务关系。权利义务是法律关系的核心，法律确认某一法律关系是通过确认权利义务来实现的。财经法律关系所体现的权利义务具有经济内容，即是为了完成一定的经济任务和实现一定的经济目的。权利义务关系的确定是财经法律关系形成的标志，其变更也是财经法律关系变更的依据，其实现也是当事人参与财经法律关系的根本目的。

（3）财经法律关系是具有强制性的权利义务关系。财经法律关系的权利义务一旦形成，即受国家强制力保护，任何一方当事人都不得违背。如果某一方当事人不履行财经法律关系确定的义务，将会受到法律的追究，任何一方当事人的权利受到侵害，都可以请求法律的保护。

财经法律关系具有三个基本构成要素，即主体、内容和客体。这三个要素缺一不可，其中任何一项内容发生变更，都可能会引起财经法律关系的变更。

（三）财经法律关系的主体

财经法律关系的主体是指在财经法律关系中依法独立享有一定权利和承担一定义务的当事人。享有一定权利的当事人叫作权利主体，承担一定义务的当事人则称为义务主体。财经法律关系的主体主要包括以下几类。

（1）国家机关。国家机关主要包括国家权力机关、国家行政机关和国家司法机关等。国家机关在财经法律关系中的职能主要是行使经济管理职能，但也不排除基于对经济关系调控的需要，以法人的身份直接参与财经法律关系的情形，即在某些特殊的情况下，国家也可以作为主体参与财经法律关系。

（2）各类企业、事业单位及社会团体。企业是指拥有独立资产，以营利为目的，具备一定的组织机构，从事生产、流通和服务性活动的经济实体，包括各类法人企业和其他非法人企业。事业单位是指由国家财政或其他单位拨款，不以营利为目的的文化、教育、卫生等组织，它们往往以法人资格参与财经法律关系。社会团体是指由人民群众或组织依据自愿原则组织的进行社会活动的社会组织，包括群众团体、公益组织、文化团体、学术研究团体、协会等，它们也以法人资格参与财经法律关系。

（3）企业的内部组织。企业的内部组织（如职能部门、分支机构）通常不具有独立的法人资格。但是，当它们根据法律规定或企业的授权，代表企业从事特定的经营管理活动时，可以成为特定财经法律关系的主体。因此，在特定条件下，企业的内部组织也具有财经法律关系主体的地位。例如，企业会计机构向税务局申报纳税，成为税收征纳法律关系主体；企业设立的分公司在银行开立账户，该分公司成为金融结算法律关系主体。

（4）农村承包经营户、个体工商户。农村承包经营户是指在法律允许的范围内，按照承包合同规定从事商品经营的农村集体经济组织的成员；个体工商户是指不雇佣或少量雇佣他人，从事生产经营活动的个体。他们以"户"的名义参与财经法律关系，一般承担无限责任。

（5）公民个人。作为财经法律关系的重要主体，公民个人以自然人的身份广泛参与到社会经济生活的方方面面，依法成为多种财经法律关系主体。

（四）财经法律关系的内容

财经法律关系的内容是指财经法律关系主体享有的权利和承担的义务。这是财经法律关系的核心，直接体现了财经法律关系主体的利益和要求。

（1）权利。权利是指财经法律关系的主体在财经管理和协调关系中依法可以作出一定行为、不作出一定行为和要求他人作出一定行为或不作出一定行为的资格。财经法律关系的主体有权依法要求负有义务的人作出或不作出一定的行为，以实现自己的利益。例如，税务机关有权要求纳税人依法纳税。财经法律关系的主体在其合法权利受到侵害或不能实现时，有权依法请求国家有关机关给予强制力保护。

（2）义务。义务是指财经法律关系义务主体为了保障特定的权利主体的权利，在法律规定的范围内必须实施或不得实施的经济行为。义务是相对权利而存在的，是法律对财经法律关系主体行为的限制和约束。义务主体必须作出或者不得作出一定行为，以满足权利主体的利益需要。例如，会计人员不得做假账，以维护投资人等相关利益者的利益。

（3）行为。义务主体实施的义务行为是在法定范围内进行的。超越法律规定的限度，义务主体则不受限制和约束。义务主体不依法履行义务，就应承担相应的法律责任，受到法律的制裁。如伪造、变造会计凭证、会计账簿，编制虚假的财务会计报告，隐匿或者故意销毁依法应当保存的会计凭证、会计账簿、财务会计报告的，由县级以上人民政府财政部门责令限期改正，给予警告、通报批评，没收违法所得，违法所得二十万元以上的，对单位可以并处违法所得一倍以上十倍以下的罚款，没有违法所得或者违法所得不足二十万元的，可以并处二十万元以上二百万元以下的罚款；对其直接负责的主管人员和其他直接责任人员可以处十万元以上五十万元以下的罚款，情节严重的，可以处五十万元以上二百万元以下的罚款；属于公职人员的，还应当依法给予处分；其中的会计人员，五年内不得从事会计工作；构成犯罪的，依法追究刑事责任。

【例题·单选题】某单位会计要求销售人员在报销酒店住宿发票时提供酒店消费的附件，销售人员为了省事就自制了一张酒店消费明细表并通过抠图粘贴的方式盖章后，提交给了会计。根据《会计法》有关规定，该行为属于（　　）。
A. 伪造会计凭证　　　　　　　B. 变造会计凭证
C. 伪造会计账簿　　　　　　　D. 变造会计账簿
【答案】A

【例题·单选题】A单位会计王某采用涂改手段，将金额为10 000元的购货发票改为70 000元。根据《会计法》有关规定，该行为属于（　　）。
A. 伪造会计凭证　　　　　　　B. 变造会计凭证
C. 伪造会计账簿　　　　　　　D. 变造会计账簿
【答案】B

（五）财经法律关系的客体

财经法律关系的客体是指财经法律关系的主体享有权利和承担义务所共同指向的对象，是确定权利义务关系性质和具体内容的依据，也是确定权利是否行使、义务是否履行的客观标准。财经法律关系客体的类型包括以下几种。

（1）物（又称为有体物）。物是指可以为人们所控制和支配、有一定经济价值并以物质形态表现出来的载体。不能为人们所控制或支配，或即使可为人们控制和支配但无一定经济价值的物，不能作为财经法律关系的客体。物可以细分为：生产资料和生活资料、流通物与限制流通物、特定物和种类物、有形物与无形物、主物与从物等。

（2）行为。行为是指财经法律关系的主体为达到一定经济目的所进行的行为。它包括经济管理行为、完成一定工作的行为和提供一定劳务的行为，如经济决策行为、生产经营行为、提供劳务行为、审查批准行为及经济监督检查行为等。

（3）智力成果。智力成果又被视为非物质财富，是指人们创造的能够带来经济价值的创造性脑力劳动成果，如专利权、专有技术、著作权等。随着社会进步和科学技术的发展，智力成果在社会财富中的重要性将日益显现。

此外，在现实经济生活中，权利亦可能成为财经法律关系的客体。权利本是财经法律关系的内容，但当某种权利成为另一权利的对象时，该权利即转化为财经法律关系的客体。例如，土地使用权的客体是土地；但在土地出让和转让法律关系中，土地使用权本身成为权利义务指向的对象，此时该权利即构成法律关系的客体。

五、财经法律责任

（一）法律责任

法律责任是指财经法律关系主体由于违反法定的义务而应承受的不利的法律后果。法律责任有以下几种。

1. 民事责任

民事责任是指由于民事违法、违约行为或根据法律规定所应承担的不利民事法律后果。承担民事责任的方式主要有停止侵害，排除妨碍，消除危险，返还财产，恢复原状，修理、重作、更换，继续履行，赔偿损失，支付违约金，消除影响、恢复名誉，赔礼道歉。

2. 行政责任

行政责任是指违反法律法规规定的单位和个人所应承受的由国家行政机关或国家授权单位对其依行政程序给予的制裁。行政责任主要包括行政处罚和行政处分。

（1）行政处罚。行政处罚的种类有警告、通报批评、罚款、没收违法所得、没收非法财物，暂扣许可证件、降低资质等级、吊销许可证件、限制开展生产经营活动、责令停产停业、责令关闭、限制从业，行政拘留，法律、行政法规规定的其他行政处罚。

（2）行政处分。行政处分的种类有警告、记过、记大过、降级、撤职、开除。

3. 刑事责任

刑事责任是指犯罪人因实施犯罪行为所应承受的由国家审判机关（法院）依照刑事法律给予的制裁后果。

（1）主刑。包括以下几种。

管制：三个月以上两年以下，数罪并罚时不得超过三年。

拘役：一个月以上六个月以下，数罪并罚时不得超过一年。

有期徒刑：六个月以上十五年以下。数罪并罚时总和刑期不满三十五年的，最高不得超过二十年；总和刑期在三十五年以上的，最高不得超过二十五年。

无期徒刑。

死刑。

（2）附加刑。

附加刑包括罚金、剥夺政治权利、没收财产、驱逐出境。

（二）财经法律责任的内涵及特征

财经法律责任是指由财经法规规定的行为人违反财经法规时必须承担的法律后果。财经法律责任具备的特征表现在以下几方面。

（1）财经法律责任的综合性。综合性是民事责任、行政责任、刑事责任三种责任有机结合构成的统一体。

（2）财经法律责任的双重处罚性。对于违法的法人实体，不仅可以依法对其采取经济处罚措施，同时，对于该法人组织中直接负责的主管人员和其他直接责任人员，也应依法施加相应的民事赔偿责任、行政处分措施，甚至在必要时追究其刑事责任。

（3）财经法律责任的多元追究性。财经法律责任的追究具有主体多元性。有权认定违法主体责任并实施法律制裁的机关主要包括司法机关、依法享有经济执法权的行政机关。它们都有权运用有关的财经法规，在其职权范围内，追究违法主体的财经法律责任。

（三）财经法律责任的形式

（1）民事责任。承担民事责任的单位和个人，依法将面临财产性的强制措施以保障法律责任的有效执行。因违反财经法规承担民事责任的主要方式有停止侵害、返还财产、支付赔偿、罚款、强制收购、赔礼道歉、恢复名誉等。

（2）行政责任。对违反财经法规的行为，可依法追究违法者的行政责任，给予行政处罚或行政处分。行政处罚包括警告，罚款，没收违法所得、没收非法财物，责令停产停业，暂扣或者吊销许可证、暂扣或者吊销执照，行政拘留，法律、行政法规规定的其他行政处罚。国家机关、企事业单位可根据法律法规，按照行政隶属关系对违法者实施行政处分。行政处分的种类有警告、记过、记大过、降级、撤职、开除。

（3）刑事责任。对违反经济法律，情节严重，构成犯罪的行为，要依法追究刑事责任，给予刑事制裁。根据《中华人民共和国刑法》的规定，刑罚分为主刑和附加刑。主刑包括管制、拘役、有期徒刑、无期徒刑和死刑。附加刑包括罚金、剥夺政治权利、没收财产、驱逐出境。主刑独立适用，附加刑可以独立或附加适用。对犯罪的外国人、无国籍人可以独立适用或者附加适用驱逐出境。公司、企业、事业单位、机关、团体实施的危害社会的行为，法律规定为单位犯罪的，应当负刑事责任。法律明确规定为单位犯罪的，对单位判处罚金，并对直接负责的主管人员和其他直接责任人员判处刑罚。

第二节 会计职业道德概述

道德是人类行为的最高准则，是关乎对与错的行为标准与规范，可以用来制止那些法律上合法但伤害公众利益的行为。会计起源于人类社会的生产活动和管理实践，是人类社会发展到一定阶段的必然产物，在社会经济生活中起着至关重要的作用。会计从业者必须在遵守相应的法律规范的基础上，勤勉尽责，坚守会计职业道德。

一、会计概述

（一）会计的概念

会计是以货币为主要计量单位，通过运用一系列专门的方法和程序，对经济活动进行连续、系统、全面的反映和监督，为相关方面作出正确的经济决策而建立的以提供财务信息为主的经济信息系统。

(二) 会计的发展历程

会计作为一门科学，有着悠久的发展历史，它在人类长期的生产实践中逐渐形成，并随着社会的发展和生产力的不断进步而持续改进。

1. 会计的起源

会计的产生可以追溯到原始社会末期。当时，人们凭头脑来记忆生产过程和生产成果难以适应客观需要，逐步使用了"结绳记事""垒石计数"和"刻契计数"等方法进行计量和记录。土地、牲畜等财产拥有情况的计量与记录，成为会计的最早形式。随着货币经济的发展，记录交易变得更加重要，商人和政府官员开始使用更复杂的系统来记录收入、支出和债务。

2. 会计的发展

在秦汉时期，已采用"三柱结算法"，即"入－出＝余"为基本结算的中式簿记方法，这也是我国后期收付记账法的雏形。南北朝时期，苏绰创造"朱出墨入记账法"，规定以红记出、以墨记入。

唐宋时期，我国会计理论与方法都有了快速发展。在会计理论方面，出现了具有代表性的会计著作，如唐朝的《元和国计簿》《太和国计簿》和宋朝的《会计录》等。其中，《会计录》按照国家规定的财计体制和财政收支项目归类整理，并对统计经济资料进行了会计分析。在会计核算方法方面，创立了"四柱结算法"。所谓"四柱"，即旧管（上期结余）、新收（本期收入）、开除（本期支出）和实在（本期结存）四个栏目，公式为：旧管＋新收＝开除＋实在。这一结算方法，既可检查日常记录的正确性，又可分类汇总日常会计记录，起到系统、全面和综合的反映作用。"四柱结算法"的出现标志着我国的簿记发展到了一个较为科学的高度。

明清时期，我国的会计理论与方法进一步推进。明朝出现了代表性会计著作《万历会计录》，按旧额、见额、岁入、岁出汇录了人户、田粮和交通运输等统计资料，编排井然有序，数据先后可循，并突出了财政收支项目的对比关系。据说，明末清初，民间商人傅山设计了一种新的会计核算方法——"龙门账"，他将全部账目划分为进（收入）、缴（支出）、存（资产及债权）、该（负债及业主投资）四大类，并形成"该＋进＝存＋缴"的会计方程式，结账时"进"大于"缴"或"存"大于"该"即为赢利。"龙门账"的诞生标志着我国的簿记已由单式记账转向复式记账。乾隆至嘉庆年间，"四脚账"被发明，标志着我国在会计记账方法上有了新的突破。"四脚账"的要点是：不论是否现金收付，所有事项都在账簿上记录两笔，即同时记入"来账"与"去账"，且"来账"和"去账"所记金额必须相等，否则说明账务处理有误。这也说明"四脚账"已是一种比较成熟的复式记账方法。

12—13世纪，意大利的一些沿海城市，商品货币经济已比较发达，经营方式逐渐从个人经营发展到代理经营和合伙经营，单式记账法难以满足人们的需要。随着商品经济的进一步发展，出现了不成熟、不完善的复式记账法，如"佛罗伦萨式簿记""热那亚式簿记""威尼斯式簿记"。1494年，意大利数学家卢卡·帕乔利（Luca Pacioli）出版《算术、几何、比及比例概要》一书，提出了"资产＝所有权"的会计方程式，首次阐明了复式记账的基本原理和方法，为近代会计的发展树立了里程碑。

1954 年，美国通用电气公司首先使用计算机来计算职工工资，标志着会计电算化的诞生。随着计算机技术的进步，会计信息系统在数据处理方面的应用不断深入。这一系统不仅包含会计核算，还包括会计管理、决策支持等多个方面。会计的发展出现了质的飞跃，会计理论、会计制度及会计实务操作等方面也都取得了较大程度的进步，其中一个重要的标志就是管理会计从会计信息系统中分离出来，成为一门独立的学科。管理会计能够根据企业会计信息进行分析和前景预测，并对企业战略制定、资金收支、项目决策、绩效考核等多方面工作实施管控，全面促进企业发展。以向企业外部信息使用者提供财务信息为主的财务会计和以向企业内部信息使用者提供决策信息为主的管理会计的形成，代表着现代会计进入了一个新的发展阶段。

20 世纪 70 年代，国际会计准则委员会（IASC）成立，并开始制定《国际会计准则》（International Accounting Standards，IAS），以提升跨国财务报告的可比性与信息披露透明度，为全球资本市场提供一套统一的会计标准。经济全球化发展背景下，企业跨国经营及并购变得更加普遍，会计准则的国际趋同成为必然，以会计师事务所及注册会计师为主体的社会审计也得到快速发展。21 世纪初，我国在全面总结多年来会计改革经验的基础上，与国际会计准则理事会（IASB）合作，制定完成了企业会计准则体系，逐步实现了与国际财务报告准则的实质性趋同。

近年来，大数据、人工智能、区块链等数字技术的快速发展及其在会计领域的应用，使得会计信息的收集、处理、存储、传输和报告等环节的处理效率、准确性和便捷性都得到了迅猛的提高；财务云服务、财务共享、财务智能机器人等在企业的深度应用，使会计行业正加速向数字化转型。

（三）会计的特点

以提供财务方面的经济信息为主要目标是会计活动区别于其他经济活动的主要特征。会计的具体特点如下。

1. 以货币为主要计量单位

货币作为一般等价物，具有价值尺度的职能。会计最基本的特征就是以货币作为主要的计量手段，向会计信息使用者提供财务信息。企业进行任何经济活动都会涉及人力、物力、财力的投入和耗费，会计是以统一的货币计量单位为主要手段，对企业的经济活动进行综合反映的。尽管会计工作中也存在实物计量和劳动计量，但这些计量方式通常只作为辅助手段，最终仍需要通过货币单位进行反映。可以说，货币计量是会计中最主要和最基础的度量手段，这是会计区别于其他经济活动的重要特征之一。

2. 采用专门的方法和程序

经过长期的发展，会计已经形成了不同于其他学科的特有方法体系，主要包括会计核算方法、会计分析方法、会计检查方法、会计预测方法和会计决策方法等。会计核算方法是会计学的基本方法，主要包括确认、计量、记录、报告会计信息的方法；会计分析方法是以会计核算提供的基本会计信息为基础，对原始会计信息进行加工和分析，以取得更多会计信息的方法；会计检查方法主要是对会计信息进行检查和验证，以保证会计信息真实、可靠的方法；会计预测和决策方法主要是会计功能的扩展所产生的会计方法，是对会计核算所提供的基本会计信息进行深加工，以提供符合决策需要的会计信息为目的的方法。

3. 对经济活动进行连续、系统和全面的记录

通常，企业的经营活动是连续不断地进行的，反映企业经营活动的资金也是周而复始地运转着的。会计以资金的运动为对象，对企业发生的每一项经济业务所涉及资金的来龙去脉都要进行不间断的记录。会计所提供的信息能够反映企业任何一个时点、任何一个时期的经营活动情况。企业是一个整体，各个部门尽管有着不同的分工，但其工作都是相互联系、相互影响的。会计就是对企业相互联系的经营活动进行反映，其提供的信息也不是孤立的、单独的，而是一个系统的整体，通过会计信息能够了解企业经营活动的全貌。

（四）会计的作用

会计的作用主要表现在会计提供的信息所发挥的作用方面。会计语言作为一种特殊的语言，无论对企业内部还是企业外部有关方面来说，都是非常重要的。从会计信息使用者与会计信息提供者的关系来看，有会计信息内部使用者和外部使用者两大类，他们的职责和目标不同，在利用会计信息方面也各有侧重。

1. 对会计信息外部使用者的作用

会计信息是股东了解企业经营状况、评价企业经营业绩的重要依据，是潜在投资者了解企业发展状况、作出投资决策的重要依据，是债权人评价其债权的安全程度、作出持有或收回债权决策的重要依据，也是供应商和销售商评价企业经营风险、作出有关经营决策的重要依据。而对监督管理部门而言，会计信息则是政府有关部门指导和监管企业、调控宏观经济的重要依据。

2. 对会计信息内部使用者的作用

会计信息是企业内部管理者作出经营决策的重要依据和前提。企业管理人员在作出某项经营决策时，往往需要企业有关部门提供相应的决策依据和数据支持，以保证决策的科学性。例如，当企业要对年度经营业绩进行评价，以决定对职工的奖惩时，需要会计部门提供企业本年度的财务状况、经营成果、主要经济指标计划的完成情况、内部经济责任落实情况和人力资源配置及利用情况等。

二、会计职业概述

随着生产力的继续发展，剩余产品出现，所需计量、记录的内容不断增多且越发复杂，对专职会计人员的需求促进了"会计职业"从其他岗位分离出来。例如，西周时期出现了主管会计工作的官职——司会，主要负责国家财政中钱粮赋税等工作。秦设治粟内史，掌管财政。汉初仍称治粟内史，汉景帝时更名大农令，太初元年（公元前104年）改为大司农，掌管租税、钱谷、盐铁和国家财政收支。魏、晋时以度支尚书掌管全国财政收支。南北朝时，度支尚书管领度支、金部、仓部等部门。隋朝开皇初年，改度

支尚书为民部尚书。唐朝因避太宗讳，改民部尚书为户部，为六部之一，掌管全国的土地、户籍、赋税、财政收支等事务，长官为户部尚书，以后历代沿用。清朝末年将民政部分从户部划分出来，另设民政部，财政部分改设度支部。

随着产业革命的深入和经济的发展，企业的规模不断扩大，对会计人员的需求日益增加，会计协会应运而生。一般认为，全世界第一个会计师协会是英国爱丁堡会计师协会，随后，各会计师协会成立。这些组织推动了会计准则和职业道德的建设，使得会计被广泛认同为专业性强的职业。1883年，美国宾夕法尼亚大学开设了第一门会计相关课程，标志着会计专业教育的开端。会计职业教育不仅培养了会计人员的专业技能，还提高了会计职业的社会认可度。

在商业活动日益复杂、计算机和信息技术日益发展的背景下，会计职业分工更加细化，管理会计、税务会计、注册会计师审计等岗位职责进一步明晰。会计师事务所的服务范围不断扩大，注册会计师审计不仅确保了财务报告的公允呈现，还能评估企业的内部控制和运营效率，成为资本市场运营不可或缺的一部分。《国际财务报告准则》（IFRS）的推广和应用，使得不同国家的会计实务更加趋同，不仅增强了跨国企业间的信息透明度，也为会计专业人士提供了更广阔的发展空间。数智时代下，会计职业呈现出国际化与数智化趋势。智能财务软件的应用，使部分重复性高、标准化程度高的传统会计岗位工作被替代，但同时也产生了一些新的深度融入数字技术的会计岗位，如智能财务分析师等岗位。大数据、云计算、人工智能、区块链等数字技术在会计行业的应用，对会计人员提出了更高的要求。现代会计职业面临新的挑战和机遇。

三、职业道德概述

（一）道德及职业道德的概念

1. 道德的概念

"道德"一词的使用，可追溯至战国时期，如《荀子·劝学》中提到的"道德之极"、《庄子·外篇》中提到的"道德不废"。西方哲学认为道德是指关乎对与错的行为标准与规范。它的常见近义词有伦理、品德、道义等。道德可以用来制止那些法律上完全合法，但社会公众不希望发生的行为。

综上所述，道德是用来制止人类在法律上合法但不符合社会公众期望的行为的最高准则。

2. 职业道德的概念

职业道德是指从事某一职业的从业人员在其职业活动中应当遵循的行为规范和道德准则。它指导从业人员正确处理职业关系和职业行为，既关系到个人的职业形象和职业生涯发展，也是维护整个行业秩序和社会公共利益的重要保障。不同职业的人员在特定的职业活动中形成了特殊的职业关系，包括职业主体与职业服务对象之间的关系、职业团体之间的关系、同一职业团体内部人与人之间的关系，以及职业劳动者、职业团体与国家之间的关系等。为了协调这些复杂的、特殊的社会关系，除了需要政治的、行政的、法律的、经济的规范和手段之外，还需要一种适应职业特点的调节职业社会关系的规范和手段，由此形成了不同职业人员的道德规范，即职业道德。例如：医生的职业道德是救死扶伤、治病救人；法官的职业道德是清正廉明、刚直不阿；商人的职业道德是买卖公平、童叟无欺；注册会计师的职业道德是独立、客观、公正；军人的职业道德是服从命令、不怕牺牲。这些职业道德规范用来指导和约束职业行为，以保证职业活动的正常进行。

（二）职业道德的形成与发展

1. 职业道德的形成

职业道德的要求并不是在某个特定的时间点突然出现的，而是在社会整体道德要求下，随着职业的发展和专业化程度的提高逐渐形成的。

《黄帝内经·素问·征四失·论篇》明确指出了大夫行医中易犯的"不知阴阳逆从、受师不卒、不知比类、不问病之起始"四种过失。古希腊《希波克拉底的誓言》里面也记载了关于医务人员不泄露任何在治疗过程中得知的信息、不利用医学知识进行不当行为、不做有害于病人的事情等内容，至今仍是医学伦理和职业道德的重要组成部分。

在手工业和商业的发展下，各种职业团体开始出现。这些团体为了维护行业的声誉和利益，开始制定行业内部的规则和行为标准，这些规则和行为标准就是职业道德的雏形。如在中世纪的欧洲，伦敦的羊毛商行会规定了成员必须遵守的保证产品质量、公平交易等规则。文艺复兴时期，意大利的佛罗伦萨建筑师行会制定了关于建筑设计和施工的标准，这些标准后来演变成了建筑师的职业道德准则。

2. 职业道德的发展

随着工业革命的推进，职业分工更加精细，专业化的职业如律师、会计师、记者等形成。职业团体为了规范成员的行为，制定了一系列职业道德准则，成为职业活动中应遵守的道德标准。职业道德要求已经成为各个行业的重要组成部分。随着企业社会责任（CSR）和可持续发展理念的普及，职业道德的范畴也在不断扩大，不仅包括传统的行为规范，还涉及环境保护、社会公正等方面。

（三）职业道德的特征

职业道德是道德在职业实践活动中的具体体现，除具有道德的一般特征外，还具有以下特征。

1. 行业性

职业道德的内容与职业实践活动紧密相连，反映着特定职业活动对从业人员行为的道德要求。所以，职业道德的行业性很强，不具有全社会普遍的适用性。一定的职业道德规范只适用一定的职业活动领域；有些具体的行业道德规范，只适用本行业，其他行业就不完全适用，或完全不适用。

2. 实践性

由于职业活动都是具体的实践活动，因此在职业实践活动中形成的职业道德，具有较强的针对性、实践性。职业道德一般形成条文，用行业公约、工作守则、行为须知、操作规程等具体的规章制度形式来教育和约束本行业的从业人员,并且公之于众,便于行业内外人员(包括服务对象)检查和监督。有的甚至被纳入法律规范,如《会计人员职业道德规范》就是财政部以部门规范性文件的形式颁布的,可以直接指导、规范会计从业人员的职业活动。

3. 继承性

职业道德作为社会意识形态的一种特殊形式,是受社会经济关系决定的,随着社会经济关系的变化而改变;但是,由于职业首先是与职业活动紧密结合的,所以即使在不同的社会经济发展阶段,同样一种职业因服务对象、服务手段、职业利益、职业责任和义务相对稳定,职业行为的道德要求的核心内容就被继承和发扬。因此,职业道德具有较强的相对稳定性和历史继承性的特点。例如,教师"教书育人"、医生"救死扶伤"、商人"买卖公平"等道德要求,就在这些行业中世代相传,并且得到不断的丰富和发展。

4. 多样性

既然职业道德与具体的职业相联系,而社会上的职业是复杂多样的,因此有多少种职业就有多少种职业道德。例如,经商有"商德",行医有"医德",执教有"师德",从艺有"艺德"。即使在同一行业中又有不同的岗位,这些不同的岗位又有更加具体的职业道德要求。而且随着生产力和社会的发展,新兴行业不断产生,与之相适应的职业道德也就层出不穷,职业道德就越来越多样、越来越丰富。

(四)职业道德的作用

1. 促进职业活动的健康进行

职业道德最主要的作用是通过调节职业关系,维护正常的职业活动秩序。职业活动中的各方都存在着责、权、利的矛盾和差异,职业道德作为职业行为的规范,用来协调职业关系中的各种矛盾和差异,确保职业活动的正常进行,同时也促进职业的健康发展。

2. 对社会道德风尚产生积极的影响

职业道德是社会道德的一个重要组成部分。职业道德状况对社会道德风尚会产生极大的影响。在我们的现实生活中,人们把交通、医疗、供电、供热等对社会生活影响较大的一些行业和部门形象地比喻为"窗口"行业和部门,这些行业和部门的职业道德水准,直接体现着社会道德风尚的面貌。如果人们都能自觉地遵守各自的职业道德规范,必将会形成良好的社会道德风尚。

(五)职业道德的主要内容

1. 爱岗敬业

爱岗就是热爱自己的工作岗位,热爱本职工作。爱岗是对人们工作态度的一种普遍要求。热爱本职工作,就是职业工作者以正确的态度对待自己所从事的工作,努力提升工作幸福感、荣誉感。敬业就是用一种严肃的态度对待自己的工作,勤勤恳恳,兢兢业业,忠于职守,尽职尽责。爱岗与敬业精神是相通的,是相互联系在一起的。爱岗是敬业的基础，敬业是爱岗的具体表现，不爱岗就很难做到敬业，不敬业也很难说是真正的爱岗。爱岗敬业是为人民服务和集体主义精神的具体体现，是社会主义职业道德一切基本规范的基础。

2. 诚实守信

诚实，就是忠诚老实，不讲假话。诚实的人能忠实于事物的本来面目，不歪曲、不篡改事实，同时也不隐瞒自己的真实思想，光明磊落，言语真切，处事实在。诚实的人反对投机取巧，趋炎附势，吹捧奉迎，见风使舵，争功诿过，弄虚作假，口是心非。守信，就是信守诺言，说话算数，讲信誉，重信用，履行自己应承担的义务。诚实和守信两者意思是相通的，是互相联系在一起的。诚实是守信的基础，守信是诚实的具体表现，不诚实很难做到守信，不守信也很难说是真正的诚实。"诚实"是真实无欺，"守信"是真实不欺。诚实侧重于对客观事实的反映是真实的，对自己内心的思想、情感的表达是真实的。守信侧重于对自己应承担、履行的责任和义务的忠实，毫无保留地实践自己的诺言。诚实守信是忠诚老实，信守诺言，是为人处世的一种美德。

3. 办事公道

办事公道是指从业人员在办理事情、处理问题时，站在公正的立场上，按照同一标准和同一原则办事的职业道德规范。人们生活在世界上，就要与人打交道，就要处理各种关系，这就存在办事是否公道的问题。每个从业人员都有一个办事公道问题，如一个服务员接待顾客不以貌取人，对不同国籍、不同肤色、不同民族的宾客能一视同仁，同样热情服务，这就是办事公道。

4. 奉献社会

奉献社会，就是全心全意为社会作贡献。奉献就是不计较个人得失，兢兢业业，任劳任怨。一个人不论从事什么行业的工作，不论在什么岗位，都可以做到奉献社会。奉献社会是一种人生境界，是一种融在一生事业中的高尚人格。奉献社会与爱岗敬业、诚实守信、办事公道这三项规范相比较，是职业道德的最高境界，同时也是做人的最高境界。爱岗敬业、诚实守信是对从业人员的职业行为的基础要求，是要求从业人员首先应当做到的。做不到这两项要求，就很难做好工作。办事公道比前两项要求高了一些，需要有一定的道德修养作基础。奉献社会，则是这四项要求中最高的境界。一个人只有达到一心为社会作贡献的境界，他的工作才能做得很好，才能全心全意为人民服务。

四、会计职业道德概述

（一）会计职业道德的概念

会计职业道德是指在会计职业活动中，会计人员应当遵循的、体现会计职业特征的、调整会计职业关系的职业行为规范和道德准则。它是会计人员在履行职责过程中应持有的价值观和道德理念，也是会计职业特有的职业操守和精神风貌的体现。它主要包括以下几个方面。

1. 会计职业道德是调整会计职业活动中各种利益关系的手段

会计工作的性质决定了在会计职业活动中要处理方方面面的经济关系，包括单位与单位、单位与国家、单位与投资者、单位与债权人、单位与职工、单位内部各部门之间及单位与社会公众之间等的经济关系，这些经济关系的实质是经济利益关系。在我国社会主义市场经济建设中，当各经济主体的利益与国家利益、社会公众利益发生冲突的时候，会计职业道德不允许其通过损害国家和社会公众利益而获取违法利益，但允许其获取合法的自身利益。会计职业道德可以配合国家法律制度，调整职业关系中的经济利益关系，维护正常的经济秩序。

2. 会计职业道德具有相对稳定性

会计是一种专业技术性很强的职业。在会计人员对单位经济事项进行确认、计量、记录和报告时，对涉及的会计标准设计、会计政策制定、会计方法选择等，都必须遵循其内在的客观经济规律和要求。由于人们面对的是共同的客观经济规律，因此，会计职业道德在社会经济关系的不断变迁过程中，始终保持相对稳定性。

3. 会计职业道德具有广泛的社会性

会计职业道德的社会性是由会计职业活动所生成的产品决定的。特别是在所有权和经营权分离的情况下，会计不仅要为政府机构、企业管理层、金融机构等提供符合质量要求的会计信息，而且要为投资者、债权人及社会公众服务，因其服务对象涉及面很广，提供的会计信息是公共产品，所以会计职业道德的优劣将影响国家和社会公众利益。像银广夏、郑百文、蓝田股份等会计造假丑闻就是典型例子，由于会计造假致使广大股东遭受了巨大的损失，严重干扰了社会经济的正常秩序。可见，会计信息质量直接影响着社会经济的发展和社会经济秩序的健康运行，会计职业道德必然受社会关注，具有广泛的社会性。

（二）会计职业道德的特征

会计作为社会经济活动中的一种特殊职业，除具有职业道德的一般特征外，与其他职业道德相比还具有如下特征。

1. 一定的强制性

法律是具有强制性的，它要求人们"必须这样或那样做"；而道德一般不具有强制性，它要求人们"应该这样或那样做"。但在我国，会计职业道德和其他道德不一样，许多内容都直接纳入了会计法律制度，如《中华人民共和国会计法》《会计基础工作规范》等都规定了会计人员应当遵守职业道德。因此，会计职业道德是一种"思想立法"，它已经超出"应该怎样做"的界限，跨入"必须这样做"的范围。如果不按照"守则""准则""条例"去做，有些行为虽谈不上犯罪，但也是违反职业纪律的，更是职业道德所不允许的。会计职业道德这种独特的强制性，是由会计工作在市场经济活动中的特殊地位所决定的。当然，会计职业道德中有许多非强制性内容，也在发挥着作用。例如，会计职业道德中的提高技能、强化服务、参与管理、奉献社会等内容虽然是非强制性要求，但其直接影响到专业胜任能力、会计信息质量和会计人员的声誉，也要求会计人员遵守。

2. 较多关注社会公众利益

会计职业的一个显著特征是会计职业活动与社会公众利益密切联系。在会计工作中，会计确认、计量、记录和报告的程序、标准和方法，在选择和运用上发生任何变化，都会引起与经济主体有关的各方经济利益受到直接的影响。由于会计人员自身的经济利益往往与其所处的经济主体的利益一致，当经济主体利益与国家利益和社会公众利益出现矛盾时，会计人员的利益指向如果偏向经济主体，那么国家和社会公众的利益就会受损，便会产生会计职业道德困境。因此，会计职业的特殊性，对会计职业道德提出了更高的要求，要求会计人员客观公正，在会计职业活动中坚持准则，把社会公众利益放在第一位。

（三）会计职业道德的作用

会计职业道德的作用，主要体现在以下几个方面。

1. 会计职业道德是规范会计行为的基础

动机是行为的先导，有什么样的动机就有什么样的行为。会计职业道德对会计的行为动机提出了相应的要求，引导、规劝、约束会计人员树立正确的职业观念，养成良好的职业品行，从而达到规范会计行为的目的。

2. 会计职业道德是实现会计目标的重要保证

从会计职业关系角度讲，会计目标就是为会计职业关系中的各个服务对象提供真实、可靠的会计信息。会计职业活动既是技术性的处理过程，又涉及对多种经济利益关系的调整。会计目标能否顺利实现，既取决于会计从业者专业技能水平的高低，也取决于会计从业者能否严格履行职业行为准则。如果会计从业者故意或非故意地提供了不真实、不可靠的会计信息，就会导致服务对象的决策失误，甚至导致社会经济秩序混乱。因此，依靠会计职业道德规范约束会计从业者的职业行为，是实现会计目标的重要保证。

3. 会计职业道德是对会计法律制度的重要补充

在现实生活中，人们的很多行为很难由法律作出规定。例如，会计法律只能对会计人员不得违法的行为作出规定，不宜对他们如何爱岗敬业、诚实守信、提高技能等提出具体要求，但是，如果会计人员缺乏爱岗敬业的热情和态度，缺乏诚实守信的做人准则，没有必要的职业技能，则很难保证会计信息达到真实、完整的法定要求。很显然，会计职业道德是会计法律制度所不能替代的。会计职业道德是对会计法律制度的重要补充。

五、会计职业道德困境

（一）会计职业道德困境的概念

1984 年，哲学家安德鲁·贾梅托提出道德困境（Ethical Dilemmas）的概念，他将道德困境描述为一种情境，即个体知道在道德的约束下应该做什么，但由于某些原因不被允许这样做。这个定义是预设了正确的道德行为可以被识别，并强调了使个体无法做出他们认为正确的道德行为的障碍。当两种道德观念或道德原则是矛盾的、不兼容的，或者当两种互相冲突的需求或义务出现在同一个人身上时，就造成了道德困境。

会计职业道德困境可以理解为会计从业人员在从事会计职业过程中面临道德选择的两难的状态。

（二）会计职业道德困境产生的原因

会计职业道德困境往往伴随着利益冲突而产生，此时一个人对两方甚至多方都有义务，只能以损害某一方的利益来保全其他方的利益。当个人行为与以下四种价值观发生冲突时，会计职业道德困境便会产生。

（1）社会价值观。社会价值观是指在一定社会文化背景下群体普遍认同和遵循的思想观念和道德准则。当会计人员的行为与社会价值观发生冲突时，便会产生会计职业道德困境。

（2）个人价值观。个人价值观指个人根据自己的信念、经验、受教育程度和对问题的见解等形成的道德观念和偏好。当会计人员个人的行为与其价值观不一致时，个人可能会感到内心的冲突。例如，一个人可能认为诚实是最重要的个人价值，但当说实话可能给工作单位或客户带来严重后果时，他可能会面临是否应该保持诚实的道德困境。

（3）企业价值观。企业价值观是指企业及其员工的价值取向，是企业在追求经营成功过程中的基本信念，通常体现在企业道德准则或员工手册中。会计人员可能在企业价值观与个人的行为之间感到矛盾。例如，如果公司鼓励会计人员采取某些可能损害环境或社会公众利益的行为以增加利润，而会计人员个人认为这些行为是不道德的，反对这些行为，那么会计人员就会面临会计职业道德困境。

（4）专业价值观。会计人员需要遵守会计行业的道德要求。会计人员可能在个人行为与专业价值观之间感到矛盾。例如，注册会计师可能面临是否揭露客户秘密以防止客户造假给相关利益者带来损失的道德困境。

（三）突破会计职业道德困境的方法

道德困境一旦出现，会计人员需要一套有效的方法来突破这种困境。

（1）当发生利益冲突时，识别利益冲突带来的威胁（确定存在道德冲突的情况，明确涉及的价值、原则和利益）。

（2）获取所有相关的信息，评价威胁是否超出可接受水平。若评价结果确定超出可接受水平时，确定是否存在适当的防范措施，并且是否能够采取这些措施以消除威胁或将其降低至可接受水平。

（3）列出所有可能的行为选项，分析选项，权衡每个选项的短期和长期后果。

（4）应用道德原则，考虑公平性和正义性，评估不同利益相关者的需求和利益。

（5）获得帮助。向信任的朋友、同事寻求意见；与管理层或审计委员会进行讨论，咨询相关意见；从专业机构获得专业人士的建议，考虑法律方面的影响。

（6）作出适当的应对举措和行动方案。

如果采用以上措施都无法解决该道德冲突，考虑退出该事务（拒绝业务、辞职）。

第三节　财经法规与会计职业道德的关系

财经法规与会计职业道德都属于会计人员行为规范的范畴，两者既有联系，又有区别。

一、财经法规与会计职业道德的联系

财经法规与会计职业道德有着共同的目标、相同的调整对象，承担着同样的职责，两者联系密切。

（一）在作用上相互补充、相互协调

在规范会计行为时，我们不可能完全依赖财经法规的强制功能而排斥会计职业道德的教化功能，会计行为不可能都由财经法规进行规范，不需要或不宜由财经法规进行规范的行为，可通过会计职业道德来规范。当然，那些基本的会计行为必须运用财经法规强制遵守。

（二）在内容上相互渗透、相互重叠

财经法规中含有会计职业道德的内容，同时，会计职业道德中也包含财经法规的某些条款。

（三）在地位上相互转化、相互吸收

最初的会计职业道德就是对会计职业行为约定俗成的基本要求，后来制定的财经法规吸收了这些基本要求。

总之，财经法规和会计职业道德在实施过程中相互作用，会计职业道德是财经法规实施的重要的社会和思想基础，财经法规是促进会计职业道德形成和遵守的制度保障。

二、财经法规与会计职业道德的区别

财经法规与会计职业道德的主要区别表现在以下几个方面。

（一）性质不同

财经法规反映统治者的意志和愿望，并通过国家机器强制执行。财经法规具有很强的他律性，凡违法者，轻者被罚款，重者触犯刑法被判刑，失去人身自由乃至失去生命。而会计职业道德并不都代表统治者的意志，很多来自职业习惯、约定俗成和社会期望。会计职业道德主要依靠会计从业人员的自觉性，并依靠行业约束和社会舆论来实现，基本上是非强制执行的，具有很强的自律性。

（二）作用范围不同

财经法规侧重于调整会计人员的外在行为和结果的合法化，具有较强的客观性。而会计职业道德不仅要求调整会计人员的外在行为，还要调整会计人员内在的精神世界，

其调节的范围远比财经法规广泛。会计人员某些错误的行为，从道德方面来说，会受到社会舆论的批评、谴责，但只要未触犯法律条款，法律就不予追究、制裁。可以这么说，受到会计职业道德谴责的，不一定受到财经法规的制裁；而受到财经法规制裁的，一般都会受到会计职业道德的谴责（某些过失犯罪除外）。

（三）表现形式不同

财经法规是通过一定的法定程序，由国家立法部门或行政管理部门制定和颁布的，其表现形式是具体的、正式形成文字的条款。而会计职业道德源自会计人员的职业生活和职业实践，日积月累、约定俗成。其表现形式既有明确成文的规定，如《会计人员职业道德规范》《中国注册会计师职业道德守则》等，也有不成文的只存在于会计人员内心的意识和信念。即使是那些成文的会计职业道德，与财经法规相比，在表现形式上也缺乏具体性和准确性，通常只是指出会计人员应当做或不应当做某种行为的一般原则和要求。

（四）实施保障机制不同

国家通过司法机关、行政机关等，以强制手段保障财经法规得到严格执行。一旦违反财经法规，不论是个人还是单位，都将面临法律的制裁，包括罚款、没收违法所得、吊销营业执照，甚至刑事处罚。而会计职业道德的实施保障相对复杂。作为非强制性的行为规范，会计职业道德在很大程度上依赖于会计人员的自觉遵守，依靠会计职业团体、行业协会等组织的监管，以及社会舆论的压力和公众的期待。

（五）评价标准不同

财经法规是以会计人员享有的权利和义务为标准，来判定其行为是否违法。财经法规规定会计人员享有一定的权利，如果这种权利遭受侵犯，造成不良后果，那么侵权者就要受到财经法规的制裁；财经法规同时规定了会计人员要承担的义务，如果会计人员不尽义务，同样要受到财经法规的制裁。而会计职业道德则以善恶为标准，来判定人们的行为是否违背道德规范。如果一个会计人员的职业行为符合会计职业道德规范，就是善的，就可能会受到社会舆论的赞扬、鼓励，自己内心也会受到激励；反之，就是恶的、不道德的，就可能会受到社会舆论的批评、谴责，其内心将是痛苦的，内疚不安的。一般来说，道德重在确认人们的义务，而不讲权利，即不以享受个人某种权利作为履行义务的前提和归宿，这点与兼顾权利与义务的财经法规是不同的。

三、会计行为的法治与德治

自古以来，中国都非常重视"道德"在国家治理中的作用。孔子提出"道之以政，齐之以刑，民免而无耻；道之以德，齐之以礼，有耻且格"，以此阐述政令和刑法、道德和礼制在治理国家中的不同效果。法治与德治虽是两种不同的治理方式，但能相辅相成，互为补充。

（一）财经法规对会计行为的约束属于法治范畴

财经法规对会计工作的有效开展起着引导、促进、保障和制约作用，有利于调整会计工作中的各种关系，解决会计工作中的各种问题，维护正常的工作秩序。财经法规对会计行为的约束属于法治范畴。法治侧重于规范会计行为，由国家强制力保证实施，执行的标准就是财经法规，规范明确，便于操作。

（二）会计职业道德对会计行为的约束属于德治范畴

会计职业道德要求会计工作者具备相应的专业知识和职业道德水平，会计职业道德对会计行为的约束属于德治范畴。德治可以在法律之外起到规范作用，侧重于引导会计人员的内心世界，帮助会计人员树立起诚实守信、守法奉公的信念，以高标准自觉约束与规范自己的行为。通过会计职业中的德治，可以减少如欺诈、腐败、信任危机等社会问题，减少法律诉讼和监管成本，从根本上维护社会秩序和稳定。

本章习题

思考题

1. 财经法规主要有哪些？
2. 财经法规与会计职业道德有什么关系？
3. 有人认为道德离我们太远了，作为一名会计人员只要守好《中华人民共和国会计法》就可以了。你怎么看待这种观点？

第一章在线答题

第二章

会计法律制度

会计法律制度的构成；会计工作管理体制；会计核算制度；会计监督制度；会计机构和会计人员；违反会计法规的法律责任。

第一节 会计法律制度概述

一、会计法律制度概念

会计关系是指会计机构和会计人员在办理会计事务过程中以及国家在管理会计工作过程中发生的各种经济关系。会计法律制度是指国家权力机关和行政机关制定的，用以调整会计关系的各种法律、法规、规章和规范性文件的总称，包括会计法律、会计行政法规、会计部门规章等。

2024年6月28日，十四届全国人大常委会第十次会议表决通过关于修改《中华人民共和国会计法》的决定，自2024年7月1日起施行。修改后的《中华人民共和国会计法》（以下简称《会计法》）第一条规定：

为了规范会计行为，保证会计资料真实、完整，加强经济管理和财务管理，提高经济效益，维护社会主义市场经济秩序，制定本法。

会计工作是指机关、事业单位、企业等经济组织在生产经营活动中，对经济业务进行连续、系统、全面地记录、计算、报告和分析，以便为经济管理提供信息支持的活动。会计工作必然会涉及和影响有关方面的经济利益，因而需处理好相关的生产关系、供销关系、借贷关系、分配关系及税款征纳关系等。机关、事业单位、企业等组织要想妥善处理这些关系，应当用会计法律制度来规范。《会计法》第二条指出：

会计工作应当贯彻落实党和国家路线方针政策、决策部署，维护社会公共利益，为国民经济和社会发展服务。

国家机关、社会团体、公司、企业、事业单位和其他组织（以下统称单位）必须依照本法办理会计事务。

可见，国家从法律高度，强调了会计工作在落实党和国家路线、方针、政策，服务国民经济，维护公共利益，促进经济社会发展中的重要作用。

二、会计法律制度意义

（一）规范会计行为，落实党和国家路线、方针、政策

会计法律制度的首要任务在于为会计核算和会计监督活动设定明确的行为边界。它要求各单位必须依法进行会计核算与监督，确保会计凭证、会计账簿、财务会计报告等会计资料真实、完整地反映经济业务活动。这不仅是会计工作的基本职能，更是落实党和国家路线、方针、政策的具体体现。实践证明，会计核算与监督的规范程度直接关系到经济运行的稳定性。当会计行为得到有效规范时，经济秩序井然；反之，则可能导致经济混乱。

（二）加强会计管理，提升组织的经济效益

会计法律制度是加强会计管理、提升组织的经济效益的有力工具。会计法律制度的核心作用在于强化会计管理，通过依法对经济活动进行会计记录、会计核算和会计监督，为组织的管理和决策提供真实可靠的会计信息。这些会计信息是优化资源配置、控制成本费用、提升组织经济效益的基础。可以说，健全的会计法律制度是提升会计管理水平和经济效益的内在要求。

（三）服务国民经济，维护社会主义公共利益

会计法律制度是维护社会主义市场经济有序运行、保障国民经济健康发展的重要支柱。它一方面借助国家立法与执法的强制力提供外部约束，另一方面引导和促使各单位自觉守法，共同筑牢市场经济的规则基石。《会计法》等法规的有效实施，积极调整并规范着市场经济中的各类社会关系。这不仅为国民经济的整体进步提供了坚实支撑，也直接守护了社会主义公共利益，是确保市场经济持续健康运行的必要制度保障。

三、会计法律制度的构成

我国会计法律制度是一个以宪法为根本法的、多层次的、统一的法律体系。由宪法、会计法律、会计行政法规、地方性会计法规、会计规章、其他规范性文件组成，其中宪法拥有最高法律效力，是国家的根本大法，会计法律效力次之。

（一）宪法

宪法作为国家的根本大法，规定了国家的基本经济制度和分配制度，为所有经济领

域的法律（包括《会计法》）提供了根本的立法依据和原则性指导。宪法明确规定了公民和企业有遵守法律、依法纳税等基本义务。

（二）会计法律

会计法律是指由全国人民代表大会及其常务委员会经过立法程序制定的，有关会计工作的法律。《会计法》是制定其他会计法规的依据，也是指导会计工作的最高准则。

（三）会计行政法规

会计行政法规是指由国务院制定并发布或者国务院有关部门拟定并经国务院批准发布，调整经济生活中某些方面的会计关系的法律规范。会计行政法规的制定依据是《中华人民共和国宪法》和《会计法》，如国务院发布的《企业财务会计报告条例》《总会计师条例》等。

（四）地方性会计法规

地方性会计法规是指省、自治区、直辖市人民代表大会及其常务委员会在与会计法律、行政法规不相抵触的前提下，根据本地区情况制定发布的关于会计核算、会计监督、会计机构、会计人员及会计管理的地方性规范性文件，如《四川省统计管理条例》《江苏省财政监督条例》等。

（五）会计规章

会计规章分为部门规章和地方政府规章。部门规章由国务院各部、委员会、中国人民银行、审计署和具有行政管理职能的直属机构制定，如《会计基础工作规范》《会计档案管理办法》等。地方政府规章由省、自治区、直辖市和设区的市、自治州的人民政府制定，如《上海市代理记账管理实施办法》《深圳市代理记账管理实施办法》等。

（六）其他规范性文件

各级政府及其部门还可以制定效力等级更低的"红头文件"（如决定、命令、通知等），这些文件不能设定行政处罚，但在其管辖范围内具有普遍约束力，是行政管理的重要依据。如财政部印发的《企业会计准则第1号——存货》《关于加强和规范村级会计委托代理服务工作的意见》《民间非营利组织会计制度》《政府会计制度——行政事业单位会计科目和报表》等。

我国会计法律制度构成见表2-1。

表2-1 我国会计法律制度构成

多个层级	地位及效力	颁布机构	法律法规举例
宪法	国家根本大法、最高法律效力	全国人民代表大会	《中华人民共和国宪法》
会计法律	仅次于宪法	全国人民代表大会及其常务委员会	《中华人民共和国会计法》《中华人民共和国注册会计师法》

续表

多个层级	地位及效力	颁布机构	法律法规举例
会计行政法规	次于会计法律	国务院	《总会计师条例》《企业财务会计报告条例》
地方性会计法规	与部门规章属于同一效力；高于本级和下级地方政府规章	省、自治区、直辖市人民代表大会及其常务委员会	《四川省统计管理条例》《江苏省财政监督条例》
会计规章	部门规章与地方性会计法规属于同一效力	国务院财政部门	《会计基础工作规范》《会计档案管理办法》
会计规章	地方政府规章效力低于本级地方性会计法规	地方政府	《上海市代理记账管理实施办法》《深圳市代理记账管理实施办法》
其他规范性文件	效力等级更低	各级政府及其部门	《企业会计准则第1号——存货》《关于加强和规范村级会计委托代理服务工作的意见》《民间非营利组织会计制度》

第二节　会计工作管理体制

一、会计工作管理体制概念

会计工作管理体制是指国家划分会计管理工作职责权限关系的制度，包括会计工作管理组织形式、管理权限划分、管理机构设置等内容，并规定中央、地方、部门和单位在各自区域对会计工作的管理范围、权限职责及其相互关系。

我国会计工作管理体制主要包括会计工作的行政管理、会计工作的自律管理及单位内部的会计工作管理。

二、会计工作的行政管理

（一）主管部门与管理原则

《会计法》明确规定了会计工作由谁管理和会计工作管理体制。我国会计工作管理体制的总原则是统一领导、分级管理。《会计法》第七条规定：

国务院财政部门主管全国的会计工作。

县级以上地方各级人民政府财政部门管理本行政区域内的会计工作。

即国务院财政部门主管全国的会计工作，并对地方的会计管理工作予以指导、监督；地方财政部门应在财政部的统一指导下，做好本行政区域内的会计管理工作。

(二) 会计工作管理内容

1. 制定国家统一的会计制度

我国实行统一的会计制度，并由国务院财政部门制定并公布，以确保各地区、各部门和各单位在办理会计事务时有统一的制度作依据，使会计核算正确地体现财政、财务制度有关规定的要求，从而保证会计信息系统及时、正确地为国民经济计划和管理提供分类科学、口径统一的会计资料。《会计法》第八条规定：

国家实行统一的会计制度。国家统一的会计制度由国务院财政部门根据本法制定并公布。

国务院有关部门可以依照本法和国家统一的会计制度制定对会计核算和会计监督有特殊要求的行业实施国家统一的会计制度的具体办法或者补充规定，报国务院财政部门审核批准。

【例题·单选题】根据《会计法》的规定，行使会计工作管理职能的政府部门是（　　）。
A. 税务部门　　B. 财政部门　　C. 审计部门　　D. 金融主管部门
【答案】B

当前，这些国家统一的会计制度是在全国范围内实施的会计工作管理方面的规范性文件，主要包括四个方面。

（1）国家统一的会计核算制度。国家统一的会计核算制度主要有《企业会计准则——基本准则》《政府会计制度》《企业会计制度》《金融企业会计制度》《小企业会计准则》等。

（2）国家统一的会计机构和会计人员管理制度。我国实施国家统一的会计机构和会计人员管理制度，如《总会计师条例》《会计专业技术资格考试暂行规定》等。

（3）国家统一的会计工作管理制度。国家统一的会计工作管理制度有《会计档案管理办法》《会计基础工作规范》等。考虑到各地区、各部门的具体情况存在差异，国家采取在国务院财政部门制定国家统一的会计制度的基础上，由各地区、各部门制定符合《会计法》要求和实际情况的会计制度或者补充规定，报国务院财政部门审核批准或者备案后实行。

（4）国家统一的会计信息化管理制度。我国高度重视会计信息化建设工作，为会计信息化高质量发展提供了法律基础。《会计法》第八条新增规定：

国家加强会计信息化建设，鼓励依法采用现代信息技术开展会计工作，具体办法由国务院财政部门会同有关部门制定。

这是首次将会计信息化写入《会计法》。会计信息化是指单位利用现代信息技术手段和数字基础设施开展会计核算，以及利用现代信息技术手段和数字基础设施将会计核算与其他经营管理活动有机结合的过程。单位应当指定专门机构或者岗位负责会计信息化工作。《会计信息化工作规范》第六条规定：

单位应当重视会计信息化工作，加强组织领导和人才培养，建立健全制度，完善管理机制，保障资金投入，积极推进会计信息化在本单位的应用。

单位负责人是本单位会计信息化工作的第一责任人。单位应当指定专门机构或者岗位负责会计信息化工作，并依照本规范的要求开展工作。

未设置会计机构和会计岗位的单位，可以采取委托代理记账机构或者财政部规定的其他方式组织会计工作，推进会计信息化应用。

> **拓展·红色印记**
>
> ### 中华苏维埃共和国的第12号训令
>
> 1931年，中华苏维埃共和国成立后，面临着国家财政统一工作不彻底、管理混乱等难题。调查后发现主要原因是会计工作存在很多不足。例如：收钱机关、管钱机关、用钱机关混在一起，没有分开；各项收入与经费没有分开；各项会计科目没有统一的名称，导致各处会计记账紊乱；簿记单据没有统一的格式；财政交接工作没有规定的手续；等等。为了彻底统一财政，防止财政上的舞弊行为，建立健全科学统一的会计制度刻不容缓。
>
> 1932年12月16日，中华苏维埃共和国中央财政人民委员部发布了第12号训令（见图2-1），明确提出要建立统一会计制度，以确保实现苏区财政统一。训令指出，建立统一的会计制度，是实行统一财政，加强财政管理和监督的一项必要的基础工作。训令对统一会计制度的基本要求作了详细规定，重点包括：
>
> （一）把收钱的、管钱的、领钱的、支配的四个机关分开；
>
> （二）把各级的收入和开支分别划分，各成系统；
>
> （三）确定会计科目，对各项收支规定一定名称与一定范围；
>
> （四）实行预决算制度；
>
> （五）统一簿记单据；
>
> （六）规定财务会计交卸章程。
>
>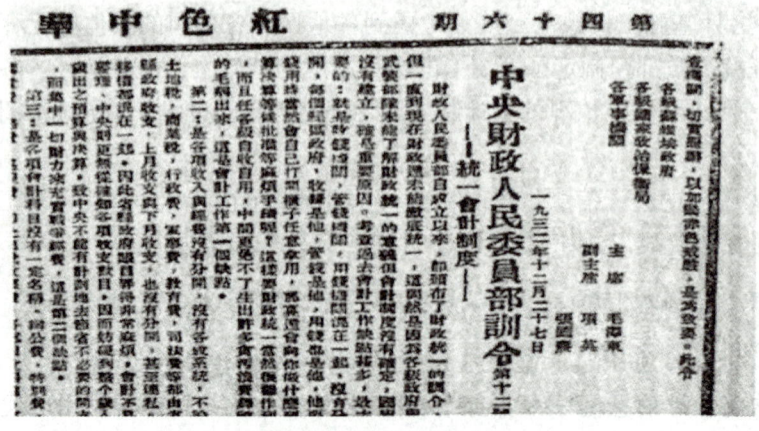
>
> 图2-1 《红色中华》刊登的第12号训令

资料来源：https://mp.weixin.qq.com/s?__biz=MzIwMzc4NjQwMw==&mid=224749-1882&idx=1&sn=847661d19486015ada0393696fa7f5f4&chksm=96c8b0e6a1bf39f02ace3892c6c34-32258c32eb72bd6d3696e5eb787fcb6b1950785f3656f12 &scene=27（2021-06-08）[2024-03-10]

【例题·多选题】下列各项会计法律法规中，属于会计机构和会计人员管理制度的有（　　）。
A.《会计专业技术资格考试暂行规定》
B.《企业会计准则——基本准则》
C.《总会计师条例》
D.《会计档案管理办法》
【答案】AC

2. 会计市场管理

会计市场是对会计资源进行有效开发、合理配置，从而达到充分利用的运行机制。它可以理解为是会计资源流动、流向、交换的场所，也可以看作会计资源与其他商品交换关系的总和。会计市场管理涉及会计信息质量以及会计师事务所执业质量的管理，直接关系到国际经济秩序和社会公共利益。

（1）会计市场的准入管理。会计市场准入管理的内容包括会计师事务所的设立和会计代理机构的设立。对于不具备设置会计机构和会计人员条件的单位，应当委托代理记账机构办理会计业务。代理记账机构应当经所在地的县级以上人民政府财政部门批准，并取得由财政部门统一印制的代理记账许可证书。

（2）会计市场的运行管理。我国规定，从事社会审计业务的人员必须具有注册会计师资格。我国实行注册会计师全国统一考试制度，考试成绩合格并从事审计业务工作两年以上的人员，才可以申请成为注册会计师。注册会计师必须加入会计师事务所，才能获得执业注册会计师资格。同时，对会计机构负责人应当具备会计管理工作所需要的专业能力提出了相应要求。

（3）会计市场的退出管理。代理记账机构和人员不符合相应条件时，原审批机关可以撤回行政许可。存在违反《会计法》《中华人民共和国注册会计师法》行为的，财政部门有权对其进行处罚，情节严重的，可吊销其执业资格，强制其退出会计市场。《会计法》第三十八条规定：

因有提供虚假财务会计报告，做假账，隐匿或者故意销毁会计凭证、会计账簿、财务会计报告，贪污，挪用公款，职务侵占等与会计职务有关的违法行为被依法追究刑事责任的人员，不得再从事会计工作。

此条款旨在维护会计工作的诚信和规范性，体现了法律对会计职业的高度重视和对会计违法行为的严格制裁，旨在通过职业限制措施，防止有犯罪记录的人员利用会计职业再次犯罪，确保会计行业的健康发展。

> 【例题·单选题】考试成绩合格并在会计师事务所从事审计工作（　　）以上的人员，才可以申请成为注册会计师。
> A. 一年　　　　　B. 两年　　　　　C. 三年　　　　　D. 五年
> 【答案】B

3. 会计专业人员管理

围绕会计专业人员的管理主要包括评定会计专业技术人才、表彰奖励先进会计工作者、组织会计人员继续教育等。

（1）评定会计专业技术人才。我国已形成初级、中级、高级会计人才的评价机制与会计领军人才的培养机制。会计专业技术资格考试是会计人才评价的主要方式，主要用于对初级、中级、高级会计人才的评价。会计领军人才培养是适应我国当前经济发展状况的一种新的会计人才评价方式。

（2）表彰奖励先进会计工作者。财政部制定了《全国先进会计工作者评选表彰办法》，明确了评选范围和条件、评选方式和机构等内容，使先进会计工作者的表彰做到了经常化、制度化。财政部负责组织全国先进会计工作者的评选表彰工作，一般每三年组织一次自上而下的评选表彰。获得全国先进会计工作者荣誉称号的人员，由财政部颁发荣誉证书。

（3）组织会计人员继续教育。财政部负责全国会计人员继续教育的管理，主要管理职能包括制定全国会计人员继续教育规划、制度、大纲；组织开发、评估、推荐全国会计人员继续教育重点教材；组织全国高级会计人员培训和会计人员继续教育师资培训；指导、督促各地区和有关部门会计人员继续教育工作的开展。地方财政部门和中央有关主管单位负责本地区、本部门、本系统内的会计人员继续教育的组织管理工作。

4. 会计监督检查

会计监督检查的内容主要包括以下三个方面。

（1）对会计信息质量的监督检查。财政部门组织实施全国会计信息质量检查，并对违法行为实施行政处罚；县级以上财政部门组织实施本行政区域内的会计信息质量检查，并依法对本行政区域内单位或人员的违法会计行为实施行政处罚。

（2）对会计师事务所的监督检查。财政部门依法组织实施对全国会计师事务所的资质审查、执业质量检查、合规性检查等，以确保会计师事务所依法依规执业，保障经济秩序和社会公众利益。财政部门有权对违反《中华人民共和国注册会计师法》的行为实施行政处罚；省、自治区、直辖市人民政府财政部门组织实施本行政区域内的会计师事务所执业质量检查，并依法对本行政区域内会计师事务所或注册会计师违反《中华人民共和国注册会计师法》的行为实施行政处罚。

（3）对会计行业自律组织的监督指导。财政部门依法加强对会计行业自律组织的监督指导，内容包括监督会计行业自律组织是否贯彻执行国家有关会计法律法规和规章制度，会计行业自律组织制定的行业规范、标准是否与国家法律法规相符合，以及会计行业自律组织是否建立健全职业道德规范、服务质量控制、会员管理等行业自律机制。通过这些监督指导措施，财政部门确保会计行业自律组织在提升行业服务水平、维护行业秩序、促进行业健康发展等方面发挥积极作用，同时保障国家财政经济安全和市场经济秩序。

> 【例题·多选题】财政部门对会计市场的监督检查主要包括（　　）。
> A. 对单位会计人员的任用　　　B. 对中国会计学会的指导
> C. 对会计信息质量的检查　　　D. 对会计师事务所执业质量的检查
> 【答案】BCD

三、会计工作的自律管理

行业自律是指行业协会根据会员一致的意愿，自行制定规则，并据此对各成员进行管理，以保证成员之间的公平竞争和促进行业的有序发展。会计行业自律是会计职业组织对整个会计职业的会计行为进行自我约束、自我控制的过程。

会计行业自律管理制度是对行政管理制度的一种有益的补充，有助于督促会计人员依法开展会计工作，树立良好的行业风气，促进行业的发展。

我国会计工作的行业自律组织主要有中国注册会计师协会、中国会计学会和中国总会计师协会。

（一）中国注册会计师协会

中国注册会计师协会是依据《中华人民共和国注册会计师法》和《社会团体登记管理条例》的有关规定设立，在财政部党组领导下开展行业管理和服务的法定组织。

注册会计师协会是由注册会计师组成的社会团体，履行行业自律管理职能。中国注册会计师协会是注册会计师行业的全国性组织，省、自治区、直辖市注册会计师协会是注册会计师行业的地方性组织。中国注册会计师协会的最高权力机构是全国会员代表大会。只有注册会计师才能成为该协会的会员。全国会员代表大会选举产生理事会，理事会下设十一个专门委员会。中国注册会计师协会的主要职责是制定行业自律管理规范，对违反行业自律管理规范的行为予以惩戒；对注册会计师任职资格、注册会计师和会计师事务所的执业情况进行年度检查；组织和推动会员培训、行业人才建设工作；协调行业内外部关系，支持会员依法执业，维护会员合法权益；等等。

（二）中国会计学会

中国会计学会是财政部所属的社会组织。中国会计学会的三大特征是学术性、专业性和非营利性。

各省、自治区、直辖市和计划单列市会计学会和全国性专业会计学会可申请成为中国会计学会的会员。中国会计学会的主要职责是组织协调全国会计科研力量，开展会计理论研究和学术交流，促进科研成果的推广和运用；总结我国会计工作和会计教育经验，研究和推动会计专业的教育改革；发挥学会的智力优势，开展多层次、多形式的智力服务工作，包括组织开展中高级会计人员培养、会计培训和会计咨询与服务；开展会计领域国际学术交流与合作；等等。

（三）中国总会计师协会

中国总会计师协会是经财政部审核同意、民政部正式批准，依法注册登记成立的跨地区、跨部门、跨行业的全国非营利一级社团组织，是总会计师行业的全国性自律组织。该协会的成立旨在为协会会员提供服务，维护会员合法权益，并实行会员自律管理。协会的成员主要包括各省、自治区、直辖市、计划单列市的总会计师协会或研究会，具有一定规模的大中型企业、事业单位，以及企业和事业单位的总会计师等。中国总会计师协会的主要职责是组织开展总会计师、高级财会人员等的岗位培训和继续教育；组织开展总会计师及后备人员职业能力水平评价工作；组织会计信息交流，开展业务咨询服务；组织会计理论研究，开展专题调研，提供政策建议；等等。

四、单位内部的会计工作管理

单位内部的会计工作管理主要包括单位负责人的职责、会计机构的设置、会计人员的选拔任用以及会计人员的回避制度等。

（一）单位负责人的职责

1. 保证会计资料的真实性、完整性

单位负责人是单位法定代表人或者法律、行政法规规定代表单位行使职权的主要负责人，是单位的"第一责任人"。单位负责人统管本单位包括会计工作在内的所有工作，对本单位的会计工作和会计资料的真实性、完整性负责。《会计法》第四条规定：

单位负责人对本单位的会计工作和会计资料的真实性、完整性负责。

2. 保证会计机构、会计人员依法履责

从单位会计工作的职责划分来看，单位负责人是本单位会计工作的领导者和管理者，会计机构、会计人员是本单位会计工作的执行者和被管理者。长期的实践证明，将保证会计资料真实性、完整性的责任压在会计人员的肩上，不能从根本上解决做假账的问题。《会计法》第二十六条明确规定：

单位负责人应当保证会计机构、会计人员依法履行职责，不得授意、指使、强令会计机构、会计人员违法办理会计事项。

只有在法律中明确规定单位负责人对本单位的会计工作和会计资料的真实性、完整性负责，才能促使单位负责人重视会计工作和加强会计管理，采取有效措施保证会计资料真实、完整。

3. 单位负责人应采取的措施

（1）单位负责人必须学法、知法、自觉守法，对自己主管或经办的经济业务，严格按照会计法律法规和国家统一的会计制度的规定办理会计手续，不得利用职权干扰会计机构、会计人员依法进行会计核算和会计监督。

（2）单位负责人必须加强对本单位会计工作的领导，支持会计机构、会计人员按照

会计法律法规和国家统一的会计制度的规定办理会计事务，进行会计核算和会计监督，帮助会计机构、会计人员解决在会计核算和会计监督中遇到的问题和困难，为会计机构、会计人员依法履行职责提供支持。

(3) 单位负责人必须重视和加强对本单位全体职工的守法教育，保证本单位职工自觉按照会计法律法规和国家统一的会计制度的规定办事，支持、配合会计机构、会计人员依法履行职责。

(4) 单位负责人必须重视并加强本单位内部会计机构建设，建立健全内部控制机制，配备适当、合格的会计人员，明确会计资料生成的各环节的职责和相互制约措施，督促会计机构、会计人员严格按照会计法律法规和国家统一的会计制度的规定进行会计核算和会计监督，保证本单位的会计资料真实、完整。

【提示】单位负责人必须增强自己的责任意识，在签发本单位编报或者向社会公开披露的会计资料前，应当责成本单位内部监督审计机构先行审计、提出意见，再决定是否签发，保证签发的会计资料真实、完整，真正负起"第一责任人"的责任。

【例题·判断题】《会计法》规定单位负责人对本单位的会计工作和会计资料的真实性、完整性负责，所以会计人员对本单位的会计信息失真没有责任。
【答案】×
【例题·多选题】按照《会计法》规定，以下人员中要对组织、管理本单位的会计工作负责的有（　　）。
A. 某公司董事长
B. 某个人独资企业的投资人
C. 某公司总经理
D. 某公司分管财务的副经理
【答案】ABC

（二）会计机构及会计岗位设置管理

1. 设置会计机构考虑的因素

各单位是否设置会计机构，应当根据会计业务的需要来决定，即各单位可以根据本单位会计业务的繁简情况决定是否设置会计机构。需要考虑的主要因素有以下三个方面。

(1) 单位规模的大小。
(2) 经济业务和财务收支的繁简。
(3) 经营管理的要求。

2. 会计岗位的设置

(1) 设置会计机构的单位，会计岗位的设置原则上可以一人一岗、一人多岗，或者一岗多人。

(2) 不设置会计机构的单位，应设置会计人员并指定会计主管人员。会计主管人员是负责组织管理会计事务、行使会计机构负责人职权的人。

(三) 会计人员的选拔任用

会计人员的选拔任用由所在单位具体负责。在国家机关、社会团体、公司、企业、事业单位和其他组织从事会计工作的人员必须具备从事会计工作所需的能力。

财政部对从事会计工作人员的相关资格条件进行统一规定，比如：

(1) 从事具体会计工作应当具备从事会计工作所需的专业能力；

(2) 担任会计机构负责人应当具备会计师以上专业技术职务资格或者从事会计工作3年以上的经历；

(3) 国有大中型企业或者国有资本占主导或控股地位的大中型企业的会计岗位的设置见《会计法》。《会计法》第三十四条规定：

国有的和国有资本占控股地位或者主导地位的大、中型企业必须设置总会计师。总会计师的任职资格、任免程序、职责权限由国务院规定。

单位要加强对本单位会计人员的管理，依法合理设置会计岗位，督促会计人员按照国家统一的会计制度的规定进行会计核算和会计监督。

【提示】凡设置总会计师的单位，不应再设置与总会计师职责重叠的行政副职。

(四) 会计人员的回避制度

回避制度是指为了保证执法或者执业的公正性，对可能影响其公正性的执法或执业的人员实行职务回避和业务回避的一种制度。

《会计基础工作规范》规定国家机关、国有企业、事业单位任用会计人员应当实行回避制度。单位领导人的直系亲属不得担任本单位的会计机构负责人、会计主管人员。会计机构负责人、会计主管人员的直系亲属不得在本单位会计机构中担任出纳工作。

需要回避的直系亲属为夫妻关系、直系血亲关系（祖父母、外祖父母、父母、子女、孙子女、外孙子女等）、三代以内旁系血亲关系（伯叔姑舅姨、兄弟姐妹、侄子女、甥子女等）以及配偶亲关系（配偶的父母、子女的配偶等）。

【例题·多选题】按照《会计法》回避制度，下列情形中不正确的有（　　）。

A. 张某是某国有大型企业总经理的侄子，具有高级会计职称，拟任该企业的会计机构负责人

B. 李某是某个人独资企业的董事长，今年提拔其儿子任该企业会计机构负责人

C. 王某是某国有企业的会计科科长，半年后退休，公司总经理考虑其为企业工作了大半辈子，安排了她女儿进入会计科任出纳工作

D. 罗某是某国有企业集团董事长，其女儿应聘至集团公司子公司任财务处处长

【答案】ACD

第三节　会计核算制度

会计核算是会计工作的重要组成部分，是会计的基本职能。会计核算制度是在一定经济单位内，根据国家的会计法律法规、会计准则和相关财务制度，对会计核算的基础、内容和技术规范等方面所作的具体规定和要求的总和，其目的是规范会计核算行为，保证会计信息的质量。

会计核算制度是各单位进行会计核算应当遵循的基本规范。《会计法》第二十四条规定：

各单位进行会计核算不得有下列行为：

（一）随意改变资产、负债、净资产（所有者权益）的确认标准或者计量方法，虚列、多列、不列或者少列资产、负债、净资产（所有者权益）；

（二）虚列或者隐瞒收入，推迟或者提前确认收入；

（三）随意改变费用、成本的确认标准或者计量方法，虚列、多列、不列或者少列费用、成本；

（四）随意调整利润的计算、分配方法，编造虚假利润或者隐瞒利润；

（五）违反国家统一的会计制度规定的其他行为。

一、会计核算要求

具体而言，对会计核算的相关要求，一般包括如下几个方面。

（一）总体要求

各单位必须根据实际发生的经济业务事项进行会计核算，取得合法、可靠的凭证，并据此登记会计账簿，编制财务会计报告，形成符合质量标准的会计资料。《会计法》第九条规定：

各单位必须根据实际发生的经济业务事项进行会计核算，填制会计凭证，登记会计账簿，编制财务会计报告。

任何单位不得以虚假的经济业务事项或者资料进行会计核算。

同时，单位进行会计核算时，需采用恰当的方法且不得随意变更。《会计法》第十八条规定：

各单位采用的会计处理方法，前后各期应当一致，不得随意变更；确有必要变更的，应当按照国家统一的会计制度的规定变更，并将变更的原因、情况及影响在财务会计报告中说明。

（二）会计信息质量要求

会计信息质量要求是会计核算必须遵循的一般原则，是进行会计核算的指导思想和衡量会计工作质量的标准，体现着现代化企业对会计核算的基本要求，反映着市场经济条件下会计核算的基本规律。

1. 会计信息质量特性

(1) 可靠性。会计核算的可靠性是会计信息质量的核心要求之一，直接关系到会计信息的可用性和决策价值。企业在进行会计核算时，应当以实际发生的交易或者事项为依据进行会计确认、计量和报告，保证会计信息真实可靠、内容完整。

(2) 相关性。会计核算的相关性是指企业提供的会计信息应当与财务会计报告使用者的经济决策需要相关，这就要求企业进行会计核算时，应当反映出与企业财务状况、经营成果和现金流量等有关的所有重要交易或者事项，帮助财务会计报告使用者作出合理的评价或者预测。

(3) 可理解性。会计核算的可理解性是指企业提供的会计信息应当清晰明了，以免财务会计报告使用者产生理解上的偏差。会计核算的可理解性要求会计人员在进行会计核算时，避免使用过于复杂或模糊的术语和语言，合理地安排会计信息的结构，使得会计信息清晰明了，让财务会计报告使用者易于理解和使用。这有助于财务会计报告使用者更好地理解和使用会计信息，从而作出更加合理的经济决策。

(4) 可比性。企业提供的会计信息应当具有可比性。会计核算的可比性指的是同一企业不同时期发生的相同或者相似的交易或者事项，应当采用一致的会计政策，不得随意变更，以确保会计信息的一致性。会计核算的可比性有助于财务会计报告使用者对企业的财务状况、经营成果和现金流量等进行纵向比较，了解企业在不同时期的经营情况和发展趋势。

(5) 实质重于形式。会计核算的实质重于形式指的是企业应当按照交易或者事项的经济实质进行会计确认、计量和报告，不应仅以交易或者事项的法律形式为依据。会计核算的实质重于形式要求会计人员在进行会计核算时，应当关注交易或者事项的经济实质，而不仅仅关注其法律形式，从而维护会计信息的真实性和可靠性。

(6) 重要性。重要性是指企业提供的会计信息应当反映与企业财务状况、经营成果和现金流量等有关的所有重要交易或者事项。对于在会计核算过程中的交易或事项应当区别其重要程度，采用不同的核算方式。对资产、负债、损益等有较大影响，并进而影响财务会计报告使用者据此作出合理判断的重要会计事项，必须按照规定的会计方法和程序进行处理，并在财务会计报告中予以充分、准确地披露；对于次要的会计事项，在不影响会计信息真实性和不至于误导财务会计报告使用者作出正确判断的前提下，可适当简化处理。

(7) 谨慎性。会计核算的谨慎性指企业对交易或者事项进行会计确认、计量和报告应当保持应有的谨慎，不应高估资产或者收益、低估负债或者费用。企业在处理会计事项时，应当考虑到可能的风险和不确定性，避免过于乐观地估计，确保会计信息能够真实、准确地反映企业的财务状况、经营成果和现金流量等。

(8) 及时性。会计核算的及时性是指企业对于已经发生的交易或者事项，应当及时进行会计确认、计量和报告，不得提前或者延后。这要求会计人员在进行会计核算时，应当及时记录和反映经济活动，确保会计信息的时效性，以便于企业及时发现和解决经营问题，提高企业的经营效率和效益，同时也有助于财务会计报告使用者及时获取和利用会计信息。

2. 会计资料质量要求

会计资料是指在会计核算过程中形成的，记录和反映实际发生的经济业务事项的会计专业资料，是反映单位财务状况和经营成果、评价经营业绩、进行投资决策的重要依据，包括会计凭证、会计账簿、财务会计报告和其他会计资料。《会计法》第十三条规定：

会计凭证、会计账簿、财务会计报告和其他会计资料，必须符合国家统一的会计制度的规定。

使用电子计算机进行会计核算的，其软件及其生成的会计凭证、会计账簿、财务会计报告和其他会计资料，也必须符合国家统一的会计制度的规定。

任何单位和个人不得伪造、变造会计凭证、会计账簿及其他会计资料，不得提供虚假的财务会计报告。

会计资料包含会计凭证、会计账簿、财务会计报告等会计核算专业资料，是会计核算的重要成果，也是投资者作出投资决策、经营者进行经营管理、国家进行宏观调控的重要依据。会计资料的真实性和完整性是会计资料最基本的质量要求，其中，会计资料的真实性是指会计资料所反映的内容和结果，应当同单位实际发生的经济业务的内容及其结果相一致；会计资料的完整性是指构成会计资料的各项要素都必须齐全，以使会计资料如实、全面地记录和反映经济业务发生的情况，便于会计资料使用者全面、准确地了解经济活动情况。

各单位必须保证会计资料的真实性和完整性，不得伪造、变造会计资料，不得提供与事实不符的财务会计报告。为了保证会计资料的真实性、统一性，我国政府建立了一系列规章制度，对会计资料进行规范，取得了良好的效果。现行国家统一的会计制度中，对会计工作进行规范的文件主要包括《会计基础工作规范》《会计档案管理办法》《企业会计准则》及其配套的具体准则、应用指南，以及《小企业会计准则》等。

会计电算化是现代企业会计核算的基本手段。采用电子计算机技术代替手工方式进行会计核算是现代科学技术和企业生产经营过程的有机结合，是会计核算的发展趋势。用电子计算机进行会计核算与手工会计核算，在会计法律上的规定是相同的，即两者使用一致的原始会计资料，由此产生的其他会计资料也是相同的；不同之处是在实行会计电算化后，除部分原始会计资料外，其他会计资料是由电子计算机按照规定的程序生成的。

会计软件是会计电算化的重要手段和工具，会计软件是否符合国家统一的会计制度规定的核算要求，是保证会计资料质量和会计工作正常进行的重要前提。因此，法律要求实行会计电算化的单位，使用的会计软件必须符合国家统一的会计制度的规定，以保证电子计算机生成的会计资料真实、完整和安全。

二、会计核算基础

（一）会计假设

会计假设是企业会计确认、计量和报告的前提，是为了保证会计工作的正常进行和会计信息的质量,对会计核算的范围、内容、基本程序和方法所做的基本假定。企业在组织会计核算时应遵循四项基本会计假设,包括会计主体假设、持续经营假设、会计分期假设、货币计量假设。

1. 会计主体假设

会计主体是指进行独立会计核算的个体或单位,是会计信息反映和报告的基本单位。会计主体假设是指会计核算应当以企业发生的各项经济业务为对象,记录和反映企业自身的各项生产活动。会计主体假设明确了会计工作的空间范围。要注意的是,会计主体与法律主体并不是同一概念,法律主体必然是会计主体,但会计主体不一定就是法律主体。

2. 持续经营假设

持续经营假设是指假设会计主体的生产经营活动在可预见的未来会持续运营,不会破产或清算,并在此前提下选择会计程序及会计处理方法,进行会计核算。持续经营假设是会计核算的重要前提,它确保了会计信息的连续性、一致性和可比性,对于维护企业财务信息的真实性和可靠性具有重要意义。然而,财务困难或市场环境发生重大变化等导致持续经营假设不再成立的,企业应当及时调整会计处理方法,以反映实际情况。

3. 会计分期假设

会计分期假设是指把企业持续不断的生产经营过程,划分为较短的相对等距的会计期间,目的是定期结算账目及编制会计报表,及时反映一定期间的财务状况和经营成果,以满足相关利益人的需要。

会计分期假设是对会计工作时间范围的具体划分,主要包括会计年度、半年度、季度和月度。我国以日历年度作为会计年度。《会计法》第十一条规定:

会计年度自公历1月1日起至12月31日止。

> 【例题·单选题】下列各项中,符合我国法定会计年度期间的是( )。
> A. 在中国设立的外资企业以公历1月1日起至12月31日止
> B. 在中国设立的中外投资企业以公历7月1日起至6月30日止
> C. 国有企业在外国设立分支机构以公历7月1日起至6月30日止
> D. 由企业根据经营特点自行确定的会计年度期间
> 【答案】A

4. 货币计量假设

货币计量是指会计主体在会计核算过程中应采用货币作为计量单位,记录、反映会计主体的经营情况。货币计量假设的目的是便于财务会计报告的使用者阅读和使用,也便于税务、工商等部门通过财务会计报告计算应缴税款和年检。

我国会计核算中要求企业选用一种货币作为基准,称为记账本位币,记账本位币以外的货币则称为外币。记账本位币一经确定,不得随意变动。《会计法》第十二条规定：

会计核算以人民币为记账本位币。

业务收支以人民币以外的货币为主的单位，可以选定其中一种货币作为记账本位币，但是编报的财务会计报告应当折算为人民币。

综上所述，会计假设虽然是人为确定的，但完全是出于客观需要，有充分的客观必然性。否则，会计核算工作就无法进行。这四项假设为会计核算工作的开展奠定了基础，缺一不可，既有联系也有区别，也是确定会计原则的基础。

【例题·单选题】业务收支以人民币以外的货币为主的单位，（　　）。
A. 记账本位币、年终报表折算货币均由单位自由选择
B. 记账本位币、年终报表折算货币都必须使用人民币
C. 单位可以选定其中一种货币作为记账本位币，但年终报表折算货币须用人民币
D. 可以根据需要变动记账本位币
【答案】C

（二）会计文字记录

我国是个多民族、多语言文字的国家，改革开放以后，大量外国经济组织在我国投资办企业，所使用的语言文字丰富多样。会计资料作为一种商业语言和社会资源，必须使用规范统一的文字才能使会计资料的使用者真正全面地了解会计资料反映的实际情况。《会计法》第二十二条规定：

会计记录的文字应当使用中文。在民族自治地方，会计记录可以同时使用当地通用的一种民族文字。在中华人民共和国境内的外商投资企业、外国企业和其他外国组织的会计记录可以同时使用一种外国文字。

根据这一法定要求，我国境内所有国家机关、社会团体、公司、企业、事业单位和其他组织的会计记录文字都必须使用中文。民族自治地方和在我国境内的外国组织，可以同时使用另外一种文字，即使用中文是强制性的，使用其他通用文字是备选性的，不能理解为可以使用中文，也可以使用其他通用文字。

【例题·多选题】下列关于会计文字记录的表述中，正确的有（　　）。
A. 在我国境内的外国组织可以单独使用外国文字
B. 我国境内所有单位的会计记录都必须使用中文
C. 民族自治地方的单位的会计记录，可以在使用中文的前提下同时使用当地通用的一种民族文字
D. 使用中文是强制性的，使用其他通用文字是备选性的
【答案】BCD

三、会计核算的内容

经济组织在其生产经营活动中，会产生各种经济业务事项。《会计法》第十条规定：各单位应当对下列经济业务事项办理会计手续，进行会计核算：

（一）资产的增减和使用；

（二）负债的增减；

（三）净资产（所有者权益）的增减；

（四）收入、支出、费用、成本的增减；

（五）财务成果的计算和处理；

（六）需要办理会计手续、进行会计核算的其他事项。

具体核算内容如下所述。

（一）资产的增减和使用

会计核算中，企业要对资产的变动情况进行及时记录和反映，以确保资产信息的准确性和可靠性。具体来说，包括以下几个方面。

（1）资产的增减。当企业取得新的资产时，会计人员应当及时记录和反映这一变动，包括购买固定资产、无形资产、存货等资产，以及通过其他方式获得的资产，如投资收益、接受捐赠等。当企业资产减少时，会计人员也应当及时记录和反映这一变动，包括资产的出售、报废、毁损等，以及通过其他方式减少的资产，如支付债务、承担损失等。

（2）资产的使用。企业资产在使用过程中，其价值可能发生变化。会计人员应当根据实际情况，合理估计资产的使用寿命、残值和折旧，确保资产信息的准确性。在特定情况下，企业可能需要对资产进行评估，以反映资产的真实价值。这包括资产减值准备的计提，以及资产评估结果的记录和反映。

（3）资产的披露。在财务报表中，企业应当披露与资产相关的信息，如资产的种类、数量、账面价值、减值准备等，以便财务会计报告使用者了解企业的资产状况。

（二）负债的增减

会计核算中，企业要对负债的变动情况进行及时记录和反映，以确保负债信息的准确性和可靠性。

（1）负债的增减。企业在借入资金、赊购商品或服务、签订合同、承担赔偿责任时会增加负债，在偿还债务、解除合同或承担损失时会减少负债。企业负债增加或减少时，会计人员应当及时记录并反映这一变动。

（2）负债的使用。企业在经营过程中，负债的价值可能发生变化。会计人员应当根据实际情况，合理估计负债的使用期限、利息支出等，确保负债信息的准确性，并根据具体情况，判断是否需要对负债进行评估，以反映负债的真实价值。

（3）负债的披露。企业应当在财务报表中披露与负债相关的信息，如负债的种类、数量、账面价值、利息支出等，以便财务会计报告使用者了解企业的负债状况。

（三）所有者权益的增减

会计核算中，企业要对所有者权益的变动情况进行及时记录和反映，以确保所有者权益信息的准确性和可靠性。

（1）所有者权益的增减。当企业出现盈利、股东投资等事项时，所有者权益会增加；当企业出现亏损、股东撤资等事项时，所有者权益会减少。会计人员应当在影响所有者权益的事项出现时，及时记录和反映所有者权益的变动。

（2）所有者权益的评估。企业经营当中，所有者权益的价值可能会发生变化。会计人员应当准确计量，确保所有者权益信息的准确性。在特定情况下，企业可能需要对所有者权益进行评估，以反映所有者权益的真实价值。这包括预计所有者权益的计提，以及所有者权益评估结果的记录和反映。

（3）所有者权益的披露。企业应当在财务报表中披露与所有者权益相关的信息，如所有者权益的种类、数量、账面价值等，以便财务会计报告使用者了解企业的所有者权益状况。

（四）损益的增减

会计核算中，企业要对经济活动的变动情况进行及时记录和反映，以确保财务信息的准确性和可靠性。具体来说，主要包括以下几个方面。

1. 收入的增减

当企业实现销售、提供服务或出租资产等经济活动时，如企业产生销售收入（含现金销售或购销）、固定资产变卖收入时，会计人员应当及时记录和反映收入的增加。这包括主营业务收入和其他业务收入。月末、年末时，会计人员也应将收入减少并转入本年利润科目。

2. 费用的增减

企业为实现经营目标而发生的各种费用，如管理费用、销售费用、财务费用等，会计人员应当及时记录和反映费用的增加。如对企业当年发生的销售人员工资和利息费用等，会计人员应当及时记录和反映。月末、年末时，会计人员应将费用减少并转入本年利润科目。

3. 成本的增减

企业为生产产品或提供服务而发生的成本，包括直接成本和间接成本，会计人员应当及时记录和反映成本的增加。如会计人员经过成本核算，确认增加当年产品销售成本的数额并及时记录和反映。月末、年末时，会计人员应将成本减少并转入本年利润科目。

（五）财务成果的处理和披露

1. 财务成果的处理

财务成果处理是指单位在一定时期内通过从事经营活动而在财务上所取得的结果，具体表现为盈利或亏损。财务成果的处理一般包括利润的形成和利润的分配两个部分，涉及行政事业单位、国家等各方面的经济利益，必须严格按照国家统一的规定进行财务成果的处理。

2. 财务成果的披露

企业应当在财务报表中披露与财务成果相关的信息，如收入、支出、费用、成本等，以便财务会计报告使用者了解企业的财务成果状况。

（六）行政事业单位会计核算

（1）依据《政府会计制度》相关规定，行政事业单位会计核算应当具备财务会计与预算会计双重功能，实现财务会计与预算会计适度分离并相互衔接，全面、清晰反映单位财务信息和预算执行信息。

（2）行政事业单位财务会计核算实行权责发生制，单位预算会计核算实行收付实现制，国务院另有规定的，依照其规定。

（3）单位对于纳入部门预算管理的现金收支业务，在采用财务会计核算的同时应当进行预算会计核算；对于其他业务，仅需进行财务会计核算。

（4）单位会计要素包括财务会计要素和预算会计要素。其中，财务会计要素包括资产、负债、净资产、收入和费用；预算会计要素包括预算收入、预算支出和预算结余。

（七）其他事项

其他事项是指除上述六项经济业务事项以外的、按照国家统一会计制度规定应办理会计手续和进行会计核算的其他经济业务事项。随着我国经济的不断发展，新的会计业务不断出现，在有关会计制度中不可能对所有未来发生的会计事项都有规定，但对这些新出现的会计事项，也必须进行会计核算和反映。

四、会计凭证的规定

会计凭证是记录经济业务事项的发生或完成情况，明确经济责任，并作为记账依据的书面证明，是会计核算的重要会计资料，对会计核算过程、会计资料质量都起着至关重要的作用。《会计法》第十四条规定：

会计凭证包括原始凭证和记账凭证。

办理本法第十条所列的经济业务事项，必须填制或者取得原始凭证并及时送交会计机构。

会计机构、会计人员必须按照国家统一的会计制度的规定对原始凭证进行审核，对不真实、不合法的原始凭证有权不予接受，并向单位负责人报告；对记载不准确、不完整的原始凭证予以退回，并要求按照国家统一的会计制度的规定更正、补充。

原始凭证记载的各项内容均不得涂改；原始凭证有错误的，应当由出具单位重开或者更正，更正处应当加盖出具单位印章。原始凭证金额有错误的，应当由出具单位重开，不得在原始凭证上更正。

记账凭证应当根据经过审核的原始凭证及有关资料编制。

会计凭证按照填制程序和用途的不同分为原始凭证和记账凭证，相关内容如下所述。

（一）原始凭证

原始凭证是在经济业务事项发生时由经办人员直接取得或者填制、用以表明某项经济业务事项已经发生或完成情况、明确有关经济责任的一种原始凭据，是会计核算的原始依据。

1. 原始凭证的内容

按照《会计基础工作规范》的规定，原始凭证应包括如下内容：原始凭证名称；填制原始凭证的日期；填制原始凭证的单位名称或者填制人员的姓名；接受原始凭证的单位名称；经济业务事项内容；经济业务事项的数量、单价和金额；经办经济业务事项人员的签名或盖章。

2. 原始凭证的填制或取得

填制或取得原始凭证，是会计核算工作的起点。一般情况下，原始凭证都是由经济业务事项经办人员取得或填制的，涉及的人员较广，会计的专业知识也参差不齐。为了使会计工作能够顺利进行，办理经济业务事项的单位和人员，都必须填制或取得原始凭证并及时送交会计机构。对于"及时"的时间期限，一般理解为一个会计结算期，以能够保证会计核算工作的正常进行和当期会计资料的真实、完整。

从外单位取得的原始凭证如有遗失，应当取得原开出单位盖有公章的证明并注明原始凭证的号码、金额和内容等，由经办单位会计机构负责人、会计主管人员和单位领导人批准后，才能代作原始凭证。

3. 原始凭证的审核

审核原始凭证，是确保会计资料质量的重要措施之一，也是会计机构、会计人员的重要职责。

（1）会计机构、会计人员必须按照法定职责审核原始凭证。

（2）会计机构、会计人员审核原始凭证应当按照国家统一的会计制度的规定进行。

（3）会计机构、会计人员对不真实、不合法的原始凭证，有权不予受理，并向单位负责人报告，请求查明原因，追究有关当事人的责任；对记载不准确、不完整的原始凭证予以退回，并要求经办人员按照国家统一的会计制度的规定进行更正、补充。

【例题·多选题】某企业财务科王科长在审核原始凭证时，发现销售人员林某的报销发票中有一张发票经税务系统查验为不合法发票。其正确的做法是（　　）。

A. 不予接受　　　　　　　　B. 向总经理报告
C. 向总经理请求查明原因　　D. 退还给林某

【答案】ABC

4. 原始凭证错误的更正

会计凭证审核人员一旦发现原始凭证存在涂改或有错误的，应当予以更正。

(1) 原始凭证记载的各项内容均不得涂改。
(2) 原始凭证记载的内容有错误的，应当由开具单位重开或更正，更正工作须由原始凭证出具单位进行，并在更正处加盖出具单位印章。
(3) 原始凭证金额出现错误的不得更正，只能由原始凭证开具单位重新开具。
(4) 原始凭证开具单位应当依法开具准确无误的原始凭证，对于填制有误的原始凭证，负有更正和重新开具的法律义务，不得拒绝。

5. 电子原始凭证的管理

电子原始凭证可由单位内部生成，也可从外部接收。单位以会计信息系统处理的，系统应当能够准确、完整、有效地读取或者解析电子原始凭证及其元数据。《会计信息化工作规范》第二十四条规定：

单位应当建立安全便捷的电子原始凭证获取渠道。鼓励单位通过数据交换、数据集成等方式，实现电子原始凭证等会计数据的自动采集和接收。

【例题·单选题】下列各项中，不属于原始凭证的是（　　）。
A. 购物发票　　　B. 记账凭证　　　C. 领料单　　　D. 入库单
【答案】B

（二）记账凭证

记账凭证是对经济业务事项按其性质加以归类、确定会计分录，并据以登记会计账簿的凭证。记账凭证具有分类归纳原始凭证和满足登记会计账簿需要的作用。

1. 记账凭证的内容

记账凭证应当如实记录和反映经济活动的情况，主要包括以下要素：填制记账凭证的日期；记账凭证的名称和编号；经济业务事项摘要；应记会计科目、方向和金额；记账符号；记账凭证所附原始凭证的张数；记账凭证的填制人员、稽核人员、记账人员和会计机构负责人（会计主管人员）的签名或印章等。

2. 记账凭证的编制

记账凭证是形成会计账簿的重要会计资料。《会计基础工作规范》规定，记账凭证应当在经济业务发生或完成时，根据审核无误的原始凭证和有关资料及时进行编制，以保证会计核算工作的正常进行和当期会计资料的真实、完整。编制记账凭证时应当连续编号，便于查找和核对。

3. 记账凭证的管理

(1) 记账凭证登记完毕，应当连同所附的原始凭证或者原始凭证汇总表一起，按照分类编号装订成册，并进行妥善保管，不得散乱丢失。
(2) 对于数量过多的原始凭证，可以单独装订并保管，但需在封面上注明对应的记账凭证日期、编号及种类等信息，同时在记账凭证上注明"附件另订"和原始凭证名称及编号。

(3) 记账凭证不得外借，因特殊情况其他单位需要使用记账凭证中相关原始凭证的，应当在符合规定的情况下，经本单位会计机构负责人（会计主管人员）批准，方可复制。

4. 电子会计凭证的管理

电子会计凭证是指以电子形式生成、传输并存储的各类会计凭证，包括电子原始凭证、电子记账凭证。《会计信息化工作规范》第二十九条规定：

具备条件的单位应当推动电子会计凭证接收、生成、传输、存储、归档等各环节全流程无纸化、自动化处理。

单位处理和应用电子会计凭证，应当保证电子会计凭证的接收、生成、传输、存储等各环节安全可靠。《会计信息化工作规范》第二十五条规定：

单位应当通过完善会计信息系统功能、建立比对机制等方式，对接收的电子原始凭证等会计数据进行验证，确保其来源合法、真实，对电子原始凭证的任何篡改能够被发现，并设置必要的程序防止其重复入账。

> 【例题·多选题】下列各项中，属于变造原始凭证行为的是（   ）。
> A. 销售部门转来一张购货发票，原金额计算有误，出票单位已作更正并加盖出票单位公章
> B. 某业务员用消字灵将购货发票上的金额 50 万元修改为 80 万元进行报账
> C. 企业某现金出纳将一张报销凭证上的 7 000 元金额涂改为 9 000 元
> D. 某公司为一客户虚开销货发票一张，并按票面金额的 10% 收取佣金
> 【答案】BC

五、会计账簿的规定

会计账簿对会计凭证提供的大量分散数据或资料进行分类归集整理，以全面、连续、系统地记录和反映经济活动情况，是编制财务会计报告，检查、分析和控制单位经济活动的重要依据，也是会计资料的重要组成部分。

（一）依法设置会计账簿

设置会计账簿是单位进行会计核算的首要步骤，依法建账是会计核算中的最基本要求。《会计法》第三条规定：

各单位必须依法设置会计账簿，并保证其真实、完整。

依法建账的"法"，既包括《会计法》《会计基础工作规范》等，也包括其他法律、行政法规，如《中华人民共和国税收征收管理法》《中华人民共和国公司法》等。

会计账簿是对全部经济业务进行全面、系统、连续、分类地记录和核算的簿记，是由一定格式、相互联系的账页所组成的，包括总账、明细账、日记账和其他辅助账簿。

(1) 总账，也称总分类账，是根据会计科目（也称总账科目）开设的账簿，用于

分类登记单位的全部经济业务事项,提供资产、负债、资本、费用、成本、收入和成果等总括核算的资料。总账一般使用订本账。

(2) 明细账,也称明细分类账,是根据总账科目所属的明细科目设置的,用于分类登记某一类经济业务事项,提供有关明细核算资料。明细账一般采用活页账。

(3) 日记账,是一种特殊的序时明细账,它是按照经济业务事项发生的时间先后顺序,逐日逐笔地进行登记的账簿。包括现金日记账和银行存款日记账。日记账一般使用订本账。

(4) 其他辅助账簿,也称备查账簿,是为备忘备查而设置的账簿。在会计实务中,主要包括各种租借设备、物资的辅助登记,有关应收、应付款项的备查簿,担保、抵押备查簿等。

> 【例题·多选题】根据规定,(   )属于单位依法设置的会计账簿。
> A. 总账
> B. 应收账款明细账
> C. 现金日记账
> D. 出纳登记小金库的现金流水账
> 【答案】ABC

(二) 会计账簿的登记

《会计法》第十六条规定:

各单位发生的各项经济业务事项应当在依法设置的会计账簿上统一登记、核算,不得违反本法和国家统一的会计制度的规定私设会计账簿登记、核算。

会计账簿的登记应满足以下要求。

(1) 根据经过审核无误的会计凭证登记会计账簿。依据会计凭证登记会计账簿,是基本的会计记账规则,是保证会计账簿记录质量的重要一环。

(2) 按照记账规则登记会计账簿。《会计法》规定:会计账簿应当按照连续编号的页码顺序登记。会计账簿记录发生错误或者隔页、缺号、跳行的,应当按照国家统一的会计制度规定的方法更正,并由会计人员和会计机构负责人(会计主管人员)在更正处盖章。

(3) 使用电子计算机进行会计核算的单位,其会计账簿的登记、更正,应当符合国家统一的会计制度的规定。

(4) 禁止账外设账。各单位应当在依法设置的会计账簿上统一登记、核算,不得违反规定私设会计账簿登记、核算。

(三) 会计账目的核对

账目核对也称对账,是保证会计账簿记录质量的重要程序。《会计法》第十七条规定:

各单位应当定期将会计账簿记录与实物、款项及有关资料相互核对,保证会计账簿记录与实物及款项的实有数额相符、会计账簿记录与会计凭证的有关内容相符、会计账簿之间相对应的记录相符、会计账簿记录与会计报表的有关内容相符。

依据此规定，账目核对要做到账实相符、账证相符、账账相符和账表相符。

1. 账实相符

账实相符是会计账簿记录与实物、款项实有数核对相符的简称。保证账实相符，是会计核算的基本要求。企业的业务活动是资金运动和实物运动的统一过程，会计账簿记录的主要是价值运动，而实物运动在一定程度上是脱离价值运动的。要全面反映企业实物、款项的增减变化情况，就必须在会计账簿记录上如实记录、登记。通过会计账簿记录与实物、款项的实有数相核对，可以检查、验证会计账簿记录的正确性，发现财产物资和现金管理中存在的问题，有利于查明原因、明确责任，有利于改善管理、提高效益，有利于保证会计资料真实、完整。

2. 账证相符

账证相符是会计账簿记录与会计凭证有关内容核对相符的简称。保证账证相符，也是会计核算的基本要求。会计账簿是根据会计凭证等资料登记的，会计凭证是会计账簿登记的基础。通过账证核对，可以检查、验证会计账簿记录和会计凭证的内容是否正确无误，以保证会计账簿资料真实、完整。各单位应当定期将会计账簿记录与其相应的会计凭证记录（包括时间、编号、内容、金额、记账方向等）逐项核对，检查是否一致。

3. 账账相符

账账相符是会计账簿之间对应记录核对相符的简称。会计账簿之间，包括总账各账户之间、总账与明细账之间、总账与日记账之间、会计机构的财产物资明细账与保管部门、使用部门的有关财产物资明细账之间存在着内在联系。通过定期核对，可以检查、验证、确认会计账簿记录的正确性，便于及时发现问题，纠正错误，保证会计资料的真实、完整和准确无误。

4. 账表相符

账表相符是会计账簿记录与会计报表有关内容核对相符的简称。保证账表相符，同样也是会计核算的基本要求。会计账簿和相关资料是编制会计报表的基础，两者之间存在着必然的联系。通过检查账表之间的相互关系，可以发现其中是否存在违法行为。

【例题·单选题】下列会计账目核对中属于账表核对的是（　　）。
A. 会计明细账与保险箱中现金核对
B. 会计明细账与记账凭证核对
C. 会计总账与明细账核对
D. 会计总账与资产负债表核对
【答案】D

六、财产清查的规定

(一) 财产清查的概念

财产清查是定期或不定期、全面或部分地对各项财产物资进行实地盘点和对库存现金、银行存款、债权债务进行清查核实的一种行为。

(二) 财产清查的法律要求

财产清查是会计核算工作的一项重要程序,会计人员进行财产清查,可以确定各项财产的实存数,以便查明实存数与账面数是否相符,并根据国家统一的会计制度的规定进行会计处理,以保证财务会计报告反映的会计信息真实、完整。同时,可以发现财产管理工作中存在的问题,改善经营管理,保护财产的完整和安全。

(三) 财产清查的种类

1. 按照清查的对象和范围划分

财产清查可分为全面清查和局部清查。

(1) 全面清查。全面清查是指对某单位的全部财产进行彻底的检查和核对,以确认财产的真实性、完整性和合法性。全面清查的范围广、内容多,需投入大量人力,只适用于年终结算前的清查,以及企业破产、合并、改变隶属关系、清产核资或单位主要负责人离任等特殊情况。

(2) 局部清查。局部清查是指对某单位资产中的某一类资产如固定资产、存货与特定时间段的财务记录等进行检查和核对,而不是对全部财产进行清查。这种清查通常针对特定类型的资产、特定部门或特定时期内的财产变动,是企业根据需要对部分财产、物资和往来款项等进行盘点和清查。

2. 按照清查的时间划分

财产清查可分为定期清查和不定期清查。

(1) 定期清查。定期清查通常在年末、半年末、季末、月末结账时进行。

(2) 不定期清查。不定期清查是指事先没有规定清查时间,根据特殊需要进行的临时性清查。

【例题·多选题】下列属于全面清查的是( )。
A. 甲公司总经理林某被调至另一公司任职,离任前集团审计来查账
B. 乙公司年底轧账前,会计前去仓库抽盘
C. 丙公司的出纳离职,离职前与新出纳办理现金清点及交接
D. 丁公司被乙公司收购后,丁公司派人来清查公司资产
【答案】AD

七、财务会计报告的规定

财务会计报告是企业和其他单位向有关方面及国家有关部门提供的其在某一特定日

期财务状况和某一会计期间经营成果、现金流量的文件。《会计法》第二十条规定：

财务会计报告应当根据经过审核的会计账簿记录和有关资料编制，并符合本法和国家统一的会计制度关于财务会计报告的编制要求、提供对象和提供期限的规定；其他法律、行政法规另有规定的，从其规定。

向不同的会计资料使用者提供的财务会计报告，其编制依据应当一致。有关法律、行政法规规定财务会计报告须经注册会计师审计的，注册会计师及其所在的会计师事务所出具的审计报告应当随同财务会计报告一并提供。

具体包括以下几方面的内容。

（一）财务会计报告的构成

财务会计报告是企业对外披露财务信息的重要工具，反映企业的财务状况、经营成果和现金流量等信息，为利益相关者提供决策依据，由会计报表、会计报表附注和财务情况说明书组成。

1. 会计报表

会计报表是根据会计账簿记录和有关资料，按照规定的报表格式，总括反映一定会计期间的经济活动和财务收支情况及其结果的一种报告文件，主要包括资产负债表、利润表、现金流量表、所有者权益变动表。其中，资产负债表反映企业在某一特定日期的财务状况，包括资产、负债和所有者权益的构成；利润表反映企业在一定会计期间内的经营成果，包括营业收入、营业成本、营业利润、净利润等；现金流量表反映企业在一定会计期间内的现金流入和现金流出情况，包括经营活动、投资活动和筹资活动产生的现金流量；所有者权益变动表反映企业在一定会计期间内所有者权益的变动情况，包括净利润、其他综合收益、股东投资等。

2. 会计报表附注

会计报表附注对会计报表中披露的信息进行解释和补充，是财务会计报告的重要组成部分。会计报表附注主要包括两类内容：一是对会计报表各要素的补充说明；二是对那些会计报表中无法描述的其他财务信息的补充说明。按照《企业会计准则第30号——财务报表列报》的要求，会计报表附注披露的内容主要包括会计政策、会计估计、关联方关系及交易、重要会计事项等，并按如下顺序进行披露。

（1）企业的基本情况。
（2）财务报表的编制基础。
（3）遵循企业会计准则的声明。
（4）重要会计政策和会计估计。
（5）会计政策和会计估计变更以及差错更正的说明。
（6）报表重要项目的说明。
（7）或有和承诺事项、资产负债表日后非调整事项、关联方关系及其交易等需要说明的事项。
（8）有助于财务报表使用者评价企业管理资本的目标、政策及程序的信息。

企业还应当在附注中披露在资产负债表日后、财务报告批准报出日前提议或宣布发放的股利总额和每股股利金额（或向投资者分配的利润总额）。

3. 财务情况说明书

财务情况说明书是对单位一定会计期间内财务、成本等情况进行分析总结的书面文字报告，是财务会计报告的组成部分。财务情况说明书全面提供公司、企业和其他单位生产经营、业务活动情况，分析总结经营业绩和存在的不足，是财务会计报告使用者，特别是单位负责人和国家宏观管理部门了解和考核有关单位生产经营和业务活动开展情况的重要资料。按照《企业财务会计报告条例》的规定，财务情况说明书至少应当对下列情况作出说明。

（1）企业生产经营的基本情况。
（2）利润实现和分配情况。
（3）资金增减和周转情况。
（4）对企业财务状况、经营成果和现金流量有重大影响的其他事项。

4. 政府主体会计报表

依据《政府会计制度》规定，各级各类行政单位和事业单位，应按规定编制财务报表和预算会计报表。

（1）财务报表。财务报表的编制主要以权责发生制为基础，以单位财务会计核算生成的数据为准。财务报表由会计报表及其附注构成，包括资产负债表、收入费用表和净资产变动表，并可根据实际情况自行选择编制现金流量表。

（2）预算会计报表。预算会计报表的编制主要以收付实现制为基础，以单位预算会计核算生成的数据为准。预算会计报表至少包括预算收入支出表、预算结转结余变动表和财政拨款预算收入支出表。

（二）财务会计报告的编制

财务会计报告的编制，是会计核算工作的重要环节。《会计法》《企业财务会计报告条例》《企业会计准则第 30 号——财务报表列报》以及《政府会计准则——基本准则》对财务会计报告的编制依据、编制要求、提供对象、提供期限等问题作出了明确规定。

1. 财务会计报告的编制依据

各单位的财务会计报告必须根据经过审核的会计账簿记录和有关资料编制。依据经过审核的会计账簿记录和有关资料编制财务会计报告，是保证财务会计报告质量的重要环节。编制财务会计报告的主要目的是为投资者、债权人和其他财务会计报告使用者提供对决策有用的财务会计资料和信息，促进社会资源的合理配置，为国家和社会公众服务。保证会计账簿记录和有关资料的真实、完整，严格的审核正是一个不可或缺的重要环节。

2. 财务会计报告的编制要求

财务会计报告是一个单位经营和业务活动、财务状况的综合反映，是财务会计报告使用者进行有关决策的重要依据,也是政府部门进行宏观经济管理的重要依据,这就要求各单位应当依法编制财务会计报告,从而保证财务会计报告的编制符合法律、行政法规和国家统一的会计制度的要求。《企业会计准则第30号——财务报表列报》对财务报表的编制提出如下基本要求。

(1) 企业应当以持续经营为基础,根据实际发生的交易和事项,按照《企业会计准则——基本准则》和其他各项会计准则的规定进行确认和计量,在此基础上编制财务报表。

(2) 财务报表项目的列报应当在各个会计期间保持一致。

(3) 性质或功能不同的项目,应当在财务报表中单独列报,但不具有重要性的项目除外。

(4) 财务报表中的资产项目和负债项目的金额、收入项目和费用项目的金额一般不得相互抵销。

(5) 当期财务报表的列报,至少应当提供所有列报项目上一个可比会计期间的比较数据,以及与理解当期财务报表相关的说明,但其他会计准则另有规定的除外。

3. 财务会计报告的提供对象

各单位的财务会计报告应当按照规定的对象,向本单位、本单位的有关财务关系人(如投资者、债权人)以及政府有关管理部门(如财政部门、税务部门)等提供,以便于有关的财务关系人及政府部门及时了解经营和业务活动情况,据此作出相关决策。以不同的依据编制的财务会计报告,是虚假的财务会计报告,是严重的违法行为,必须依法制止和惩治。

4. 财务会计报告的提供期限

《企业财务会计报告条例》规定,财务会计报告分为年度、半年度、季度和月度财务会计报告。依据《企业会计准则第30号——财务报表列报》规定,企业至少应当按年编制财务报表。年度财务报表涵盖的期间短于一年的,应当披露年度财务报表的涵盖期间、短于一年的原因以及报表数据不具可比性的事实。对外提供中期财务报告的,还应遵循《企业会计准则第32号——中期财务报告》的规定。

5. 行政事业单位的报告编制

依据《政府会计准则——基本准则》规定,政府会计由预算会计和财务会计构成。因而,政府会计主体应当编制决算报告和财务报告。

(1) 决算报告。决算报告的目标是向使用者提供与政府预算执行情况有关的信息,综合反映政府会计主体预算收支的年度执行结果。政府决算报告使用者包括各级人民代表大会及其常务委员会、各级政府及其有关部门、政府会计主体自身、社会公众和其他利益相关者。

(2) 财务报告。财务报告的目标是向使用者提供与政府的财务状况、运行情况(含运行成本,下同)和现金流量等有关的信息,反映政府会计主体公共受托责任履行情况。政府财务报告使用者包括各级人民代表大会常务委员会、债权人、各级政府及其有关部门、政府会计主体自身和其他利益相关者。

> 【例题·判断题】甲企业会计根据实际经营情况编制报表给企业总经理。总经理让会计根据企业贷款金额虚增资产编制报表提供给了银行,以便获得银行的贷款。甲企业总经理的做法是为了企业着想,并没什么不妥。( )
>
> 【答案】×
>
> 【解析】企业不得采取不同的编制基础、编制依据分别编制财务会计报告提供给不同的相关方。

(三) 或有事项的列报与披露

或有事项是指现存的一种状况,具有不确定性,其最终结果是损失还是收益,只能由某些不完全由企业控制的未来不确定事项的发生或不发生予以证明,可能会给企业未来经营的财务状况带来影响(包括风险)。《会计法》第十九条规定:

单位提供的担保、未决诉讼等或有事项,应当按照国家统一的会计制度的规定,在财务会计报告中予以说明。

企业在识别或有事项时,应根据会计准则的要求,对或有事项进行评估,并在财务报表中予以确认、列报和披露。因或有事项可能发生的损失称为或有损失,如果或有损失的可能性较低,或者金额无法可靠估计,则可能需要在财务报表的附注中进行说明。

或有事项涉及的情形有担保和未决诉讼。

1. 担保

(1) 保证,是指由第三人向债权人担保,在债务人不履行债务时,由该第三人负责履行债务或者承担责任。依照《中华人民共和国民法典》的规定,保证分为一般保证和连带责任保证。二者的主要区别是:一般保证是只有在债务人确实不能履行债务时,保证人才承担责任。换言之,债权人首先应当向债务人追偿债务,而不能直接向保证人主张权利,保证人在主合同纠纷未经审判或仲裁,并就债务人财产依法强制执行仍不能履行债务前,对债权人可以拒绝承担保证责任。而连带责任保证是指一旦被保证履行的债务期限届满而债务人未履行债务,债权人就可以直接要求保证人承担保证责任。因此,连带责任保证是一种比一般保证更为严格的保证方式。但无论是哪种保证方式,作为保证人都有以单位财产承担保证责任的可能。

(2) 抵押,是指债务人或者第三人不转移财产的占有,将该财产作为债权的担保。债务人不履行债务时,债权人有权依法以该财产折价或者以拍卖、变卖该财产的价款优先受偿。虽以抵押方式提供担保不转移对财产的占有,抵押人仍然具有对抵押财产的占有、使用收益、处分的权利,但是存在以抵押财产清偿债务的可能。这种担保方式既包括以单位的财产为自己履行合同提供担保,又包括以单位的财产为他人履行合同提供担保。

(3) 质押,是指债务人或第三人将其动产或者权利移交债权人占有,将该动产或者权利作为债权的担保。当债务人不履行债务时,债权人有权依法以该动产或者权利折价拍卖、变卖的价款优先受偿。虽然质押不转移质押物的所有权，但是存在以质押物支偿债务的可能。这种担保方式既包括以单位的财产或者权利为自己提供担保，也包括以单位的财产或者权利为他人提供担保。

单位提供担保，无论是一般保证还是连带责任保证，无论是单位为自己提供担保还是为他人提供担保，都存在以单位财产承担担保责任的可能。

2. 未决诉讼

未决诉讼是指单位作为原告或者被告正在进行的未作最后判决的民事诉讼。双方当事人的民事纠纷起诉到法院后，法院的最后判决是确定双方当事人权利义务的依据。在诉讼尚未结束，法院未做最后判决之前，双方的权利义务是不确定的。

财务会计报告是一个单位依法向国家有关部门提供或者向社会公开披露的反映单位财务状况和经营成果的书面文件，应当全面、真实、完整地反映单位的资产情况。单位如果提供了担保，就存在以提供的担保财产清偿债务的可能，即存在或有损失；未决诉讼使单位在民事诉讼中的责任尚未确定，存在着或有收益、或有损失，这些都涉及单位的资产问题。为此，《会计法》要求单位应当按照国家统一的会计制度的规定将其提供担保、未决诉讼等或有事项在财务会计报告中予以说明，以使单位的财务会计报告充分反映单位真实的财务状况。

（四）会计报告的签章与责任主体

在财务会计报告上签章是明确责任的重要程序，目的是督促签章人对财务会计报告的内容严格把关并承担责任。《会计法》第二十一条规定：

财务会计报告应当由单位负责人和主管会计工作的负责人、会计机构负责人（会计主管人员）签名并盖章；设置总会计师的单位，还须由总会计师签名并盖章。

单位负责人应当保证财务会计报告真实、完整。

《会计法》《企业财务会计报告条例》规定，单位负责人是单位对外提供的财务会计报告的责任主体。财务会计报告虽然主要由会计人员编制，但财务会计报告的编制不是会计人员的个人行为，财务会计报告所反映的情况是单位全体经营管理人员工作成果的综合体现。单位负责人作为法定代表人，依法代表单位行使职权，应当对本单位对外提供的财务会计报告的质量负责。

【例题·单选题】根据规定，下列单位有关负责人在财务会计报告上签章，做法正确的是（　　）。

A. 签名　　　　　　　　　　B. 盖章
C. 签名或盖章　　　　　　　D. 签名并盖章

【答案】D

【例题·多选题】根据规定,应当在单位对外提供的财务会计报告上签字并盖章的有(   )。
A. 单位负责人
B. 会计机构负责人
C. 总会计师
D. 单位内部审计人员
【答案】ABC

八、会计档案管理的规定

会计档案是单位记录和反映经济业务事项的重要历史资料和证据,主要包括会计凭证、会计账簿、财务会计报告以及其他会计资料等。《会计法》第二十三条规定:

各单位对会计凭证、会计账簿、财务会计报告和其他会计资料应当建立档案,妥善保管。会计档案的保管期限、销毁、安全保护等具体管理办法,由国务院财政部门会同有关部门制定。

(一) 会计档案的保管

会计档案管理是一项技术性、政策性都很强的工作,会计档案的立卷、归档、保管、调阅和销毁,以及单位变更后的会计档案管理等都有明确的要求。根据《会计档案管理办法》的规定,会计档案应当妥善保管。会计档案由单位会计管理机构负责整理归档,并保管一年。期满后,再移交给单位的会计档案管理机构或指定专人继续保管;因工作需要延迟移交的,应当经单位档案管理机构同意,但单位会计管理机构保管会计档案最长不得超过三年。出纳人员不得兼管会计档案。

单位应当按照国家有关电子会计档案管理的规定,建立和完善电子会计资料的形成、收集、整理、归档和电子会计档案的保管、统计、利用、鉴定、处置等管理制度,采取可靠的安全防护技术和措施,保证电子会计档案在传递及存储过程中的真实性、完整性、可用性和安全性,加强电子会计资料归档和电子会计档案管理。《会计信息化工作规范》第二十七条规定:

单位以电子会计凭证的纸质打印件作为报销、入账、归档依据的,必须同时保存打印该纸质件的电子会计凭证原文件,并建立纸质会计凭证与其对应电子文件的检索关系。

即符合电子凭证会计数据标准的入账信息结构化数据文件应当与电子会计凭证同步归档。

(二) 会计档案的移交与查阅

单位会计管理机构在办理会计档案移交时,应当编制会计档案移交清册,并按照规定进行移交手续。纸质会计档案移交时应当保持原卷的封装,电子会计档案移交时应当将电子会计档案及其原数据一并移交,特殊格式的电子会计档案应当与其读取平台一并移交。

单位应当严格按相关制度利用会计档案，在进行会计档案查阅、复制、借出时履行登记手续，严禁篡改和损毁。单位会计档案不得借出，如有特殊需要，经本单位负责人批准后可以提供查阅或者复制原件。采用电子计算机进行会计核算的单位，应当保存打印出的纸质会计档案。

单位应当加强电子会计档案管理。单位的电子会计档案需要携带、寄运或者传输至境外的，应当按照国家有关规定执行。

（三）会计档案保管的期限

会计档案对于单位总结经济工作，指导单位的生产经营和管理，查验经济财务问题，防止舞弊以及研究经济发展的方针、战略都具有重要作用。因此，会计档案需要慎重保管。会计档案保管期限分为永久和定期两类，保管期限从会计年度终了后第一天算起。

（1）会计凭证类。原始凭证、记账凭证、汇总凭证等会计凭证类，保管期限为三十年。

（2）会计账簿类。总账、明细账、日记账、辅助账簿及其他账簿，保管期限为三十年。固定资产卡片账在固定资产报废清理后保管五年。

（3）财务报告类。包括会计报表、附表、附注及文字说明。其中月度、季度、半年度财务会计报告，保管期限为十年；年度财务会计报告，永久保管。

（4）其他类。银行存款余额调节表、银行对账单、纳税申报表等，保管期限为十年；会计档案移交清册、会计档案保管清册、会计档案销毁清册、会计档案鉴定意见书等，永久保管。

（四）会计档案的销毁

会计档案应当按规定程序销毁。保管期满的会计档案，应由单位档案管理机构提出销毁意见，会同会计机构共同鉴定，报单位负责人批准后，由单位档案管理机构和会计管理机构共同派员监销；保管期满但未结清的债权债务原始凭证及其他未了事项的原始凭证，不得销毁，应当单独抽出立卷，保管到未了事项完结时为止；正在项目建设期间的建设单位，其保管期满的会计档案不得销毁。

【例题·单选题】某公司 2023 年 4 月 1 日形成的会计档案，可暂由本单位财务部门保管到（　　），期满后，原则上移交档案保管部门保管。

A. 2023 年 5 月 1 日

B. 2023 年 12 月 31 日

C. 2024 年 4 月 1 日

D. 2024 年 12 月 31 日

【答案】D

【解析】当年形成的会计档案，在会计年度终了后，可暂由单位会计管理机构保管一年。期满后由单位会计管理机构编制移交清册，移交本单位的档案管理机构统一保管。

第四节 会计监督制度

会计监督是会计的基本职能之一,是我国经济监督体系的重要组成部分。目前我国已形成了三位一体的会计监督体系,包括单位内部监督、以政府财政部门为主体的政府监督和以注册会计师为主体的社会监督。

一、会计工作的内部监督

(一) 内部会计监督的概念

内部会计监督是单位会计机构与会计人员依照法律规定,通过会计手段,为保护资产的安全完整、防止舞弊及控制风险等目的,而在单位内部采取的一系列相互联系、相互制约的制度和方法。《会计法》第五条规定:

会计机构、会计人员依照本法规定进行会计核算,实行会计监督。

(二) 内部会计监督制度要求

内部会计监督制度是保证单位内部会计秩序、防止有关部门人员故意违法、预防单位内部管理失控的重要会计监督制度。《会计法》第二十五条规定:

各单位应当建立、健全本单位内部会计监督制度,并将其纳入本单位内部控制制度。

内部会计监督制度本质是单位的内部控制制度,该制度要求各单位应当加强对本单位经济业务、财务管理、会计行为的日常监督。

(1) 记账人员与经济业务事项和会计事项的审批人员、经办人员、财物保管人员的职责权限应当明确,并相互分离、相互制约。

(2) 重大对外投资、资产处置、资金调度和其他重要经济业务事项的决策和执行的相互监督、相互制约程序应当明确。

(3) 财产清查的范围、期限和组织程序应当明确。

(4) 对会计资料定期进行内部审计的办法和程序应当明确。

(5) 国务院财政部门规定的其他要求。

【例题·单选题】下列关于单位内部会计监督制度的说法中,正确的是(   )。
A. 会计事项的经办人员和审批人员可由一人兼任
B. 记账人员和经济业务的审批人员可由一人兼任
C. 内部审计人员可对单位进行查账
D. 记账和资金收付可由一人兼任
【答案】C

(三) 内部会计监督的主体和对象

各单位应当结合自身实际情况,建立权责清晰、约束有力的内部会计监督机制和内部控制体系,明确内部会计监督的主体,并落实内部会计监督主体责任。

1. 内部会计监督的主体

《会计法》从法律上赋予了各单位的会计机构、会计人员对本单位的经济活动进行会计监督的权利与义务,因而,内部会计监督的主体是各单位的会计机构、会计人员。

2. 内部会计监督的对象

内部会计监督的对象是单位的经济活动。承担会计监督职责的机构或人员,负责对本单位的经济业务、财会行为和会计资料等进行日常监督及检查。

(四) 单位内部会计监督中的职权

单位负责人负责建立单位内部会计监督制度并组织实施,对本单位内部会计监督制度的建立及有效实施承担最终责任。《会计法》第二十六条规定:

单位负责人应当保证会计机构、会计人员依法履行职责,不得授意、指使、强令会计机构、会计人员违法办理会计事项。

会计机构、会计人员对违反本法和国家统一的会计制度规定的会计事项,有权拒绝办理或者按照职权予以纠正。

单位负责人、会计人员在单位内部会计监督中的职责如下所述。

1. 单位负责人的职责

单位负责人是本单位会计监督工作的第一责任人,有义务为会计机构、会计人员依法履行会计工作职责创造有利条件,提供有效保障。这是《会计法》对单位负责人提出的法定职责。

单位负责人不得授意、指使、强令会计机构、会计人员违法办理会计事项。这些行为不仅危害了经济管理和会计管理,而且直接与会计监督的本意相违背,应予以禁止。

2. 会计机构、会计人员的职责

会计机构、会计人员依法履行职责,既是会计监督的基本要求,也是实现内部会计监督的重要保证。为保证会计资料的真实性、完整性,会计机构和会计人员必须加强对本单位会计资料和财产物资的监督,建立款项和实物核查制度,保证账账相符、账证相符、账实相符、账表相符,对账实不符的情况,要及时作出处理。

【提示】《会计法》第二十七条规定:

会计机构、会计人员发现会计账簿记录与实物、款项及有关资料不相符的,按照国家统一的会计制度的规定有权自行处理的,应当及时处理;无权处理的,应当立即向单位负责人报告,请求查明原因,作出处理。

会计机构、会计人员对不真实、不合法的单证,在职权范围内应当予以制止和纠正。

(五) 内部稽核制度

内部稽核制度是一种内部控制机制，包括稽查和复核，旨在通过独立的审核和检查活动，确保组织的财务报告、内部控制、治理结构和管理体系等方面的准确性和合规性。《会计法》第三十五条规定：

会计机构内部应当建立稽核制度。

出纳人员不得兼任稽核、会计档案保管和收入、支出、费用、债权债务账目的登记工作。

稽核制度的核心是设立专门的稽核部门或稽核人员，并由其负责对单位的会计活动进行定期或不定期的检查和评估，以发现潜在的问题和风险，提出改进建议。

会计机构内部稽核工作主要包括以下几个方面。

（1）保证稽核部门及人员的独立性。稽核部门或稽核人员应独立于被稽核的业务，以确保稽核工作的客观性和公正性，如稽核人员不得兼任出纳工作。

（2）确保稽核工作的规范性。稽核工作应遵循国家和行业的相关法规和标准，确保稽核工作的规范性和标准化。

（3）确保稽核内容的全面性。稽核部门或稽核人员检查财务预算与决策的编制依据是否可靠；发生的经济业务或财务收支是否符合有关法律法规的规定；会计核算的内容是否真实、合法、准确、完整；各项财产物资的增减变动和结存情况，是否存在账实不符的情况；等等。

【例题·多选题】下列属于单位内部会计控制内容的是（　　）。
A. 为了节约成本，让出纳兼任单位费用账的登记
B. 预计投放广告超出预算，找总经理特批追加预算
C. 年底事多，会计科科长同意年底的盘点推迟到次年3月末
D. 加强电子信息技术控制
【答案】BD

(六) 内部审计

1. 内部审计概述

（1）内部审计的概念。内部审计是指由本部门内部设置的审计机构或者配备的专职审计人员依法独立地对本部门、本单位及下属单位的财务及有关经济活动的真实性、合法性和效益性进行评价和监督的过程。依据《会计法》第二十五条中的内容，单位内部会计监督制度中应当明确对会计资料定期进行内部审计的办法和程序。

（2）内部审计的特点。内部审计的特点包括独立性，即内部审计部门或人员应独立于被审计的业务部门，以确保审计工作的公正性；客观性，即内部审计人员在执行审计工作时应保持客观和公正的态度，不受个人情感或利益的影响；系统性即内部审计工作应采用系统的、规范的方法，对组织进行全面、深入的评估和检查；规范性，即内部审

计应遵循国家和行业的相关法规和标准，确保审计工作的规范性和标准化；增值性，即内部审计不仅关注组织的风险管理和内部控制，还关注组织的运营效率和效果，为组织提供增值性的建议和解决方案。

2. 内部审计的内容与作用

（1）内部审计的内容。内部审计工作由内部审计部门或内部审计人员实施，主要通过审查和评价本部门、本单位财务收支和其他经营活动，以及内部控制的适当性、合法性和有效性，以确保财务报告的准确性和内部控制的健全性。内部审计的内容随着单位的业务和流程的变化而不断变化，具体的审计内容主要包括财务审计、经营审计、经济责任审计、管理审计和风险管理等。

（2）内部审计的作用。①检查和监督。内部审计通过审计手段，对单位的财务报告和内部控制进行检查和监督，以确定财务报告出具的过程和内部控制合理与有效。②评价鉴证。内部审计在对组织的财务报告进行审查后，评价单位的财务报告是否有效、治理结构是否符合法规和最佳实践的要求。③建议和改进。内部审计对发现的内部控制中的薄弱环节，提出预防措施和建议，帮助单位避免或减轻潜在风险和问题的影响，提高风险管理、控制和治理过程的有效性。

3. 内部审计机构的设置

审计机关未设立派出机构的政府部门，以及国有企业、事业单位，可以设立独立的内部审计机构。审计业务较少的单位，可以设置专职内部审计人员。内部审计机构在本单位主要负责人的直接领导下进行内部审计监督，独立行使内部审计职权，对本单位领导机构负责并报告工作。政府各部门、国有金融机构和企业事业单位的内部审计，应当接受国家审计机关的业务指导和监督。

4. 内部审计制度

内部审计是单位内部独立于财务体系的客观的监督和评价活动，通过应用系统的、规范的方法来评估、改进以达到完善内部控制流程与风险治理的效果，帮助单位实现管理目标。因此，需要完善的内部审计制度予以保障。政府部门、国有企业事业单位实行内部审计制度，旨在加强内部的管理和监督，维护财经法纪，保障和促进经济健康发展。《中华人民共和国审计法》规定，被审计单位应当加强对内部审计工作的领导，按照国家有关规定建立健全内部审计制度。审计机关应当对被审计单位的内部审计工作进行业务指导和监督。

5. 内部审计的缺陷

审计机构和审计人员都设在本单位内部，审计的内容更侧重于经营过程是否有效、各项制度是否得到遵守与执行。审计结果的客观性和公正性较低，并以建议性意见为主。因而，内部审计在进行单位内部监督中的作用是有限的。

二、会计工作的政府监督

（一）会计工作的政府监督的概念

会计工作的政府监督主要是指财政、审计及税务等部门代表国家对单位和单位中相关人员的会计行为实施的监督检查,以及对发现的违法会计行为实施的行政处罚。

各级财政部门要加强对会计信息质量的监督检查力度,依法严厉打击伪造会计账簿、虚构经济业务、滥用会计准则等会计违法违规行为,从严查处影响恶劣的财务舞弊、会计造假案件。

(二) 会计工作的政府监督的主体

各级财政、审计、税务等部门是会计工作的政府监督的主体。其中,财政部门监督单位会计法律法规的执行情况,对违反会计法律法规的行为进行查处;审计部门对国家机关、国有企事业单位的财务收支进行审计监督,对审计发现的财务违规、违纪行为提出处理意见和建议;税务部门监督税收法律法规的执行,对单位偷税、逃税、骗税等违法行为进行查处。《会计法》第三十一条规定:

财政、审计、税务、金融管理等部门应当依照有关法律、行政法规规定的职责,对有关单位的会计资料实施监督检查,并出具检查结论。

财政、审计、税务、金融管理等部门应当加强监督检查协作,有关监督检查部门已经作出的检查结论能够满足其他监督检查部门履行本部门职责需要的,其他监督检查部门应当加以利用,避免重复查账。

这意味着单位会计工作的监督主体除了财政部门外,还有国家审计、税务、中国人民银行、证券监管、保险监管等部门。

(三) 财政部门实施会计监督的对象和范围

根据《财政部门实施会计监督办法》的规定,财政部门实施会计监督检查的对象是会计行为,并对发现的有违法会计行为的单位和个人实施行政处罚。《会计法》第三十条规定:

财政部门对各单位的下列情况实施监督:

(一) 是否依法设置会计账簿;

(二) 会计凭证、会计账簿、财务会计报告和其他会计资料是否真实、完整;

(三) 会计核算是否符合本法和国家统一的会计制度的规定;

(四) 从事会计工作的人员是否具备专业能力、遵守职业道德。

在对前款第 (二) 项所列事项实施监督,发现重大违法嫌疑时,国务院财政部门及其派出机构可以向与被监督单位有经济业务往来的单位和被监督单位开立账户的金融机构查询有关情况,有关单位和金融机构应当给予支持。

1. 各单位应依法设置会计账簿

按照国家的相关法律、行政法规和国家统一的会计制度的规定,各单位应依法设置会计账簿;已经设置会计账簿的单位,所设置的会计账簿要符合相关法律、行政法规和国家统一的会计制度的要求;各单位不得有账外账的违法行为;等等。

2. 各单位的会计资料应真实、完整

各单位的会计凭证、会计账簿、财务会计报告和其他会计资料应该真实、完整。

(1) 各单位对所发生的经济业务事项应及时办理会计手续，按《会计法》规定进行会计核算。

(2) 各单位的会计资料（会计凭证、会计账簿、财务会计报告）应与实际发生的经济业务事项相符，做到账实相符、账证相符、账账相符、账表相符。

(3) 各单位提供的财务会计报告应符合相关法律、行政法规和国家统一的会计制度的规定等。

3. 各单位会计核算应符合会计法规的规定

各单位的会计核算应符合《会计法》和国家统一的会计制度的规定。

(1) 各单位会计核算的内容应真实、完整。

(2) 所采用的会计年度、记账本位币、会计处理方法、会计记录文字等应符合相关法律、行政法规和国家统一的会计制度的规定。

(3) 各单位对资产、负债、所有者权益、收入、支出、费用、成本、利润的确认、计量、记录和报告应符合国家统一的会计制度的规定。

(4) 各单位会计档案保管应符合法定要求等。

4. 单位会计信息化的监督

财政部采取组织同行评议、第三方认证、向用户单位征求意见等方式对会计软件服务商提供会计软件和相关服务遵循会计软件功能和服务规范的情况进行检查。省、自治区、直辖市人民政府财政部门发现会计软件和相关服务不符合会计软件功能和服务规范规定的，应当将有关情况报财政部。《会计信息化规范》第四十五条规定：

县级以上地方各级人民政府财政部门采取现场检查、第三方评价等方式对单位开展会计信息化工作是否符合本规范、会计软件功能和服务规范要求的情况实施监督。对不符合要求的单位，由县级以上地方各级人民政府财政部门责令限期改正。限期不改的，县级以上地方各级人民政府财政部门应当依法予以处罚，并将有关情况通报同级相关部门。

5. 会计从业人员应具备专业能力并遵守职业道德

从事会计工作的人员应具备专业能力、遵守职业道德。单位会计机构负责人的任职资格应符合条件。在实施监督时，如发现重大违法嫌疑时，国务院财政部门及其派出机构可以向与被监督单位有经济业务往来的单位和被监督单位开立账户的金融机构查询有关情况，有关单位和金融机构应当给予支持。

【例题·单选题】下列各项中，属于财政部门实施会计监督检查的对象的是（　　）。

A. 各单位的经济活动
B. 各单位的会计行为
C. 各单位会计机构的设置
D. 各单位是否有偷税漏税行为

【答案】B

> **拓展·红色印记**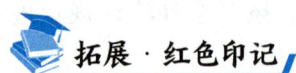
>
> **苏维埃政府财政检查**
>
> 　　1931年11月7日，中华苏维埃共和国临时中央政府在江西中央苏区成立，定都瑞金，以中国工农红军作为国家的武装力量。1932年，苏维埃人民委员会发出通令要求各级政府严格缩减用费，禁止浪费经济，帮助苏区红军。苏维埃政府还建立了工作检查制度，不定期地对苏维埃区域内各级政府进行财政支出检查。1932年3月2日，中国共产党机关报《红色中华》上发表了中央执行委员会副主席项英的文章《反对浪费严惩贪污》，文中对清查苏区各县级财政时发现的兴国县政府领导、县财政领导吞没公款、假造账目等严重的贪污舞弊情况，提出了尖锐的批评，指出："我们要坚决地反对，如若继续不改的，就要用革命纪律来制裁。""贪污是苏维埃政权下，绝不准许有的事，如若发生呢，即是苏维埃政府的羞耻。"
>
> 　　1933年12月15日，毛泽东签署了中央执行委员会第二十六号训令，即《关于惩治贪污浪费行为》，这也是中国共产党历史上的第一部反腐法令。法令规定了具体的惩处标准，如贪污公款在500元以上者，处以死刑；贪污公款在300元以上500元以下者，处以二年以上五年以下监禁等。
>
> 　　在江西省中华苏维埃共和国工农检察部旧址，仍保留了一批当时的党员干部因违反训令而受到惩处的案例资料，如于都县军事部长刘仕祥勾结科员李其采等3人共同造假，并以假收据从中革军委总供给部冒领动员费400余元，用于分赃。
>
> 资料来源：https：//www.ccdi.gov.cn/lswh/shijian/201312/t20131213_121008.html（2013-12-16）[2024-03-10］

（四）审计部门实施会计监督的内容

审计是指独立于被审计的机构和人员，对被审计单位的财政收支、财务收支及其有关的经济活动的真实性、合法性和效益性进行审查、评价的一种监督活动。通过审计这种经济监督手段，能够确保经济活动的合法性和合理性，确保经济管理活动的正确性和有效性。

1. 审计法律依据和适用范围

《中华人民共和国审计法》是审计工作的法律依据。它以法律的形式确定了审计工作的地位、任务和作用，规定了审计工作的基本准则，是调整审计关系的法律规范的总称。所谓审计关系是指从事审计工作的专职机构和专业人员在审计过程中以及国家在管理审计工作过程中产生的社会关系。

《中华人民共和国审计法》规定，国务院各部门和地方各级人民政府及其各部门的财政收支，国有的金融机构和企业事业组织的财务收支，以及其他依照本法规定应当接受审计的财政收支、财务收支，依照本法规定接受审计监督。

2. 审计机构设置及审计机关的职责

（1）审计机构的设置。国家审计机关是代表国家行使审计监督职能的机关。

①中央审计机关。国务院设立审计署,在国务院总理领导下,主管全国的审计工作。审计长是审计署的行政首长。

②地方审计机关。省、自治区、直辖市、设区的市、自治州、县、自治县、不设区的市、市辖区的人民政府的审计机关,分别在省长、自治区主席、市长、州长、县长、区长和上一级审计机关的领导下,负责本行政区域内的审计工作。

③审计派出机构。审计机关根据工作需要,经本级人民政府批准,可以在其审计管辖范围内设立派出机构。派出机构根据审计机关的授权,依法进行审计工作。

(2) 审计机关的职责。审计机关根据被审计单位的财政、财务隶属关系或者国有资源、国有资产监督管理关系,确定审计管辖范围,履行审计职责。审计机关实施审计监督的情形主要包括以下几种。

①本级各部门(含直属单位)和下级政府预算的执行情况和决算以及其他财政收支情况。

②国家的事业组织和使用财政资金的其他事业组织的财务收支。

③国有企业、国有金融机构和国有资本占控股地位或者主导地位的企业、金融机构的资产、负债、损益以及其他财务收支情况。

④政府投资和以政府投资为主的建设项目的预算执行情况和决算。

⑤政府部门管理的和其他单位受政府委托管理的社会保险基金、全国社会保障基金、社会捐赠资金以及其他公共资金的财务收支。

⑥国际组织和外国政府援助、贷款项目的财务收支。

此外,审计机关对其他法律、行政法规规定应当由审计机关进行审计的事项,依法进行审计监督。

3. 审计程序

审计程序是指审计机关和审计人员对审计项目实施审计的一系列工作过程。根据《中华人民共和国审计法》的规定,审计程序一般经过五个阶段。

(1) 准备阶段。审计机关根据审计项目计划确定的审计事项组成审计组,并应当在实施审计三日前,向被审计单位送达审计通知书。被审计单位应当配合审计机关的工作,并提供必要的工作条件。

(2) 实施阶段。审计人员通过审查会计凭证、会计账簿、财务会计报告,查阅与审计事项有关的文件、资料,检查现金、实物、有价证券,向有关单位和个人调查等方式进行审计,并取得证明材料。审计人员向有关单位和个人进行调查时,应当出示审计人员的工作证件和审计通知书副本。

(3) 报告阶段。审计组对审计事项实施审计后,应当向审计机关提出审计报告。审计报告报送审计机关前,应当征求被审计单位的意见。被审计单位应当自接到审计组的审计报告之日起十日内,将其书面意见送交审计组。审计组应当将被审计单位的书面意见一并报送审计机关。

(4) 审定和决定阶段。审计机关按照审计署规定的程序对审计组的审计报告进行审议,并对被审计单位提出的意见一并研究后,出具审计机关的审计报告;对违反国家规定的财政收支、财务收支行为,依法应当给予处理、处罚的,在法定职权范围内作出审计决定或者向有关主管机关、单位提出处理、处罚意见。

(5) 送达阶段。审计机关应当将审计机关的审计报告和审计决定送达被审计单位和有关主管机关、单位。审计决定自送达之日起生效。

(五) 其他政府部门实施会计监督的内容

依照有关法律、行政法规规定的职责和权限，审计、税务、金融管理等部门可以对有关单位的会计资料实施监督检查，并出具检查结论。各个部门检查的内容主要有以下几个部分。

(1) 税务部门只能对纳税人和扣缴义务人的会计资料进行监督检查，并出具检查结论。例如依据《中华人民共和国税收征收管理法》规定，税务机关有权检查纳税人的账簿、记账凭证、报表和有关资料。

(2) 中国人民银行依法对金融机构及其业务实施监督管理，维护金融业的合法、稳健运行。

(3) 国务院证券监督管理机构依法对全国证券市场实行集中统一的监督管理。证券监督管理部门只能对证券发行人、上市公司、证券公司、证券投资基金管理公司、证券服务机构、证券交易所、证券登记结算机构等的会计资料进行监督检查。

(4) 金融监督管理部门对保险机构的财务状况进行全面审查，并依法查处其违法违规行为。

上述政府监督部门对单位已有相关部门检查结论的，应当加以利用，不必再组织重复性的检查，以避免重复查账而加重被监督检查单位的负担，影响监督检查部门的工作效率和形象。

【例题·多选题】下列各项中，属于财政部门实施会计监督检查内容的有(　　)。
A. 是否按照《会计法》的规定设置会计账簿
B. 会计凭证、会计账簿、财务会计报告和其他会计资料是否真实、完整
C. 会计核算是否符合《会计法》和国家统一的会计制度的规定
D. 是否按照税法的规定按时足额纳税
【答案】ABC
【解析】本题考查财政部门实施会计监督检查的内容。"是否按照税法的规定按时足额纳税"不属于财政部门实施会计监督检查的内容，而是属于税务检查的内容。

三、会计工作的社会监督

(一) 会计工作的社会监督概念

会计工作的社会监督的概念有广义与狭义之分。

广义的会计工作的社会监督是指来自单位外部的除了政府相关部门的社会各界对会计工作实施的监督，主要是对单位的会计信息质量、会计准则执行、会计机构及会计人员的执业行为等进行监督和评价，包括公众媒体监督、中介机构、行业协会监督，法律

监督等。

狭义的会计工作的社会监督，即注册会计师审计，主要是由会计师事务所及注册会计师依法对委托单位的经济活动进行审计、鉴证的一种监督制度（本文采用此定义）。

（二）注册会计师审计相关规定

（1）会计师事务所、注册会计师的审计，是保证财务会计报告质量的重要措施，也是便于财务会计报告使用者有效利用财务会计报告的重要手段。《会计法》第二十条规定：

有关法律、行政法规规定财务会计报告须经注册会计师审计的，注册会计师及其所在的会计师事务所出具的审计报告应当随同财务会计报告一并提供。

（2）单位应配合注册会计师的审计工作。《会计法》第二十九条规定：

有关法律、行政法规规定，须经注册会计师进行审计的单位，应当向受委托的会计师事务所如实提供会计凭证、会计账簿、财务会计报告和其他会计资料以及有关情况。

任何单位或者个人不得以任何方式要求或者示意注册会计师及其所在的会计师事务所出具不实或者不当的审计报告。

财政部门有权对会计师事务所出具审计报告的程序和内容进行监督。

（3）会计师事务所等审计机构接受单位委托承办业务，独立、客观、公正地完成审计业务，提交审计报告。国家财政及审计机关对会计师事务所承担的审计业务进行监督检查。

（三）注册会计师审计的作用

1. 提高会计信息质量，增强市场透明度

注册会计师作为独立的第三方，对企业的财务报表进行审计，能够客观、公正地评价企业的财务状况、经营成果和现金流量，有助于发现和纠正会计信息失真问题，从而提高会计信息的可靠性。

2. 维护市场经济秩序，保护投资者利益

会计工作的社会监督有助于揭示企业存在的财务风险和管理漏洞，为市场经济秩序的稳定运行提供保障。注册会计师的审计意见能为投资者提供真实、可靠的会计信息，帮助投资者作出正确的投资决策，降低投资风险。

3. 促进企业可持续发展，实现社会和谐

会计工作的社会监督有助于加强企业与社会各界的沟通与协作，促进企业履行社会责任，实现企业与社会的和谐发展。通过社会审计，可以发现和揭露被审计单位的虚假陈述、欺诈等违法行为，维护市场秩序，保护投资者和其他利益相关者的合法权益。

（四）会计师事务所及注册会计师审计的业务

根据《中华人民共和国注册会计师法》的规定，注册会计师是依法取得注册会计师证书并接受委托从事审计和会计咨询、服务业务的执业人员。

1. 注册会计师依法承办的业务

（1）审计业务。具体包括审查企业财务会计报告，出具审计报告；验证企业资本，出具验资报告；办理企业合并、分立、清算事宜中的审计业务，出具有关报告；其他审计业务。

（2）会计咨询、服务业务。主要包括会计咨询服务；税务咨询服务；培训会计、审计和财务管理人员；办理投资评价、资产评估和项目可行性研究中的有关业务；等等。

2. 注册会计师执行业务规范

为规范会计行为，保证会计资料的质量，确实发挥注册会计师审计业务的公平、公正、公开，《会计法》与《中华人民共和国注册会计师法》对注册会计师审计业务作了相关规定，对委托人、注册会计师和会计师事务所的行为进行了规范。

（1）按照有关法律、行政法规规定，须经注册会计师进行审计的单位，应当向其委托的会计师事务所如实提供会计资料以及有关情况。这是单位法定的责任和义务，是保证注册会计师审计工作得以顺利开展的重要基础。注册会计师开展审计业务，要依据委托人提供的会计资料和相关情况，按照规定的审计规则、审计程序进行。如果委托人不能提供完整的会计资料和相关信息，注册会计师的审计业务就无法正常开展，出具的审计报告就不可能达到公开、公正的要求。

（2）任何单位或者个人不得以任何方式要求或者示意注册会计师及其所在的会计师事务所出具不实或者不当的审计报告。注册会计师要客观、公正，要依照规定的规则、程序和方法开展审计业务。注册会计师及会计师事务所出具的审计报告具有法律效力，其法律责任由注册会计师及其会计师事务所承担。任何与委托单位有关的部门和个人，不得干扰注册会计师独立开展审计业务，不得示意、胁迫注册会计师出具不实、不当的审计报告。

（3）财政部门对会计师事务所出具的审计报告有监督责任。《中华人民共和国注册会计师法》规定，国务院财政部门和省、自治区、直辖市人民政府财政部门，依法对注册会计师、会计师事务所和注册会计师协会进行监督、指导。明确了财政部门对注册会计师进行管理的职能和权限。各级财政部门对注册会计师的工作负有管理和指导的责任，要加强对注册会计师、会计师事务所和注册会计师协会的管理、监督和指导。

【例题·多选题】下列各项中，属于会计工作社会监督范畴的有（　　）。
A. 会计师事务所接受客户进行年报审计
B. 律师事务所的法律咨询
C. 个人检举某上市公司违反《会计法》的行为
D. 纪律检查委员会的监督检查
【答案】AC

四、对违法会计行为的检举

《会计法》第二十八条规定：

任何单位和个人对违反本法和国家统一的会计制度规定的行为，有权检举。收到检举的部门有权处理的，应当依法按照职责分工及时处理；无权处理的，应当及时移送有权处理的部门处理。收到检举的部门、负责处理的部门应当为检举人保密，不得将检举人姓名和检举材料转给被检举单位和被检举人个人。

（一）任何单位和个人都对会计违法行为有检举权

任何单位和个人都可以对违反《会计法》和国家统一的会计制度规定的行为进行检举，并将这种检举作为一种权利来对待，不受任何单位和人员的干涉，更不允许任何单位和个人否定这项权利。

（二）收到检举的部门的处理

在对会计违法行为的检举中，国家职能部门中财政、审计、税务、人民银行、工商行政管理和海关等部门有可能收到来自社会的检举。这些部门应当按照各自的职权范围与分工，对属于自己职责范围内有权处理的违反《会计法》和国家统一的会计制度规定的行为进行及时处理，不得推诿、搁置，贻误查处时机。对无权处理的应移送有权处理的部门处理，不能放任不管，否则即为失职。各有关部门应密切配合，共同鼓励、支持社会监督，以有效遏制会计违法行为。

（三）依法保护检举人

收到检举的部门与负责处理的部门应当为检举人保密，并不得将检举人姓名和检举材料转给被检举单位和被检举人个人。对于会计监督中的社会监督，既要鼓励、支持对会计违法行为的检举，又要保护检举人，只有有效地保护检举人，才能保证社会监督发挥作用。

五、监督过程中双方的义务

（一）监督检查部门及其工作人员的保密义务

《会计法》第三十二条规定：

依法对有关单位的会计资料实施监督检查的部门及其工作人员对在监督检查中知悉的国家秘密、工作秘密、商业秘密、个人隐私、个人信息负有保密义务。

财政、审计、税务、人民银行、证券监管、保险监管等有关部门及其工作人员在依法实施监督检查时，具有查阅有关单位的会计凭证、会计账簿、会计档案及其他会计资料等的职权，有的还有查询银行资料的职权。这些资料都反映了单位的基本经营状况或财务情况，有的还涉及单位的商业秘密，甚至国家秘密。国家秘密关系到国家的安全和利益，是依照法定程序确定，在一定时间内只限一定范围的人员知悉的事项。一切国家机关、武装力量、政党、社会团体、企业事业单位和公民都有保守国家秘密的义务。若相关监督部门或个人存在泄密行为并给单位造成损失的,单位可追究其相关责任。

(二) 接受监督检查的单位及会计人员的义务

《会计法》第三十三条规定:

各单位必须依照有关法律、行政法规的规定,接受有关监督检查部门依法实施的监督检查,如实提供会计凭证、会计账簿、财务会计报告和其他会计资料以及有关情况,不得拒绝、隐匿、谎报。

这意味着,各单位在接受依法实施的监督检查时,要如实提供会计凭证、会计账簿、财务会计报告和其他会计资料以及有关情况,即要真实、完整地提供监督部门要求提供的会计资料。这也是对隐匿会计凭证、私设会计账簿和提供虚假财务会计报告行为的一种禁止。

单位作为政府部门行政监管的对象,法律对其义务作了规定,单位不能以任何理由拖延、拒绝、阻挠和刁难,更不能弄虚作假或在资料上做手脚,妨碍行政部门的行政管理行为。

第五节 会计机构和会计人员

会计机构是各单位办理会计事务的职能机构,会计人员是直接从事会计工作的人员。各单位应当建立健全会计机构,配备数量和素质都符合要求的会计人员,这也是各单位做好会计工作,充分发挥会计职能作用的重要保证。

《会计法》第三十四条规定:

各单位应当根据会计业务的需要,依法采取下列一种方式组织本单位的会计工作:

(一) 设置会计机构;

(二) 在有关机构中设置会计岗位并指定会计主管人员;

(三) 委托经批准设立从事会计代理记账业务的中介机构代理记账;

(四) 国务院财政部门规定的其他方式。

国有的和国有资本占控股地位或者主导地位的大、中型企业必须设置总会计师。总会计师的任职资格、任免程序、职责权限由国务院规定。

一、会计机构的设置

(一) 根据业务需要设置会计机构

各单位应当根据业务的需要来决定是否设置会计机构。一个单位是否需要设置会计机构,一般取决于以下几个方面的因素。

1. 单位规模的大小

从有效发挥会计职能作用的角度看,实行企业化管理的事业单位,独立核算的大、中型企业、业务较多收支规模较大的行政单位应当单独设置会计机构。业务较多的社会团体和其他组织也可以单独设置会计机构。对于规模较小的企业，业务和人员都不多的行政单位等，可以不单独设置会计机构，可将会计业务并入其他职能部门，或者委托中介机构实行代理记账。

2. 经济业务的复杂性

大、中型单位的经济业务复杂多样，需要有较多的会计人员及较高技能的会计负责人。因此，在会计机构和会计人员的设置上应考虑全面、合理、有效的原则，但是也不能忽视单位经济业务的性质和财务收支的繁简问题。有些单位的规模相对较小，但其经济业务复杂多样，财务收支频繁，也要设置相应的会计机构和会计人员。

3. 经营管理的高效性

会计信息能为管理层提供决策支持，帮助制定合理的经营策略。因而，高效的经营管理依赖于准确、及时、全面的会计信息，而准确、及时、全面的会计信息的提供需要有独立的会计机构及配置相应专业技能的会计人员。单位设置会计机构和会计人员的目的，就是适应单位在经营管理上的需要。随着科学技术的进步，数据的准确性、及时性、全面性比任何其他时候对会计机构和会计人员的要求都高。

（二）在有关机构中设置会计岗位并指定会计主管人员

对于不设置会计机构的，应配置会计人员并指定会计主管人员。指定会计主管人员，目的是强化责任制度，防止出现会计工作无人负责的局面。会计主管人员是负责组织管理会计事务、行使会计机构负责人职权的负责人。他们不同于通常所说的"会计主管""主管会计""主办会计"，要求具有相应的专业技能及工作经验，能够处理复杂的经济事项，因此，单位应按会计业务需要合理配备会计人员，并安排能够胜任单位会计业务的具有符合《会计法》要求的职称、技能及工作经验的会计主管人员。

《会计基础工作规范》中，对会计人员配备、会计岗位设置的原则作了规定，如规定会计工作岗位，可以一人一岗、一人多岗或者一岗多人；会计岗位可以包括会计机构负责人或者会计主管人员、出纳、财产物资核算、工资核算、成本费用核算、财务成果核算、资金核算、往来结算、总账报表、稽核、档案管理等。

（三）代理记账

依据《会计法》的规定，不具备设置会计机构或配置会计人员的单位可以委托经批准设立从事会计代理记账业务的中介机构代理记账。代理记账是指从事代理记账业务的社会中介机构接受委托人的委托办理会计业务。其中，委托人是指委托代理记账机构办理会计业务的单位。代理记账机构是指为其他单位或个人提供会计记账、税务咨询等服务的专业机构。

1. 代理记账机构的相关要求

财政部发布的《代理记账管理办法》，对代理记账机构设置的条件、代理记账的业务范围、代理记账机构与委托人的关系、代理记账人员应遵循的道德规则等作了具体的规定。

（1）资质要求。代理记账机构必须取得代理记账许可证书，拥有一定数量的熟悉国家财经法律法规和政策，具备会计工作经验、良好的职业道德的会计专业人员，代理记账业务负责人须具有会计师以上专业技术资格且为专业从业人员。

(2) 管理制度。代理记账机构应有健全的内部管理制度，包括财务管理制度、质量控制制度、信息安全制度、保密制度等，确保能提供高质量记账服务。

(3) 办公场所和设备。代理记账机构应有固定的办公场所和必要的办公设备，以保障业务的正常开展。

2. 代理记账的业务范围

代理记账机构可以根据委托人的委托，办理下列业务。

(1) 根据委托人提供的原始凭证和其他资料，按照国家统一的会计制度的规定，进行会计核算，包括审核原始凭证、填制记账凭证、登记会计账簿、编制财务会计报告。

(2) 对外提供财务会计报告。代理记账机构为委托人编制的财务会计报告，经代理记账机构负责人和委托人签名并盖章后，按照有关法律、行政法规和国家统一的会计制度的规定对外提供。

(3) 依法进行税务登记，并按时申报纳税。

(4) 委托人委托的其他会计业务。

3. 委托代理记账的委托人的义务

(1) 对本单位发生的经济业务事项，应当填制或者取得符合国家统一的会计制度规定的原始凭证。

(2) 应当配备专人负责日常的货币收支和保管。

(3) 及时向代理记账机构提供真实、完整的原始凭证和其他相关资料。

(4) 对于代理记账机构退回的，要求按照国家统一的会计制度的规定进行更正、补充的原始凭证，应当及时予以更正、补充。

4. 代理记账机构及其从业人员的义务

(1) 遵守有关法律、行政法规和国家统一的会计制度的规定，按照委托合同办理代理记账业务。

(2) 对在执行业务中知悉的商业秘密予以保密。

(3) 对委托人要求其作出不当的会计处理，提供不实会计资料，以及其他不符合法律、行政法规和国家统一的会计制度行为的，应当拒绝。

(4) 对委托人提出的有关会计处理相关问题应当予以解释。

【例题·多选题】按规定，代理记账机构可以接受委托办理的业务有（　　）。
A. 根据委托人提供的原始凭证和其他资料，按国家统一的会计制度的规定进行会计核算
B. 接受委托人的虚假发票入账，帮助委托人避税
C. 向税务机关提供税务资料
D. 按规定对外提供财务会计报告
【答案】ACD

二、会计工作岗位的设置

会计工作岗位是指一个单位会计机构内部根据业务分工而设置的从事会计工作的职能岗位。

(一) 会计工作岗位的设置要求

《会计基础工作规范》对会计工作岗位提出了以下示范性的要求。

(1) 根据本单位会计业务的需要设置会计工作岗位,并建立岗位责任制。

(2) 符合内部控制制度的要求。根据规定,会计工作岗位可以一人一岗、一人多岗,或者一岗多人,但出纳人员不得兼任稽核、会计档案保管和收入、费用、债权债务账目的登记工作。

(3) 对会计人员的工作岗位要有计划地进行轮岗,以促进会计人员全面熟悉业务和不断提高业务素质。

(二) 主要会计岗位的设置

根据《会计基础工作规范》和有关制度的规定,会计工作岗位一般分为:会计机构负责人(会计主管人员),出纳,财产物资核算,收入核算,工资核算,成本费用(支出)核算,财务成果核算,资金核算,往来结算,总账报表,稽核,会计档案管理等。实行会计信息化、应用管理会计的单位,可以根据需要设置相应会计工作岗位,也可以与其他工作岗位相结合。

【例题·多选题】下列各项中,单位出纳人员不得兼任的工作有( )。
A. 会计稽核
B. 银行存款日记账登记
C. 仓库保管员
D. 费用账的登记
【答案】AD

三、总会计师

总会计师是一个行政职务,不是技术职称。总会计师是在单位主要领导人领导下,主管经济核算和财务会计工作的负责人。总会计师协助单位主要行政领导人工作,直接对单位主要行政领导人负责。所以总会计师不是一种专业技术职务,也不是会计机构的负责人或会计主管人员,而是一种行政职务。

随着经济的不断发展,总会计师在企业中的地位不断提升,并成为企业至关重要的决策者。尤其是国有大、中型企业,金融企业以及上市公司的总会计师,已经成为企业价值的创造者、资本运营的设计师、财务创新的引路人,是建立和完善我国社会主义市场经济体制的重要力量。

(一) 总会计师的设置

《会计法》规定,国有和国有资本占控股地位或者主导地位的大、中型企业必须设置总会计师。凡是设置了总会计师的单位，在行政领导成员中不再设与总会计师职权重叠的副职。《会计行业人才发展规划（2021—2025年）》指出，通过实施大中型企业总会计师培养工程，着力培养符合新时代高质量发展要求的大中型企业高端会计人才。

总会计师的任职资格、任免程序、职责权限由国务院制定。

（二）总会计师的管理体制

《总会计师条例》规定，企业的总会计师由本单位主要行政领导人提名，政府主管部门任命或者聘任，免职或者解聘程序与任命或者聘任程序相同。

实际工作中，总会计师主要实行四种管理模式。

（1）由政府主管部门或上级组织部门直接委派或任命。

（2）由单位主要负责人聘任，外商独资企业采用的主要是这种模式。

（3）由企业董事会任命，股份制企业采用的主要是这种模式。

（4）由集团公司委派或提名。

（三）总会计师的职责权限

要在继续保持传统财务会计管理功能的前提下，充分发挥总会计师在提升企业业绩和股东价值方面的重要作用。总会计师的职权有以下几个方面。

（1）编制和执行预算、财务收支计划、信贷计划，拟订资金筹措和使用方案，开辟财源，有效地使用资金。

（2）进行成本费用预测、计划、控制、核算、分析和考核，督促本单位有关部门降低消耗、节约费用。

（3）建立、健全经济核算制度，利用财务会计资料进行经济活动分析。

（4）承办单位主要行政领导人交办的其他工作。

（5）负责对本单位财会机构的设置和会计人员的配备、会计专业职务的设置和聘任提出方案；组织会计人员的业务培训和考核；支持会计人员依法行使职权。

（6）协助单位主要行政领导人对企业的生产经营、行政事业单位的业务发展以及基本建设投资等问题作出决策。

（7）参与新产品、技术改造、科技研究、商品（劳务）价格和工资奖金等方案的制定；参与重大经济合同和经济协议的研究、审查。

（四）总会计师的能力框架体系

（1）决策能力，即进行财务决策及参与其他战略决策的能力。

（2）战略规划能力，即规划公司财务目标、财务战略等的能力。

（3）分析能力，即建立和运用模型，进行财务分析，提供决策支持的能力。

（4）领导能力，即领导团队实施财务战略，实现财务功能远景，建立高效会计核算系统和财务流程的能力。

（5）协作能力，即维护相关关系的能力，以及与其他高层管理人员、业务部门形成良好关系的能力。

（6）控制能力，即以内部控制制度控制交易流程的能力，以及运用预算管理、成本管理、风险管理等手段控制既定业绩目标的能力。

(7) 资源管理能力，即管理财务信息资源的能力，以及保全公司资产并使之高效运转的能力。

四、会计机构负责人（会计主管人员）

《会计法》第三十六条规定：

会计人员应当具备从事会计工作所需要的专业能力。担任单位会计机构负责人（会计主管人员）的，应当具备会计师以上专业技术职务资格或者从事会计工作三年以上经历。

（一）会计机构负责人（会计主管人员）的概念

在一个单位内部，不论是设置会计机构或者在有关机构中设置会计人员，都需要一位负责人。在设置会计机构的情况下，该负责人为会计机构负责人；而在有关机构设置会计人员的情况下，被指定为会计主管人员的人就是负责人。会计机构负责人（会计主管人员）是在一个单位内具体负责会计工作的中层领导人员，在单位会计工作中承担着重要角色。在单位负责人的领导下，会计机构负责人（会计主管人员）负有组织、管理本单位所有会计工作的责任，其工作水平的高低直接关系到整个单位会计工作的水平和质量。

（二）会计机构负责人（会计主管人员）的任职资格

会计机构负责人（会计主管人员）是在一个单位内部具体负责会计工作的中层领导人员，负责组织、管理本单位所有会计工作，其工作水平的高低，直接关系到整个单位会计工作的水平和质量。因此其任职资格除要求具备一般会计人员应具备的条件外，还应具备专业技术资格、工作经历等条件。

五、会计专业技术资格

（一）会计专业资格证书

我国现行关于会计专业技术资格的相关法律依据为财政部、人事部（现已并入人力资源和社会保障部）于2000年修订的《会计专业技术资格考试暂行规定》及《会计专业技术资格考试实施办法》。《会计专业技术资格考试暂行规定》明确，会计专业技术资格分为初级资格、中级资格和高级资格。取得初级资格，单位可根据规定聘任助理会计师职务；取得中级资格并符合国家有关规定，可聘任会计师职务；高级资格（高级会计师资格），则实行考试与评审结合的评价制度。《会计专业技术资格考试暂行规定》第三条规定：

会计专业技术资格实行全国统一组织、统一考试时间、统一考试大纲、统一考试命题、统一合格标准的考试制度。

《关于2025年度全国会计专业技术资格考试考务日程安排及有关事项的通知》（会考〔2024〕3号）规定了报名条件、考试科目等内容。

(1) 报名条件及要求。

报名参加会计专业技术资格考试的人员，应具备下列基本条件。

①遵守《中华人民共和国会计法》和国家统一的会计制度等法律法规。
②具备良好的职业道德，无严重违反财经纪律的行为。
③热爱会计工作，具备相应的会计专业知识和业务技能。

报名参加初级会计资格考试的人员，除具备上述基本条件外，还必须具备教育部门认可的高中毕业（含高中、中专、职高和技校）及以上学历。

报名参加中级会计资格考试的人员，除具备上述基本条件外，还必须具备下列条件之一。
①具备大学专科学历，从事会计工作满五年。
②具备大学本科学历或学士学位，从事会计工作满四年。
③具备第二学士学位或研究生班毕业，从事会计工作满两年。
④具备硕士学位，从事会计工作满一年。
⑤具备博士学位。
⑥通过全国统一考试，取得经济、统计、审计专业技术中级资格。

报名参加高级会计资格考试的人员，除具备基本条件外，还应具备下列条件之一：
①具备大学专科学历，取得会计师职称后，从事与会计师职责相关工作满十年。
②具备硕士学位或第二学士学位或研究生班毕业或大学本科学历或学士学位，取得会计师职称后，从事与会计师职责相关工作满五年。
③具备博士学位，取得会计师职称后，从事与会计师职责相关工作满两年。

（2）考试科目及要求。
①初级会计资格考试科目包括初级会计实务和经济法基础两个科目。参加初级资格考试的人员必须在一个考试年度内通过全部科目的考试。
②中级会计资格考试科目包括中级会计实务、财务管理、经济法三个科目。参加中级会计资格考试的人员，应在连续两个考试年度内通过全部科目的考试。
③高级会计资格考试科目包括高级会计实务一个科目。参加高级会计资格考试并达到国家合格标准的人员，在全国会计人员统一服务管理平台自行下载打印考试成绩合格单，三年内参加高级会计师资格评审有效。

（二）国外会计专业技术资格

1. ACCA 简介

ACCA 是特许公认会计师公会（The Association of Chartered Certified Accountants）的简称，在中国被称为"国际注册会计师"，是国内财经领域含金量较高的证书，也是国内国际认可范围最高的财务人员资格证书之一。在财会领域，具有 ACCA 资格被认为是有了"国际财会界的通行证"。ACCA 认可雇主覆盖金融、咨询、制造、零售等各行各业的知名企业。ACCA 资格的获得需要通过 ACCA 组织的专业资格考试，并经 ACCA 资格评审委员会评定。ACCA 课程体系涵盖商业与战略、财务及组织管理、会计与审计、法律及税务等知识。

2. CFA 简介

CFA（Chartered Financial Analyst）是注册金融分析师或特许金融分析师的简称，是证券投资与管理领域的一种职业资格称号。CFA 资格证书是全世界公认的金融证券业最高认证书,被广泛授予投资领域内的专业人员,包括基金经理、证券分析师、财务总监、投资顾问、投资银行家等。要获得 CFA 资格,需要通过 CFA 资格考试。CFA 资格考试采用英文,在全球各个地点统一举行,考试内容主要是国际最前沿的金融理论和技术,考试范围包括投资分析、投资组合管理、财务报表分析、企业财务、经济学、投资表现评估及专业道德操守。CFA 证书考试难度较大,被认为是全球投资业中最严格、含金量最高的资格认证,为全球投资业在道德操守、专业标准及知识体系等方面设立了规范与标准。

3. USCPA 简介

USCPA 是美国注册会计师(United States Certified Public Accountant)的简称,是美国注册会计师协会旗下的专业会计师认证,也是美国正式的注册会计师国家资格认证,在美国拥有审计签字权,并在全世界享有较高的声誉。USCPA 资格的获得需要参加美国注册会计师协会组织的考试。考试内容包括审计与鉴证、财务会计与报告、法规、商业环境及理论。USCPA 证书一旦获取,可在全球范围内与加拿大、新西兰、澳大利亚、爱尔兰等多国注册会计师体系完成互认。

4. CMA 简介

CMA 是美国注册管理会计师(Certified Management Accountant)的简称,由美国管理会计师协会进行资格评审和认证,是美国管理会计师协会旗下的注册管理会计师认证,被誉为财务及管理专业人士的"国际通行证"。CMA 与 USCPA、CFA 并称为美国财会领域的三大黄金认证。CMA 在全球范围内为企业财务高管所认可,是美国重量级企事业单位财务从业者的必备证书。取得 CMA 资格者不仅代表着具备了会计及财务相关领域完整知识,也代表着具备了分析企业内部财务报表、参与财务管理与拟定未来策略等的能力。

5. CIA 简介

CIA 是国际注册内部审计师(Certified Internal Auditor)的简称,是由国际内部审计师协会推出的内部审计专业资格,也是内部审计领域国际权威认证。CIA 在内部控制、风险管理、组织治理等领域具有较强的影响力。要获得 CIA 资格需通过 IIA(国际内部审计师协会)组织的考试。通过考试者将获得 IIA 颁发的证书。CIA 证书永久有效,但持有者必须参加 IIA 的后续教育。

六、会计人员的工作交接

由于会计工作的特殊性,会计人员工作交接是会计工作中的一项重要内容。做好会计交接工作,既可以使会计工作前后衔接,保证会计工作连续进行,还可以防止因会计人员的更换出现账目不清、财务混乱等现象,因此,应办理好交接工作。《会计法》第三十九条规定:

会计人员调动工作或者离职,必须与接管人员办清交接手续。

一般会计人员办理交接手续,由会计机构负责人(会计主管人员)监交;会计机构负责人（会计主管人员）办理交接手续，由单位负责人监交，必要时主管单位可以派人会同监交。

具体要求包括以下几个部分。

（一）交接的范围

（1）临时离职或因病不能工作需要接替或代理的，会计机构负责人（会计主管人员）或单位负责人必须指定专人接替或者代理，并办理会计工作交接手续。

（2）临时离职或因病不能工作的会计人员恢复工作时，应当与接替或代理人员办理交接手续。

（3）移交人员因病或其他特殊情况不能亲自办理移交手续的，经单位负责人批准，可由移交人委托他人代办交接，但委托人应当对所移交的会计凭证、会计账簿、财务会计报告和其他有关资料的真实性、完整性承担法律责任。

（二）交接的程序

1. 交接前的准备工作

会计人员在办理会计工作交接前，必须做好以下准备工作。

（1）已经受理的经济业务尚未填制会计凭证的应当填制完毕。

（2）尚未登记的账目应当登记完毕，并在最后一笔余额后加盖经办人印章。

（3）整理好应该移交的各项资料，对未了事项和遗留问题要写出书面说明材料。

（4）编制移交清册，列明应该移交的会计凭证、会计账簿、财务会计报告、公章、现金、有价证券、支票簿、发票、文件、其他会计资料和物品等内容；实行会计电算化的单位，从事该项工作的移交人员应在移交清册上列明会计软件及密码等内容。

（5）会计机构负责人（会计主管人员）移交时，应将财务会计工作、重大财务收支问题和会计人员的情况等向接替人员介绍清楚。

2. 移交点收

移交人员离职前，必须将本人经管的会计工作，在规定的期限内，全部向接管人员移交清楚。接管人员应认真按照移交清册逐项点收。

（1）现金要与根据会计账簿记录的余额进行当面核对，不得短缺，接替人员发现不一致或"白条抵库"现象时，移交人员在规定期限内负责查清处理。

（2）有价证券的数量要与会计账簿记录一致，有价证券面额与发行价不一致时，按照会计账簿余额交接。

（3）会计凭证、会计账簿、财务会计报告和其他会计资料必须完整无缺，不得遗漏。如有短缺，必须查清原因，并在移交清册中加以说明，由移交人负责。

（4）银行存款账户余额要与银行对账单核对相符，如有未达账项，应编制银行存款余额调节表调节相符；各种财产物资和债权债务的明细账户余额，要与总账有关账户的余额核对相符；对重要实物要实地盘点，对余额较大的往来账户要与往来单位、个人核对。

（5）公章、收据、空白支票、发票、科目印章以及其他物品等必须交接清楚。

(6) 交接双方应在电子计算机上对有关数据进行实际操作，确认有关数字正确无误后，方可交接。

3. 专人负责监交

为了明确责任，会计人员办理工作交接，必须有专人负责监交。通过监交，保证双方都按照国家有关规定认真办理交接手续，防止流于形式，保证会计工作不因人员变动而受影响；保证交接双方处在平等的法律地位上享有权利和承担义务，不允许任何一方以大压小，以强凌弱，或采取非法手段进行威胁。移交清册应当经过监交人员审查和签名、盖章，作为交接双方明确责任的证件。

（1）一般会计人员办理交接手续，由会计机构负责人（会计主管人员）监交。

（2）会计机构负责人（会计主管人员）办理交接手续，由单位负责人监交，必要时主管单位可以派人会同监交。所谓必要时主管单位派人会同监交，是指有些交接需要主管单位监交或者主管单位认为需要参与监交。通常有下面三种情况。

第一，所属单位负责人不能监交，需要由主管单位派人代表主管单位监交，如因单位撤并而办理交接手续等。

第二，所属单位负责人不能尽快监交，需要由主管单位派人督促监交。例如，主管单位责成所属单位撤换不合格的会计机构负责人（会计主管人员），所属单位负责人却以种种借口拖延不办交接手续时，主管单位就应派人督促会同监交等。

第三，不宜由所属单位负责人单独监交，而需要主管单位会同监交。例如，所属单位负责人与办理交接手续的会计机构负责人（会计主管人员）有矛盾，交接时需要主管单位派人会同监交，以防可能发生单位负责人借机刁难等。

此外，主管单位认为交接中存在某种问题需要派人监交时，也可派人会同监交。

4. 交接后的有关事宜

（1）会计工作交接完毕后，交接双方和监交人在移交清册上签名或盖章，并应在移交清册上注明单位名称，交接日期，交接双方和监交人的职务、姓名，移交清册页数以及需要说明的问题和意见等。

（2）接管人员应继续使用移交前的账簿，不得擅自另立账簿，以保证会计记录前后衔接，内容完整。

（3）移交清册一般应填制一式三份，交接双方各执一份，存档一份。

（三）交接人员的责任

会计工作交接中，合理、公正地区分移交人和接替者的责任是非常必要的。交接工作完成后，移交人员所移交的会计凭证、会计账簿、财务会计报告和其他会计资料是在其经办会计工作期间内发生的，应当对这些会计资料的真实性、完整性负责，即便接替人员在交接时因疏忽没有发现所接收的会计资料在真实性、完整性方面的问题，如事后发现仍应由原移交人员负责，原移交人员不应以会计资料已移交而推脱责任。

第六节　法律责任

一、违反会计法规的法律责任概述

为了有效规范会计行为，惩治会计违法行为，《会计法》规定了明确的法律责任。主要规定了行政责任和刑事责任两种责任形式。

（一）行政责任

1. 行政处罚

行政处罚是指特定的行政主体基于一般行政管理职权，对违反行政法上的强制性义务、违反行政管理程序的行政管理相对人所实施的一种行政制裁措施。《中华人民共和国行政处罚法》对行政处罚的种类和实施作出了如下规定。

（1）行政处罚主要分为六种，包括警告、通报批评；罚款、没收违法所得、没收非法财物；限制开展生产经营活动、责令停产停业、责令关闭、限制从业；暂扣许可证件、降低资质等级、吊销许可证件；行政拘留；法律、行政法规规定的其他行政处罚。

（2）行政处罚由违法行为发生所在地县级以上地方人民政府具有行政处罚权的行政机关管辖。

（3）对当事人的同一个违法行为，不得给予两次以上罚款的行政处罚。

（4）行政机关在作出处罚决定之前，应当告知当事人作出处罚决定的事实、理由、依据以及当事人依法享有的有关权利；当事人有权陈述和申辩。

（5）行政处罚决定依法作出后，当事人应当在行政处罚决定的期限内，予以履行。

2. 行政处分

行政处分是国家工作人员违反行政法律规范所应承担的一种行政法律责任，是行政机关对国家工作人员故意或者过失侵犯行政相对人的合法权益所实施的法律制裁。行政处分的形式有警告、记过、记大过、降级、撤职、开除六种。

（二）刑事责任

刑事责任是指犯罪行为应当承担的法律责任。

1. 刑罚方法

刑罚方法包括主刑与附加刑。其中，主刑是对犯罪分子适用的主要刑罚方法，只能独立适用，不能附加适用，对犯罪分子只能判处一种主刑。主刑分为管制、拘役、有期徒刑、无期徒刑和死刑。附加刑是既可独立适用又可以附加适用的刑罚方法。也就是说，对同一犯罪行为既可以在主刑之后判处一个或两个以上的附加刑，也可以独立判处一个或两个以上的附加刑。附加刑分为罚金、剥夺政治权利、没收财产。对犯罪的外国人，也可以独立或附加适用驱除出境。

2. 非刑罚方法

根据《中华人民共和国刑法》的规定，对犯罪分子还可以采用非刑罚的方法，即对犯罪分子判处刑罚以外的其他方法。主要包括由于犯罪行为而使被害人遭受经济损失的，对犯罪分子除刑事处罚外，判处赔偿经济损失；对于犯罪情节轻微不需要判处刑罚的，根据情况予以训诫或者责令其悔过、赔礼道歉、赔偿损失，或者由主管部门给予行政处罚或者行政处分。

(三) 刑事责任与行政责任两者的区别

1. 追究的违法行为不同

追究刑事责任的行为是犯罪行为，而追究行政责任的行为是一般违法行为。

2. 追究责任的机关不同

追究刑事责任只能由司法机关依照《中华人民共和国刑法》的规定追究，而追究行政责任由国家特定的行政机关依照有关法律的规定决定。

3. 承担法律责任的后果不同

追究刑事责任是最严厉的制裁，可以判处死刑，比追究行政责任严厉得多。刑事责任是触犯《中华人民共和国刑法》的犯罪人所应承受的由国家审判机关给予的制裁后果，包括刑罚方法和非刑罚方法。

【例题·多选题】按照相关规定，属于《会计法》规定的行政处罚形式的是（　　）。
A. 警告　　　B. 罚款　　　C. 通报批评　　　D. 没收违法所得
【答案】ABCD

二、《会计法》第四十条内容

(一) 违反会计制度规定应承担法律责任的违法行为

根据《会计法》第四十条的规定，应承担法律责任的违法会计行为包括以下几种。

(1) 不依法设置会计账簿的行为，是指违反《会计法》和国家统一的会计制度的规定，应当设置会计账簿的单位不设置会计账簿或者未按规定的种类、形式及要求设置会计账簿的行为。

(2) 私设会计账簿的行为，是指不在依法设置的会计账簿上对经济业务事项进行统一会计核算，而另外私自设置会计账簿进行会计核算的行为，即常说的"账外账"。

(3) 未按照规定填制、取得原始凭证或者填制、取得的原始凭证不符合规定的行为。

(4) 以未经审核的会计凭证为依据登记会计账簿或者登记会计账簿不符合规定的行为。

(5) 随意变更会计处理方法的行为。会计处理方法的变更会直接影响会计资料的质量和可比性,按照相关法律的规定,不得随意变更会计处理方法。

(6) 向不同的会计资料使用者提供的财务会计报告编制依据不一致的行为。财务会计报告应当根据登记完整、核对无误的会计账簿记录和其他有关会计资料编制,使用的计量方法、确认原则、统计标准应当一致,做到数字真实、计算准确、内容完整、说明清楚。不得向不同的会计资料使用者提供编制依据不一致的财务会计报告。

(7) 未按照规定使用会计记录文字或者记账本位币的行为。

(8) 未按照规定保管会计资料,致使会计资料毁损、灭失的行为。

(9) 未按照规定建立并实施单位内部会计监督制度或者拒绝依法实施监督,或者不如实提供有关会计资料及有关情况的行为。

(10) 任用会计人员不符合本法规定的行为。

(二) 违反会计制度规定行为应承担的法律责任

根据《会计法》的规定,上述各种违法行为应承担以下法律责任。

1. 行政处罚

县级以上人民政府财政部门根据违法行为人的违法性质、情节及危害程度,责令限期改正,给予警告、通报批评,并有权对单位并处二十万元以下的罚款;

对直接负责的主管人员和其他直接责任人员,可以处五万元以下的罚款;情节严重的,对单位可以并处二十万元以上一百万元以下的罚款,对其直接负责的主管人员和其他直接责任人员,可以处五万元以上五十万元以下的罚款。

情节严重的,五年内不得从事会计工作。

2. 行政处分

对上述违法行为直接负责的主管人员和其他直接责任人员中属于公职人员的,视情节轻重,由其所在单位或者其上级单位或者行政监察部门给予警告、记过、记大过、降级、撤职和开除等行政处分。

3. 追究刑事责任

对上述违法行为直接负责的主管人员和其他直接责任人员,构成犯罪的,依法追究刑事责任。

> 【例题·多选题】根据《会计法》的规定,对登记会计账簿不符合规定的单位,县级以上人民政府财政部门责令限期改正,并可以处(   )。
> A. 对直接负责的主管人员,可以处 5 万元以下的罚款
> B. 情节严重的,对单位可以并处 20 万元以下的罚款
> C. 情节严重的,对单位可以并处 20 万元以上 100 万元以下的罚款
> D. 对单位可以并处 5 万元以下的罚款
> 【答案】AC

三、《会计法》第四十一条内容

(一) 伪造、变造会计凭证、会计账簿，编制虚假财务会计报告，隐匿或者故意销毁依法应当保存的会计凭证、会计账簿、财务会计报告的行为特征

伪造、变造会计凭证、会计账簿，编制虚假财务会计报告的行为具有故意性、隐蔽性及违法性等特征，可能导致单位财务状况被严重扭曲，误导利益相关方的决策，损害投资者利益，破坏市场秩序等后果。

(1) 伪造、变造会计凭证行为包括完全虚构不存在的经济业务或资金往来，制作虚假的原始凭证，或使用虚假的印章、签名或单位名称，或修改真实的原始凭证使其反映虚假的经济业务等行为。

(2) 伪造会计账簿行为包括以伪造或者变造的会计凭证填制会计账簿，或对内对外采用不同的确认标准、计量方法等手段编造虚假会计账簿的行为。

(3) 变造会计账簿行为包括在真实的会计账簿上通过涂改、擦除、挖补、添加等手段改变会计凭证、会计账簿记录，或故意漏记、重记或多记某些经济业务以影响账簿的真实性等行为。

(4) 编制虚假财务会计报告的行为包括根据虚假的会计账簿记录编制财务会计报告，或在财务报告中故意夸大或缩小收入、成本、利润等财务数据，或故意隐瞒或虚报重大财务事项，或使用不合理的会计估计或会计政策以达到操纵财务结果的目的，或对财务会计报告擅自进行没有依据的修改等行为。

(5) 隐匿依法应当保存的会计凭证、会计账簿、财务会计报告的行为包括故意将会计凭证、会计账簿、会计财务报告等资料藏匿起来使他人无法正常查阅，或将资料转移至不易被发现的地方，或者通过其他手段使资料在正常的检查、审计过程中不被发现。

(6) 故意销毁依法应当保存的会计凭证、会计账簿、财务会计报告的行为包括物理销毁，如撕毁、焚烧会计资料；电子销毁，如删除计算机中的会计数据，格式化存储设备；化学销毁，如使用化学物质破坏会计资料，导致会计资料丧失，无法用于正常的会计核算、审计、检查等活动。

(二) 伪造、变造会计凭证、会计账簿，编制虚假财务会计报告，隐匿或者故意销毁依法应当保存的会计凭证、会计账簿、财务会计报告的行政责任

根据《会计法》第四十一条的规定，伪造、变造会计凭证、会计账簿，编制虚假财务会计报告，隐匿或者故意销毁依法应当保存的会计凭证、会计账簿、财务会计报告的，县级以上人民政府财政部门有权进行处罚和处分。

1. 行政处罚

伪造、变造会计凭证、会计账簿，编制虚假财务会计报告，隐匿或者故意销毁依法应当保存的会计凭证、会计账簿、财务会计报告的，由县级以上人民政府财政部门没收违法所得。

违法所得二十万元以上的，对单位可以处违法所得一倍以上十倍以下的罚款，没有

违法所得或者违法所得不足二十万元的，可以处二十万元以上二百万元以下的罚款；

对其直接负责的主管人员和其他直接责任人员可以处十万元以上五十万元以下的罚款，情节严重的，可以处五十万元以上二百万元以下的罚款；

其中的会计人员，五年内不得从事会计工作。

2. 行政处分

对伪造、变造会计凭证、会计账簿，编制虚假财务会计报告，隐匿或者故意销毁依法应当保存的会计凭证、会计账簿、财务会计报告等违法行为直接负责的主管人员和其他直接责任人员，属于公职人员的，还应当由所在单位依法给予行政处分。

(三) 伪造、变造会计凭证、会计账簿，编制虚假财务会计报告，隐匿或者故意销毁依法应当保存的会计凭证、会计账簿、财务会计报告的刑事责任

根据《会计法》第四十一条的规定，伪造、变造会计凭证、会计账簿，编制虚假财务会计报告，隐匿或者故意销毁依法应当保存的会计凭证、会计账簿、财务会计报告的，构成犯罪的，依法追究刑事责任。依据《中华人民共和国刑法》，主要有以下几种情况。

（1）根据《中华人民共和国刑法》第一百六十一条的规定，依法负有信息披露义务的公司、企业向股东和社会公众提供虚假的或者隐瞒重要事实的财务会计报告，或者对依法应当披露的其他重要信息不按照规定披露，严重损害股东或者其他人利益，或者有其他严重情节的，对其直接负责的主管人员和其他直接责任人员，处五年以下有期徒刑或者拘役，并处或者单处罚金；情节特别严重的，处五年以上十年以下有期徒刑，并处罚金。

（2）根据《中华人民共和国刑法》第二百二十九条的规定，承担资产评估、验资、验证、会计、审计、法律服务、保荐、安全评价、环境影响评价、环境监测等职责的中介组织的人员故意提供虚假证明文件，情节严重的，处五年以下有期徒刑或者拘役，并处罚金；有下列情形之一的，处五年以上十年以下有期徒刑，并处罚金。

①提供与证券发行相关的虚假的资产评估、会计、审计、法律服务、保荐等证明文件，情节特别严重的；

②提供与重大资产交易相关的虚假的资产评估、会计、审计等证明文件，情节特别严重的；

③在涉及公共安全的重大工程、项目中提供虚假的安全评价、环境影响评价等证明文件，致使公共财产、国家和人民利益遭受特别重大损失的。

四、《会计法》第四十二条内容

(一) 授意、指使、强令会计机构、会计人员及其他人员伪造、变造会计凭证、会计账簿，编制虚假财务会计报告或者隐匿、故意销毁依法应当保存的会计凭证、会计账簿、财务会计报告的行为特征

授意、指使、强令会计机构、会计人员及其他人员伪造、变造会计凭证、会计账

簿,编制虚假财务会计报告或者隐匿、故意销毁依法应当保存的会计凭证、会计账簿、财务会计报告的行为具有目的性、隐蔽性、违法性及后果严重性。行为人为了虚增利润、逃避税收、掩盖挪用资金等非法目的,往往采取隐蔽的手段,如通过非正式沟通渠道进行授意或指使,以避免被发现。这些行为不仅影响会计信息的真实性,还可能对企业的经营、市场的信任度产生广泛影响。

授意、指使、强令会计机构、会计人员及其他人员伪造、变造会计凭证、会计账簿,编制虚假财务会计报告或者隐匿、故意销毁依法应当保存的会计凭证、会计账簿、财务会计报告的行为中的授意行为是指暗示会计机构的会计人员或其他人员实施违法行为,虽然不直接说明,但意图明确;指使行为是指明确地指示或命令会计人员或其他人员实施违法行为;强令行为是指利用职务上的便利、权力或者其他手段强迫他人执行其命令的行为。

(二)授意、指使、强令会计机构、会计人员及其他人员伪造、变造会计凭证、会计账簿,编制虚假财务会计报告或者隐匿、故意销毁依法应当保存的会计凭证、会计账簿、财务会计报告的法律责任

《会计法》第四十二条规定:

授意、指使、强令会计机构、会计人员及其他人员伪造、变造会计凭证、会计账簿,编制虚假财务会计报告或者隐匿、故意销毁依法应当保存的会计凭证、会计账簿、财务会计报告的,由县级以上人民政府财政部门给予警告、通报批评,可以并处二十万元以上一百万元以下的罚款;情节严重的,可以并处一百万元以上五百万元以下的罚款;属于公职人员的,还应当依法给予处分;构成犯罪的,依法追究刑事责任。

五、打击报复会计人员应承担的法律责任

《会计法》第四十三条规定:

单位负责人对依法履行职责、抵制违反本法规定行为的会计人员以降级、撤职、调离工作岗位、解聘或者开除等方式实行打击报复的,依法给予处分;构成犯罪的,依法追究刑事责任。

(一)单位负责人打击报复会计人员的行政责任

单位负责人对依法履行职责、抵制违反《会计法》行为的会计人员实行打击报复,情节轻微,危害性不大,不构成犯罪的,由其所在单位或者有关单位依法给予行政处分。

(二)单位负责人打击报复会计人员的刑事责任

《中华人民共和国刑法》第二百五十五条规定,公司、企业、事业单位、机关、团体的领导人,对依法履行职责、抵制违反《会计法》行为的会计人员实行打击报复,情节恶劣的,处三年以下有期徒刑或者拘役。

(三) 对受打击报复的会计人员的补救措施

1. 恢复名誉

受打击报复的会计人员的名誉受到损害的，其所在单位或者其上级单位及有关部门应当要求打击报复者向遭受打击报复的会计人员赔礼道歉，并澄清事实，消除影响，恢复名誉。

2. 恢复原有职位、级别

会计人员受到打击报复，被调离工作岗位、解聘或者开除的，应当在征得会计人员同意的前提下，恢复其工作；被撤职的，应当恢复其原有职务；被降级的，应当恢复其原有级别。

六、行政部门工作人员在实施会计监督管理中可能存在的法律责任

《会计法》第四十四条规定：

财政部门及有关行政部门的工作人员在实施监督管理中滥用职权、玩忽职守、徇私舞弊或者泄露国家秘密、工作秘密、商业秘密、个人隐私、个人信息的，依法给予处分；构成犯罪的，依法追究刑事责任。

(一) 财政部门等相关工作人员违反《会计法》的行为

1. 滥用职权行为

滥用职权行为是指超越职权范围行使权力，或者不合理地行使职权，或者无正当理由对特定企业或个人进行过度监管或处罚，以达到个人目的的行为。

2. 玩忽职守行为

玩忽职守行为是指未认真履行职责，疏于职守，导致公共财产、国家和人民的利益遭受损失的行为，或者对应当检查的项目故意不检查，或者对发现的违法问题不进行处理的行为。

3. 徇私舞弊行为

徇私舞弊行为是指利用职务之便，为个人利益或关系人的利益而违反规定，进行不正当的干预或处理，或者为亲友或关系户谋取不正当利益，或者接受贿赂后对违法行为不予查处的行为。

4. 泄露国家秘密、工作秘密、商业秘密、个人隐私及个人信息

泄露国家秘密、工作秘密、商业秘密、个人隐私及个人信息是指未经授权，擅自对外披露在工作中接触到的各类秘密和个人信息，或者将企业的商业计划、个人的财务信息泄露给无关人员或公众等行为。

(二) 财政部门等相关工作人员违反《会计法》应承担的行政责任

财政部门及有关行政部门的工作人员在实施监督管理中一旦出现了上述行为，既违反了会计相关法规，也违反了《中华人民共和国公务员法》《中华人民共和国保守

国家秘密法》《中华人民共和国个人信息保护法》等相关法律法规，可能导致公共财产损失、公共利益受损、市场秩序混乱，以及个人隐私和信息安全受到威胁。情节轻微且危害性不大，不构成犯罪的，依照《会计法》的规定及有关法律法规的规定，给予行政处分。对有上述违法行为的财政部门及有关行政部门的工作人员，可以由其所在单位或者其上级单位或者行政监察部门视情节轻重，给予相应的行政处分。

（三）财政部门等相关工作人员违反《会计法》应承担的刑事责任

1. 滥用职权罪和玩忽职守罪

根据《中华人民共和国刑法》第三百九十七条的规定，财政部门及有关行政部门的工作人员滥用职权或者玩忽职守，致使公共财产、国家和人民利益遭受重大损失的，构成滥用职权罪或者玩忽职守罪，处三年以下有期徒刑或者拘役；情节特别严重的，处三年以上七年以下有期徒刑。财政部门及有关行政部门的工作人员徇私舞弊，犯上述罪行的，判处五年以下有期徒刑或者拘役；情节特别严重的，处五年以上十年以下有期徒刑。本法另有规定的，依照规定。

2. 泄露国家秘密罪

根据《中华人民共和国刑法》第三百九十八条的规定，财政部门及有关行政部门的工作人员违反《中华人民共和国保守国家秘密法》的规定，故意或者过失泄露国家秘密，情节严重的，构成泄露国家秘密罪。对泄露国家秘密罪，处三年以下有期徒刑或者拘役；情节特别严重的，处三年以上七年以下有期徒刑。

七、将检举人姓名和检举材料转给被检举单位和被检举人个人的法律责任

《会计法》第四十五条规定：

违反本法规定，将检举人姓名和检举材料转给被检举单位和被检举人个人的，依法给予处分。

这一规定体现了法律对检举制度的保护和对会计监督职责的严格要求。将检举人姓名和检举材料转给被检举单位和被检举人的行为指的是财政部门及有关行政部门的工作人员在执行监督管理职责时，违反规定将检举人的姓名和检举材料透露给被检举的单位或个人。这种行为不仅损害检举人的权益，也破坏会计监督的权威性和公信力，阻碍对会计违法行为的查处，对会计秩序和法治环境造成负面影响。

违反《会计法》同时违反其他法律规定的行为的处罚

《会计法》规定将检举人姓名和检举材料转给被检举单位和被检举人个人的，依法给予处分。处分包括行政处分，如警告、记过、降级、撤职等。在严重情况下，构成犯罪的个人，将依法承担刑事责任。

本章习题

案例分析题

案例一：

某县国有企业，总经理为张某，2022年迫于公司业绩压力，指示会计科李科长将亏损调成盈利，李科长坚持不肯。2023年7月，张某的侄女刚从大学的会计学专业毕业。张某遂调李科长至生产车间任副科长。同时，任命其侄女担任会计科科长的职务。

张某违反了会计法律法规中的哪些条款？

案例二：

2023年6月，某公司总经理陈某以加强对公司财务部的管理为由，将自己朋友刚刚大学毕业的女儿王某调入财务部担任出纳，并兼管会计档案。2024年12月，总经理陈某任命刚刚考取助理会计师的王某为公司财务部经理，全面主持财务部工作。

要求：指出上述情况中哪些行为不符合国家规定，并说明理由。

案例三：

蒋某自2019年起担任某有限公司总经理。2023年12月，因业绩突出受到组织部门预备提拔的考核，准备升任该市某局局长。在考核中，组织部门接到举报，举报人说蒋某在任职期间有指使财务人员利用假发票做账、打击压制坚持原则的会计人员等问题。随即，该市财政、审计、税务部门组成联合调查组，对该公司近些年，特别是蒋某任总经理期间的账目进行了全面的检查，结果发现：

（一）该公司设置了两套账，一套账对外，一套账对内。对会计档案管理不重视，不安排相应场所对现有会计账册等资料进行保管，致使原始资料被毁损严重。

（二）该公司近三年的伪造、变造会计凭证、虚减利润、少缴税等违法问题，都是在张某的强令或授意下进行的。

调查组向市财政局通报了上述情况。市财政局作出了责令该公司限期整改，并处8.6万元罚款的处罚。对蒋某有关事实根据《会计法》作出了书面意见，反馈回组织部门，并移送检察院进入司法程序。

蒋某违反了会计法律法规中的哪些规定？

第二章在线答题

第三章

支付结算法律制度

支付结算的法律依据；支付结算的特点、原则与基本要求；银行结算账户的管理；票据结算；电子支付业务；结算方式；违反银行结算账户管理、票据管理的法律责任。

第一节 支付结算法概述

一、支付结算的概念及法律依据

（一）支付结算的概念

支付结算是指在经济活动中，当事人之间由于商品交易、劳务供应、资金调拨等经济行为引起的使用票据、信用卡和汇兑、托收承付、委托收款等结算方式进行货币给付及其资金清算的行为。银行、单位（含个体工商户）和个人是办理支付结算的主体。其中，票据包括银行汇票、商业汇票、银行本票和支票。

《支付结算办法》第四条规定：

支付结算工作的任务，是根据经济往来组织支付结算，准确、及时、安全办理支付结算，按照有关法律、行政法规和本办法的规定管理支付结算，保障支付结算活动的正常进行。

（二）支付结算的法律依据

支付结算是一种转账结算，是国民经济活动中资金清算的中介。为了规范支付结算行为，保障支付结算活动中当事人的合法权益，促进社会主义市场经济的发展，我国制定了一系列支付结算方面的法律法规，主要包括 1996 年 1 月 1 日起实施的《中华人民共和国票据法》、1997 年 8 月 1 日起实施的《国内信用证结算办法》、1997 年 10 月 1 日起实施的《票据管理实施办法》、1997 年 12 月 1 日起实施的《支付结算办法》、1999 年 3 月 1 日起实施的《银行卡业务管理办法》和 2003 年 9 月 1 日起实施的《人民币银行结算账户管理办法》等。2023 年，《国务院决定取消和调整的罚款事项目录》发布，决定取消《支付结算办法》中的有关罚款规定。2024 年中国人民银行对《支付结算办法》进行了修订，并于 2024 年 2 月 6 日发布并实施。

支付结算工作按照上述法律和行政法规等的规定展开，通过银行等金融机构进行，为商品交易和资金流动提供便捷的渠道，为结算单位提供更加安全可靠的交易环境，有助于加速商品流通和提高市场效率。

二、支付结算的特点

（一）支付结算的中介性

银行是支付结算和资金清算的中介机构。单位、个人应当按照《人民币银行结算账户管理办法》的规定开立、使用账户，这说明支付结算必须以中国人民银行批准的金融机构作为中介才能完成。这些金融中介机构向在此开立账户的单位提供支付结算服务，确保资金从付款方安全、准确地转移到收款方，从而降低了交易风险。

（二）支付结算的委托性

在银行开立存款账户的单位和个人办理支付结算，账户内须有足够的资金保证支付。银行依法为单位、个人在银行开立的基本存款账户、一般存款账户、专用存款账户和临时存款账户的存款保密，维护其资金的自主支配权。单位与个人作为存款人，依法、自愿地委托银行办理支付结算，银行依法提供支付结算服务。未经存款人同意，银行不得随意停止服务或代为扣除委托人的银行存款。

（三）统一的支付结算制度

中国人民银行总行负责制定统一的支付结算制度，组织、协调、管理、监督全国的支付结算工作，调解、处理银行之间的支付结算纠纷。《支付结算办法》第二十条规定：

支付结算实行集中统一和分级管理相结合的管理体制。

中国人民银行省、自治区、直辖市分行根据统一的支付结算制度制定实施细则，报总行备案；根据需要可以制定单项支付结算办法，报经中国人民银行总行批准后执行。中国人民银行分、支行负责组织、协调、管理、监督本辖区的支付结算工作，调解、处理本辖区银行之间的支付结算纠纷。政策性银行、商业银行负责组织、管理、协调本行内的支付结算工作，调解、处理本行内分支机构之间的支付结算纠纷。

三、支付结算的原则

支付结算的原则是指单位、个人和银行在进行支付结算活动时必须遵循的行为准则。支付结算应当遵守以下原则。

(一) 恪守信用、履约付款原则

根据该原则，各单位之间、单位与个人之间发生交易往来，产生支付结算行为时，结算当事人必须依照双方约定的民事法律关系内容依法承担义务和行使权利，恪守信用，履行付款义务，特别是应当按照约定的付款金额和付款日期进行支付。结算双方办理款项收付完全建立在自觉自愿、相互信任的基础上。

(二) 谁的钱进谁的账、由谁支配原则

银行在办理结算时，必须按照存款人的委托，将款项支付给其指定的收款人；对存款人的资金，除国家法律另有规定外，必须由其自由支配。这一原则主要在于维护存款人对存款资金的所有权，保证其对资金支配的自主权。

(三) 银行不垫款原则

银行在办理结算过程中，只负责办理结算当事人之间的款项划拨，不承担垫付任何款项的责任。这一原则主要在于划清银行资金与存款人资金的界限，保护银行资金的所有权和安全，有利于促使单位和个人直接对自己的债权债务负责。

四、支付结算的基本要求

(一) 办理支付结算的基本要求

(1) 单位、个人和银行办理支付结算，必须使用按中国人民银行统一规定印制的票据凭证和统一规定的结算凭证。未使用按中国人民银行统一规定印制的票据，票据无效；未使用中国人民银行统一规定格式的结算凭证，银行不予受理。

(2) 票据和结算凭证上的签章，为签名、盖章或者签名加盖章；单位、银行在票据上的签章和单位在结算凭证上的签章，为该单位、银行的公章加其法定代表人或者其授权的代理人的签名或者盖章。

(3) 票据和结算凭证的金额、出票或签发日期、收款人名称不得更改，更改的票据无效；更改的结算凭证，银行不予受理。对票据和结算凭证上的其他记载事项，原记载人可以更改，更改时应当由原记载人在更改处签章证明。

(二) 填写票据和结算凭证的基本要求

票据和结算凭证是办理支付结算的工具，是银行、单位和个人凭以记载账务的会计凭证，是记载经济业务和明确经济责任的一种书面证明。单位、个人和银行签发票据、填写结算凭证，应当按照规定进行填写。填写票据和结算凭证应当规范，做到要素齐全、数字正确、字迹清晰、不错不漏、不潦草，防止涂改。票据和结算凭证金额以中文大写和阿拉伯数字同时记载，二者必须一致，否则银行可不予受理。

(1) 中文大写金额数字应用正楷或行书填写，不得自造简化字。

(2) 中文大写金额数字到"元"为止的，在"元"之后应写"整"（或"正"）字；到"角"为止的，在"角"之后可以不写"整"（或"正"）字。大写金额数字有"分"的，"分"后面不写"整"（或"正"）字。

> **【例题·单选题】**下列数字在填写票据和结算凭证时,应在中文大写金额数字后写"整"或"正"字的是（　　）。
> A. 368.90 元　　　B. 756 元　　　C. 500.03 元　　　D. 333.59 元
> **【答案】** B

（3）中文大写金额数字前应标明"人民币"字样,大写金额数字应紧接"人民币"字样填写,不得留有空白。大写金额数字前未印"人民币"字样的,应加填"人民币"三字。

（4）阿拉伯小写金额数字前面,均应填写人民币符号"￥"。阿拉伯小写金额数字要认真填写,不得连写分辨不清。阿拉伯小写金额数字中有"0"的,中文大写应按照汉语语言规律、金额数字构成和防止涂改的要求进行书写。

①阿拉伯数字中间有"0"时,中文大写金额要写"零"字。

②阿拉伯数字中间连续有几个"0"时,中文大写金额中间可以只写一个"零"字。

③阿拉伯数字万位或元位是"0",或者数字中间连续有几个"0",万位、元位也是"0",但千位、角位不是"0"时,中文大写金额中可以只写一个"零"字,也可以不写"零"字。

④阿拉伯金额数字角位是"0",而分位不是"0"时,中文大写金额"元"后面应写"零"字。例如,￥543.02,应写成人民币伍佰肆拾叁元零贰分。

> **【例题·多选题】**在填写票据和结算凭证时,下列数字填写中文大写金额的写法正确的是（　　）。
> A. ￥1904.20,应写成人民币壹仟玖佰零肆元贰角
> B. ￥6007.14,应写成人民币陆仟零柒元壹角肆分
> C. ￥16409.00,应写成人民币壹万陆仟肆佰零玖元
> D. ￥304000.76,应写成人民币叁拾万肆仟零柒角陆分,或人民币叁拾万零肆仟柒角陆分
> **【答案】** ABD

（5）票据的出票日期必须使用中文大写。在填写月、日时,月为壹、贰和壹拾的,日为壹至玖和壹拾、贰拾和叁拾的,应在其前加"零";日为拾壹至拾玖的,应在其前面加"壹"。例如:2 月 12 日,应写成零贰月壹拾贰日;10 月 20 日,应写成零壹拾月零贰拾日。票据出票日期使用小写填写的,银行不予受理。大写日期未按要求规范填写的,银行可予受理;但由此造成损失的,由出票人自行承担。

【例题·单选题】票据日期 2024 年 2 月 10 日的规范填写是（　　）。
A. 贰零贰肆年贰月壹十日
B. 贰零贰肆年零二月壹拾日
C. 贰零贰肆年零贰月零壹拾日
D. 贰零贰肆年贰月零壹拾日
【答案】C

(6) 票据和结算凭证上签章的书写要求。

①票据和结算凭证上的签章和其他记载事项应当真实，不得伪造、变造。伪造是指无权限的人假冒他人或虚构人名签章的行为，变造是指无权更改票据内容的人对票据上签章以外的记载事项加以改变的行为。票据上有伪造、变造的签章的，不影响票据上其他当事人真实签章的效力。单位、银行在票据上的签章和单位在结算凭证上的签章，为该单位、银行的盖章加其法定代表人或其授权的代理人的签名或盖章。

②票据和结算凭证的金额、出票或签发日期、收款人名称不得更改。更改的票据无效；结算凭证上有更改的，银行不予受理。票据和结算凭证上的其他记载事项，原记载人可以更改，更改时应当由原记载人在更改处签章证明。

第二节　银行结算账户

一、银行结算账户概述

（一）银行结算账户概念

银行结算账户是存款人在经办银行开立的办理资金收付结算的人民币活期存款账户。

(1) 存款人是指在中国境内开立银行结算账户的机关、团体、部队、企业、事业单位、其他组织、个体工商户和自然人。存款人可以自主选择银行开立银行结算账户，任何单位和个人不得强令存款人到指定银行开立银行结算账户。

(2) 银行是指在中国境内经中国人民银行批准经营支付结算业务的政策性银行、商业银行、农村信用合作社等。银行应依法为存款人的银行结算账户信息保密。

（二）银行结算账户种类

1. 按存款主体划分

银行结算账户按其存款主体不同分为单位银行结算账户和个人银行结算账户。

(1) 单位银行结算账户。

单位银行结算账户是存款人以单位名称开立的银行结算账户。单位银行结算账户按用途不同分为基本存款账户、一般存款账户、专用存款账户、临时存款账户。《人民币银行结算账户管理办法》第四条规定：

单位银行结算账户的存款人只能在银行开立一个基本存款账户。

个体工商户凭营业执照以字号或经营者姓名开立的银行结算账户，纳入单位银行结算账户管理。

（2）个人银行结算账户。

存款人凭个人身份证件以自然人名称开立的银行结算账户为个人银行结算账户。邮政储蓄机构办理银行卡业务开立的账户纳入个人银行结算账户管理。

2. 按开户地划分

银行结算账户按开户地分为本地银行结算账户和异地银行结算账户。其中异地银行结算账户是指存款人在符合法定条件的情况下，根据需要在异地开立的银行结算账户。

各银行结算账户比较明细见表3-1。

表3-1 银行结算账户比较明细表

账户种类	适用范围	现金支取或缴存规定	有效期
基本存款账户	日常收付，只有一个，是主办账户	可办理现金支取和缴存	无
一般存款账户	借款需要	现金可缴存，但不得支取	无
专用存款账户	特定用途资金	不得支取现金	无
临时存款账户	临时经营和验资需要	验资期间只收不付，其余从国家现金管理规定	2年
个人银行结算账户	个人结算需要	可办理个人转账收付和现金存取	无
异地银行结算账户	注册地与开户地有异	可以转账支取现金	无

二、银行结算账户的管理

银行结算账户的管理包括银行结算账户的开立、变更和撤销。银行结算账户的开立和使用应当遵守法律、行政法规的规定，并按照结算账户管理基本原则执行，不得利用银行结算账户进行偷逃税款、逃废债务、套取现金及其他违法犯罪活动。

（一）银行结算账户管理的基本原则

（1）自主选择银行原则。存款人可以自行选择银行开立银行结算账户。

（2）基本账户唯一原则。单位存款人虽然可以在不同银行开立存款账户，但只能选定一家银行开立一个基本存款账户，不能多头开立基本存款账户。

（3）守法合规原则。银行结算账户的开立和使用应当遵守法律法规的规定，不得利用银行结算账户进行偷逃税款、逃废债务、洗钱及其他违法犯罪活动。自然人存款人应以实名开立银行结算账户,应依法使用银行结算账户办理结算业务,不得出租、出借银行结算账户,不得利用银行结算账户套取银行信用或进行洗钱活动。

(4)信息保密原则。银行依法为存款人的银行结算账户信息保密。除国家法律、行政法规另有规定外,任何单位或个人查询单位银行结算账户和个人银行结算账户的存款和有关资料,银行都有权拒绝。存款人应加强对预留银行签章的管理,避免信息泄露。单位遗失预留公章或财务专用章的,应向开户银行出具书面申请、开户许可证、营业执照等相关证明文件。

(二)银行结算账户的开立

银行结算账户的开立实行核准制度,即存款人开立基本存款账户、临时存款账户和预算单位开立专用存款账户,由中国人民银行核准,并由开户银行核发开户许可证。

(1)存款人开立银行结算账户时,应填写开户申请书,并向银行提交有关证明文件。银行应对存款人的开户申请书填写的事项和证明文件的真实性、完整性、合规性进行认真审查,符合开立基本存款账户、临时存款账户和预算单位专用存款账户条件的,银行应当将开户资料报送中国人民银行当地分支行,经其核准后办理开户手续。

(2)符合开立一般存款账户、其他专用存款账户和个人银行结算账户条件的,银行应办理开户手续,并于开户之日起五个工作日内向中国人民银行当地分支行备案。银行为存款人开立银行结算账户,应与存款人签订银行结算账户管理协议,明确双方的权利与义务。除中国人民银行另有规定的以外,应建立存款人预留签章卡片,并将签章的式样和有关证明文件的原件或复印件留存归档。

(3)银行为存款人办理基本存款账户开户手续后,应给存款人出具开户许可证。开户许可证是记载单位银行结算账户信息的有效证明,存款人应按规定使用,并妥善保管。

【例题·单选题】符合开立一般存款账户、其他专用存款账户和个人银行结算账户条件的,银行办理开户手续,并于开户之日起( )个工作日内向中国人民银行当地分支行备案。
A. 2　　　　　　B. 5　　　　　　C. 7　　　　　　D. 10
【答案】B

(三)银行结算账户的变更

存款人更改名称,但不改变开户银行及账号的,应于五个工作日内向开户银行提出银行结算账户的变更申请,并出具有关部门的证明文件。

单位的法定代表人或主要负责人、住址以及其他开户资料发生变更时,应于五个工作日内书面通知开户银行并提供有关证明。银行接到存款人的变更通知后,应及时办理变更手续,并于两个工作日内向中国人民银行报告。

(四)银行结算账户的撤销

存款人有以下情形之一的,应向开户银行提出撤销银行结算账户的申请。

(1) 被撤并、解散、宣告破产或关闭的；
(2) 注销、被吊销营业执照的；
(3) 因迁址需要变更开户银行的；
(4) 其他原因需要撤销银行结算账户的。

存款人尚未清偿其开户银行债务的，不得申请撤销银行结算账户。存款人撤销银行结算账户，必须与开户银行核对银行结算账户存款余额，交回各种重要空白票据及结算凭证和开户许可证，银行核对无误后方可办理销户手续。开户银行对已开户一年，但未发生任何业务的账户，应通知存款人自发出通知三十日内到开户银行办理销户手续，逾期视同自愿销户。

三、主要结算账户

（一）基本存款账户

1. 基本存款账户的概念

基本存款账户是存款人因办理日常转账结算和现金收付需要开立的银行结算账户。企业法人、非法人企业、机关、事业单位、团级（含）以上军队、武警部队及分散执勤的支（分）队、社会团体、民办非企业组织、异地常设机构、外国驻京机构、个体工商户、居民委员会、村民委员会、社区委员会、单位设立的独立核算的附属机构、其他组织等存款人，可以申请开立基本存款账户。

2. 基本存款账户适用范围

基本存款账户是存款人的主办账户。存款人日常经营活动的资金收付及其工资、奖金和现金的支取，应通过该账户办理。

3. 基本存款账户开户要求

开立基本存款账户应按照规定的程序办理并提交有关证明文件。存款人申请开立基本存款账户，应向银行出具下列证明文件：①营业执照。企业法人、非法人企业及个体工商户，应出具营业执照正本。②成立批文或登记证书。机关和事业单位应出具政府人事部门或编制委员会的批文或登记证书；社会团体应出具社会团体登记证书，宗教组织还应出具宗教事务管理部门的批文或证明；民办非企业组织，应出具民办非企业登记证书；外地常设机构，应出具其驻在地政府主管部门的批文；村民委员会、社区委员会，应出具其主管部门的批文或证明。③开户证明。实行预算管理的事业单位还应出具财政部门同意其开户的证明。④独立核算的附属机构，应出具其主管部门的基本存款账户开户许可证和批文。

【例题·多选题】根据规定，具备开立基本存款账户资格的存款人有（   ）。
A. 自然人　　　　　　　　　　B. 个体工商户
C. 社会团体　　　　　　　　　D. 社区委员会
【答案】BCD

（二）一般存款账户

1. 一般存款账户的概念

一般存款账户是指存款人因借款或其他结算需要，在基本存款账户开户银行以外的银行营业机构开立的银行结算账户。

2. 一般存款账户适用范围

一般存款账户用于办理存款人借款转存、借款归还和其他结算的资金收付。该账户可以办理现金缴存，但不得办理现金支取。

3. 一般存款账户开户要求

开立一般存款账户应按照规定的程序办理并提交有关证明文件。存款人申请开立一般存款账户，应向银行出具其开立基本存款账户所需的证明文件、基本存款账户开户许可证。如存款人需向银行借款，应出具借款合同；存款人有其他结算需要，则应出具相关证明。

（三）专用存款账户

1. 专用存款账户的概念

专用存款账户是指存款人按照法律、行政法规和规章，对其特定用途资金进行专项管理和使用而开立的银行结算账户。

2. 专用存款账户适用范围

专用存款账户用于办理各项专用资金的收付。适用于基本建设资金，更新改造资金，财政预算外资金，粮、棉、油收购资金，证券交易结算资金，期货交易保证金，信托基金，金融机构存放同业资金，政策性房地产开发资金，单位银行卡备用金，住房基金，社会保障基金，收入汇缴资金，业务支出资金，党、团、工会设在单位的组织机构经费等专项管理和使用的资金。

3. 专用存款账户开户要求

开立专用存款账户应按照规定的程序办理并提交有关证明文件。

（1）主管部门批文。如基本建设资金、更新改造资金、政策性房地产开发资金、住房基金、社会保障基金，粮、棉、油收购资金，党、团、工会设在单位的组织机构经费的开户。

（2）财政部门出具的证明，如财政预算外资金的开户。

（3）人民银行出具的证明，如单位银行卡备用金的开户。

（4）证券公司、期货公司或其管理部门的证明，如证券交易结算资金、期货交易保证金、存放同业资金的开户。

（5）基本存款账户证明，如收入汇缴资金和业务支出资金的开户。

（6）其他按规定需要专项管理和使用的资金，应按照法规、规章或政府部门的有关规定办理开户。

(四) 临时存款账户

1. 临时存款账户的概念

临时存款账户是指存款人因临时需要并在规定期限内使用而开立的银行结算账户。存款人有设立临时机构、异地临时经营活动、注册验资情况的,可以申请开立临时存款账户。

2. 临时存款账户适用范围

临时存款账户用于办理临时机构以及存款人临时经营活动发生的资金收付。临时存款账户支取现金,应按照国家现金管理的规定办理。注册验资的临时存款账户在验资期间只收不付。临时存款账户的有效期最长不得超过2年。

3. 临时存款账户开户要求

开立临时存款账户应按照规定的程序办理并提交有关证明文件。存款人申请开立临时存款账户,应向银行出具下列证明文件。

(1) 临时机构,应出具其驻在地主管部门同意设立临时机构的批文。

(2) 异地建筑施工及安装单位,应出具其营业执照正本或其隶属单位的营业执照正本,以及施工及安装地建设主管部门核发的许可证或建筑施工及安装合同。

(3) 异地从事临时经营活动的单位,应出具其营业执照正本以及临时经营地工商行政管理部门的批文。

(4) 注册验资资金,应出具工商行政管理部门核发的企业名称预先核准通知书或有关部门的批文。

> 【例题·单选题】存款人可以办理现金缴存,但不得办理现金支取的账户是( )。
> A. 一般存款账户　　　　　　B. 专用存款账户
> C. 基本存款账户　　　　　　D. 临时存款账户
> 【答案】A

(五) 个人银行结算账户

1. 个人银行结算账户的概念

个人银行结算账户是指自然人因投资、消费、结算等需要而凭个人身份证件开立的可办理支付结算业务的存款账户。个人银行结算账户用于办理个人转账收付和现金存取。

2. 个人银行结算账户适用范围

个人银行结算账户用于办理个人转账收付和现金存取,储蓄账户仅限于办理现金存取业务,不得办理转账结算。

(1) 可转入个人银行结算账户的款项:工资、奖金收入,稿费、演出费等劳务收入,债券、期货、信托等投资的本金和收益,个人债权或产权转让收益,个人贷款转存，证券交易结算资金和期货交易保证金，继承、赠与款项等。

（2）单位从其银行结算账户支付给个人银行结算账户的款项，每笔超过五万元的，应向其开户银行提供下列付款依据：代发工资协议和收款人清单，奖励证明，劳务合同或支付给个人款项的证明，债权或产权转让协议，借款合同，保险公司的证明及其他合法款项的证明。

3. 个人银行结算账户开户要求

存款人申请开立个人银行结算账户，应向银行出具下列证明文件：中国居民，应出具居民身份证或临时身份证；外国公民，应出具护照；香港、澳门居民，应出具港澳居民来往内地通行证；台湾居民，应出具台湾居民来往大陆通行证或者其他有效旅行证件；法律、法规和国家有关文件规定的其他有效证件。

银行为个人开立银行结算账户时，根据需要还可要求申请人出具户口簿、驾驶执照、护照等有效证件。

> 【例题·多选题】关于个人银行结算账户的使用，下列表述中正确的是（　　）。
> A. 李四从其个人银行结算账户取500元现金用于交话费
> B. 小明从其个人银行结算账户转账支付汽车保险费
> C. 张三要求保险公司将个人保险理赔款项转入其个人银行结算账户
> D. 某单位从银行结算账户转给员工个人银行结算账户10万元，未提供付款依据
> 【答案】ABC

（六）异地银行结算账户

1. 异地银行结算账户的概念

异地银行结算账户是指存款人符合法定条件，根据需要在异地开立的银行结算账户。

2. 异地银行结算账户适用范围

存款人有下列情形之一的，可以在异地开立有关银行结算账户。

（1）营业执照注册地与经营地不在同一行政区域（跨省、市、县），需要开立基本存款账户的。

（2）办理异地借款和其他结算需要开立一般存款账户的。

（3）存款人因附属的非独立核算单位或派出机构发生的收入汇缴或业务支出需要开立专用存款账户的。

（4）异地临时经营活动需要开立临时存款账户的。

（5）自然人根据需要在异地开立个人银行结算账户的。

3. 异地银行结算账户开户要求

开立异地银行结算账户，除应按照前述规定的程序办理并提交有关证明文件外，存款人还应出具下列相应的证明文件。

(1) 经营地与注册地不在同一行政区域的存款人，在异地开立基本存款账户的，应出具注册地中国人民银行分支行的未开立基本存款账户的证明。

(2) 异地借款的存款人，在异地开立一般存款账户的，应出具在异地取得贷款的借款合同。

(3) 因经营需要在异地办理收入汇缴和业务支出的存款人，在异地开立专用存款账户的，应出具隶属单位的证明。

【例题·单选题】下列银行结算账户中，自开立之日即可办理收付款业务的是（　　）。
A. 甲大学的工会开立的专用存款账户
B. 丙公司开立的基本存款账户
C. 乙预算单位开立的零余额账户
D. 丁开发区筹备领导小组开立的临时存款账户
【答案】B
【解析】企业银行结算账户自开立之日即可办理收付款业务。本题只有B选项符合企业要求。

第三节　票据结算

《支付结算办法》第二十二条规定：

票据的签发、取得和转让，必须具有真实的交易关系和债权债务关系。票据的取得，必须给付对价。但因税收、继承、赠与可以依法无偿取得票据的，不受给付对价的限制。

一、票据结算概述

（一）票据概念

票据是指由出票人依法签发的，约定自己或者委托付款人在见票时或指定的日期向收款人或持票人无条件支付一定金额并可转让的有价证券。一般来讲，票据具有信用、支付、汇兑和结算等职能。票据结算是支付结算的重要内容。在我国，票据结算包括银行汇票、商业汇票、银行本票、支票。

（二）票据特征与功能

1. 票据的特征

(1) 要式性。票据必须按照法律规定的格式制作，票面上必须记载必要的事项，如金额、付款人、收款人、到期日等,否则票据可能无效。

(2)设权性。票据的发行本身就是创设了一种权利。当票据被签发时,票据的持有人(即持票人)就获得了一种可以要求票据的出票人或者承兑人支付一定金额的权利。

(3)权利的独立性。票据创设的权利是独立于票据背后的基础交易关系的。即使基础交易(如买卖合同)出现问题,票据的权利仍然有效,持票人仍然可以依据票据向债务人主张权利。

(4)文义性。票据的权利主要是通过票据上的文字记载来体现的,比如金额、付款人、收款人、到期日等信息。持票人不得行使票据所载文义以外的权利,票据债务人也不负票据所载文义以外的责任。

2. 票据的功能

作为一种金融工具,票据具有多种功能,主要包括以下几方面。

(1)支付功能。票据最基本的功能是作为支付手段,代替现金进行交易结算。持票人可以凭借票据向票据上的付款人要求支付一定金额的货币。

(2)汇兑功能。票据可以用于在不同地点之间转移资金,比如汇票可以用于将资金从一地转移到另一地,从而解决了现金携带不便的问题。

(3)信用功能。票据可以作为信用工具使用,出票人通过签发票据,将自己的信用赋予票据,使得持票人可以在未来某个时点获得支付。

(4)融资功能。持票人可以通过将票据贴现(即向银行或其他金融机构提前兑换现金)来获得流动资金,这对于缓解短期资金压力非常有帮助。

(5)结算功能。票据可以用于结算交易中的债权债务,通过票据的背书和交付,可以简化交易过程,减少现金的使用。

(6)担保功能。票据可以作为债务的担保手段,比如在交易中,一方可以提供票据作为履行合同的担保。

(7)风险管理功能。通过票据的转让,可以将信用风险转移给愿意承担风险的第三方,从而分散风险。

(三)票据的当事人及其权利义务

1. 票据当事人

票据当事人是指票据法律关系中享有票据权利、承担票据义务的当事人,也称票据法律关系主体。票据当事人包括出票人、付款人和收款人,是构成票据法律关系的必要主体。

(1)出票人是指依法定方式签发票据并将票据交付给收款人的人。

(2)收款人是指票据到期后有权收取票据所载金额的人,又称票据权利人。

(3)付款人是指由出票人委托付款或自行承担付款责任的人。

此外,承兑人、背书人、被背书人、保证人等也是当事人,但属非基本当事人。承兑人是指接受汇票出票人的付款委托同意承担支付票款义务的人;背书人是指在转让票据时,在票据背面签字或盖章并将该票据交付给受让人的票据收款人或持有人;被背人是指被记名受让票据或接受票据转让的人；保证人是指为票据债务提供担保的人，由票据债务人以外的他人担当。

并非所有的票据当事人一定同时出现在某一张票据上，除基本当事人外，非基本当事人是否存在，取决于相应票据行为是否发生。

2. 票据权利与义务

票据权利与义务是指票据法律关系主体所享有的权利和应承担的义务，是票据法律关系的重要内容。

（1）票据权利是指票据持票人向票据债务人请求支付票据金额的权利，包括付款请求权和追索权。

付款请求权是指持票人向汇票的承兑人、本票的出票人、支票的付款人出示票据要求付款的权利。行使付款请求权的持票人可以是票载收款人或最后的被背书人。

追索权是指票据当事人行使付款请求权遭到拒绝或其他法定原因存在时，向其前手请求偿还票据金额及其他法定费用的权利。行使追索权的当事人除票据收款人和最后被背书人外，还可能是代为清偿票据债务的保证人、背书人。

（2）票据义务是指票据债务人向持票人支付票据金额的责任。它是基于债务人特定的票据行为（如出票、背书、承兑等）而应承担的义务，不具有制裁性质，主要包括付款义务和偿还义务。

3. 票据行为

票据行为是指票据当事人以发生票据债务为目的的、以在票据上签名或盖章为权利义务成立要件的法律行为，包括出票、背书、承兑和保证四种。

（1）出票是指出票人签发票据并将其交付给收款人的行为。

（2）背书是指持票人为将票据权利转让给他人或者将一定的票据权利授予他人行使，而在票据背面或者粘单上记载有关事项并签章的行为。

（3）承兑是指汇票付款人承诺在汇票到期日支付汇票金额并签章的行为。

（4）保证是指票据债务人以外的人，为担保特定债务人履行票据债务而在票据上记载有关事项并签章的行为。

4. 票据记载事项与签章

（1）票据记载事项。

票据记载事项是指依法在票据上记载票据相关内容的行为。票据记载事项可分为绝对记载事项、相对记载事项和任意记载事项。

①绝对记载事项，是指明文规定必须记载的，如不记载票据即为无效的事项。

②相对记载事项，是指按规定应该记载而未记载，但适用法律的有关规定而不使票据失效的事项。如汇票上未记载付款日期的，为见票即付；汇票上未记载付款地的，付款人的营业场所、住所或经常居住地为付款地等即属于相对记载事项。

③任意记载事项，是指不强制当事人必须记载而允许当事人自行选择，不记载时不影响票据效力，记载时则产生票据效力的事项，如出票人在汇票上记载"不得转让"字样的，汇票不得转让。

（2）票据签章是指票据有关当事人在票据上签名、盖章或签名加盖章的行为。票据签章是票据行为生效的重要条件，也是票据行为表现形式中不可缺少的应载事项。如果票据缺少当事人的签章，该项票据行为无效。

5. 票据丧失

票据丧失是指票据因灭失、遗失、被盗等而使票据权利人脱离其对票据的占有。票据丧失后可以采取挂失止付、公示催告、普通诉讼三种形式进行补救。

（1）挂失止付是指失票人将丧失票据的情况通知付款人，由接到通知的付款人审查后暂停支付的一种方式。

（2）公示催告是指在票据丧失后由失票人向人民法院提出申请，请求人民法院以公告方式通知不确定的利害关系人限期申报权利，逾期未申报者，则权利失效，而由法院通过除权判决宣告所丧失的票据无效的一种制度或程序。

（3）普通诉讼是指丧失票据的失票人直接向人民法院提起民事诉讼，要求法院判令付款人向其支付票据金额的活动。

【例题·单选题】根据规定，导致票据行为无效的是（　　）。
A. 未记载付款日期
B. 未记载付款地
C. 记载"不得转让"字样
D. 缺少出票人签章
【答案】D

【例题·多选题】汇票中未记载付款地的，下列（　　）可以成为付款人的付款地。
A. 营业场所
B. 住所
C. 经常居住地
D. 主要财产所在地
【答案】ABC

二、银行汇票

（一）银行汇票的概念

银行汇票是出票银行签发的，由其在见票时按照实际结算金额无条件支付给收款人或者持票人的票据（票例见图3-1）。单位和个人在异地、同城或同一票据交换区域的各种款项结算，均可使用银行汇票。

汇票的出票人必须具有支付汇票金额的可靠资金来源，并与付款人具有真实的付款关系。出票人不得签发无对价的汇票，用以骗取银行或者其他票据当事人的资金。

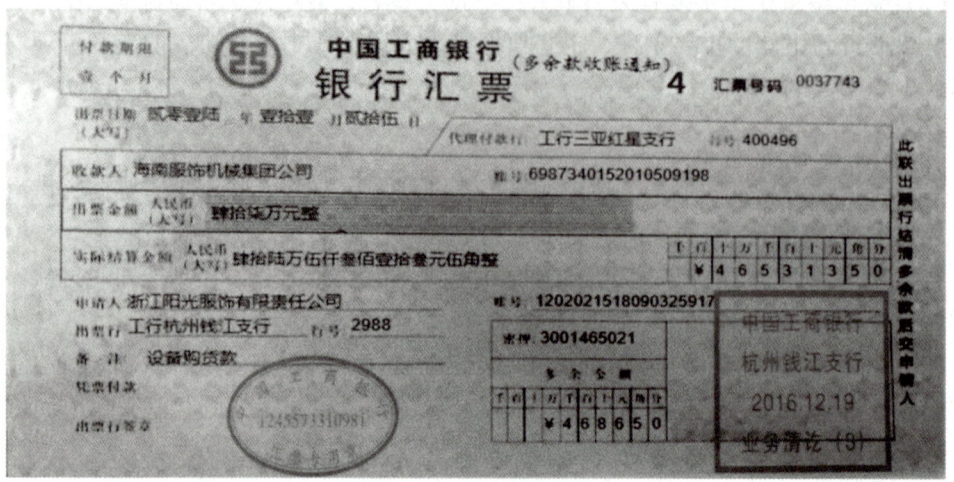

图 3-1 银行汇票票例

(二) 银行汇票的基本规定

(1) 银行汇票可以用于转账，填明"现金"字样的银行汇票也可以提取现金。

(2) 银行汇票的出票银行为银行汇票的付款人，银行汇票的付款地为代理付款人或出票人所在地。

(3) 银行汇票的出票人在票据上的签章，应为经中国人民银行批准使用的该银行汇票专用章加其法定代表人或其授权经办人的签名或者盖章。

(4) 签发银行汇票必须记载事项。包括表明"银行汇票"的字样；无条件支付的承诺；出票金额；付款人名称；收款人名称；出票日期；出票人签章。欠缺记载以上事项之一的，银行汇票无效。

(5) 银行汇票的提示付款期限自出票日起一个月。持票人超过付款期限提示付款的，代理付款人（银行）不予受理。

(6) 银行汇票可以背书转让，但填明"现金"字样的银行汇票不得背书转让。银行汇票的背书转让以不超过出票金额的实际结算金额为准。未填写实际结算金额或实际结算金额超过出票金额的银行汇票不得背书转让。

(7) 填明"现金"字样和代理付款人的银行汇票丧失，可以由失票人通知付款人或者代理付款人挂失止付。未填明"现金"字样和代理付款人的银行汇票丧失，不得挂失止付。

(8) 银行汇票丧失，失票人可以凭人民法院出具的其享有票据权利的证明，向出票银行请求付款或退款。

(三) 申办银行汇票的基本程序和规定

(1) 申请人使用银行汇票，应向出票银行填写"银行汇票申请书"，填明收款人名称、汇票金额、申请人名称、申请日期等事项并签章，签章应为其预留银行的签章。申请人或收款人为单位的，不得在"银行汇票申请书"上填明"现金"字样。

(2) 出票银行受理银行汇票申请书，收妥款项后签发银行汇票，并用压数机压印出票金额，将银行汇票和解讫通知一并交给申请人。

（3）签发转账银行汇票，不得填写代理付款人名称，但由中国人民银行代理兑付银行汇票的商业银行，向设有分支机构地区签发转账银行汇票的除外；申请人或收款人为单位的，银行不得为其签发现金银行汇票。

（4）申请人应将银行汇票和解讫通知一并交付给汇票上记明的收款人。

（5）银行汇票的实际结算金额低于出票金额的，其多余金额由出票银行退交申请人。

（6）申请人因银行汇票超过付款提示期限或其他原因要求退款时，应将银行汇票和解讫通知同时提交到出票银行，并提供本人身份证件或单位证明。对于代理付款银行查询的该张银行汇票，应在汇票提示付款期满后办理退款。申请人缺少解讫通知要求退款的，出票银行应于银行汇票提示付款期满一个月后办理。

【例题·单选题】银行汇票持票人向银行提示付款时，必须同时提交银行汇票和（　　）。
A. 个人身份证
B. 进账单
C. 解讫通知
D. 支款凭证
【答案】C

（四）银行汇票兑付的基本程序和规定

1. 受理银行汇票时的审查事项

（1）银行汇票和解讫通知是否齐全、汇票号码和记载的内容是否一致。

（2）收款人是否确为本单位或本人。

（3）银行汇票是否在提示付款期限内。

（4）必须记载的事项是否齐全。

（5）出票人签章是否符合规定，是否有压数机压印的出票金额，并与大写出票金额一致。

（6）出票金额、出票日期、收款人名称是否更改，更改的其他记载事项是否由原记载人签章证明。

被背书人受理银行汇票时，除审查收款人应审查的上述事项外，还应审查银行汇票是否记载实际结算金额，有无更改，其金额是否超过出票金额；背书是否连续，背书人签章是否符合规定，背书使用粘单的是否按规定签章；背书人为个人的，应验证其个人身份证件。

2. 银行汇票的结算

（1）收款人对申请人交付的银行汇票审查无误后，应在出票金额以内，根据实际需要的款项办理结算，并将实际结算金额和多余金额准确、清晰地填入银行汇票和解讫通知的有关栏内。

（2）未填明实际结算金额和多余金额或实际结算金额超过出票金额的，银行不予受理。银行汇票的实际结算金额不得更改，更改实际结算金额的银行汇票无效。

3. 银行汇票的付款

（1）持票人向银行提示付款时，必须同时提交银行汇票和解讫通知。在银行开立存款账户的持票人向开户银行提示付款时，应向银行提示付款签章，签章须与预留银行签章相同，并将银行汇票和解讫通知、进账单送交开户银行。银行审查无误后办理转账。

（2）持票人超过期限向代理付款银行提示付款不获付款的，必须在票据权利时效内向出票银行作出说明，并提供本人身份证件或单位证明，持银行汇票和解讫通知向出票银行请求付款。

三、商业汇票

（一）商业汇票的内涵

1. 商业汇票的性质

商业汇票是指由出票人签发的、委托付款人在指定日期无条件支付确定金额给收款人或者持票人的票据。商业汇票有付款期限的要求。其中，纸质商业汇票最长不得超过6个月，电子商业汇票付款期限最长为1年。

在银行开立存款账户的法人以及其他组织之间，必须有真实的交易关系或债权债务关系，才能使用商业汇票。

2. 商业汇票的种类

根据承兑人的不同，商业汇票分为银行承兑汇票（见图3-2）和商业承兑汇票（见图3-3），商业汇票的付款人为承兑人。

（1）商业承兑汇票可以由付款人签发并承兑，也可由收款人签发交由付款人承兑；

（2）银行承兑汇票由在承兑银行开立存款账户的存款人签发，并由银行承兑。

（二）商业汇票的记载事项与出票

1. 绝对记载事项

签发商业汇票必须记载下列事项，否则，商业汇票无效。具体包括：（1）表明"商业承兑汇票"或"银行承兑汇票"的字样；（2）无条件支付的委托；（3）确定的金额；（4）付款人名称；（5）收款人名称；（6）出票日期；（7）出票人签章。

2. 相对记载事项

相对记载事项的内容主要包括：（1）付款日期。汇票上未记载付款日期的，视为见票即付。（2）付款地。汇票上未记载付款地的，以付款人的营业场所、住所或者经常居住地为付款地。（3）出票地。汇票上未记载出票地的，以出票人的营业场所、住所或者经常居住地为出票地。

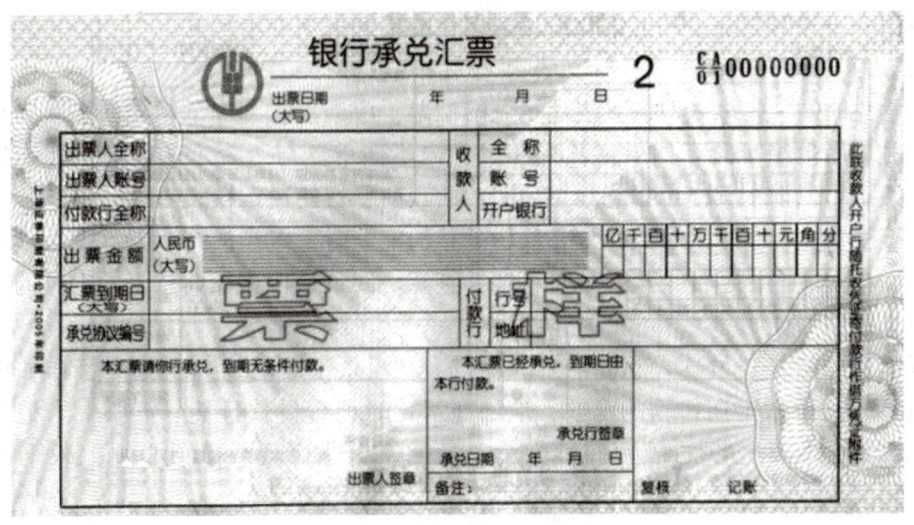

图 3-2 银行承兑汇票票样

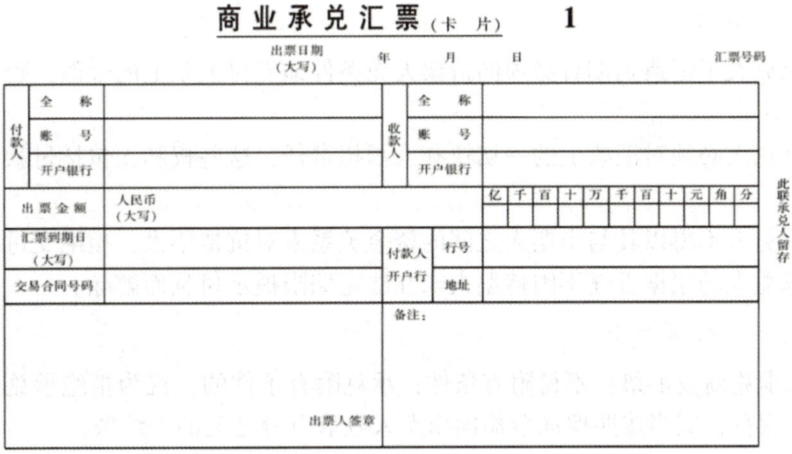

图 3-3 商业承兑汇票票样

3. 商业汇票的效力

出票人完成出票行为，即产生票据上的效力。

（1）对收款人的效力。收款人取得汇票后，即取得票据权利。

（2）对付款人的效力。付款人在对汇票承兑后，即成为汇票的主债务人。

（3）对出票人的效力。出票人签发汇票后，即承担保证该汇票承兑和付款的责任。

（三）商业汇票的承兑

承兑是指汇票付款人承诺在汇票到期日支付汇票金额的票据行为。

1. 承兑的程序

（1）提示承兑。定日汇票，应当在票据上指定日期前向付款人提示承兑；出票后定期付款的汇票，持票人应当在汇票到期日前向付款人提示承兑；见票后定期付款的汇票，持票人应当自出票日起一个月内向付款人提示承兑；汇票未按规定期限提示承兑的,持票人丧失对其前手的追索权;见票即付的汇票无须提示承兑。

(2)承兑成立。

①承兑时间。付款人对向其提示承兑的汇票,应当自收到提示承兑的汇票之日起三日内承兑或者拒绝承兑。如果付款人在三日内不作承兑与否表示的,则应视为拒绝承兑。持票人可以请求其作出拒绝承兑证明,向其前手行使追索权。

②接受承兑。付款人收到持票人提示承兑的汇票时,应当向持票人签发收到汇票的回单。回单上应当记明汇票提示承兑日期并签章。回单是付款人向持票人出具的已收到请求承兑汇票的证明。

③承兑的格式。付款人承兑汇票的,应当在汇票正面记载"承兑"字样和承兑日期并签章;见票后定期付款的汇票,应当在承兑时记载付款日期。汇票上未记载承兑日期的,以三日承兑期的最后一日为承兑日期。上述应记载事项必须记载于汇票的正面。

④退回已承兑的汇票。付款人依承兑格式填写完毕应记载事项并将已承兑的汇票退回持票人后才产生承兑的效力。

2. 承兑的效力

(1)承兑人于汇票到期日必须向持票人无条件地支付汇票上的金额,否则必须承担迟延付款责任。

(2)承兑人必须对汇票上的一切权利人承担责任,这些权利人包括付款请求权人和追索权人。

(3)承兑人不得以其与出票人之间的资金关系来对抗持票人,拒绝支付汇票金额。

(4)承兑人的票据责任不因持票人未在法定期限提示付款而解除。

3. 承兑不得附有条件

付款人承兑商业汇票,不得附有条件;承兑附有条件的,视为拒绝承兑。银行承兑汇票的承兑银行,应当按照票面金额向出票人收取万分之五的手续费。

(四)商业汇票的付款

商业汇票的付款,是指付款人依据票据所载文义支付票据金额,以消灭票据关系的行为。

1. 提示付款

持票人应当按照下列法定期限提示付款:(1)见票即付的汇票,自出票日起一个月内向付款人提示付款。(2)定日付款、出票后定期付款或者见票后定期付款的汇票,自到期日起10日内向承兑人提示付款。持票人未按照上述规定期限提示付款的,在作出说明后,承兑人或者付款人仍应当继续对持票人承担付款责任。

2. 支付票款

持票人提示付款后,付款人依法审查无误后必须无条件地在当日按票据金额足额支付给持票人。否则,应承担迟延付款的责任。

3. 付款的效力

付款人依法足额付款后,全体汇票债务人的责任解除。

【例题·单选题】若一张汇票上记载"见票后2个月付款",这张汇票属于( )。
A. 定日汇票
B. 见票即付汇票
C. 见票后定期付款的汇票
D. 出票后定期付款的汇票
【答案】C

(五) 商业汇票的背书

商业汇票的背书是指以转让商业汇票权利或者将一定的商业汇票权利授予他人行使为目的,按照法定的事项和方式在商业汇票背面或者粘单上记载有关事项并签章的票据行为。如果出票人在汇票上记载"不得转让"字样,则该汇票不得转让。

1. 背书的形式

(1) 背书签章和背书日期的记载。背书由背书人签章并记载背书日期。背书未记载日期的,视为在汇票到期日前背书。背书人背书时,必须在票据上签章。

(2) 被背书人名称的记载。汇票以背书转让或者以背书将一定的汇票权利授予他人行使时,必须记载被背书人名称。背书人未记载被背书人名称即将票据交付他人的,持票人在票据的被背书人栏内记载自己的名称与背书人记载具有同等法律效力。

(3) 禁止背书的记载。背书人在汇票上记载"不得转让"字样,其后手再背书转让的,原背书人对后手的被背书人不承担保证责任。

(4) 粘单的使用。第一位使用粘单的背书人必须将粘单粘贴在票据上,并且在汇票和粘单的粘接处签章。

(5) 背书不得记载的内容。背书不得附有条件,背书时附有条件的,所附条件不具有汇票上的效力。将汇票金额的一部分转让的背书或将汇票金额分别转让给两人以上的背书是无效背书。

2. 背书连续

背书连续是指在票据转让中,转让汇票的背书人与受让汇票的被背书人在汇票上的签章依次前后衔接。如果背书不连续,付款人可以拒绝向持票人付款,否则付款人应自行承担票据责任。

3. 法定禁止背书

被拒绝承兑、被拒绝付款或者超过付款提示期限的汇票,不得背书转让;背书转让的,背书人应当承担汇票责任。

【提示】
汇票转让只能采取背书方式。

（六）商业汇票的保证

1. 保证的当事人

保证的当事人为保证人与被保证人。保证应由汇票债务人以外的他人承担。

2. 保证的格式

保证人必须在汇票或粘单上记载下列事项：（1）表明"保证"的字样；（2）保证人名称和住所；（3）被保证人的名称；（4）保证日期；（5）保证人签章。

3. 保证的效力

（1）保证人的责任。对被保证的汇票，保证人应当与被保证人对持票人承担连带责任。

（2）共同保证人的责任。保证人为两人以上的，保证人之间承担连带责任。

（3）保证人的追索权。保证人清偿汇票债务后，可以行使持票人对被保证人及其前手的追索权。

> 【例题·多选题】下列关于商业汇票的表述中，正确的有（　　）。
> A. 汇票的出票人出票后，就产生直接付款义务
> B. 付款人在出票人完成出票之日，即成为汇票的主债务人
> C. 汇票签发后，如付款人不予付款，出票人应当承担票据责任
> D. 付款人在承兑之前不承担任何票据责任
> 【答案】CD

（七）电子商业汇票

1. 电子商业汇票概念及优点

（1）电子商业汇票的概念。电子商业汇票是指出票人依托电子商业汇票系统，以数据电文形式制作的，委托收款人在指定日期无条件支付确定的金额给收款人或者持票人的票据。

（2）电子商业汇票的优点。电子商业汇票容易辨别真假，不易遭受假票欺骗，不易丢失、损坏，交易快速，极大地提高了银行和企业管理自身票据的水平，促进了金融市场的联通和发展。

电子商业汇票与纸质商业汇票是并存的两种工具，电子商业汇票系统运行后，纸质商业汇票还可继续使用，由客户根据自身需要和条件进行选择。

2. 电子商业汇票种类

电子商业汇票是定日付款票据，必须依托电子商业汇票系统签发和交付。按承兑人的不同，电子商业汇票分为电子银行承兑汇票和电子商业承兑汇票。

（1）电子银行承兑汇票由银行或财务公司承兑；

（2）电子商业承兑汇票由银行、财务公司以外的法人或其他组织承兑。

电子商业汇票的付款人为承兑人。

3. 电子商业汇票的特点

与纸质商业汇票相比，电子商业汇票最主要的特征是电子化与无纸化，出票、流转、兑付等均以电子化方式进行。它主要包括以下几个特点。

（1）以数据电文形式代替实物票据。

（2）以计算机录入代替手工书写。

（3）以网络传输代替人工传递。

（4）以电子签名取代实体签章。

电子商业汇票系统采用《中华人民共和国电子签名法》认可的电子签名机制替代纸质签章，提高了签名的准确性，避免了伪造公章或专用章等造成的损失。

电子签名

电子签名并非书面签名的数字图像化，而是一种电子代码。据联合国《电子商务示范法》的定义，电子签名是包含、附加在某一数据电文内，或逻辑上与某一数据电文相联系的电子形式的数据，这些数据能被用来证实与此数据电文有关的签名人的身份，并表明该签名人认可该数据电文所载信息。利用电子签名，能验证出文件的原文在传输过程中有无变动，收件人也能在网上轻松验证发件人的身份和签名，即电子签名具备两个基本功能：(1) 识别签名人；(2) 表明签名人对内容的认可。

2004年8月28日，第十届全国人民代表大会常务委员会第十一次会议通过的《中华人民共和国电子签名法》已于2005年4月1日开始实施，从法律层面确立了电子签名的效力，规范了电子签名行为。

---

4. 电子商业汇票的使用及流转

（1）个人不能使用电子商业汇票，只有企业或其他经济组织才能使用，并且电子商业汇票的签发、取得和转让必须具有真实交易关系和债权债务关系。

（2）企业使用电子商业汇票必须具备办理电子商业汇票业务的基本技术条件，比如，是商业银行的网银企业客户，所选择的开户银行能够提供电子商业汇票服务，并与其开户银行签订电子商业汇票业务服务协议，明确双方的权利和义务。

（3）电子商业汇票以电子商业汇票系统为基础，通过电子化的手段完成票据流转，主要的流转节点包括客户、开户行或开户财务公司、中国人民银行电子商业汇票系统。每一个流转行为一般包括行为申请和行为回复两个动作。行为回复包括签收（同意行为申请）和驳回（拒绝行为申请）两种。系统同时支持申请方发起撤销操作，申请方的撤销操作和接收方的回复操作按照时间优先、先到先得的原则进行处理。

（4）电子商业汇票系统中银行和客户之间、银行（含财务公司）与银行（含财务公司）之间、银行（含财务公司）与中央银行之间都各自持有与其身份绑定的数字证书。数字证书是一种由权威的、公正的、可信任的机构发放的记录着用户和认证机构有关信息的电子文件，是电子交易过程中身份的证明。每张数字证书都有一对密钥——公钥和私钥。

5. 电子商业汇票样式

电子商业汇票有统一的样式。虽然以数据电文的形式存在，但所有提供电子商业汇票服务的银行、财务公司以及中国人民银行电子商业汇票系统在展现电子商业汇票时必须遵循相同的票样格式。票样包括电子银行承兑汇票与电子商业承兑汇票两种。

（1）电子银行承兑汇票的样式（正面见图 3-4，背面见图 3-5）。

电子商业汇票系统
Electronic Commercial Draft System

电子银行承兑汇票

出票日期　　　　票据状态
汇票到期日　　　票据号码

出票人	全　称		收款人	全　称	
	账　号			账　号	
	开户银行			开户银行	
出票保证信息	保证人名称：		保证人地址：		保证日期：
票据金额	人民币（大写）				十 亿 千 百 十 万 千 百 十 元 角 分
承兑人信息	全　称		开户行行号		
	账　号		开户行名称		
交易合同号			承兑信息	出票人承诺：本汇票请予以承兑，到期无条件付款	
能否转让				承兑人承兑：本汇票已经承兑，到期无条件付款	
				承兑日期	
承兑保证信息	保证人名称：		保证人地址：		保证日期：
评级信息（由出票人、承兑人自己记载，仅供参考）	出票人	评级主体：		信用等级：	评级到期日：
	承兑人	评级主体：		信用等级：	评级到期日：

图 3-4　电子银行承兑汇票票样正面

电子银行承兑汇票

票据号码

转让背书	
背书人名称	
被背书人名称	
不得转让标记	
背书日期	
保证	
被保证人名称	
保证人名称	
保证人地址	
保证日期	
质押背书	
出质人名称	
质权人名称	
出质日期	
质押解除日期	

图 3-5　电子银行承兑汇票票样背面

（2）电子商业承兑汇票的样式（正面见图 3-6，背面见图 3-7）。

电子商业承兑汇票

出票日期　　　　票据状态

汇票到期日　　　票据号码

出票人	全称		收款人	全称	
	账号			账号	
	开户银行			开户银行	
出票保证信息	保证人名称：		保证人地址：		保证日期：
票据金额	人民币（大写）			十 亿 千 百 十 万 千 百 十 元 角 分	
承兑人信息	全称		开户行行号		
	账号		开户行名称		
交易合同号			承兑信息	出票人承诺：本汇票请予以承兑，到期无条件付款	
能否转让				承兑人承兑：本汇票已经承兑，到期无条件付款	
				承兑日期	
承兑保证信息	保证人名称：		保证人地址：		保证日期：
评级信息（由出票人、承兑人自己记载，仅供参考）	出票人	评级主体：		信用等级：	评级到期日：
	承兑人	评级主体：		信用等级：	评级到期日：

图 3-6　电子商业承兑汇票票样正面

电子商业承兑汇票

票据号码

转让背书	
背书人名称	
被背书人名称	
不得转让标记	
背书日期	
保证	
被保证人名称	
保证人名称	
保证人地址	
保证日期	
质押背书	
出质人名称	
质权人名称	
出质日期	
质押解除日期	

图 3-7　电子商业承兑汇票票样背面

四、银行本票

（一）银行本票的概念和特征

1. 银行本票的概念

银行本票是出票人签发的，承诺自己在见票时无条件支付确定的金额给收款人或者持票人的票据。本票的基本当事人有两个：出票人和收款人。

本票的出票人必须具有支付本票金额的可靠资金来源，并保证支付。本票上必须记载表明“银行本票”的字样、无条件支付的承诺、确定的金额、收款人名称、出票日期、出票人签章事项，本票上未记载前款规定事项之一的，本票无效。

2. 银行本票的特征

银行本票的特征包括银行本票的出票人，为经中国人民银行当地分支行批准办理银行本票业务的银行机构,非银行金融机构不得签发银行本票;出票人完成出票行为之后,承担无条件支付票据金额的责任;本票不需要承兑。

(二) 银行本票的种类

根据面额的不同,银行本票分为定额银行本票和不定额银行本票。定额银行本票面额为1 000元、5 000元、10 000元和50 000元。

(三) 银行本票的适用范围

(1) 单位和个人在同一票据交换区域进行各种款项结算,均可使用银行本票。银行本票只能在同一票据交换区域内使用,异地结算不能使用银行本票。

(2) 银行本票可以用于转账,注明"现金"字样的银行本票可以用于支取现金。

(四) 银行本票的记载事项

1. 绝对记载事项

银行本票上载明的绝对记载事项包括表明"银行本票"的字样、无条件支付的承诺、确定的金额、收款人名称、出票日期及出票人签章。

2. 相对记载事项

银行本票的相对记载事项主要是指付款地和出票地。本票上未记载付款地和出票地的,以出票人的营业场所为付款地和出票地。

> 【例题·单选题】根据《中华人民共和国票据法》的规定,下列关于本票的表述中,不正确的是( )。
> A. 到期日是银行本票的绝对记载事项
> B. 本票的基本当事人只有出票人和收款人
> C. 本票无须承兑
> D. 本票是出票人本人对持票人付款的票据
> 【答案】A

(五) 银行本票的出票

(1) 申请人和收款人均为个人,且需要支取现金的,应在"支付金额"栏先填写"现金"字样,后填写支付金额,并在银行本票上划去"转账"字样。

(2) 用于转账的,在银行本票上划去"现金"字样。

(3) 申请人或收款人为单位的,银行不得为其签发现金银行本票。

(六) 银行本票的付款

(1) 银行本票为见票付款。收款人或持票人取得银行本票后,可随时请求出票人付款。

(2) 本票的出票人在持票人提示付款时,必须承担付款的责任。本票的持票人未按照规定期限提示付款的,丧失对出票人以外的前手的追索权。

(3) 本票的出票人是票据主债务人,负有绝对付款责任。

(4) 银行本票的提示付款期限,自出票之日起最长不得超过两个月。持票人超过提示付款期限不予付款的,在票据权利时效内向出票银行作出说明,并提供本人身份证件或单位证明,可持银行本票向出票银行请求付款。

> 【例题·多选题】甲开具一张银行本票给乙,乙将该本票背书转让给丙,丁作为乙的保证人在票据上签章,丙又将该本票背书转让给戊,戊作为持票人未按规定期限向出票人提示付款。根据《中华人民共和国票据法》的规定,下列选项中,戊不得行使追索权的有(   )。
> A. 甲
> B. 乙
> C. 丙
> D. 丁
> 【答案】BCD

五、支票

(一) 支票的概念及种类

1. 支票的概念

支票是出票人签发的,委托办理支票存款业务的银行或者其他金融机构在见票时无条件支付确定的金额给收款人或者持票人的票据。申请人必须使用本名开立支票存款账户,提交证明其身份的合法证件,并预留其本名的签名式样和印鉴。

2. 支票的种类

支票可以支取现金,也可以转账。其中,普通支票既可以用于转账,也可以支取现金(见图3-8);现金支票只能用于支取现金(见图3-9);转账支票只能用于转账,不得支取现金(见图3-10)。

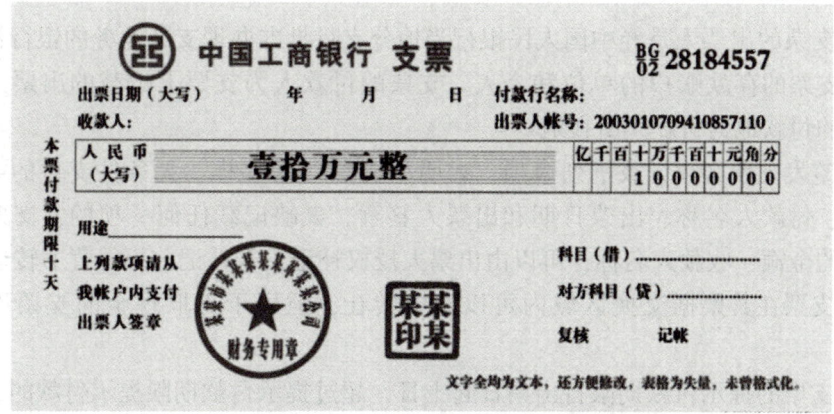

图3-8 普通支票票样

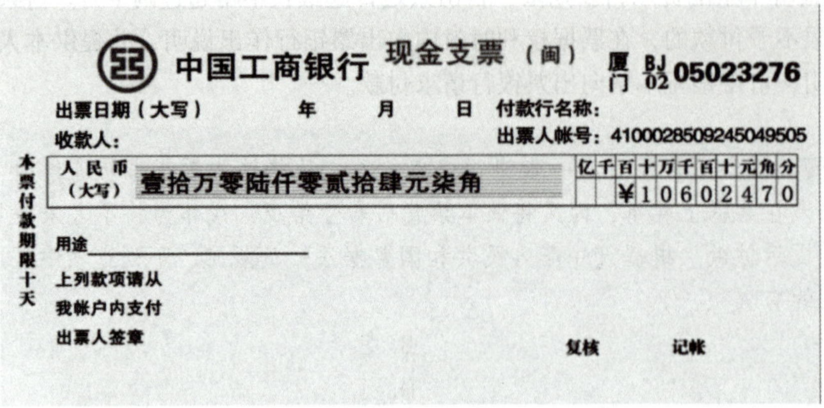
中国工商银行 现金支票（闽） 厦门 BJ 02 05023276
出票日期（大写） 年 月 日 付款行名称：
收款人： 出票人帐号：4100028509245049505
本票付款期限十天
人民币（大写） 壹拾万零陆仟零贰拾肆元柒角
亿 千 百 十 万 千 百 十 元 角 分
¥ 1 0 6 0 2 4 7 0
用途
上列款项请从
我帐户内支付
出票人签章 复核 记帐

图 3-9 现金支票票样

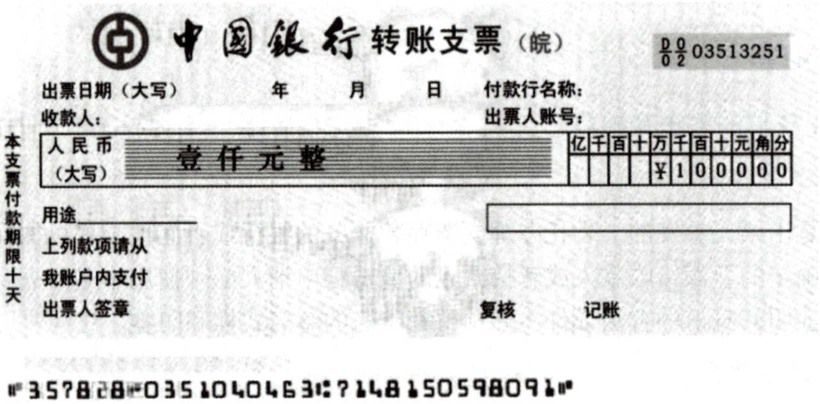
中国银行 转账支票（皖） D0 02 03513251
出票日期（大写） 年 月 日 付款行名称：
收款人： 出票人账号：
本支票付款期限十天
人民币（大写） 壹仟元整
亿 千 百 十 万 千 百 十 元 角 分
¥ 1 0 0 0 0 0
用途
上列款项请从
我账户内支付
出票人签章 复核 记账

图 3-10 转账支票票样

（二）支票的基本规定

（1）支票的出票人是经中国人民银行当地分支行批准办理支票业务的银行机构开立可以使用支票的存款账户的单位和个人。支票的付款人为支票上记载的出票人开户银行。支票的付款地为付款人所在地。

（2）签发支票必须记载下列事项：表明“支票”的字样、无条件支付的委托、确定的金额、付款人名称、出票日期和出票人签章。欠缺记载任何一项的，支票都为无效。支票的金额、收款人名称，可以由出票人授权补记，未补记前不得背书转让。

（3）支票在其票据交换区域内可以背书转让，但用于支取现金的支票不能背书转让。

（4）支票的提示付款期限自出票日起十日，超过提示付款期限提示付款的，持票人开户银行不予受理，付款人不予付款。

（5）出票人在付款人处的存款足以支付支票金额时，付款人应当在见票当日足额付款。

（6）存款人领购支票，必须填写票据和结算凭证领用单并签章，签章应与预留银行的签章相符。存款账户结清时,必须将全部剩余空白支票交回银行注销。

> 【例题·单选题】甲公司根据合同向乙公司购买产品,并签发一张金额为10万元的支票,出票日期为2024年8月1日。根据《中华人民共和国票据法》规定,下列日期中,持票人乙公司的提示付款时间符合规定的是(　　)。
> A. 2024年8月1日
> B. 2024年8月9日
> C. 2024年8月20日
> D. 2024年9月1日
> 【答案】B
> 【解析】本题考查支票提示付款期限。支票持票人应当自出票日起10日内提示付款,因此,B选项提示付款时间符合规定。

(三) 支票签发的规定

(1) 签发支票应使用碳素墨水或墨汁填写。

(2) 签发现金支票和用于支取现金的普通支票必须符合国家现金管理的规定。

(3) 支票的出票人签发支票的金额不得超过付款时在付款人处实有的存款金额。禁止签发空头支票。

(4) 支票的出票人在票据上的签章,应为其预留银行的签章,该签章是银行审核支票付款的依据。银行也可以与出票人约定使用支付密码,作为银行审核支付支票金额的条件。

(5) 出票人不得签发与其预留银行签章不符的支票。使用支付密码的,出票人不得签发支付密码错误的支票。

(四) 支票的兑付手续

持票人可以委托开户银行收款或直接向付款人提示付款。用于支取现金的支票仅限于收款人向付款人提示付款。持票人委托开户银行收款时,应作委托收款背书,在支票背面背书人签章栏签章、记载"委托收款"字样、背书日期,在被背书人栏记载开户银行名称,并将支票和填制的进账单送交开户银行。

持票人持用于转账的支票向付款人提示付款时,应在支票背面背书人签章栏签章,并将支票和填制的进账单送交出票人开户银行。收款人持用于支取现金的支票向付款人提示付款时,应在支票背面"收款人签章"处签章,持票人为个人的,还需交验本人身份证件,并在支票背面注明证件名称、号码及发证机关。

银行汇票、商业汇票、银行本票和支票的主要区别见表3-2。

表 3-2　票据主要区别

票据结算	适用范围	出票人	使用者	是否见票即付	主债务人	用途
银行汇票	同城、异地	银行	企业与个人	出票日起1个月即期票据	银行	可转账、表明"现金"字样的可支取现金且不得背书
商业汇票	同城、异地	企业	企业	到期日起10日远期票据	承兑人分为：商业承兑、银行承兑	转账（背书形式、背书连续、禁止背书、背书不得记载）承兑：3日 保证：连带责任
银行本票	同城	银行	企业与个人	见票即付 出票日起2个月即期票据	银行	可转账、表明"现金"字样的可支取现金、有定额与非定额之分
支票	同城、异地	企业与个人	企业与个人	见票即付 出票日起10日即期票据	企业或个人	现金支票：支取现金 转账支票：只转账 普通支票：可支取现金、可转账

【例题·单选题】下列有关转账支票的表述中，错误的是（　　）。
A. 只能用于转账结算，不可支取现金
B. 可背书转让
C. 既可用于转账结算，也可用于支取现金
D. 无须承兑，见票即付
【答案】C

六、银行卡

（一）银行卡的概念

1. 银行卡的概念

银行卡是指由商业银行（含邮政金融机构）向社会发行的具有消费信用、转账结算、存取现金等全部或部分功能的信用支付工具。银行卡结算管理的法律依据是中国人民银行发布的《银行卡业务管理办法》。

2. 银行卡的分类

（1）按照是否给予持卡人授信额度分为信用卡和借记卡。
（2）按照发行主体是否在境内分为境内卡和境外卡。
（3）按照账户币种的不同分为人民币卡、外币卡和双币种卡。

（4）按照信息载体的不同分为磁条卡和芯片卡。

信用卡及借记卡使用比较广泛，其开立、使用、注销都有明确的规定。

（二）信用卡

1. 信用卡的概念

信用卡是指商业银行经中国人民银行批准，向个人和单位发行的，凭以向特约单位购物、消费和向银行存取现金，且具有消费信用的特制载体卡片。信用卡按使用对象分为单位卡和个人卡。

2. 信用卡的开立和使用

（1）信用卡的开立。凡在中国境内金融机构开立基本存款账户的单位可申领单位卡。单位或个人申领信用卡，应按规定填制申请表，连同有关资料一并送交发卡银行。符合条件并按银行要求缴存一定金额的备用金后，银行为申领人开立信用卡存款账户，并发给信用卡。持卡人必须妥善保管和正确使用其信用卡。否则，应按规定承担因此造成的资金损失。

（2）信用卡使用的规定。单位卡账户的资金一律从其基本存款账户转账存入，不得交存现金，不得将销货收入的款项存入其账户，并严禁将单位的款项存入个人卡账户。持卡人违反规定使用信用卡进行商品交易、套取现金以及出租或转借信用卡的，应按规定承担行政责任。发卡银行可根据申请人的资信程度，要求其提供担保。担保的方式可采用保证、抵押或质押。持卡人应妥善保管及按规定使用信用卡。《支付结算办法》第一百四十条规定：

信用卡仅限于合法持卡人本人使用，持卡人不得出租或转借信用卡。

发卡银行应建立授权审批制度。信用卡结算超过规定限额的必须取得发卡银行的授权。持卡人可持信用卡在特约单位消费，但单位卡不得用于十万元以上的商品交易、劳务供应款项的结算，并且一律不得支取现金。

3. 信用卡透支及计息

持卡人使用单位卡发生透支的，由其单位承担透支金额的偿还和支付透支利息的责任。信用卡透支利息，自签单日或银行记账日起十五日内按日息万分之五计算，超过十五日按日息万分之十计算，超过三十日或透支金额超过规定限额的，按日息万分之十五计算。透支计息不分段，按最后期限或者最高透支额的最高利率档次计息。《支付结算办法》第一百五十五条规定：

持卡人使用信用卡不得发生恶意透支。

恶意透支是指持卡人超过规定限额或规定期限，并且经发卡银行催收无效的透支行为。单位卡在使用过程中，需要向其账户续存资金的，一律从其基本存款账户转账存入。个人卡在使用过程中，需要向其账户续存资金的，只限于其持有的现金存入和工资性款项以及属于个人的劳务报酬收入转账存入。

4. 信用卡的注销

持卡人不需要继续使用信用卡的，应持信用卡主动到发卡银行办理销户。销户时，单位卡账户余额转入其基本存款账户，不得提取现金。个人卡账户可以转账结算，也可以提取现金。持卡人还清透支本息后，属于下列情况之一的，可以办理销户。

(1) 信用卡有效期满四十五天后，持卡人不更换新卡的。
(2) 信用卡挂失满四十五天后，没有附属卡又不更换新卡的。
(3) 信用卡被列入止付名单，发卡银行已收回其信用卡四十五天的。
(4) 持卡人要求销户或担保人撤销担保，并已交回全部信用卡四十五天的。
(5) 信用卡账户两年（含）以上未发生交易的。
(6) 其他情形。

发卡银行办理销户，应当收回信用卡。有效信用卡无法收回的，应当将其止付。信用卡丢失，持卡人应按规定向发卡银行或代办银行申请挂失。发卡银行或代办银行审核后办理挂失手续。

> 【例题·单选题】下列有关信用卡的表述中，正确的是（　　）。
> A. 张某在不同银行办理了多张信用卡，透支款用于旅游后无力还款
> B. 李某将办理的信用卡租给他人使用，每月可获500元收入
> C. 甲公司办理单位卡后，让其客户将销售款转入单位卡
> D. 王某在银行办理信用卡用于消费，每月定期还款
> 【答案】D

(三) 借记卡

1. 借记卡的概念及分类

借记卡是一种先存款、后消费，不能透支的银行卡。按功能不同分为转账卡（含储蓄卡，下同）、专用卡、储值卡。

(1) 借记卡不具备透支功能。
(2) 转账卡是实时扣账的借记卡，具有转账结算、存取现金和消费功能。
(3) 专用卡是具有专门用途、在特定区域使用的借记卡，具有转账结算、存取现金功能，专门用途是指在百货、餐饮、娱乐行业以外的用途。
(4) 储值卡是发卡银行根据持卡人要求将其资金转至卡内储存，交易时直接从卡内扣款的预付钱包式借记卡。

2. 借记卡的申领

(1) 借记卡的申领由申请人自行选择银行网点，或通过银行的在线服务平台填写借记卡申请表，申请表上需要填写个人信息、联系方式、职业信息等，并向银行提供有效身份证件（如身份证、护照等）及其他证明材料。
(2) 银行工作人员验证申请人身份，确保信息的真实性。
(3) 在银行工作人员的指导下，申请人阅读并理解银行提供的借记卡服务协议，签署相关协议书，设置密码，然后银行发放借记卡。在一些情况下，卡片可能是现场制作并发放；在其他情况下，卡片可能通过邮寄方式送达。

3. 借记卡的使用

（1）申请人收到借记卡后，需要按照银行的要求进行卡片激活。激活方式可能包括电话激活、网上银行激活或到银行网点激活。如果有需要，客户还可以申请开通网上银行、手机银行、短信提醒等附加服务。

（2）持卡人在发卡银行开立银行卡存款账户，并存入一定的备用金后，可在特约商户利用银行卡购物或支付劳务费用，持卡人应提交银行卡和身份证件，但若持卡人凭密码在销售点终端上消费，可免验身份证件。

（3）特约商户受理银行卡，需审查该卡是否为本单位可受理的银行卡、是否在有效期内、是否列入支付名单等事项。经审查无误后，特约商户在签购单上填写实际结算金额、用途、持卡人身份证件号码、特约商户名称和编号。

4. 借记卡的注销

借记卡的注销流程通常包括以下步骤。

（1）确认余额和交易。在注销借记卡之前，应确保卡内余额为零或已经将余额转移到其他账户，并确认没有未完成的交易或欠款。

（2）收集必要材料。准备有效身份证件，如身份证、护照等。

（3）前往银行网点。携带身份证件前往发卡银行的任意网点。

（4）填写注销申请表。在银行网点，填写借记卡注销申请表。表格可能需要填写个人信息、卡片信息以及注销原因。

（5）身份验证。银行工作人员会验证你的身份，确保是卡片持有人。

（6）确认注销。银行工作人员会确认你的账户状态，确保没有未结清的债务或未完成的交易。银行工作人员会收回你的借记卡，并进行剪卡处理，以防止卡片被他人使用。

（7）注销附加服务。如果有开通网上银行、手机银行、短信提醒等附加服务，也需要一并注销。

（8）签署注销确认书。签署借记卡注销确认书，确认卡片已经注销。

第四节　电子支付业务

一、电子支付概述

（一）电子支付概念及分类

电子支付是指单位、个人（以下简称客户）直接或授权他人通过电子终端发出支付指令，实现货币支付与资金转移的行为。

电子支付的类型按电子支付指令发起方式分为网上支付、电话支付、移动支付、销售点终端交易、自动柜员机交易和其他电子支付。

(二) 法律依据

电子支付业务依据的文件是《电子支付指引（第一号）》《电子银行业务管理办法》。其中，《电子支付指引（第一号）》于2005年10月26日由中国人民银行发布。《电子银行业务管理办法》于2005年11月10日通过，自2006年3月1日起施行。

银行开展电子支付业务应当遵守国家有关法律、行政法规的规定，不得损害客户和社会公共利益。《电子支付指引（第一号）》第三条规定：

银行开展电子支付业务应当遵守国家有关法律、行政法规的规定，不得损害客户和社会公共利益。

银行与其他机构合作开展电子支付业务的，其合作机构的资质要求应符合有关法规制度的规定，银行要根据公平交易的原则，签订书面协议并建立相应的监督机制。

《电子支付指引（第一号）》第四条规定：

客户办理电子支付业务应在银行开立银行结算账户（以下简称账户），账户的开立和使用应符合《人民币银行结算账户管理办法》《境内外汇账户管理规定》等规定。

二、电子支付业务的办理

(一) 电子支付业务办理原则

1. 公开性原则

银行为客户办理电子业务时应公开披露相关信息，如银行名称、营业地址及联系方式，客户办理电子支付业务的条件，所提供的电子支付业务品种、操作程序和收费标准等，以及电子支付交易品种可能存在的全部风险，包括该品种的操作风险、未采取的安全措施、无法采取安全措施的安全漏洞等。

2. 审慎性原则

银行在办理电子支付业务时，应根据审慎性原则，确定是否满足办理的条件，并告知客户使用电子支付交易品种可能产生的风险，以及提醒客户妥善保管、使用或授权他人使用电子支付交易存取工具（如卡、密码、密钥、电子签名制作数据等）的警示性信息以及差错处理方式等。此外，银行应针对不同客户，在电子支付类型、单笔支付金额和每日累计支付金额等方面作出合理限制。

3. 自愿性原则

银行办理电子支付业务时，必须征得客户同意。客户向银行提交办理业务的申请，银行为客户办理电子支付业务，应根据客户性质、电子支付类型、支付金额等，在客户同意的前提下，与客户约定适当的认证方式，如密码、密钥、数字证书、电子签名等。银行要求客户提供有关资料信息时，应告知客户所提供信息的使用目的和范围、安全保护措施以及客户未提供或未真实提供相关资料信息的后果。

(二) 电子支付业务协议签订

1. 签订书面协议

客户申请开通电子支付业务的，应携带业务授权书、办理人身份证件等证件，填写申请表，阅读并签署协议。《电子支付指引（第一号）》第九条规定：

银行应认真审核客户申请办理电子支付业务的基本资料，并以书面或电子方式与客户签订协议。

银行应按会计档案的管理要求妥善保存客户的申请资料，保存期限至该客户撤销电子支付业务后5年。

2. 协议内容

客户与银行签订的电子支付协议应当包括以下内容。
（1）客户指定办理电子支付业务的账户名称和账号。
（2）客户应保证办理电子支付业务账户的支付能力。
（3）双方约定的电子支付类型、交易规则、认证方式等。
（4）银行对客户提供的申请资料和其他信息的保密义务。
（5）银行根据客户要求提供交易记录的时间和方式。
（6）争议、差错处理和损害赔偿责任。

三、电子支付指令的发起和接收

(一) 电子支付指令的发起

1. 电子支付指令发起前

电子支付指令的发起银行应建立必要的安全程序，对客户身份和电子支付指令进行确认，并形成日志文件等记录，保存至交易后五年。发起行应采取有效措施，在客户发出电子支付指令前，提示客户对指令的准确性和完整性进行确认。

2. 电子支付指令发起

客户应按照与发起银行的协议规定，发起电子支付指令。客户发起指令后，发起银行应确保正确执行客户的电子支付指令。

一旦客户发起指令，发起银行执行通过安全程序的电子支付指令后，客户不得要求变更或撤销电子支付指令。

(二) 电子支付指令的接收

（1）发起银行、接收银行应确保电子支付指令传递的可跟踪稽核和不可篡改。
（2）发起银行、接收银行之间应按照协议规定及时发送、接收和执行电子支付指令，并回复确认。

(三) 支付凭证

在客户电子支付指令进行确认后，发起银行应能够向客户提供纸质或电子交易回单，即电子支付凭证。电子支付凭证的具体格式由银行确定。客户需要将电子支付凭证转换为纸质支付凭证的，纸质支付凭证必须记载付款人开户行名称和签章、付款人名称、账号、接收行名称、收款人名称、账号、大写金额和小写金额以及发起日期和交易序列号等。

四、电子支付业务的安全控制

银行开展电子支付业务采用的信息安全标准、技术标准、业务标准等应当符合有关规定，并建立相应的电子支付业务安全管理体系。

（一）电子支付业务管理制度

银行应针对与电子支付业务活动相关的风险，建立有效的管理制度。银行应确保电子支付业务处理系统的安全性，保证重要交易数据的不可抵赖性、数据存储的完整性、客户身份的真实性，并妥善管理在电子支付业务处理系统中使用的密码、密钥等认证数据。

（二）电子支付限额制度

银行应根据审慎性原则并针对不同客户，在电子支付类型、单笔支付金额和每日累计支付金额等方面作出合理限制。

（1）银行通过互联网为个人客户办理电子支付业务，除采用数字证书、电子签名等安全认证方式外，单笔金额不应超过一千元人民币，每日累计金额不应超过五千元人民币。

（2）银行为客户办理电子支付业务，单位客户从其银行结算账户支付给个人银行结算账户的款项，其单笔金额不得超过五万元人民币，但银行与客户通过协议约定，能够事先提供有效付款依据的除外。

（3）银行应在客户的信用卡授信额度内，设定用于网上支付交易的额度供客户选择，但该额度不得超过信用卡的预借现金额度。

> 【例题·多选题】下列关于采用电子支付业务的描述正确的有（　　）。
> A. 单笔金额不应超过 1 000 元人民币
> B. 每日累计金额不应超过 5 000 元人民币
> C. 电子支付交易形成的日志交易数据最多保存 3 年
> D. 单位只要在银行开户就必须开通电子支付业务
> 【答案】AB

（三）交易数据的保护制度

1. 交易数据的查询规定

客户可与银行约定，及时或定期查询交易记录、资金余额和账户状态等信息，银行必须提供。除国家法律、行政法规另有规定外，银行应当拒绝除客户本人以外的任何单位或个人查询。银行使用客户资料、交易记录等，不得超出法律法规许可和客户授权的范围，并依法对客户的资料信息、交易记录等保密。

2. 交易数据的其他保护措施

银行保护电子支付交易数据的完整性和可靠性，所采取的必要措施包括以下几个方面。

（1）制定相应的风险控制策略，防止电子支付业务处理系统发生有意或无意的危害数据完整性和可靠性的变化，并具备有效的业务容量、业务连续性计划和应急计划。

（2）保证电子支付交易与数据记录程序的设计发生擅自变更时能被有效侦测。

（3）有效防止电子支付交易数据在传送、处理、存储、使用和修改过程中被篡改，任何对电子支付交易数据的篡改能通过交易处理、监测和数据记录功能被侦测。

（4）按照会计档案管理的要求，对电子支付交易数据，以纸介质或磁性介质的方式进行妥善保存，保存期限为五年，并方便调阅。

五、银行电子对账单

（一）银行电子对账单概念

电子对账单是银行以电子文件的形式记录账户在某一时期（通常为一个月）收、支方的发生额以及期末余额等项目的总账数据。

（二）银行电子对账单的开具与接收

1. 获取并解析电子凭证银行对账单

单位的业务人员可通过对账单开具银行提供的官方渠道获取电子凭证银行对账单OFD文件，使用XBRL工具包解析和提取内嵌的XBRL格式的结构化数据信息，并在信息化条件下完成与日记账的核对。

XBRL标准是财政部指定的企业会计准则标准，主流财务软件厂商应均已具备解析和生成实例文档的能力。财务软件厂商可根据《电子凭证会计数据标准——银行电子对账单（推广应用版）》（以下简称《银行电子对账单标准》）的要求，使用XBRL工具包解析对账单结构化数据。

2. 银行对账单归档

单位提交银行电子对账单申请后，银行方将银行电子对账单结构化数据通过XBRL工具包生成实例文档并封装到OFD版式文件中，形成电子凭证银行对账单。单位获取电子凭证文件后，通过XBRL工具包解析对账单底层的结构化数据，与日记账进行核对，并完成后续归档工作。

【例题·单选题】下列关于银行电子对账单的描述错误的是（　　）。
A. 具备信息化条件的单位可向银行申请电子对账单
B. 单位应当通过银行官方渠道获取OFD文件，并通过XBRL工具包解析对账单底层的结构化数据
C. 单位应当将电子对账单与日记账进行核对，发现差错及时查找原因
D. 电子对账单的归档工作由银行完成，单位不用进行归档
【答案】D

(三)《银行电子对账单标准》内容架构

《银行电子对账单标准》对银行电子对账单信息进行了 XBRL 标记，表 3-3 列示了标准标记的所有字段。

表 3-3　《银行电子对账单标准》标记内容

序号	分组名称	字段名称	数值类型	说明
1	对账单抬头信息	签发机构	字符型	必填项，符合中国人民银行《金融机构编码规范》的银行总行金融机构编码（14 位）
2		营业网点编号	字符型	客户账户归属的网点号
3		币种	字符型	必填项，采用三位国标编码，每份对账单只针对一个币种
4		客户结算账号	字符型	必填项
5		客户账户名称	字符型	
6		银行客户编码	字符型	
7		银行对账单年份	年份型	必填项
8		银行对账单月份	字符型	必填项，填写银行对账单月份，如 06
9		打印次数	字符型	该对账单打印次数统计
10		打印日期	日期型	
11	对账明细信息	记账日期	日期型	必填项
12		业务产品种类	字符型	区分业务种类，例如现金、转账、发报、银税等
13		业务流水号	字符型	交易的唯一单号
14		原始凭证种类	字符型	如 051-支票等
15		原始凭证号码	字符型	如支票号码等
16		银行电子回单信息摘要	字符型	
17		借贷标志	字符型	必填项，标记每条会计分录的借贷方向，其中 0 代表借方，1 代表贷方
18		交易金额	货币型	必填项
19		余额方向	字符型	标记余额的借贷方向，其中 0 代表借方，1 代表贷方
20		账户余额	货币型	必填项
21		交易代码	字符型	
22		对方账号	字符型	
23		对方户名	字符型	
24		对方开户行	字符型	交易对手方开户行名称
25		记账柜员	字符型	
26		记账时间	时间型	
27		记账流水	字符型	
28		其他记账信息	字符型	除记账柜员、时间、流水以外的其他记账信息
29		银行电子回单编号	字符型	

续表

序号	分组名称	字段名称	数值类型	说明
30	对账周期末信息	对账周期末账户余额（额度）	货币型	
31		对账周期末保留余额	货币型	
32		对账周期末冻结余额	货币型	
33		对账周期末透支余额	货币型	
34		对账周期末可用余额（额度）	货币型	

六、电子支付的差错处理

（一）发现差错的处理

1. 处理原则

电子支付业务的差错处理应遵守据实、准确和及时的原则。

2. 差错登记

银行应指定相应部门和业务人员负责电子支付业务的差错处理工作，并明确权限和职责。银行应妥善保管电子支付业务的交易记录，对电子支付业务的差错应详细备案登记，记录内容应包括差错时间、差错内容与处理部门及人员姓名、客户资料、差错影响或损失、差错原因、处理结果等。

（二）补救措施

（1）接收行自身系统或内控制度等原因对电子支付指令未执行、未适当执行或迟延执行致使客户款项未准确入账的，应及时纠正。

（2）客户原因，有关电子支付业务资料、存取工具被盗或遗失，应按约定方式和程序及时通知银行。银行根据情况采取补救措施。

①客户原因，非资金所有人盗取工具发出电子支付指令，并且其身份认证和交易授权通过发起银行的安全程序的，发起银行应积极配合客户查找原因，尽量减少客户损失。

②客户原因，未按规定操作，或其自身其他原因造成电子支付指令未执行、未适当执行、延迟执行的，应在协议约定的时间内，按照约定程序和方式通知银行。银行应积极调查并告知客户调查结果。

③客户原因，造成电子支付指令未执行、未适当执行、延迟执行的，应主动通知客户改正或配合客户采取补救措施。

（3）银行保管、使用不当，导致客户资料信息被泄露或篡改的，银行应采取有效措施防止因此造成客户损失，并及时通知和协助客户补救。不可抗力造成电子支付指令未执行、未适当执行、延迟执行的，银行应当采取积极措施防止损失扩大。

（三）赔偿

（1）银行自身系统、内控制度或为其提供服务的第三方服务机构的原因，造成电子支付指令无法按约定时间传递、传递不完整或被篡改，并造成客户损失的，银行应按约定予以赔偿。

（2）第三方服务机构的原因造成客户损失的，银行应予赔偿，再根据与第三方服务机构的协议进行追偿。

第五节　结算方式

《支付结算办法》第一百六十二条规定：

本办法所称结算方式，是指汇兑、托收承付和委托收款。

一、汇兑

（一）汇兑概念

汇兑是汇款人委托银行将其款项支付给收款人的结算方式。汇兑分为信汇、电汇两种，由汇款人选择使用。单位和个人的各种款项的结算，均可使用汇兑结算方式。

（二）汇兑的签发

汇兑的签发有着严格的规定，签发的汇兑凭证必须记载下列事项：（1）表明"信汇"或"电汇"的字样；（2）无条件支付的委托；（3）确定的金额；（4）收款人名称；（5）汇款人名称；（6）汇入地点、汇入行名称；（7）汇出地点、汇出行名称；（8）委托日期，即汇款人向汇出银行提交汇兑凭证的当日；（9）汇款人签章。

若汇兑凭证上欠缺上述记载事项之一的，银行不予受理。汇兑凭证上记载收款人为个人的，收款人需要到汇入银行领取汇款，汇款人应在汇兑凭证上注明"留行待取"字样；留行待取的汇款，需要指定单位的收款人领取汇款的，应注明收款人的单位名称；信汇凭收款人签章支取的，应在信汇凭证上预留其签章。

（三）汇款及转汇的办理

1. 汇款的办理

汇款人签发汇兑凭证后，交由汇出银行受理。审查无误后，银行应及时向汇入银行办理汇款，并向汇款人签发汇款回单。汇款回单只能作为汇出银行受理汇款的依据，不能作为该笔汇款已转入收款人账户的证明。汇入银行对开立存款账户的收款人，应将汇给其的款项直接转入收款人账户，并向其发出收账通知。

2. 转汇的办理

转汇的，应由原收款人向银行填制信、电汇凭证，并由本人交验其身份证件。转汇的收款人必须是原收款人。原汇入银行必须在信、电汇凭证上加盖"转汇"戳记。汇款人确定不得转汇的，应在汇兑凭证备注栏注明"不得转汇"字样。

（四）汇款的撤销与退汇

1. 汇款的撤销

通过汇兑方式办理汇款，无论汇出银行是否汇出，汇款人都可以申请退汇。汇款人对汇出银行尚未汇出的款项可以申请撤销。申请撤销时，应出具正式函件或本人身份证件及原信、电汇回单。汇出银行查明确未汇出款项的，收回原信、电汇回单，方可办理撤销。对汇出银行已经汇出的款项，汇款人申请退汇时要区分收款人是否在汇入银行开立存款账户。其中，收款人在汇入银行开立存款账户的，由汇款人与收款人自行联系退汇；收款人未在汇入银行开立存款账户的，汇款人应出具正式函件或本人身份证件以及原信、电汇回单，由汇出银行通知汇入银行，经汇入银行核实汇款确未支付，并将款项汇回汇出银行，方可办理退汇。

2. 退汇

退汇的情形有两种。第一种是汇入银行对于收款人拒绝接受的汇款，汇款人应立即办理退汇。第二种是汇入银行对于向收款人发出取款通知，经过两个月无法交付的汇款，应主动办理退汇。转汇银行不得受理汇款人或汇出银行对汇款的撤销或退汇。

【例题·单选题】下列关于汇兑结算方式，正确的是（　　）。
A. 汇兑凭证上收款人账户有一个数字输入有误，银行不予受理
B. 采取信汇方式，信汇凭证上预留的签章不符
C. 汇款人可以在汇出银行未汇出款项前，随时申请撤销汇款，无须任何证明
D. 汇入银行对于收款人拒绝接受的汇款，应立即办理退汇
【答案】D

二、托收承付

托收承付是根据购销合同由收款人发货后委托银行向异地付款人收取款项，由付款人向银行承认付款的结算方式。

（一）托收承付结算的要求

1. 托收承付的对象要求

使用托收承付结算方式的收款单位和付款单位，必须是国有企业、供销合作社以及经营管理较好，并经开户银行审查同意的城乡集体所有制工业企业。办理托收承付结算的款项，必须是商品交易，以及因商品交易而产生的劳务供应的款项。代销、寄销、赊销商品的款项，不得办理托收承付结算。

2. 托收承付的依据

收付双方使用托收承付结算必须签有合法的购销合同，并在合同上订明使用托收承

付结算方式。收付双方办理托收承付结算，必须重合同、守信用。同时，收款人办理托收，必须具有商品确已发运的证件（包括铁路、航运、公路等运输部门签发的运单、运单副本和邮寄包裹回执）。

3. 托收承付的次数限定

收款人对同一付款人发货托收累计三次收不回货款的，收款人开户银行应暂停收款人向该付款人办理托收；付款人累计三次提出无理拒付的，付款人开户银行应暂停其向外办理托收。

（二）托收承付的签发与办理

1. 托收承付的签发

托收承付的签发要符合《支付结算办法》的规定，签发的托收承付凭证必须记载表明"托收承付"的字样，确定的金额，付款人名称及账号，收款人名称及账号，付款人开户银行名称，收款人开户银行名称，托收附寄单证张数或册数，合同名称、号码，委托日期，收款人签章事项。托收承付凭证上欠缺任何一项的，银行不予受理。

2. 托收承付办理流程

托收承付结算的办理有两个阶段，即托收与承付。其中，托收是指收款人按照签订的购销合同发货后，委托银行办理托收的行为；承付是指付款人收到托收凭证及相关附件后在承付期内付款的行为。

（1）托收。收款人根据合同，将托收凭证、发运证件和交易单证送交其开户银行，开户银行接到托收凭证及相关附件后，查验收付款人签订的购销合同，并按照托收的范围、条件和托收凭证记载的要求认真进行审查，审查时间最长不得超过次日。凡不符合要求或违反购销合同发货的，不能办理。收款人如需取回发运证件的，银行应在托收凭证上加盖"已验发运证件"戳记。

（2）承付。付款人开户银行收到托收凭证及其附件后，应当及时通知付款人。通知的方法，可以根据具体情况与付款人签订协议，采取付款人来行自取、派人送达、对距离较远的付款人邮寄等方法。付款人应在承付期内审查核对，安排资金。承付货款分为验单付款和验货付款两种，由收付双方商量选用，并在合同中明确规定。其中，验单付款的承付期为三天，从付款人开户银行发出承付通知的次日算起（承付期内遇法定休假日顺延）；验货付款的承付期为十天，从运输部门向付款人发出提货通知的次日算起。

3. 逾期付款与拒绝付款

付款人在承付期满日银行营业终了时，如无足够资金支付，其不足部分，即为逾期未付款项，按逾期付款处理。付款人开户银行对付款人逾期支付的款项，应当根据逾期付款金额和逾期天数，按每天万分之五计算逾期付款赔偿金。逾期付款天数从承付期满日算起。

付款人开户银行对不执行合同规定、三次拖欠货款的付款人，应当通知收款人开户银行转知收款人，停止对该付款人办理托收。收款人不听劝告，继续对该付款人办理托收,付款人开户银行对发出通知的次日起一个月之后收到的托收凭证,可以拒绝受理,注明理由,原件退回。

依据《支付结算办法》第一百九十三条规定,对下列情况,付款人在承付期内,可向银行提出全部或部分拒绝付款。

(1) 没有签订购销合同或购销合同未订明托收承付结算方式的款项。

(2) 未经双方事先达成协议,收款人提前交货或因逾期交货付款人不再需要该项货物的款项。

(3) 未按合同规定的到货地址发货的款项。

(4) 代销、寄销、赊销商品的款项。

(5) 验单付款,发现所列货物的品种、规格、数量、价格与合同规定不符,或货物已到,经查验货物与合同规定或发货清单不符的款项。

(6) 验货付款,经查验货物与合同规定或与发货清单不符的款项。

(7) 货款已经支付或计算有错误的款项。

不属于上述情况的,付款人不得向银行提出拒绝付款。付款人对以上情况提出拒绝付款时,必须填写"拒绝付款理由书"并签章,注明拒绝付款理由及相关证明资料。开户银行必须认真审查拒绝付款理由,查验合同。对于付款人提出拒绝付款的手续不全、依据不足、理由不符合规定和不属于本条七种拒绝付款情况的,以及超过承付期拒付和应当部分拒付提为全部拒付的,银行均不得受理,应实行强制扣款。银行同意部分或全部拒绝付款的,应在拒绝付款理由书上签注意见。部分拒绝付款,除办理部分付款外,应将拒绝付款理由书连同拒付证明和拒付商品清单邮寄收款人开户银行转交收款人。全部拒绝付款,应将拒绝付款理由书连同拒付证明和有关单证邮寄收款人开户银行转交收款人。

三、委托收款

(一) 委托收款的概念

委托收款是收款人委托银行向付款人收取款项的结算方式,在同城、异地均可以使用。在同城范围内,收款人收取公用事业费或根据国务院的规定,可以使用同城特约委托收款。收取公用事业费,必须具有收付双方事先签订的经济合同,由付款人向开户银行授权,并经开户银行同意,报经中国人民银行当地分支行批准。

单位和个人凭已承兑商业汇票、债券、存单等付款人债务证明办理款项的结算,均可以使用委托收款结算方式。委托收款结算款项的划回方式,分邮寄和电报两种。收款人可以自行选用。

(二) 委托收款凭证的签发

(1) 委托收款凭证的签发必须符合《支付结算办法》的规定,记载的事项包括表明"委托收款"的字样、确定的金额、付款人名称、收款人名称、委托收款凭据名称及附寄单证张数、委托日期以及收款人签章。欠缺记载上列事项之一的,银行可不予受理。

（2）委托收款以银行以外的单位为付款人的，委托收款凭证必须记载付款人开户银行名称；以银行以外的单位或在银行开立存款账户的个人为收款人的，委托收款凭证必须记载收款人开户银行名称；未在银行开立存款账户的个人为收款人的，委托收款凭证必须记载被委托银行名称。欠缺记载的，银行不予受理。

（三）委托收款的办理流程

1. 委托

收款人办理委托收款应向银行提交委托收款凭证和有关的债务证明。

2. 付款

（1）银行接到寄来的委托收款凭证及债务证明，审查无误办理付款。其中，以银行为付款人的，银行应在当日将款项主动支付给收款人；以单位为付款人的，银行应及时通知付款人，按照有关办法规定，需要将有关债务证明交给付款人的应交给付款人，并签收。

（2）付款人应于接到通知的当日书面通知银行付款。付款人未在接到通知日的次日起三日内通知银行付款的，视同付款人同意付款，银行应于付款人接到通知日的次日起第四日上午开始营业时，将款项划给收款人。银行在办理划款时，付款人存款账户不足支付的，应通过被委托银行向收款人发出未付款项通知书。

（3）按照有关办法规定，债务证明留存付款人开户银行的，应将其债务证明连同未付款项通知书邮寄被委托银行转交收款人。

3. 拒绝付款

付款人审查有关债务证明后，对收款人委托收取的款项需要拒绝付款的，可以办理拒绝付款。

（1）以银行为付款人的，应自收到委托收款及债务证明的次日起三日内，出具拒绝证明连同有关债务证明、凭证寄给被委托银行，转交收款人。

（2）以单位为付款人的，应在付款人接到通知日的次日起三日内出具拒绝证明，持有债务证明的，应将其送交开户银行。

银行将拒绝证明、债务证明和有关凭证一并寄给被委托银行，由其转交收款人。

【例题·多选题】下列属于委托收款的记载事项的有（　　）。
A. 确定的金额
B. 付款人名称
C. 委托日期
D. 收款人签章
【答案】ABCD

第六节　法律责任

一、违反银行结算账户管理的法律责任

(一) 违反银行结算账户开立、撤销规定的法律责任

1. 存款人承担的法律责任

《人民币银行结算账户管理办法》第六十四条规定：

存款人开立、撤销银行结算账户，不得有下列行为：

(一) 违反本办法规定开立银行结算账户。

(二) 伪造、变造证明文件欺骗银行开立银行结算账户。

(三) 违反本办法规定不及时撤销银行结算账户。

非经营性的存款人，有上述所列行为之一的，给予警告并处以1 000元的罚款；经营性的存款人有上述所列行为之一的，给予警告并处以1万元以上3万元以下的罚款；构成犯罪的，移交司法机关依法追究刑事责任。

2. 银行承担的法律责任

《人民币银行结算账户管理办法》第六十六条规定：

银行在银行结算账户的开立中，不得有下列行为：

(一) 违反本办法规定为存款人多头开立银行结算账户。

(二) 明知或应知是单位资金，而允许以自然人名称开立账户存储。

银行有上述所列行为之一的，给予警告，并处以5万元以上30万元以下的罚款；对该银行直接负责的高级管理人员、其他直接负责的主管人员、直接责任人员按规定给予纪律处分；情节严重的，中国人民银行有权停止对其开立基本存款账户的核准，责令该银行停业整顿或者吊销经营金融业务许可证；构成犯罪的，移交司法机关依法追究刑事责任。

【例题·多选题】银行在银行结算账户的开立中，明知或应知是单位资金，仍然允许以自然人名称开立账户存储，对该行为的处罚是（　　）。

A. 对银行给予警告，并处以5万元以下的罚款

B. 对该银行直接责任人员按规定给予处分

C. 情节严重的，责令该银行停业整顿

D. 情节严重的，停止开立基本存款账户的核准

【答案】BCD

（二）违反银行结算账户使用规定的法律责任

1. 存款人承担的法律责任

《人民币银行结算账户管理办法》第六十五条规定：

存款人使用银行结算账户，不得有下列行为：

（一）违反本办法规定将单位款项转入个人银行结算账户。

（二）违反本办法规定支取现金。

（三）利用开立银行结算账户逃废银行债务。

（四）出租、出借银行结算账户。

（五）从基本存款账户之外的银行结算账户转账存入、将销货收入存入或现金存入单位信用卡账户。

（六）法定代表人或主要负责人、存款人地址以及其他开户资料的变更事项未在规定期限内通知银行。

非经营性的存款人有上述所列一至五项行为的，给予警告并处以1 000元罚款；经营性的存款人有上述所列一至五项行为的，给予警告并处以5 000元以上3万元以下的罚款；存款人有上述所列第六项行为的，给予警告并处以1 000元的罚款。

2. 银行承担的法律责任

《人民币银行结算账户管理办法》第六十七条规定：

银行在银行结算账户的使用中，不得有下列行为：

（一）提供虚假开户申请资料欺骗中国人民银行许可开立基本存款账户、临时存款账户、预算单位专用存款账户。

（二）开立或撤销单位银行结算账户，未按本办法规定在其基本存款账户开户登记证上予以登记、签章或通知相关开户银行。

（三）违反本办法第四十二条规定办理个人银行结算账户转账结算。

（四）为储蓄账户办理转账结算。

（五）违反规定为存款人支付现金或办理现金存入。

（六）超过期限或未向中国人民银行报送账户开立、变更、撤销等资料。

银行有上述所列行为之一的，给予警告，并处以5 000元以上3万元以下的罚款；对该银行直接负责的高级管理人员、其他直接负责的主管人员、直接责任人员按规定给予纪律处分；情节严重的，中国人民银行有权停止对其开立基本存款账户的核准，构成犯罪的，移交司法机关依法追究刑事责任。

（三）伪造、变造、私自印制开户许可证的法律责任

《人民币银行结算账户管理办法》第六十八条规定：

违反本办法规定，伪造、变造、私自印制开户登记证的存款人，属非经营性的处以1 000元罚款；属经营性的处以1万元以上3万元以下的罚款；构成犯罪的，移交司法机关依法追究刑事责任。

【例题·单选题】下列有关违反银行结算账户管理制度处罚的表述中错误的是（　　）。
A. 某机关单位违反规定开立银行结算账户，对其警告并处以1 000元的罚款
B. 某企业违反规定开立银行结算账户，对其警告并处以1万元以上3万元以下的罚款
C. 某机关单位财务人员A违反规定将单位款项转入个人银行结算账户，对其警告并处以5 000元以上3万元以下的罚款
D. 某商业银行违反规定为存款人多头开立银行结算账户，对其警告并处以5万元以上30万元以下的罚款
【答案】C

二、违反《中华人民共和国票据法》的法律责任

（一）金融机构工作人员在票据业务中玩忽职守的法律责任

《中华人民共和国票据法》第一百零四条规定：

金融机构工作人员在票据业务中玩忽职守，对违反本法规定的票据予以承兑、付款或者保证的，给予处分；造成重大损失，构成犯罪的，依法追究刑事责任。

由于金融机构工作人员因前款行为给当事人造成损失的，由该金融机构和直接责任人员依法承担赔偿责任。

（二）存在票据欺诈行为的法律责任

依据《中华人民共和国票据法》第一百零二条及第一百零三条的规定，对于以下行为，依法追究刑事责任；情节轻微，不构成犯罪的，依照国家有关规定给予行政处罚。

（1）伪造、变造票据的。
（2）故意使用伪造、变造的票据的。
（3）签发空头支票或者故意签发与其预留的本名签名式样或者印鉴不符的支票，骗取财物的。
（4）签发无可靠资金来源的汇票、本票，骗取资金的。
（5）汇票、本票的出票人在出票时作假记载，骗取财物的。
（6）冒用他人的票据，或者故意使用过期或者作废的票据，骗取财物的。
（7）付款人同出票人、持票人恶意串通，实施前六项所列行为之一的。

三、违反《票据管理实施办法》的法律责任

（一）签发空头支票的法律责任

票据签发人签发空头支票或者签发与其预留的签章不符的支票，不以骗取财物为目的的，根据《票据管理实施办法》第三十一条规定，由中国人民银行处以票面金额5%

但不低于 1 000 元的罚款，持票人有权要求出票人赔偿支票金额 2% 的赔偿金。

【例题·单选题】五湖公司向四海公司签发金额为 500 000 元的支票用于支付服务费，四海公司按期提示付款时被告知五湖公司在付款人处实有的存款金额仅为 300 000 元，四海公司有权要求五湖公司支付的赔偿金是（　　）元。
A. 300 000×5%
B. 300 000×2%
C. 500 000×5%
D. 500 000×2%
【答案】D

（二）违反规定予以票据承兑、付款等的法律责任

《票据管理实施办法》第三十二条规定：

金融机构的工作人员在票据业务中玩忽职守，对违反票据法和本办法规定的票据予以承兑、付款、保证或者贴现的，对直接负责的主管人员和其他直接责任人员给予警告、记过、撤职或者开除的处分；造成重大损失，构成犯罪的，依法追究刑事责任。

（三）票据业务中故意压票等行为的法律责任

《票据管理实施办法》第三十三条规定：

票据的付款人对见票即付或者到期的票据，故意压票、拖延支付的，由中国人民银行处以压票、拖延支付期间内每日票据金额 0.7‰ 的罚款；对直接负责的主管人员和其他直接责任人员给予警告、记过、撤职或者开除的处分。

（四）擅自印制票据的法律责任

《票据管理实施办法》第三十四条规定：

违反中国人民银行规定，擅自印制票据的，由中国人民银行责令改正，处以 1 万元以上 20 万元以下的罚款；情节严重的，中国人民银行有权提请有关部门吊销其营业执照。

本章习题

案例分析题

案例一：

2018 年 5 月 10 日，甲公司向乙公司签发一张金额为 50 万元，出票后 1 个月付款的

银行承兑汇票，经其开户行 P 银行承兑后交付乙公司；

5 月 15 日，乙公司将该票据背书转让给丙公司；

5 月 20 日，丙公司将该票据背书转让给丁公司，并在票据上记载"不得转让"的字样后，将该票据背书转让给戊公司；

5 月 25 日，丁公司在票据上记载"只有戊公司交货后，该背书转让方发生效力"字样；

6 月 12 日，戊公司向 P 银行提示付款时，P 银行以甲公司存款不足为由拒绝付款。

要求：根据上述资料，分析回答下列各小题。

【不定项选择题1】关于该票据当事人的下列表述中，正确的是（　　）。

A. 甲公司为出票人

B. 乙公司为收款人

C. 戊公司为最后一手转让背书的被背书人

D. P 银行为承兑人

【不定项选择题2】下列票据当事人中，公司应对其承兑的是（　　）。

A. 丁公司

B. 甲公司

C. P 银行

D. 戊公司

【不定项选择题3】关于该汇票付款的下列表述中，正确的是（　　）。

A. P 银行应于 6 月 12 日足额付款

B. P 银行对甲公司尚未支付的汇票金额按照日万分之五计收利息

C. P 银行有权以甲公司存款不足为由拒绝付款

D. 甲公司应于 6 月 10 日前将票款足额交存 P 银行

【不定项选择题4】关于丁公司附条件背书在票据上效力的下列表述中，正确的是（　　）。

A. 所附条件无效，该票据无效

B. 所附条件有效，该背书有效

C. 所附条件无效，该背书有效

D. 所附条件有效，该票据无效

案例二：

钱某是甲公司的员工，为便于个人生活，2022 年 10 月 12 日携带个人有关资料到 P 银行申请开立信用卡账户和 I 类个人银行结算账户，银行按规定审核后为其办理了开户手续。12 月 6 日 M 支付机构按规定为钱某开立了 II 类个人支付账户。12 月 18 日钱某通过手机银行在 P 银行开立了 II 类个人银行结算账户。

要求：根据上述资料，分析回答下列各小题。

【不定项选择题1】12 月 6 日钱某在 M 支付机构开立的 II 类个人支付账户余额使用的下列表述中，正确的是（　　）。

A. 可以用于消费

B. 可以用于转账

C. 限额透支

D. 可以购买投资理财产品

【不定项选择题2】12月18日钱某开立的Ⅱ类个人银行结算账户使用的下列表述中，正确的是（　　）。

A. 办理存款

B. 在P银行贷款和还款

C. 购买投资理财产品

D. 限额消费和缴费

第三章在线答题

第四章

预算法律制度

预算法律制度概述；预算草案的编制，预算的审批、执行及调整；决算草案的编制，决算的批复与备案；财政总会计制度；国库集中收付制度。

第一节 预算法律制度概述

一、预算及预算法律制度概念

(一) 预算的概念

预算是一个国家、组织或个人在一定时期内预计的收入和支出的计划，旨在为国家、组织或个人提供一个规划和管理财务活动的框架，帮助实现长期和短期目标。

我国国家预算是具有法律效力的基本财政计划，是国家为了实现政治经济任务，有计划地集中和分配财政收入的重要工具，是国家经济政策的反映。预算收入采取税收等形式筹集，预算支出主要用于经济建设、国防、文化、教育、科学、卫生、社会福利等各项事业。

(二) 预算法律制度的概念

预算法律制度是指国家经过法定程序制定的，用以调整国家预算关系的法律、行政法规和相关规章制度。

我国预算法律制度由《中华人民共和国预算法》和《中华人民共和国预算法实施条例》以及国家预算管理的其他法规制度构成，是财政管理的重要组成部分，体现了国家治理体系和治理能力现代化的要求。

> 【例题·单选题】国家预算既是保障国家机器运转的物质条件，又是政府实施各项社会经济政策的有效保证，体现的是国家预算的（　　）。
> A. 制约作用　　　　　　　　B. 反映监督作用
> C. 财力保障作用　　　　　　D. 调节作用
> 【答案】C

二、预算法律制度构成

（一）预算法律

为实现国家宏观调控，保障经济和社会的健康发展，1994年3月22日，第八届全国人民代表大会第二次会议通过了《中华人民共和国预算法》（以下简称《预算法》），自1995年1月1日起施行。2014年8月31日第十二届全国人民代表大会常务委员会第十次会议对《预算法》进行第一次修正，2018年12月29日第十三届全国人民代表大会常务委员会第七次会议进行了第二次修正。经过两次修正后的《预算法》共十一章一百零一条。内容涉及预算管理职权、预算收支范围、预算编制、预算审查和批准、预算执行、预算调整、决算、监督、法律责任等。该法是我国第一部财政基本法律，是我国国家预算管理工作的根本性法律以及制定其他预算法规的基本依据。

（二）预算法规

为了保证《预算法》的贯彻实施，使之更具有操作性，为预算及其监督提供更为具体明确的行为准则，1995年11月2日，国务院第37次常务会议通过了《中华人民共和国预算法实施条例》（中华人民共和国国务院令第186号），自发布之日起施行。2020年8月3日中华人民共和国国务院令第729号进行了修正。修正后，《中华人民共和国预算法实施条例》共八章九十七条，包括总则、预算收支范围、预算编制、预算执行、决算、监督、法律责任和附则。

（三）部门规章

为了更好地落实《预算法》及预算法规，财政部发布了一系列规章，以指引全国预算的工作，如1997年实施《财政总预算会计制度》（财预字〔1997〕287号），2012年实施《财政总预算会计管理基础工作规定》，2015年修正《财政总预算会计制度》（财库〔2015〕192号），2022年实施《预算指标核算管理办法（试行）》（财办〔2022〕36号），2023年实施《预算评审管理暂行办法》（财预〔2023〕95号），2022年1月14日，财政部、中国人民银行联合发布《中央财政预算管理一体化资金支付管理办法（试行）》等，这些规章制度较好地保证了中央财政预算工作的顺利进行。

为提升国家财政治理效能，进一步规范各级政府财政总会计核算，保证会计信息质量，充分发挥财政总会计职能作用，财政部根据深化预算管理制度改革、政府会计改革工作要求，研究制定了《财政总会计制度》。《财政总会计制度》（财库〔2022〕41号）自2023年1月1日起施行，2015年制定的《财政总预算会计制度》（财库〔2015〕192

号）同时废止。

> 【例题·多选题】关于我国的预算法律制度，下列说法正确的有（　　）。
> A.《预算法》是我国第一部财政基本法律
> B. 现行的《预算法》是于 2018 年 12 月 29 日通过的
> C.《中华人民共和国预算法实施条例》是国务院制定并由全国人民代表大会审议通过的
> D.《中华人民共和国预算法实施条例》于 1995 年 11 月 22 日起施行
> 【答案】ABD
> 【解析】选项 C，《中华人民共和国预算法实施条例》是国务院制定，但不是由全国人民代表大会审议通过的。

三、预算管理体制

（一）预算管理体制概念

预算管理体制是指划分国家机关之间、中央和地方之间以及地方各级政府之间预算收支范围和预算管理权限的一系列制度安排和管理方法。

（二）预算管理体制主要内容

我国预算管理体制主要包括一级政府一级预算管理体制、中央和地方分税制以及财政转移支付制度等。

1. 一级政府一级预算

我国预算分为中央预算，省、自治区、直辖市预算，设区的市、自治州预算，县、自治县、不设区的市、市辖区预算，乡、民族乡、镇预算五级。

全国预算由中央预算和地方预算组成，地方预算由各省、自治区、直辖市总预算组成。地方各级总预算由本级预算和汇总的下一级总预算组成；下一级只有本级预算的，下一级总预算即指下一级的本级预算；没有下一级预算的，总预算即指本级预算。

2. 中央和地方分税制

中央和地方分税制是一种在划分中央与地方事权的基础上，确定中央与地方财政支出范围，并按税种划分中央与地方预算收入的财政管理体制。

通常会根据税种的性质、税基的宽窄、税源的分布等因素，将一部分税收收入划归中央财政，一部分划归地方财政，还有一些税种实行中央和地方共享。例如，关税、消费税等通常划归中央财政，而增值税、企业所得税等则可能实行中央和地方共享。中央和地方分税有助于优化财政资源配置，实现中央和地方财政的协调发展和区域经济的均衡发展。

3. 财政转移支付

财政转移支付包括一般性转移支付和专项转移支付。前者主要指均衡性转移支付，对革命老区、民族地区、边疆地区、贫困地区的财力补助等；后者是指上级政府为了实现特定的经济和社会发展目标给予下级政府，并由下级政府按照上级政府规定的用途安排使用的预算资金。

财政转移支付应当规范、公平、公开，以推进地区间基本公共服务均等化为主要目标。对于市场竞争机制能够有效调节的事项，不得设立专项转移支付。上级政府在安排专项转移支付时，除国务院规定应当由上下级政府共同承担的事项外，不得要求下级政府承担配套资金。同时，要建立健全专项转移支付定期评估和退出机制。

拓展·红色印记

苏区财政制度

1931年11月，中华苏维埃共和国成立。在没有经验可借鉴的情况下，1931年12月1日，临时中央政府颁布了《中华苏维埃共和国暂行财政条例》（部分条款见图4-1）。该条例规定一切国家税收概由国家财政机关按中央政府颁布之税则征收，各级财政机关所收之税款、政府经营收款、罚没资金资产及其他收入等款项，应随时转送或直送中央财政部，或中央财政部所指定的银行。

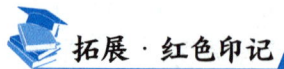

图4-1 《中华苏维埃共和国暂行财政条例》部分条款

资料来源：http://www.360doc.com/content/24/0704/11/7288840_1127836288.shtml（2024-07-04）[2024-07-18]

(三) 各级预算管理职权

1. 预算管理职权的概念

预算管理职权,即预算权,是确定和支配国家预算的权力和对国家预算的编制、审查、批准、执行、调整、监督权力的总称。

2. 各级人民代表大会及其常务委员会的预算职权

(1) 全国人民代表大会的职权。

①审查权,审查中央和地方预算草案及中央和地方预算执行情况的报告。

②批准权,批准中央预算和中央预算执行情况的报告。

③变更撤销权,改变或者撤销全国人民代表大会常务委员会关于预算、决算的不适当的决议。

(2) 全国人民代表大会常务委员会的职权。

①监督中央和地方预算的执行。

②审查和批准中央预算的调整方案。

③审查和批准中央决算。

④撤销国务院制定的同宪法、法律相抵触的关于预算、决算的行政法规、决定和命令。

⑤撤销省、自治区、直辖市人民代表大会及其常务委员会制定的同宪法、法律和行政法规相抵触的关于预算、决算的地方性法规和决议。

(3) 县级以上地方各级人民代表大会的职权。

①审查权,审查本级总预算草案及本级总预算执行情况的报告。

②批准权,批准本级预算和本级预算执行情况的报告。

③改变撤销权,改变或者撤销本级人民代表大会常务委员会关于预算、决算的不适当的决议,撤销本级政府关于预算、决算的不适当的决定和命令。

(4) 县级以上地方各级人民代表大会常务委员会的职权。

①监督本级总预算的执行。

②审查和批准本级预算的调整方案。

③审查和批准本级决算。

④撤销本级政府和下一级人民代表大会及其常务委员会关于预算、决算的不适当的决定、命令和决议。

【例题·多选题】下列各项中,属于县级以上地方各级人民代表大会的职权的是( )。

A. 监督本级总预算执行情况

B. 批准本级预算和本级预算执行情况的报告

C. 改变或者撤销本级人民代表大会常务委员会关于预算、决算的不适当的决议

D. 撤销下一级人民政府关于预算、决算的不适当的决议

【答案】BC

3. 各级政府部门的职权

（1）国务院预算职权。

①编制中央预算、决算草案。

②向全国人民代表大会作关于中央和地方预算草案的报告。

③将省、自治区、直辖市政府报送备案的预算汇总后报全国人民代表大会常务委员会备案。

④组织中央和地方预算的执行。

⑤决定中央预算预备费的动用。

⑥编制中央预算调整方案。

⑦监督中央各部门和地方政府的预算执行。

⑧改变或者撤销中央各部门和地方政府关于预算、决算的不适当的决定、命令。

⑨向全国人民代表大会、全国人民代表大会常务委员会报告中央和地方预算的执行情况。

（2）县级以上地方各级政府职权。

①县级以上地方各级政府编制本级预算、决算草案。

②向本级人民代表大会作关于本级总预算草案的报告。

③将下一级政府报送备案的预算汇总后报本级人民代表大会常务委员会备案。

④组织本级总预算的执行。

⑤决定本级预算预备费的动用。

⑥编制本级预算的调整方案。

⑦监督本级各部门和下级政府的预算执行。

⑧改变或者撤销本级各部门和下级政府关于预算、决算的不适当的决定、命令。

⑨向本级人民代表大会、本级人民代表大会常务委员会报告本级总预算的执行情况。

4. 各级财政部门的职权

（1）财政部预算职权。

①编制权，即编制中央预算、决算草案，以及编制中央预算的调整方案。

②执行权，即组织中央和地方预算的执行。

③提案权，即提出中央预算预备费动用方案。

④报告权，即定期向国务院报告中央和地方预算的执行情况。

（2）地方各级财政部门的职权。

①编制权，即编制本级预算、决算草案，以及编制本级预算的调整方案。

②执行权，即组织本级总预算的执行。

③提案权，即提出本级预算预备费动用方案。

④报告权，即定期向本级政府和上一级政府财政部门报告本级总预算的执行情况。

四、预算基本原则

(一) 统一、完整原则

预算应当反映国家的整体经济状况,包括中央与地方政府的预算,确保预算的统一性和协调性。《预算法》第四条规定:

预算由预算收入和预算支出组成。

政府的全部收入和支出都应当纳入预算。

预算应当全面反映政府的所有收入和支出,不得遗漏任何一项重要的收入或支出。各部门预算由本部门及其所属各单位预算组成,一般公共预算、政府性基金预算、国有资本经营预算、社会保险基金预算应当保持完整、独立。各级政府、各部门、各单位应当依照《预算法》规定,将所有政府收入全部列入预算,不得隐瞒、少列。各级政府、各部门、各单位的支出必须以经批准的预算为依据,未列入预算的不得支出。

(二) 量入为出、收支平衡原则

各级预算应当遵循统筹兼顾、勤俭节约、量力而行、讲求绩效和收支平衡的原则。地方各级预算按照量入为出、收支平衡的原则编制,除另有规定外,不列赤字。

各省、自治区、直辖市预算中必需的建设投资资金,经国务院批准,可以在规定限额内,以发行地方政府债券的方式进行筹措。举借债务的规模,经由国务院报全国人民代表大会或者全国人民代表大会常务委员会批准。各省、自治区、直辖市依照规定限额筹措的债务,应当列入本级预算调整方案,并报本级人民代表大会常务委员会批准。按照规定,各省、自治区、直辖市通过发行政府债券举借债务的,应当有偿还计划和稳定的偿还资金来源,举债获得的资金只能用于公益性资本支出,不得用于经常性支出。

(三) 统筹兼顾、勤俭节约原则

各级一般公共预算支出的编制,应当统筹兼顾,在保证基本公共服务合理需要的前提下,优先安排国家确定的重点支出。要兼顾落后地区发展,中央预算和有关地方预算中应当安排必要的资金,用于扶助革命老区、民族地区、边疆地区、贫困地区发展经济社会建设事业。

各级预算支出的编制,应当贯彻勤俭节约的原则,严格控制各部门、各单位的机关运行经费和楼堂馆所等基本建设支出。各级一般公共预算应当按照本级一般公共预算支出额的1%至3%设置预备费,用于当年预算执行中的自然灾害等突发事件处理增加的支出及其他难以预见的开支。各级一般公共预算按照国务院的规定可以设置预算周转金,用于本级政府调剂预算年度内季节性收支差额。各级一般公共预算按照国务院的规定可以设置预算稳定调节基金,用于弥补以后年度预算资金的不足。

(四) 公开透明、细化原则

预算应当公开透明,接受社会监督,保障公民的知情权和参与权。经本级人民代表大会或者本级人民代表大会常务委员会批准的预算、预算调整、决算、预算执行情况的报告及报表，应当在批准后二十日内由本级政府财政部门向社会公开，并对本级政府财政转移支付安排、执行的情况以及举借债务的情况等重要事项作出说明。经本级政府财政部门批复的部门预算、决算及报表，应当在批复后二十日内由各部门向社会公开，并对部门预算、决算中机关运行经费的安排、使用情况等重要事项作出说明。前述公开事项，涉及国家秘密的除外。

一般性转移支付，向社会公开应当细化到地区；专项转移支付，向社会公开应当细化到地区和项目。

第二节 预算

一、预算的目的

预算是一种财务计划，旨在帮助组织合理分配资源，实现既定的目标和任务。预算是政府财政管理的重要组成部分，预算的组织包括预算的编制、审批、执行和调整四个环节。

二、预算草案的编制

（一）预算年度的规定

预算年度亦称财政年度，指国家预算收支起止的有效期限，通常为一年。预算年度可以采用历年制，也可以采用跨年制。我国采用历年制，自1月1日起至12月31日止。

（二）预算草案编制

预算草案是指各级政府、各部门、各单位编制的未经法定程序审查和批准的预算。预算草案是预算编制过程的起点，在经过必要的讨论、调整和审批程序后，成为正式预算。国务院应当及时下达关于编制下一年度预算草案的指示，再由国家财政部门负责部署预算草案的编制工作。

（三）预算草案编制的时间

（1）财政部于每年6月15日前部署编制下一年度预算草案的具体事项，规定报表格式、编报方法、报送期限等。

（2）县级以上地方各级政府财政部门应当于每年6月30日前部署本行政区域编制下一年度预算草案的具体事项，规定有关报表格式、编报方法、报送期限等。

（3）省、自治区、直辖市政府财政部门应当及时汇总本级总预算草案或者本级总预算，并于下一年度1月10日前报财政部。

(四) 预算草案编制的依据

1. 各级政府预算草案的编制依据

(1) 年度经济社会发展目标、国家宏观调控总体要求和跨年度预算平衡的需要；地方各级政府所在地区经济社会发展水平、财力状况及上级政府相关要求。

(2) 上一年预算执行情况。

(3) 有关支出绩效评价结果。即上一年根据设定的绩效目标，对预算资金的投入、使用过程、产出与效果进行系统客观评价的结果。

(4) 本年度收支预测。涉及收入预算草案时，应当按照规定程序征求税务、海关等预算收入征收部门和单位的意见。政府预算草案编制应量入为出，不得列赤字预算。各省、自治区、直辖市确实需要举借债务的，须经国务院批准，以发行地方政府债券的方式筹措。举借债务应当合理控制规模，确保风险可控。

2. 地方各部门、各单位预算草案的编制依据

(1) 国务院财政部门制定的政府收支分类科目、预算支出标准和要求。其中预算支出标准是指对预算事项合理分类，并分别规定的支出预算编制标准，包括基本支出标准和项目支出标准。

(2) 绩效目标管理规定，如各部门、各单位的职责、任务和事业发展计划。

(3) 依法履行职能和事业发展的需要。

(4) 存量资产情况。

(5) 上一年度预算执行情况和本年度预算收支变化因素等。

(五) 预算草案的编制内容

1. 中央预算草案的编制内容

中央预算草案的编制内容包括本级预算收入和支出、上一年度结余用于本年度安排的支出、返还或者补助地方的支出、地方上解的收入。中央财政本年度举借的国内外债务和还本付息数额应当在本级预算中单独列示，且举借的债务只能用于公益性资本支出，不得用于经常性支出。

2. 地方各级政府预算草案的编制内容

地方各级政府预算草案的编制内容包括本级预算收入和支出；上一年度结余用于本年度安排的支出；上级返还或者补助的收入；返还或者补助下级的支出；上解上级的支出；下级上解的收入。

三、预算的审批

由于各级预算的审批具有时效性、级别性、程序性和严肃性，《预算法》对预算的审查和批准作出了明确的规定。

(一) 批准级别

中央预算由全国人民代表大会审查和批准。地方各级预算由本级人民代表大会审查和批准。

（二）预算审查

1. 预算审查时间要求

国务院财政部门应当在每年全国人民代表大会会议举行的四十五日前，将中央预算草案的初步方案提交全国人民代表大会财政经济委员会进行初步审查；省、自治区、直辖市，设区的市、自治州政府财政部门应当在本级人民代表大会会议举行的三十日前，将本级预算草案的初步方案提交本级人民代表大会有关专门委员会进行审查。

2. 预算审查内容

（1）上一年预算执行情况是否符合本级人民代表大会预算决议的要求。
（2）预算安排是否贯彻国民经济和社会发展的方针政策，收支政策是否切实可行。
（3）重点支出和重大投资项目的预算安排是否适当。
（4）预算的编制是否完整、细化。
（5）对下级政府的转移性支出预算是否规范、适当。
（6）预算安排举借的债务是否合法、合理，是否有偿还计划和稳定的偿还资金来源。
（7）与预算有关重要事项的说明是否清晰。

（三）预算备案与批复

（1）各级政府预算批准后必须依法向相应的国家机关备案，以加强预算监督。
（2）各级预算经本级人民代表大会批准后，本级政府财政部门应当在二十日内向本级各部门批复预算。各部门应当在接到本级政府财政部门批复的本部门预算后十五日内向所属各单位批复预算。

四、预算的执行

预算的执行是指经法定程序批准的预算进入具体实施进行筹措预算收入、拨付预算支出等活动。各级预算的收入和支出实行收付实现制。各级预算由本级政府组织执行，具体工作由本级政府财政部门负责。

（一）预算收入的执行

（1）各级政府不得向预算收入征收部门和单位下达收入指标。
（2）预算收入征收部门和单位，必须依照法律、行政法规的规定，及时、足额征收应征的预算收入。不得违反法律、行政法规规定，多征、提前征收或者减征、免征、缓征应征的预算收入，不得截留、占用或者挪用预算收入。

（二）预算支出的执行

各级政府财政部门必须依照法律、行政法规和国务院财政部门的规定，及时、足额地拨付预算支出资金。各级政府、各部门、各单位的支出必须按照预算执行，不得虚假列支，也不得擅自改变预算支出的用途。

(三)预算资金

(1)县级以上各级预算必须设立国库;具备条件的乡、民族乡、镇也应当设立国库。

(2)各级国库应当及时准确地办理预算收入的收纳、划分、留解、退付和预算支出的拨付。

(3)政府全部收入应当上缴国库,任何部门、单位和个人不得截留、占用、挪用或者拖欠。

(4)国家实行国库集中收缴和集中支付制度,对政府全部收入和支出实行国库集中收付管理。各级国库库款的支配权属于本级政府财政部门,任何部门、单位和个人都无权冻结、动用国库库款或者以其他方式支配已入国库的库款。中央国库业务由中国人民银行经理,地方国库业务依照国务院的有关规定办理。

五、预算的调整

(一)预算调整的情形

经全国人民代表大会批准的中央预算和经地方各级人民代表大会批准的地方各级预算,在执行中出现下列情况之一的,应当进行预算调整。

(1)需要增加或者减少预算总支出的。
(2)需要调入预算稳定调节基金的。
(3)需要调减预算安排的重点支出数额的。
(4)需要增加举借债务数额的。

> 【例题·多选题】关于预算调整原因的叙述中,正确的有(   )。
> A. 原批准的预算在执行中因特殊情况需要增加支出
> B. 原批准的预算中举借债务的数额变更的部分
> C. 原批准的预算在执行中因特殊情况需要减少收入
> D. 原批准的收支平衡的预算的总支出超过总收入
> 【答案】ACD
> 【解析】选项B,原批准的预算中举借债务的数额增加的部分才需要调整,而不是变更的部分。

(二)预算调整方案的审批

(1)在预算执行中,由于发生自然灾害等突发事件,必须及时增加预算支出的,应当先动支预备费;预备费不足支出的,各级政府可以先安排支出,属于预算调整的,应当在预算调整方案中作出安排,列入预算调整方案。预算调整方案应当说明预算调整的理由、项目和数额。

(2)在预算执行中,地方各级政府因上级政府增加不需要本级政府提供配套资金的专项转移支付而引起的预算支出变化,不属于预算调整。

(3) 国务院财政部门应当在全国人民代表大会常务委员会举行会议审查和批准预算调整方案的三十日前,将预算调整初步方案送交全国人民代表大会财政经济委员会进行初步审查。

(4) 省、自治区、直辖市政府,设区的市、自治州政府财政部门应当在本级人民代表大会常务委员会举行会议审查和批准预算调整方案的三十日前,将预算调整初步方案送交本级人民代表大会有关专门委员会进行初步审查。

(5) 中央预算的调整方案应当提请全国人民代表大会常务委员会审查和批准。县级以上地方各级预算的调整方案应当提请本级人民代表大会常务委员会审查和批准。未经批准,不得调整预算。

【例题·单选题】《预算法》规定,中央预算的调整方案必须提请(　　)审查和批准。
A. 全国人民代表大会
B. 全国人民代表大会常务委员会
C. 国务院
D. 财政部
【答案】B

(三) 预算调整方案的备案

根据《预算法》的规定,地方各级政府预算的调整方案经批准后,由本级政府报上一级政府备案。

第三节　决算

一、决算与部门决算的概念

决算是指在一定财政年度结束后,对政府预算执行情况的最终总结和报告。它反映了政府在预算年度内的财政收入、支出和结余的实际情况,是预算执行结果的体现。

部门决算是指各部门依据国家有关法律法规规定及其履行职能情况编制,反映部门所有预算收支和结余执行结果及绩效等情况的综合性年度报告,是改进部门预算执行以及编制后续年度部门预算的参考和依据。部门决算由本部门及其所属单位决算组成。

二、决算的法律依据

《预算法》第八章第七十四条至第八十二条,对决算草案的编制、审查、批复及备案等程序作了明确的规定。

2021年10月13日,财政部发布的《部门决算管理办法》(财库〔2021〕36号),于2022年1月1日起施行。同时,2013年12月10日财政部发布的《部门决算管理制度》(财库〔2013〕209号)废止。新发布的《部门决算管理办法》共七章三十六条,对部门决算报告体系设计、编制审核和汇总报送、批复和信息公开、分析应用和数据资料管理以及管理职责作了明确的规定。

依据《部门决算管理办法》,部门决算管理按照"依法依规、科学规范、统一高效"的原则,由财政部实施统一管理,各级政府财政部门、各部门、各单位依据预算管理关系分别组织实施。部门决算管理事项主要包括部门决算的工作组织、报告体系设计、编制审核、汇总报送、批复、信息公开、分析应用以及数据资料管理等。

三、决算管理职责

(一) 财政部的职责

(1) 财政部负责制定部门决算报告体系,管理部门决算软件业务需求,负责部门决算工作布置、审核汇总和数据管理;组织中央部门向国务院和全国人民代表大会常务委员会报送决算草案;组织中央部门决算审核、批复和公开工作;指导地方政府财政部门开展部门决算管理工作。财政部各地监管局根据授权,开展属地中央预算单位决算审核工作。

(2) 地方各级政府财政部门根据上级政府财政部门的部署,开展本级部门决算管理工作,并指导下级政府财政部门开展部门决算管理工作。

(二) 各部门的职责

各部门、各单位是本部门、本单位的决算管理主体,对决算的规范性、真实性、准确性、完整性负责。各部门根据本级政府财政部门的部署,组织、指导本部门所属各单位决算布置、审核、汇总报送、批复、公开、分析应用以及数据资料管理等工作。

各单位按照主管部门的布署,做好本单位决算管理工作。依法依规编制、报送、批复、公开决算,不得有故意漏报、瞒报以及编报虚假决算信息的行为。

四、决算草案的编制

(一) 决算报告体系

部门决算报告体系包括决算报表、报表说明和决算分析。

(1) 决算报表包括报表封面、主表、附表等,反映部门和单位收支预算执行结果以及与预算管理相关的机构人员、存量资产等信息。

(2) 报表说明包括报表编制基本情况、数据审核情况,以及需要说明的重要事项等,主要反映决算报表编制的相关情况。

(3) 决算分析包括收支预算执行、机构人员、预算绩效等情况分析,以及决算管理工作开展情况,主要反映部门预决算管理及预算执行情况。

(二) 决算草案编制的要求

1. 时间要求

(1) 各部门、各单位应当于每一预算年度终了,按照规定的时间结账,不得提前或者延迟。

(2) 各部门、各单位依法依规编制决算后要及时报送。

(3) 地方各级政府财政部门应当逐级汇总本级各部门和下一级政府财政部门报送的部门决算，在规定期限内报送上一级政府财政部门。

2. 内容要求

(1) 各部门、各单位应当清理收支账目、往来款项，核对年度预算收支和各项缴拨款项，做到账实相符、账证相符、账表相符、表表相符。

(2) 根据预算会计核算生成的数据、财政部门对预算的批复文件等编制决算草案，如实反映年度内全部收支，不得以估计数据替代，不得弄虚作假。

(3) 决算草案应当与预算相对应，按预算数、调整预算数、决算数分别列出。一般公共预算支出应当按其功能分类编列到项，按其经济性质分类编列到款。

(4) 编制的决算草案，应当做到收支真实、数额准确、内容完整。

五、决算草案的审核

(一) 审核级次

(1) 中央决算草案由国务院财政部门编制，经国务院审计部门审计后，报国务院审定，并由国务院提请全国人民代表大会常务委员会审查和批准。

(2) 各级政府财政部门对本级各部门以及下级政府财政部门汇总的部门决算纸质报表、电子数据以及相关资料，按照相关规定及要求组织审核。发现决算编制不符合规定，存在漏报、重报、虚报、瞒报、错报等问题的，应当要求有关单位限期纠正。

(3) 各部门对所属各单位的决算草案进行审核，并汇总编制本部门的决算草案。各部门在审核汇总所属各单位决算基础上，连同本部门自身的决算收入和支出等数据，汇编成本部门决算并附报表说明和决算分析等资料，经部门负责人签章后，在规定期限内报本级政府财政部门。各级政府财政部门对本级各部门决算草案审核后，发现有不符合法律、行政法规规定的，有权予以纠正。

(二) 审核内容

(1) 各级政府财政部门、各部门、各单位应当按规定审核部门决算，主要内容包括以下三种。

①审核决算编制范围是否完整，是否有漏报和重复编报情况。

②审核决算报表是否合规、准确、完整。

③审核报表说明和决算分析是否符合决算编制规定。

(2) 县级以上各级人民代表大会常务委员会和乡、民族乡、镇人民代表大会对本级决算草案，重点审查下列内容。

①预算收入情况。

②支出政策实施情况和重点支出、重大投资项目资金的使用及绩效情况。

③结转资金的使用情况。

④资金结余情况。

⑤本级预算调整及执行情况。
⑥财政转移支付安排执行情况。
⑦经批准举借债务的规模、结构、使用、偿还等情况。
⑧本级预算周转金规模和使用情况。
⑨本级预备费使用情况。
⑩超收收入安排情况，预算稳定调节基金的规模和使用情况。
（3）县级以上各级人民代表大会常务委员会应当结合本级政府提出的上一年度预算执行和其他财政收支的审计工作报告，对本级决算草案进行审查。

【例题·多选题】下列表述正确的有（　　）。
A. 由国务院财政部门编制的中央决算草案，经国务院审定后，由国务院提请全国人大批准
B. 由国务院财政部门编制的中央决算草案，经国务院审定后，由国务院提请全国人大常委会审批
C. 由县级以上地方各级政府财政部门编制的本级决算草案，经本级政府审定后，由本级人大常委会审批
D. 由乡级政府编制的决算草案，由本级人大审批
【答案】BCD
【解析】选项A，由国务院提请全国人大常委会审批（决算草案是常委会审批）。

六、决算的批复与备案

（一）决算批复时间

各级政府财政部门应当在本级人民代表大会常务委员会批准本级政府决算后二十日内，向本级各部门批复决算。

各部门应当在接到本级政府财政部门批复的本部门决算后十五日内，向所属单位批复决算。

（二）决算批复内容

决算批复内容应当与预算批复相衔接，主要包括收入、支出、结转和结余，以及其他相关决算数据。

各级政府财政部门、各部门根据管理需要，在决算批复文件中提出决算审核中发现的主要问题及改进财政财务管理的意见。

各级人民代表大会常务委员会批准本级决算后，按照相关制度规定，部门决算数据确需变动的，调整下一年度决算报表年初数。

（三）决算公开

各部门应当制定有关工作规范和工作方案，明确单位决算公开的时间、内容、方式、程序等，指导单位妥善处理涉密信息。

1. 公开时间

各部门应当自本级政府财政部门批复决算后二十日内向社会公开决算。各单位应当自财政部门批复本单位决算后二十日内向社会公开决算。

2. 公开主体

各级政府财政部门应当加强对决算信息公开工作的协调和业务指导。各部门、各单位是决算公开的主体。除涉及国家秘密的内容外，各部门、各单位应当按照有关规定，向社会公开经批复的决算。

3. 公开平台

各部门、各单位应当以本部门、本单位门户网站为主要平台公开决算，并保持长期公开状态。未设置门户网站的，通过本级政府门户网站、上级部门门户网站公开决算，或通过政府公报、报刊、广播、电视等公开决算。

（四）决算分析

1. 数据分析

各级政府财政部门、各部门、各单位应当加强对决算数据和预算绩效的分析，汇编分析资料，撰写分析报告，强化决算分析结果的反馈和运用，及时解决决算反映的问题，发挥决算对预算编制、执行以及财务管理的促进作用。

2. 数据共享

各级政府财政部门、各部门、各单位应当充分利用信息技术，推动部门决算数据共享工作，提高决算数据的应用质效。

3. 数据维护

各级政府财政部门、各部门、各单位应当按照《会计档案管理办法》有关规定，采取必要措施，对部门决算数据资料进行管理和维护。

4. 数据保密

部门决算数据资料包括以各种介质存放的决算报表、报表说明、决算分析等。部门决算数据资料涉及国家秘密的，各级政府财政部门、各部门、各单位应当依法严格执行保密规定，既确保国家秘密安全，又便利信息资源合理利用。

【例题·单选题】下列对中央和地方预算、决算进行监督的机关是（　　）。
A. 地方各级人大及其常委会　　B. 财政部
C. 全国人大及其常委会　　D. 国有资产监督管理机构
【答案】C
【解析】全国人大及其常委会对中央和地方预算、决算进行监督。

第四节 财政总会计制度

一、财政总会计制度概述

（一）财政总会计概念

财政总会计（以下简称总会计）是各级政府财政核算、反映、监督一般公共预算资金、政府性基金预算资金、国有资本经营预算资金、社会保险基金预算资金以及财政专户管理资金、专用基金和代管资金等资金有关的经济活动或事项的专业会计。

《财政总会计制度》第五条规定：

各级政府财政部门应当根据工作需要，配备一定数量的专职会计人员，负责总会计工作，并保持相对稳定。

社会保险基金预算资金会计核算不适用《财政总会计制度》，由财政部另行规定。

（二）总会计法律依据

为加强财政预算管理，提升国家财政治理效能，进一步规范各级政府财政总会计核算，保证会计信息质量，充分发挥财政总会计职能作用，财政部根据深化预算管理制度改革、政府会计改革工作要求，研究制定了《财政总会计制度》，自 2023 年 1 月 1 日起执行。《财政总会计制度》共八章六十六条，对会计要素、会计科目、会计结账和结算、会计报表、信息化管理、会计监督等作了明确规定。同时，《财政总会计制度》第六条规定：

总会计应当根据政府会计准则（包括基本准则和具体准则）规定的原则和本制度的要求，对其发生的各项经济业务或事项进行会计核算。

（三）总会计的核算目标

总会计的会计核算应当以本级政府财政业务活动持续正常地进行为前提。总会计的核算目标是向会计信息使用者提供政府财政预算执行情况、财务状况、运行情况和现金流量等会计信息，反映政府财政受托责任履行情况。

总会计的会计信息使用者包括人民代表大会、政府及其有关部门、政府财政部门自身和其他会计信息使用者。

（四）总会计的主要职责

依据《财政总会计制度》第四条规定，总会计的基本职责主要包括以下内容。

（1）进行会计核算。办理政府财政各项预算收支、资产负债以及财政运行的会计核算工作，反映政府财政预算执行情况、财务状况、运行情况和现金流量等。

（2）严格财政资金收付调度管理。组织办理财政资金的收付、调拨，在确保资金安全性、规范性、流动性前提下，合理调度管理资金，提高资金使用效益。

(3) 规范账户管理。加强对国库单一账户、财政专户、零余额账户和预算单位银行账户等的管理。

(4) 实行会计监督，参与预算管理和财务管理。通过会计核算和反映，进行预算执行情况、财务状况、运行情况和现金流量情况分析，并对财政、部门及其所属单位的预算执行和财务管理情况实行会计监督。

(5) 协调预算收入征收部门、国家金库、国库集中收付代理银行、财政专户开户银行和其他有关部门之间的业务关系。

(6) 组织本地区财政总决算、部门决算、政府财务报告编审和汇总工作。

(7) 组织和指导下级财政总会计工作。

(五) 总会计核算要求

总会计应当具备财务会计与预算会计双重功能，实现财务会计与预算会计适度区分并相互衔接，全面清晰反映政府财政财务信息和预算执行信息。

1. 预算会计实行收付实现制

预算会计实行收付实现制，国家法律法规等另有规定的，依照其规定。对于纳入预算管理的财政资金收支业务，在采用预算会计核算的同时应当进行财务会计核算；对于不同预算类型资金间的调入调出、待发国债等业务，仅需进行预算会计核算；对于其他业务，仅需进行财务会计核算。财务会计实行权责发生制。

总会计的会计核算一般采用收付实现制，部分经济业务或者事项应当按照规定采用权责发生制核算。同时，总会计应当采用借贷记账法记账。

2. 应当划分会计期间

总会计应当划分会计期间，分期结算账目，按规定编制会计报表和报告。会计期间至少分为年度和月度。会计年度、月度等会计期间的起讫日期采用公历日期。年度终了后，可根据工作需要设置一定期限的上年报告清理期。

3. 总会计以人民币作为记账本位币

总会计应当以人民币作为记账本位币，以元为金额单位，元以下记至角、分。发生外币业务，在登记外币金额的同时，一般应当按照业务发生当日中国人民银行公布的汇率中间价，将有关外币金额折算为人民币金额记账。

4. 总会计的会计记录使用中文

总会计的会计记录应当使用中文，少数民族地区可以同时使用本民族文字。

二、会计要素

《财政总会计制度》第十四条规定：

本制度会计要素包括财务会计要素和预算会计要素。财务会计要素包括资产、负债、净资产、收入和费用；预算会计要素包括预算收入、预算支出和预算结余。

(一) 资产

(1) 总会计核算的资产，应当按照取得或发生时实际金额进行计量。

（2）总会计核算的资产按照流动性，分为流动资产和非流动资产。流动资产是指预计在一年内（含一年）耗用或者可以变现的资产；非流动资产是指流动资产以外的资产。

（3）总会计核算的资产类别。

总会计核算的资产具体包括财政存款、国库现金管理资产、有价证券、应收非税收入、应收股利、应收及暂付款项、借出款项、预拨经费、在途款、应收转贷款、股权投资等。

①财政存款是指政府财政部门代表政府管理的国库存款和其他财政存款等。财政存款的支配权属于同级政府财政部门，并由总会计负责管理，统一在国库或选定的银行开立存款账户，统一收付，不得透支，不得提取现金。

②国库现金管理资产是指政府财政在确保支付需要前提下，将暂时闲置的国库存款存放商业银行或者投资于货币市场形成的资产，包括国库现金管理商业银行定期存款以及国库现金管理其他资产。

③有价证券是指政府财政按照有关规定取得并持有的有价证券。

④应收非税收入是指政府财政应向缴款人收取但实际尚未缴入国库的非税收入款项。

⑤应收股利是指政府因持有股权投资应当收取的现金股利或应当分得的利润。

⑥应收及暂付款项是指政府财政业务活动中形成的债权，包括与下级往来和其他应收款等。应收及暂付款项应当及时清理结算，不得长期挂账。

⑦借出款项是指政府财政按照对外借款管理有关规定借给预算单位临时急需，并按期收回的款项。借出款项仅限于政府财政对纳入本级预算管理的一级预算单位（不含企业）安排借款，不得经预算单位再转借企业。借款资金仅限于临时性资金周转或应对社会影响较大突发事件的临时急需垫款，借款期限不得超过一年，借款时应明确还款来源。

⑧预拨经费是指政府财政在本级人民代表大会批准年度预算前，可以提前预拨已经列入年度预算的各部门基本支出、项目支出和对下级转移支付支出，以及法律规定必须履行支付义务的支出和用于自然灾害等突发事件处理的支出。预拨经费（不含预拨下年度预算资金）应在年终前转列费用或清理收回。

⑨在途款是指报告清理期和库款报解整理期内发生的需要通过本科目过渡处理的属于上年度收入、费用等业务的款项。

⑩应收转贷款是指政府财政将借入的资金转贷给下级政府财政的款项，包括应收地方政府债券转贷款、应收主权外债转贷款等。

⑪股权投资是指政府持有的各类股权投资，包括国际金融组织股权投资、政府投资基金股权投资和企业股权投资等。

（二）负债

（1）总会计核算的负债，应当按照承担的有关义务金额或实际发生金额进行计量。

（2）总会计核算的负债按照流动性，分为流动负债和非流动负债。流动负债是指预计在一年内（含一年）偿还的负债；非流动负债是指流动负债以外的负债。

（3）总会计核算的负债类别。

总会计核算的负债具体包括应付政府债券、应付国库集中支付结余、应付及暂收款项、应付代管资金、应付利息、借入款项、应付转贷款、其他负债等。

①应付政府债券是指政府财政以政府名义发行的国债和地方政府债券的应付本金,包括应付短期政府债券和应付长期政府债券。

②应付国库集中支付结余是指省级以上（含省级）政府财政国库集中支付中应列为当年费用,但年末未支付需结转下一年度支付的款项。

③应付及暂收款项是指政府财政业务活动中形成的支付义务,包括与上级往来和其他应付款等。应付及暂收款项应当及时清理结算。

④应付代管资金是指政府财政代为管理的,使用权属于被代管主体的资金。

⑤应付利息是指政府财政以政府名义发行的政府债券及借入款项应支付的利息。

⑥借入款项是指政府财政以政府名义向外国政府和国际金融组织等借入的款项,以及经国务院批准的其他方式借入的款项。

⑦应付转贷款是指政府财政从上级政府财政借入的债务转贷款的本金和利息,包括应付地方政府债券转贷款和应付主权外债转贷款等。

⑧其他负债是指政府财政因有关政策明确要求其承担支出责任的事项而形成的支付义务。

（三）净资产

（1）总会计核算的净资产是指本级政府财政总会计核算的资产扣除负债后的净额。

（2）总会计核算的净资产类别。

总会计核算的净资产包括累计盈余、本期盈余、预算稳定调节基金、预算周转金、权益法调整、以前年度盈余调整等。

①累计盈余是指政府财政一般公共预算资金、政府性基金预算资金、国有资本经营预算资金、财政专户管理资金、专用基金历年实现的盈余滚存的金额。

②本期盈余是指政府财政一般公共预算资金、政府性基金预算资金、国有资本经营预算资金、财政专户管理资金、专用基金本期各项收入、费用分别相抵后的余额。

③预算稳定调节基金是指政府财政为保持年度间预算的衔接和稳定而设置的储备性资金。

④预算周转金是指政府财政为调剂预算年度内季节性收支差额,保证及时用款而设置的库款周转资金。

⑤权益法调整是指政府财政按照持股比例计算应享有的被投资主体除净损益和利润分配以外的所有者权益变动的份额。

⑥以前年度盈余调整是指政府财政调整以前年度盈余的事项。

（四）收入

（1）总会计核算的收入,应当按照开具票据金额或实际取得金额进行计量。

（2）总会计核算的收入类别。

总会计核算的收入包括税收收入、非税收入、投资收益、转移性收入、其他收入、财政专户管理资金收入和专用基金收入等。

①税收收入是指政府财政筹集的纳入本级财政管理的税收收入。

②非税收入是指政府财政筹集的纳入本级财政管理的非税收入。

③投资收益是指政府持有股权投资所实现的收益或发生的损失。

④转移性收入是指在各级政府财政之间进行资金调拨所形成的收入，包括补助收入、上解收入和地区间援助收入等。其中，补助收入是指上级政府财政按照财政体制规定或专项需要补助给本级政府财政的款项。上解收入是指按照财政体制规定或专项需要由下级政府财政上交给本级政府财政的款项。地区间援助收入是指受援方政府财政收到援助方政府财政转来的可统筹使用的各类援助、捐赠等资金收入。

⑤其他收入是指政府财政从其他渠道调入资金、豁免主权外债偿还责任，以及无偿取得股权投资等产生的收入。

⑥财政专户管理资金收入是指政府财政纳入财政专户管理的教育收费等资金收入。

⑦专用基金收入是指政府财政根据法律法规等规定设立的各项专用基金（包括粮食风险基金等）取得的资金收入。

（五）费用

（1）总会计核算的费用，应当按照承担支付义务金额或实际发生金额进行计量。

（2）总会计核算的费用类别。

总会计核算的费用包括政府机关商品和服务拨款费用、政府机关工资福利拨款费用、对事业单位补助拨款费用、对企业补助拨款费用、对个人和家庭补助拨款费用、对社会保障基金补助拨款费用、资本性拨款费用、其他拨款费用、财务费用、转移性费用、其他费用、财政专户管理资金支出、专用基金支出等。

①政府机关商品和服务拨款费用是指本级政府财政拨付给机关和参照公务员法管理的事业单位（以下简称参公事业单位）购买商品和服务的各类费用，不包括用于购置固定资产、战略性和应急性物资储备等资本性拨款费用。

②政府机关工资福利拨款费用是指本级政府财政拨付给机关和参公事业单位在职职工和编制外长期聘用人员的各类劳动报酬及为上述人员缴纳的各项社会保险费等费用。

③对事业单位补助拨款费用是指本级政府财政拨付的对事业单位（不含参公事业单位）的经常性补助费用，不包括对事业单位的资本性拨款费用。

④对企业补助拨款费用是指本级政府财政拨付的对各类企业的补助费用，不包括对企业的资本金注入和资本性拨款费用。

⑤对个人和家庭补助拨款费用是指本级政府财政拨付的对个人和家庭的补助费用。

⑥对社会保障基金补助拨款费用是指本级政府财政拨付的对社会保险基金的补助，以及补充全国社会保障基金的费用。

⑦资本性拨款费用是指本级政府财政拨付给行政事业单位和企业的资本性费用，不包括对企业的资本金注入。

⑧其他拨款费用是指本级政府财政拨付的经常性赠与、国家赔偿费用、对民间非营利组织和群众性自治组织补贴等费用。

⑨财务费用是指本级政府财政用于偿还政府债务的利息费用，政府债务发行、兑付、登记费用，以外币计算的政府资产及债务由于汇率变化产生的汇兑损益等。

⑩转移性费用是指在各级政府财政之间进行资金调拨形成的费用，包括补助费用、上解费用、地区间援助费用等。其中，补助费用是指本级政府财政按照财政体制规定或

专项需要补助给下级政府财政的费用。上解费用是指本级政府财政按照财政体制规定或专项需要上交给上级政府财政的费用。地区间援助费用是指援助方政府财政安排用于受援方政府财政统筹使用的各类援助、补偿、捐赠等费用。

⑪其他费用是指政府财政无偿划出股权投资以及确认其他负债等产生的费用。

⑫财政专户管理资金支出是指政府财政用纳入财政专户管理的教育收费等资金安排的支出。

⑬专用基金支出是指政府财政用专用基金收入安排的支出。

(六) 预算收入

(1) 预算收入一般在实际取得时予以确认,以实际取得的金额计量。

(2) 总会计核算的预算收入类别。

总会计核算的预算收入包括一般公共预算收入、政府性基金预算收入、国有资本经营预算收入、财政专户管理资金收入、专用基金收入、转移性预算收入、动用预算稳定调节基金、债务预算收入、债务转贷预算收入和待处理收入等。

①一般公共预算收入是指政府财政筹集纳入本级一般公共预算管理的税收收入和非税收入。

②政府性基金预算收入是指政府财政筹集纳入本级政府性基金预算管理的非税收入。

③国有资本经营预算收入是指政府财政筹集纳入本级国有资本经营预算管理的非税收入。

④财政专户管理资金收入是指政府财政纳入财政专户管理的教育收费等资金收入。

⑤专用基金收入是指政府财政根据法律法规等规定设立各项专用基金（包括粮食风险基金等）取得的资金收入。

⑥转移性预算收入是指在各级政府财政之间进行资金调拨以及在本级政府财政不同类型资金之间调剂所形成的收入,包括补助预算收入、上解预算收入、地区间援助预算收入和调入预算资金等。补助预算收入是指上级政府财政按照财政体制规定或专项需要补助给本级政府财政的款项,包括返还性收入、一般性转移支付收入和专项转移支付收入等。上解预算收入是指按照财政体制规定或专项需要由下级政府财政上交给本级政府财政的款项。地区间援助预算收入是指受援方政府财政收到援助方政府财政转来的可统筹使用的各类援助、捐赠等资金收入。调入预算资金是指政府财政为平衡某类预算收支,从其他类型预算资金及其他渠道调入的资金。

⑦动用预算稳定调节基金是指政府财政为弥补一般公共预算收支缺口动用的预算稳定调节基金。

⑧债务预算收入是指政府财政根据法律法规等规定,通过发行债券、向外国政府和国际金融组织借款等方式筹集的纳入预算管理的资金收入。

⑨债务转贷预算收入是指本级政府财政收到上级政府财政转贷的债务收入。

⑩待处理收入是指本级政府财政收回的部门预算结转结余资金和转移支付结转资金。

(3) 预算收入核算要求。

总会计应当加强各项预算收入的管理,严格会计核算手续。对于各项预算收入的账务处理必须以审核无误的国库入账凭证、预算收入日报表、专户资金入账凭证和其他合法凭证为依据。发现错误，应当按照有关规定及时通知有关单位共同更正。

一般公共预算收入、政府性基金预算收入、国有资本经营预算收入、财政专户管理资金收入和专用基金收入应当按照实际收到的金额入账。中央政府财政年末可按有关规定对部分收入事项采用权责发生制核算。转移性预算收入应当按照财政体制的规定和预算管理需要，按实际发生的金额入账。债务预算收入应当按照实际发行额或借入的金额入账，债务转贷预算收入应当按照实际收到的转贷金额入账。待处理收入应当按照实际收到的金额入账。

已建乡（镇）国库的地区，乡（镇）财政的本级收入以乡（镇）国库收到数为准。县（含县本级）以上各级财政的各项预算收入（含固定收入与共享收入）以缴入基层国库数额为准。

未建乡（镇）国库的地区，乡（镇）财政的本级收入以乡（镇）总会计收到县级财政返回数额为准。

（七）预算支出

（1）预算支出一般在实际发生时予以确认，以实际发生的金额计量。

（2）总会计核算的预算支出类别。

总会计核算的预算支出包括一般公共预算支出、政府性基金预算支出、国有资本经营预算支出、财政专户管理资金支出、专用基金支出、转移性预算支出、安排预算稳定调节基金、债务还本预算支出、债务转贷预算支出和待处理支出等。

①一般公共预算支出是指政府财政管理的由本级政府安排使用的列入一般公共预算的支出。

②政府性基金预算支出是指政府财政管理的由本级政府安排使用的列入政府性基金预算的支出。

③国有资本经营预算支出是指政府财政管理的由本级政府安排使用的列入国有资本经营预算的支出。

④财政专户管理资金支出是指政府财政用纳入财政专户管理的教育收费等资金安排的支出。

⑤专用基金支出是指政府财政用专用基金收入安排的支出。

⑥转移性预算支出是指各级政府财政之间进行资金调拨以及在本级政府财政不同类型资金之间调剂所形成的支出，包括补助预算支出、上解预算支出、地区间援助预算支出和调出预算资金等。补助预算支出是指本级政府财政按财政体制规定或专项需要补助给下级政府财政的款项，包括对下级的税收返还、一般性转移支付和专项转移支付等。上解预算支出是指按照财政体制规定或专项需要由本级政府财政上交给上级政府财政的款项。地区间援助预算支出是指援助方政府财政安排用于受援方政府财政统筹使用的各类援助、捐赠等资金支出。调出预算资金是指政府财政为平衡预算收支，在不同类型预算资金之间的调出支出。

⑦安排预算稳定调节基金是指政府财政安排用于弥补以后年度预算资金不足的储备性资金。

⑧债务还本预算支出是指政府财政偿还本级政府承担的债务本金支出。

⑨债务转贷预算支出是指本级政府财政向下级政府财政转贷的债务支出。

⑩待处理支出是指政府财政按照预拨经费管理有关规定预拨给预算单位尚未列为预算支出的款项。

（3）预算支出核算要求。

总会计应当加强预算支出管理，科学预测和调度资金，严格按照批准的年度预算办理支出，严格审核拨付申请，严格按照预算管理规定和实际拨付金额列报支出，不得办理无预算、超预算的支出，不得任意调整预算支出科目。

①一般公共预算支出、政府性基金预算支出、国有资本经营预算支出一般应当按照实际支付的金额入账。

②省级以上（含省级）政府财政年末可按规定采用权责发生制将国库集中支付结余列支入账。

③中央政府财政年末可按有关规定对部分支出事项采用权责发生制核算。从本级预算支出中安排提取的专用基金，按照实际提取金额列支入账。

④财政专户管理资金支出、专用基金支出应当按照实际支付的金额入账。

⑤转移性预算支出应当根据财政体制的规定和预算管理需要，按实际发生的金额入账。

⑥债务转贷预算支出应当按照实际转贷的金额入账。债务还本预算支出应当按照实际偿还的金额入账。

⑦待处理支出应当按照实际支付的金额入账。

（八）预算结余

（1）预算结余是指预算年度内政府预算收入扣除预算支出后的余额，以及历年滚存的库款和专户资金余额。《财政总会计制度》第三十八条规定：

各项结转结余应每年结算一次。

（2）总会计核算的预算结余类别。

总会计核算的预算结余包括一般公共预算结转结余、政府性基金预算结转结余、国有资本经营预算结转结余、财政专户管理资金结余、专用基金结余、预算稳定调节基金、预算周转金和资金结存等。

①一般公共预算结转结余是指本级政府财政一般公共预算收支的执行结果。

②政府性基金预算结转结余是指本级政府财政政府性基金预算收支的执行结果。

③国有资本经营预算结转结余是指本级政府财政国有资本经营预算收支的执行结果。

④财政专户管理资金结余是指本级政府财政纳入财政专户管理的教育收费等资金收支的执行结果。

⑤专用基金结余是指本级政府财政专用基金收支的执行结果。

⑥预算稳定调节基金是指本级政府财政为保持年度间预算的衔接和稳定，在一般公共预算中设置的储备性资金。

⑦预算周转金是指本级政府财政为调剂预算年度内季节性收支差额，保证及时用款而设置的周转资金。

⑧资金结存是指政府财政纳入预算管理资金的流入、流出、调整和滚存的结果。

三、会计结账和结算

总会计应当按月进行会计结账。《财政总会计制度》第四十四条规定：

政府财政部门应当及时进行年终清理结算，并在预算会计和财务会计账中准确反映清理结算结果。

年终清理结算的主要事项如下所述。

（一）核对年度预算

年终前，总会计应配合预算管理部门将本级政府财政全年预算指标与上、下级政府财政转移性收支预算和本级各部门预算进行核对，及时办理预算调整和转移支付事项。本年预算调整和下达对下级政府财政转移支付预算指标一般截止到11月30日；各项预算拨款，一般截止到12月25日。

（二）清理本年收入

总会计应认真清理本年收入，与非税收入征收部门核对年末应收非税收入情况，并组织收入征收部门和国家金库进行年度对账，督促收入征收部门和国家金库年终前及时将本年税收收入和非税收入缴入国库或指定财政专户，确保准确核算本年收入。

（三）清理本年支出和费用

应在本年支领列报的款项，非特殊原因，应在年终前办理完毕。总会计对本级各单位的支出和费用应与单位的相应收入核对无误。属于应收回的拨款，应及时收回，并按收回数相应冲减支出和费用。

（四）核实股权、债权和债务

财政部门内部有关资产、债务管理部门应在有关业务发生时及时向总会计提供与股权、债权、债务等核算和反映有关的资料，确保财务会计资产负债信息确认的及时性。

年末，总会计对股权投资、借出款项、应收股利、应收地方政府债券转贷款、应收主权外债转贷款、借入款项、应付短期政府债券、应付长期政府债券、应付地方政府债券转贷款、应付主权外债转贷款、应付利息、其他负债等余额应与相关管理部门进行核对，记录不一致的要及时查明原因，按规定调整账务，相关管理部门要及时提供有关资料，确保账实相符、账账相符。

（五）清理往来款项

政府财政要认真清理其他应收款、其他应付款等各种往来款项，在年度终了前予以收回或归还。应转作收入或支出、费用的各项款项，预算会计与财务会计要及时处理。

（六）划清会计年度

总会计对年终报告清理期内发生的会计事项，应当划清会计年度，及时进行结账。

属于清理上年度的会计事项，记入上年度会计账；属于新年度的会计事项，记入新年度会计账，防止错记漏记。

（七）年终结账

总会计应对预算会计和财务会计分别办理年终结账。年终结账工作一般分为年终转账、结清旧账和记入新账三个步骤，依次做账。

1. 年终转账

计算出预算会计和财务会计各科目十二个月份合计数和全年累计数，结出年末余额。

预算会计将预算收入和预算支出分别转入"一般公共预算结转结余""政府性基金预算结转结余""国有资本经营预算结转结余""财政专户管理资金结余""专用基金结余"等科目冲销。

财务会计将收入和费用分别转入相应的本期盈余科目冲销；再将本期盈余科目转入相应的累计盈余科目冲销。

2. 结清旧账

将各收入、支出和费用科目的借方、贷方结出全年总计数。对年终有余额的科目，在"摘要"栏内注明"结转下年"字样，表示转入新账。

3. 记入新账

根据年终转账后的总账和明细账余额，编制年终"资产负债表"和有关明细表（不需填制记账凭证），预算会计和财务会计将表列各科目余额分别记入新年度有关总账和明细账年初余额栏内，并在"摘要"栏注明"上年结转"字样，以区别新年度发生数。

> 【例题·多选题】下列选项中关于总会计年终结账及结算的说法正确的是（　　）。
> A. 年终前总会计应核对本级与上级、下级及本级各部门预算指标
> B. 本年各项预算拨款一般截止到 12 月 31 日
> C. 属于上年度的会计事项，总会计应将其记入上年度会计账
> D. 总会计应对预算会计和财务会计分别办理年终结账
> 【答案】ACD

四、总会计报表

总会计报表包括财务会计报表与预算会计报表。

（一）财务会计报表

1. 财务会计报表种类

财务会计报表包括资产负债表、收入费用表、现金流量表、本年预算结余与本期盈余调节表等会计报表和附注。

（1）资产负债表是反映政府财政在某一特定日期财务状况的报表。

(2)收入费用表是反映政府财政在一定会计期间运行情况的报表。

(3)现金流量表是反映政府财政在一定会计期间现金流入和流出情况的报表。

(4)本年预算结余与本期盈余调节表是反映政府财政在某一会计年度内预算结余与本期盈余差异调整情况的报表。

(5)附注是指对在会计报表中列示项目的文字描述或明细资料,以及对未能在会计报表中列示项目的说明。

附:财务会计报表的格式

资产负债表见表4-1。

表4-1 资产负债表

总会财01表

编制单位:　　　　　　　　　　　年　　月　　日　　　　　　　　　单位:元

资　　产	年初余额	期末余额	负债和净资产	年初余额	期末余额
流动资产:			流动负债:		
国库存款			应付短期政府债券		
其他财政存款			应付国库集中支付结余		
国库现金管理资产			与上级往来		
有价证券			其他应付款		
应收非税收入			应付代管资金		
应收股利			应付利息		
借出款项			一年内到期的非流动负债		
与下级往来			流动负债合计		
预拨经费			非流动负债:		
在途款			应付长期政府债券		
其他应收款			借入款项		
应收利息			应付地方政府债券转贷款		
一年内到期的非流动资产			应付主权外债转贷款		
流动资产合计			其他负债		
非流动资产:			非流动负债合计		
应收地方政府债券转贷款			负债合计		
应收主权外债转贷款			净资产:		
股权投资			累计盈余		
非流动资产合计			预算稳定调节基金		
			预算周转金		
			权益法调整		
			净资产合计		
资产总计			负债和净资产总计		

收入费用表见表 4-2。

表 4-2 收入费用表

总会财 02 表

编制单位： 　　　　　　　　　　　　年　　月　　　　　　　　　　　　单位：元

项目	预算管理资金		财政专户管理资金		专用基金	
	本月数	本年累计数	本月数	本年累计数	本月数	本年累计数
收入合计						
税收收入			—	—	—	—
非税收入			—	—	—	—
投资收益			—	—		
补助收入			—	—	—	—
上解收入			—	—	—	—
地区间援助收入			—	—	—	—
其他收入			—	—		
财政专户管理资金收入	—	—			—	—
专用基金收入	—	—				
费用合计						
政府机关商品和服务拨款费用			—	—	—	—
政府机关工资福利拨款费用			—	—	—	—
对事业单位补助拨款费用			—	—	—	—
对企业补助拨款费用			—	—	—	—
对个人和家庭补助拨款费用			—	—	—	—
对社会保障基金补助拨款费用			—	—	—	—
资本性拨款费用			—	—	—	—
其他拨款费用			—	—	—	—
财务费用			—	—		
补助费用			—	—	—	—
上解费用			—	—	—	—
地区间援助费用			—	—	—	—
其他费用			—	—		
财政专户管理资金支出	—	—			—	—
专用基金支出	—	—				
本期盈余（本年收入与费用的差额）						

注：表中有"—"的部分不必填列。

现金流量表见表4-3。

表4-3 现金流量表

总会财03表

编制单位：　　　　　　　　　　　年　月　　　　　　　　　　　单位：元

项　目	本年金额	上年金额
一、日常活动产生的现金流量		
组织税收收入收到的现金		
组织非税收入收到的现金		
组织财政专户管理资金收入收到的现金		
组织专用基金收入收到的现金		
上下级政府财政资金往来收到的现金		
收回暂付性款项相关的现金		
其他日常活动所收到的现金		
现金流入小计		
政府机关商品和服务拨款所支付的现金		
政府机关工资福利拨款所支付的现金		
对事业单位补助拨款所支付的现金		
对企业补助拨款所支付的现金		
对个人和家庭补助拨款所支付的现金		
对社会保障基金补助拨款所支付的现金		
财政专户管理资金支出所支付的现金		
专用基金支出所支付的现金		
上下级政府财政资金往来所支付的现金		
资本性拨款所支付的现金		
暂付性款项所支付的现金		
其他日常活动所支付的现金		
现金流出小计		
日常活动产生的现金流量净额		
二、投资活动产生的现金流量		
收回股权投资所收到的现金		
取得股权投资收益收到的现金		
收到其他与投资活动有关的现金		
现金流入小计		
取得股权投资所支出的现金		

续表

项　目	本年金额	上年金额
支付其他与投资活动有关的现金		
现金流出小计		
投资活动产生的现金流量净额		
三、筹资活动产生的现金流量		
发行政府债券收到的现金		
借入款项收到的现金		
取得政府债券转贷款收到的现金		
取得主权外债转贷款收到的现金		
收回转贷款本金收到的现金		
收到下级上缴转贷款利息相关的现金		
其他筹资活动收到的现金		
现金流入小计		
转贷地方政府债券所支付的现金		
转贷主权外债所支付的现金		
支付债务本金相关的现金		
支付债务利息相关的现金		
其他筹资活动支付的现金		
现金流出小计		
筹资活动产生的现金流量净额		
四、汇率变动对现金的影响额		
五、现金净增加额		

本年预算结余与本期盈余调节表见表4-4。

表4-4　本年预算结余与本期盈余调节表

总会财04表

编制单位：　　　　　　　　　　　　年　　　　　　　　　　　　单位：元

项　目	金　额
本年预算结余（本年预算收入与支出差额）：	
日常活动产生的差异：	
加：1. 当期确认为收入但没有确认为预算收入	
当期应收未缴库非税收入	

续表

项　目	金　额
减：2. 当期确认为预算收入但没有确认为收入	
当期收到上期应收未缴库非税收入	
3. 当期确认为预算支出收回但没有确认为费用收回	
（1）当期收到退回以前年度已列支资金	
（2）当期将以前年度国库集中支付结余收回预算	
投资活动产生的差异：	
加：1. 当期确认为收入但没有确认为预算收入	
（1）当期投资收益或损失	
（2）当期无偿划入股权投资	
2. 当期确认为预算支出但没有确认为费用	
（1）当期股权投资增支	
（2）当期股权投资减支	
减：3. 当期确认为预算收入但没有确认为收入	
（1）当期收到利润收入和股利股息收入	
（2）当期收到清算、处置股权投资的收入	
4. 当期确认为费用但没有确认为预算支出	
当期无偿划出股权投资费用	
筹资活动产生的差异：	
加：1. 当期确认为预算支出但没有确认为费用	
（1）当期转贷款支出	
（2）当期债务还本支出	
（3）拨付上年计提债务利息	
减：2. 当期确认为预算收入但没有确认为收入	
（1）当期债务收入	
（2）当期转贷款收入	
3. 当期确认为费用但没有确认为预算支出	
当期计提未拨付债务利息	
其他差异事项	
当期汇兑损益净额	
本期盈余（本年收入与费用的差额）	

2. 财务会计报表编制规定

依据《财政总会计制度》第四十九条规定，总会计应当按照下列规定编制财务会计报表。

（1）收入费用表应当按月度和年度编制，资产负债表、现金流量表、本年预算结余与本期盈余调节表和附注应当至少按年度编制。

（2）总会计应当根据本制度编制并提供真实、完整的会计报表，切实做到账表一致，不得估列代编，弄虚作假。

（3）总会计要严格按照统一规定的种类、格式、内容、计算方法和编制口径填制会计报表，以保证全国统一汇总和分析。汇总报表的单位，要把所属单位的报表汇集齐全，防止漏报。

（二）预算会计报表

1. 预算会计报表的种类

预算会计报表包括预算收入支出表、一般公共预算执行情况表、政府性基金预算执行情况表、国有资本经营预算执行情况表、财政专户管理资金收支情况表、专用基金收支情况表等会计报表和附注。

（1）预算收入支出表是反映政府财政在某一会计期间各类财政资金收支余情况的报表。预算收入支出表根据资金性质按照收入、支出、结转结余的构成分类、分项列示。

（2）一般公共预算执行情况表是反映政府财政在某一会计期间一般公共预算收支执行结果的报表，按照《政府收支分类科目》中一般公共预算收支科目列示。

（3）政府性基金预算执行情况表是反映政府财政在某一会计期间政府性基金预算收支执行结果的报表，按照《政府收支分类科目》中政府性基金预算收支科目列示。

（4）国有资本经营预算执行情况表是反映政府财政在某一会计期间国有资本经营预算收支执行结果的报表，按照《政府收支分类科目》中国有资本经营预算收支科目列示。

（5）财政专户管理资金收支情况表是反映政府财政在某一会计期间纳入财政专户管理的资金收支情况的报表，按照相关政府收支分类科目列示。

（6）专用基金收支情况表是反映政府财政在某一会计期间专用基金收支情况的报表，按照专用基金类型分别列示。

（7）附注是指对在会计报表中列示项目的文字描述或明细资料，以及对未能在会计报表中列示项目的说明。

附：预算会计报表的格式

预算收入支出表见表 4-5。

表 4-5 预算收入支出表

总会预 01 表

编制单位：　　　　　　　　　　　　　　　年　　月　　　　　　　　　　　　　单位：元

项　目	一般公共预算		政府性基金预算		国有资本经营预算		财政专户管理资金		专用基金	
	本月数	本年累计数	本月数	本年累计数	本月数	本年累计数	本月数	本年累计数	本月数	本年累计数
年初结转结余										
收入合计										
本级收入										
其中：来自预算安排的收入	—	—								
补助预算收入							—	—	—	—
上解预算收入							—	—	—	—
地区间援助预算收入			—	—	—	—			—	—
债务预算收入					—	—	—	—	—	—
债务转贷预算收入					—	—	—	—	—	—
动用预算稳定调节基金			—	—	—	—	—	—	—	—
调入预算资金										
支出合计										
本级支出										
其中：权责发生制列支							—	—		
预算安排专用基金的支出			—	—	—	—	—	—		
补助预算支出							—	—	—	—
上解预算支出							—	—	—	—
地区间援助预算支出			—	—	—	—	—	—	—	—
债务还本预算支出					—	—	—	—	—	—
债务转贷预算支出					—	—	—	—	—	—
安排预算稳定调节基金			—	—	—	—	—	—	—	—
调出预算资金										
结余转出			—	—	—	—			—	—
其中：增设预算周转金			—	—	—	—	—	—	—	—
年末结转结余										

注：表中有"—"的部分不必填列。

一般公共预算执行情况表见表4-6。

表4-6 一般公共预算执行情况表

总会预02-1表

编制单位：	年　月　日	单位：元
项　目	本月（旬）数	本年（月）累计数
一般公共预算收入		
101 税收收入		
10101 增值税		
1010101 国内增值税		
……		
一般公共预算支出		
201 一般公共服务支出		
20101 人大事务		
2010101 行政运行		
……		

政府性基金预算执行情况表见表4-7。

表4-7 政府性基金预算执行情况表

总会预02-2表

编制单位：	年　月　日	单位：元
项　目	本月（旬）数	本年（月）累计数
政府性基金预算收入		
10301 政府性基金收入		
1030102 农网还贷资金收入		
103010201 中央农网还贷资金收入		
……		
政府性基金预算支出		
206 科学技术支出		
20610 核电站乏燃料处理处置基金支出		
2061001 乏燃料运输		
……		

国有资本经营预算执行情况表见表4-8。

表4-8 国有资本经营预算执行情况表

总会预02-3表

编制单位：　　　　　　　　　　　　年　　月　　日　　　　　　　　　　单位：元

项目	本月（旬）数	本年（月）累计数
国有资本经营预算收入		
10306 国有资本经营收入		
1030601 利润收入		
103060103 烟草企业利润收入		
……		
国有资本经营预算支出		
208 社会保障和就业支出		
20804 补充全国社会保障基金		
2080451 国有资本经营预算补充社保基金支出		
……		

财政专户管理资金收支情况表见表4-9。

表4-9 财政专户管理资金收支情况表

总会预03表

编制单位：　　　　　　　　　　　　年　　月　　日　　　　　　　　　　单位：元

项目	本月（旬）数	本年（月）累计数
财政专户管理资金收入		
财政专户管理资金支出		

专用基金收支情况表见表4-10。

表 4-10　专用基金收支情况表

总会预 04 表

编制单位：　　　　　　　　　　　　　年　　月　　日　　　　　　　　　单位：元

项　目	本月（旬）数	本年（月）累计数
专用基金收入		
粮食风险基金		
……		
专用基金支出		
粮食风险基金		
……		

2. 预算会计报表编制规定

依据《财政总会计制度》第五十三条规定，总会计应当按照下列规定编制预算会计报表。

（1）预算收入支出表应当按月度和年度编制，一般公共预算执行情况表、政府性基金预算执行情况表、国有资本经营预算执行情况表应当按旬、月度和年度编制，财政专户管理资金收支情况表、专用基金收支情况表应当按月度和年度编制。旬报、月报的报送期限及编报内容应当根据上级政府财政具体要求和本行政区域预算管理的需要办理。

（2）总会计应当根据本制度编制并提供真实、完整的会计报表，切实做到账表一致，不得估列代编，弄虚作假。

（3）总会计要严格按照统一规定的种类、格式、内容、计算方法和编制口径填制会计报表，以保证全国统一汇总和分析。汇总报表的单位，要把所属单位的报表汇集齐全，防止漏报。

五、信息化管理

（一）注重合法性

各级财政部门应当加强有关业务处理系统及网络的建设和运行维护，确保各级总会计采用的会计信息管理系统必须符合本制度规定的核算方法，系统运行安全稳定、业务办理规范有序、业务信息真实有效。

（二）注重兼容性

各级财政部门应不断推进会计信息化应用，加强会计信息管理系统电子化改造，推进与其他有关业务系统的有效衔接，不断提高总会计账务处理及报表生成的自动化程度，并为会计档案电子化管理提供支撑。

（三）注重准确性

各级总会计不得直接在会计信息管理系统中更改登记有误的账簿信息，应当采取冲销法或补充登记法重新填制调账记账凭证,复核无误后登记会计账簿。

(四) 注重安全性

信息系统储存的总会计原始数据应当由专人定期备份至专用存储设备。保存电子会计数据的存储介质应当纳入容灾备份体系妥善保管。

六、会计监督

(一) 对财政业务的监督

各级总会计应加强对各项财政业务的核算管理与会计监督。严格依法办事,对于不合法的会计事项,应及时予以纠正或按程序反映。

(二) 对预算单位的监督

各级总会计应加强对预算单位财政资金使用情况的管理,及时了解掌握有关单位的用款情况,发现问题及时按程序反映。

(三) 接受外部监督

各级总会计应自觉接受人民代表大会、审计、监察部门,以及上级政府财政部门的监督,按规定向人民代表大会、审计、监察部门以及上级政府财政部门提供有关资料。

第五节 国库集中收付制度

一、国库集中收付制度概述

(一) 国库集中收付制度概念

(1) 国库是国家金库的简称,负责办理国家预算资金的收入和支出。

(2) 国库集中收付是指收入直接缴入国库,支出也直接通过国库单一账户体系支付到收款人(即商品和劳务供应者)或用款单位。

(3) 国库集中收付制度,是指为了加强财政监督,提高资金使用效益和透明度,而采取的以国库单一账户体系为基础,资金缴拨以国库集中收付为主要形式的财政国库管理制度。

(二) 国库职责和权限

国库业务工作实行垂直领导。各省、自治区、直辖市分库及其所属各级支库,既是中央国库的分支机构,也是地方国库。国库的职能及权限如下。

1. 国库的基本职责

(1) 办理国家预算收入的收纳、划分和留解。

(2) 办理国家预算支出的拨付。

(3) 向上级国库和同级财政机关反映预算收支执行情况。

(4) 协助财政、税务机关督促企业和其他有经济收入的单位及时向国家缴纳应缴款项，对于屡催不缴的，应依照税法协助扣收入库。

(5) 组织管理和检查指导下级国库的工作。

(6) 办理国家交办的同国库有关的其他工作。

2. 国库的主要权限

(1) 督促检查各经收处和收入机关所收之款是否按规定全部缴入国库，发现违法不缴的，应及时查究处理。

(2) 对擅自变更各级财政之间收入划分范围、分成留解比例，以及随意调整库款账户之间存款余额的，国库有权拒绝执行。

(3) 对不符合国家规定要求办理退库的，国库有权拒绝办理。

(4) 监督财政存款的开户和财政库款的支拨。

(5) 任何单位和个人强令国库办理违反国家规定的事项，国库有权拒绝，并及时向上级报告。

(6) 对不符合规定的凭证，国库有权拒绝受理。

各级国库应加强会计核算工作，严密核算手续，健全账簿报表，保证各项预算收支数字完整、准确。

(三) 国库的机构及人员设置

1. 机构设置

国库机构按照国家财政管理体制设立，原则上一级财政设立一级国库。机构设置包括中央设立总库；省、自治区、直辖市设立分库；省辖市、自治州设立中心支库；县和相当于县的市、区设立支库共四级。四级国库分别为司、处、科、股。业务量不大的县支库，可不设专门机构，但要有专人办理国库业务。

2. 人员管理

国库各级机构的人员应当稳定，编制单列。各级国库的主任，由该级人民银行行长兼任，副主任由主管国库工作的副行长兼任。

国库工作人员要忠于职守、爱岗敬业，严格保守国家机密。对坚持执行国家方针、政策和财经制度，敢于同违反财经纪律行为作斗争的，要给予表扬和鼓励。对打击报复国库人员的，要严肃处理。

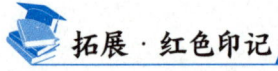

中央苏区国家金库管理制度

在历经反"围剿"战争消耗和经济封锁后，中央苏区面临物资匮乏、财政收支失衡、财务制度不健全等问题，各级财政统一也存在技术问题，导致难以集中有限的财政资金支持革命战争。为了解决这些问题，1932年2月，中华苏维埃共和国国家银行成立，由毛泽民任首任行长。受战场缴获的税务四联单的启发，毛泽民、曹菊如设计了金库制度。该制度的主要原则是一切收入交金库，一切支出凭财政部支付命令，分支金库库款为总金库的一部分，上、下级金库及中央财政部之间以多联凭证同时记账，由此解决了统一财政的主要技术问题。

1932 年 8 月，中华苏维埃政府在石城县张坑村建立秘密金库，用于保管漳州战役的战利品。1933 年 1 月，中华苏维埃共和国总金库在瑞金成立，随后各省、县金库相继设立。石城县金库在存续期间只动用过两次：第一次是 1933 年 3 月各地银行发生挤兑，为维护国家银行信用举办了“金山银山”展览；第二次是 1934 年 10 月随红军主力部队长征，成为长征的主要资金来源。

1933 年 10 月，中华苏维埃政府颁布了《国库暂行条例》（条款见图 4-2），对国库管理体制、组织架构、职责权限等作了具体规定。国库机构和制度的建立，从技术上解决了财政统收统支的难题，为中央苏区推行统一财政管理奠定了基础。中央苏区国库的建立，有力地支持了苏区战争和经济建设，其丰富内涵和成功实践，为完善和发展国库体制提供了宝贵的历史经验。

现行国库体制延续了苏区国库总分支库模式，将国库设在人民银行总行及其分支行，各分支库既是中央国库在地方的分支机构，也是地方国库。这种体制设计，充分考虑了中央、地方财权和事权匹配关系，也可有效实现中央对地方的全局把控。苏维埃政权保持国库相对独立和建立部门间监督制约机制的成功实践，为此后国库完善监督体系，确保资金安全提供了有益经验。

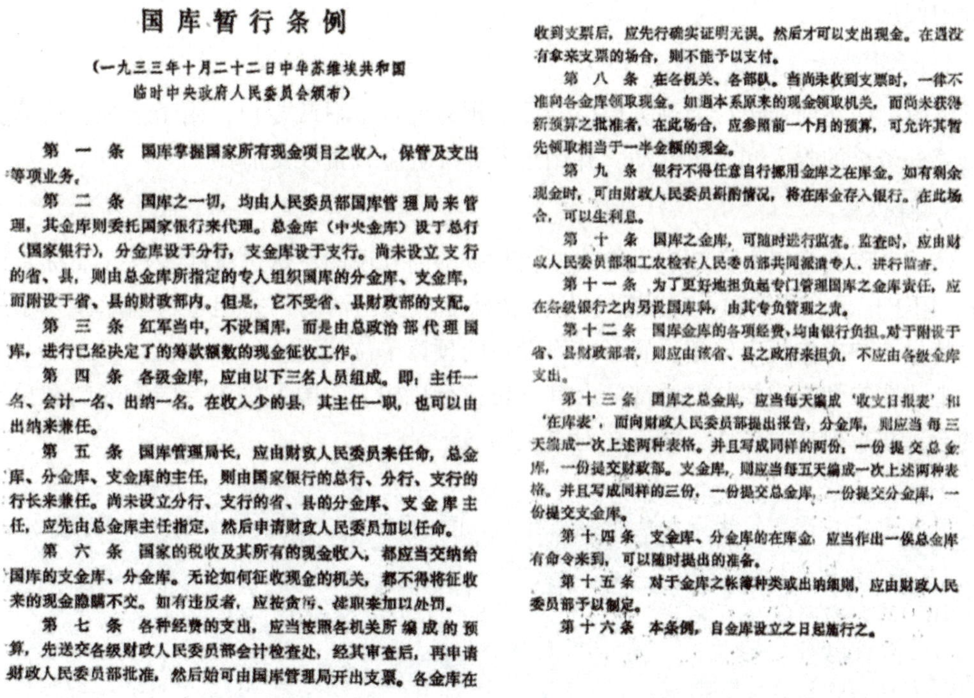

国库暂行条例

（一九三三年十月二十二日中华苏维埃共和国临时中央政府人民委员会颁布）

第 一 条　国库掌握国家所有现金项目之收入，保管及支出等项业务。

第 二 条　国库之一切，均由人民委员部国库管理局来管理，其金库则委托国家银行来代理。总金库（中央金库）设于总行（国家银行），分金库设于分行，支金库设于支行。尚未设立支行的省、县，则由总金库所指定的专人组织国库的分金库、支金库，而附设于省、县的财政部内。但是，它不受省、县财政部的支配。

第 三 条　红军当中，不设国库，而是由总政治部代理国库，进行已经决定了的筹款额数的现金征收工作。

第 四 条　各级金库，应由以下三名人员组成。即：主任一名、会计一名、出纳一名。在收入少的县，其主任一职，也可以由出纳来兼任。

第 五 条　国库管理局长，应由财政人民委员来任命，总金库、分金库、支金库的主任，则由国家银行的总行、分行、支行的行长来兼任。尚未设立分行、支行的省、县的分金库、支金库主任，应先由总金库主任指定，然后申请财政人民委员加以任命。

第 六 条　国家的税收及其所有的现金收入，都应当交纳给国库的支金库、分金库。无论如何征收现金的机关，都不得将征收来的现金隐瞒不交。如有违反者，应按贪污、渎职来加以处罚。

第 七 条　各种经费的支出，应当按照各机关所编成的预算，先送交各级财政人民委员部会计检查处，经其审查后，再申请财政人民委员部批准，然后始可由国库管理局开出支票。各金库在收到支票后，应先行确实证明无误。然后才可以支出现金。在遇没有拿来支票的场合，则不能予以支付。

第 八 条　在各机关、各部队，当尚未收到支票时，一律不准向各金库领取现金。如遇本系原来的现金领取机关，而尚未获得新预算之批准者，在此场合，应参照前一个月的预算，可允许其暂先领取相当于一半金额的现金。

第 九 条　银行不得任意自行挪用金库之在库金。如有剩余现金时，可由财政人民委员斟酌情况，将在库金存入银行。在此场合，可以生利息。

第 十 条　国库之金库，可随时进行监查。监查时，应由财政人民委员部和工农检查人民委员部共同派遣专人，进行监查。

第十一条　为了更好地担负起专门管理国库之金库责任，应在各级银行之内另设国库科，由其专负管理之责。

第十二条　国库金库的各项经费，均由银行负担。对于附设于省、县财政部者，则应由该省、县之政府来担负，不应由各级金库支出。

第十三条　国库之总金库，应当每天编成‘收支日报表’和‘在库表’，而向财政人民委员部提出报告，分金库，则应当每三天编成一次上述两种表格。并且写成同样的两份，一份提交总金库，一份提交财政部。支金库，则应当每五天编成一次上述两种表格。并且写成同样的三份，一份提交总金库，一份提交分金库，一份提交支金库。

第十四条　支金库、分金库的在库金，应当作出一俟总金库有命令来到，可以随时提出的准备。

第十五条　对于金库之帐簿种类或出纳细则，应由财政人民委员部予以制定。

第十六条　本条例，自金库设立之日起施行之。

图 4-2　中华苏维埃共和国《国库暂行条例》原文

资料来源：https：//www.financialnews.com.cn/gc/gz/202201/t20220121_237970.html（2022-01-21）［2024-03-15］

二、账户的管理

（一）国库单一账户体系的构成

《财政国库管理制度改革试点方案》要求，国库单一账户体系下预算单位的财政性资金全部纳入国库单一账户管理。

1. 国库单一账户

财政部门在中国人民银行开设的国库单一账户，用于记录、核算和反映纳入预算管理的财政收入和支出活动，并用于与财政部门在商业银行开设的零余额账户进行清算，实现支付。该账户按收入和支出设置分类账，收入账按预算科目进行明细核算，支出账按资金使用性质设立分账册。

2. 财政部门零余额账户

财政部门在商业银行开设的零余额账户，主要用于财政直接支付和与国库单一账户支出清算。

3. 预算单位零余额账户

财政部门在商业银行为预算单位开设的零余额账户，用于财政授权支付和清算。该账户可以办理转账、提取现金等结算业务。预算单位零余额账户在行政单位和事业单位会计中使用。

4. 预算外资金财政专户

财政部门在商业银行为预算单位开设的预算外资金财政专户，用于记录、核算和反映预算外资金的收入和支出活动，并用于预算外资金日常收支清算。

5. 特设专户

经国务院和省级人民政府批准或授权财政部门开设的特殊过渡性专户（简称特设专户），用于记录、核算和反映预算单位的特殊专项支出活动，并用于与国库单一账户清算。特设专户在按规定申请设置了特设专户的预算单位使用。

上述账户和专户要与财政部门及其支付执行机构、中国人民银行国库部门和预算单位的会计核算保持一致性，相互核对有关账务记录。

【例题·单选题】用于财政直接支付和与国库单一账户支出清算的账户是（　　）。

A. 国库单一账户

B. 财政部门零余额账户

C. 特设专户

D. 预算单位零余额账户

【答案】B

【解析】财政部门零余额账户用于财政直接支付和与国库单一账户支出清算；预算单位零余额账户用于财政授权支付和清算。

(二) 账户管理

1. 按照《财政总预算会计管理基础工作规定》管理各类账户

(1) 国库账户的管理。各级财政部门应当按照国家有关规定在相应的人民银行国库部门开设国库单一账户；未设人民银行机构的地方，应当在商业银行、信用社代理国库开设。

(2) 财政专户的管理。各级财政部门应当严格按照国家有关规定设置财政专户，规范财政专户的开立、变更和撤销等工作。

①财政部门开立财政专户应当按规定办理审批手续。

②选择财政专户开户银行应当遵循公开、公平、公正原则，综合考量银行资质、偿债能力、盈利能力、运营情况、内部控制水平、信息化管理水平及服务水平等因素后确定，严格规范选择开户银行的审批程序，建立领导班子集体决策制度，有条件的应当通过招标方式确定。

③财政部门应当与财政专户开户银行签订规范的账户管理协议，明确双方权利和义务。

④财政专户相关信息发生变更，财政部门应当按规定办理变更手续并进行备案。

⑤财政部门撤销财政专户应当按规定及时办理撤销手续并进行备案。

(3) 零余额账户的管理。各级财政部门应当按照有关规定规范零余额账户管理。零余额账户的开立、变更与撤销须经同级财政部门批准，并按照财政国库管理制度规定的程序和要求执行。

2. 各级财政部门应建立预算单位账户管理制度

各级财政部门应当建立预算单位银行账户审批、备案、年检等管理制度，按规定加强预算单位银行账户开立、变更、撤销等管理，并定期向上级财政部门报告账户管理情况。

3. 各级财政部门应建立账户管理信息系统

各级财政部门应当建立账户管理信息系统，对账户开立、变更、撤销等情况实行动态管理，及时更新账户管理信息。

三、国库资金的管理

(一) 实行制度化管理

各级财政部门应当按照国库集中收付制度规定，建立科学规范的财政资金收付管理流程，将所有财政资金收付纳入信息系统管理，实现资金收付各环节之间的有效制衡。信息系统应当具备严密的业务流程控制和完整的系统操作日志。

各级财政部门应当严格管理资金收付相关票据和凭证，重要票据和凭证应当实行专人专柜管理；领用、核销实行登记制度。

(二) 资金管理的具体举措

(1) 各级财政部门应当加强财政资金安全管理，建立风险防控管理机制，实现对财政资金的动态防控管理,确保财政资金安全。

(2) 各级财政部门应当指定专人负责保管定期存单、有价证券等,配备单独的保险柜等设备存放,并进行定期盘点。

(3) 完全采用无纸化支付方式的,应当按照《中华人民共和国电子签名法》的有关规定建立完善的系统安全控制机制,有关各方应当预先签订协议,明确电子签名、电子印章、电子凭证的使用确认规范,无纸化支付程序及管理责任,保障财政资金和信息安全。

(4) 各级财政部门应当指定专人负责与银行交接支付凭证等原始单据,传输相关电子数据,确保原始单据及相关电子数据传递安全;与支付相关的银行回单等原始单据应由专人传递给会计核算人员保管。单据传递应当实行交接登记制度。

(三) 资金调度管理

各级财政部门应当加强财政资金调度管理,定期分析资金结构和收支变动情况,预测资金流量,在确保资金安全性、规范性、流动性的前提下,提高资金使用效率和效益;严禁违反国家相关规定调度和使用资金。

四、国库收入管理

(一) 收入收缴方式

为适应财政国库管理制度的改革要求,将财政收入的收缴分为直接缴库和集中汇缴两种方式。

(1) 直接缴库。直接缴库是由缴款单位或缴款人按有关法律法规规定,直接将应缴收入缴入国库单一账户或预算外资金财政专户。

(2) 集中汇缴。集中汇缴是由征收机关(有关法定单位)按有关法律法规规定,将所收的应缴收入汇总缴入国库单一账户或预算外资金财政专户。

> 【例题·多选题】为适应财政国库管理制度的改革要求,将财政收入的收缴方式分为( )。
> A. 转移支付
> B. 直接缴库
> C. 集中汇缴
> D. 汇算清缴
> 【答案】BC

(二) 收缴程序

收缴程序包括直接缴库程序和集中汇缴程序。

1. 直接缴库程序

直接缴库的税收收入由纳税人或税务代理人提出纳税申报,经征收机关审核无误后,由纳税人通过开户银行将税款缴入国库单一账户。直接缴库的其他收入,按照同样程序缴入国库单一账户或预算外资金财政专户。

2. 集中汇缴程序

小额零散税收和法律另有规定的应缴收入，由征收机关于收缴收入的当日汇总缴入国库单一账户。非税收入中的现金缴款，比照本程序缴入国库单一账户或预算外资金财政专户。

五、国库支出管理

（一）支出类型

财政支出总体上分为工资支出、购买支出、转移支出和零星支出。

（1）工资支出，即预算单位的工资性支出。

（2）购买支出，即预算单位除工资支出、零星支出之外购买服务、货物、工程项目等的支出。

（3）转移支出，即拨付给预算单位或下级财政部门，未指明具体用途的支出，包括拨付企业补贴和未指明具体用途的资金、中央对地方的一般性转移支付等。

（4）零星支出，即预算单位购买支出中的日常小额部分。

（二）支付方式

按照不同的支付主体，对不同类型的支出，分别实行财政直接支付和财政授权支付。

1. 财政直接支付

财政直接支付是指由财政部门开具支付令，通过国库单一账户体系，直接将财政资金支付到商品和劳务供应者或用款单位账户。

（1）工资支出、购买支出以及中央对地方的专项转移支付，拨付企业大型工程项目或大型设备采购的资金等，直接支付到收款人。

（2）转移支出，指中央对地方的一般性转移支付中的税收返还、原体制补助、过渡期转移支付、结算补助等支出，对企业的补贴和未指明购买内容的某些专项支出等，支付到用款单位。

2. 财政授权支付

财政授权支付是指预算单位根据财政授权，自行开具支付令，通过国库单一账户体系将资金支付到收款人账户。实行财政授权支付的支出包括未实行财政直接支付的购买支出和零星支出。

【例题·单选题】实行财政直接支付的支出不包括（　　）。
A. 工资支出　　　　　　　　B. 工程采购支出
C. 服务采购支出　　　　　　D. 零星支出
【答案】D
【解析】实行财政直接支付的支出包括工资支出、购买支出以及转移支付等。D项属于财政授权支付。

(三) 支付流程

1. 财政直接支付流程

预算单位实行财政直接支付的财政性资金包括工资支出、工程采购支出、物品和服务采购支出。具体支付流程如下所述。

(1) 预算单位按照批复的部门预算和资金使用计划，向财政国库支付执行机构提出支付申请。

(2) 财政国库支付执行机构根据批复的部门预算、资金使用计划及相关要求对支付申请进行审核，无误后，向代理银行发出支付令，并通知中国人民银行国库部门，通过代理银行进入全国银行清算系统实时清算，财政资金从国库单一账户划拨到收款人的银行账户。

(3) 财政直接支付主要通过转账方式进行，也可以采取"国库支票"支付。财政国库支付执行机构根据预算单位的要求签发支票，并将签发给收款人的支票交给预算单位，由预算单位转给收款人。收款人持支票到其开户银行入账，收款人开户银行再与代理银行进行清算。每日营业终了前由国库单一账户与代理银行进行清算。

(4) 支付对象为预算单位和下级财政部门的支出，由财政部门按照预算执行进度将资金从国库单一账户直接拨付到预算单位或下级财政部门账户。

(5) 会计处理。预算单位根据收到的支付凭证做好相应会计核算。

2. 财政授权支付流程

(1) 预算单位按照批复的部门预算和资金使用计划，向财政国库支付执行机构申请授权支付的月度用款限额，财政国库支付执行机构将批准后的限额通知代理银行和预算单位，并通知中国人民银行国库部门。

(2) 预算单位在月度用款限额内，开具支付令，通过财政国库支付执行机构转由代理银行向收款人付款，并与国库单一账户清算。

六、一体化资金支付

依据 2022 年实施的《中央财政预算管理一体化资金支付管理办法（试行）》，财政拨款资金、教育收费专户管理资金、单位资金的支付管理（以下简称资金支付），实行全流程电子化管理，通过中央预算管理一体化系统（以下简称中央一体化系统）办理业务。

(一) 基本要求

按照中央一体化试点有关要求，除单位资金中按往来收入管理的资金外，其他资金支付坚持先有预算后有支出，根据预算指标、国库库款或有关账户余额情况拨付资金。各预算单位应当配合做好以下信息维护管理工作。

(1) 本单位工作人员的工资卡卡号、公务卡卡号等与预算执行业务有关的人员类信息；

(2) 本单位零余额账户和实有资金账户信息；

(3) 单位财务公章等电子印鉴信息；

(4) 其他需要试点单位维护管理的信息。

(二) 用款计划

(1) 用款计划主要用于财政国库现金流量控制及资金清算管理。财政拨款资金和教育收费专户管理资金应当编制用款计划，单位资金暂不编制用款计划。

(2) 预算单位应当加强预算执行事前规划，严格依据预算指标、项目实施进度以及用款需求等编制分月用款计划，情况发生变化时应当及时上报调整用款计划。预算单位月度用款计划当月开始生效，当年累计支付金额（不含单位资金支付金额）不得超过当年累计已批复的用款计划。

(3) 财政部根据批复的用款计划生成国库集中支付汇总清算额度通知单，按时签章发送人民银行，作为人民银行与代理银行清算国库集中支付资金的依据。用款计划变化导致国库集中支付汇总清算额度调整的，财政部及时将调整结果发送人民银行。

(三) 资金支付一般规定

预算单位办理资金支付业务时，应当通过中央一体化系统填报资金支付申请。财政部（国库司）对资金支付申请集中审核后，向代理银行发送支付凭证。代理银行根据支付凭证支付资金，不再对预算单位资金支付进行额度控制。

1. 具体流程

预算单位原则上应当通过预算单位零余额账户支付资金，未开设预算单位零余额账户的试点单位通过财政零余额账户支付资金。

(1) 单位按规定通过中央一体化系统填报资金支付申请。通过预算单位零余额账户支付资金的，试点单位在提交资金支付申请时预生成支付凭证并按规定加盖电子签章（签名）。

(2) 财政部根据预算指标和批复的用款计划对试点单位资金支付申请进行控制。预算指标的基本控制口径为单位、指标类型、资金性质、支出功能分类科目（底级）、政府预算支出经济分类科目（类级）、预算项目、金额。用款计划的基本控制口径为单位、支出功能分类科目、资金性质、支付方式、指标类型、金额。

(3) 中央一体化系统根据预设的校验规则对资金支付申请进行校验，校验不通过的，转为试点部门人工审核；试点部门人工审核后提交资金支付申请，系统校验仍不通过的，按规定转为财政部（国库司）人工审核。

(4) 校验（审核）通过后，财政部（国库司）将支付凭证发送代理银行。代理银行支付资金后，向财政部和试点单位发送国库集中支付凭证回单，作为财政总预算会计和单位会计核算的依据。

2. 支付类型

按照支出活动的具体特点和管理要求，资金支付分为以下类型。

(1) 购买性支出。购买性支出包括所有编制政府采购预算的支出，以及部门预算支出经济分类科目特定范围内的支出。编制政府采购预算的购买性支出，资金支付申请应当匹配政府采购合同。中央一体化系统校验政府采购合同中的收款人信息、合同金额等信息，校验不通过的原则上不允许支付资金。

（2）公务卡还款。公务卡发卡银行应当通过中央一体化系统向财政部（国库司）按时提供公务卡消费明细信息。试点单位比对持卡人报销还款信息和公务卡消费信息后，按照有关规定办理公务卡还款。公务卡原则上只能用于公务支出活动。

（3）纳入财政统发范围的工资和离退休经费（以下简称统发工资）通过财政零余额账户办理资金支付。统发工资预算指标余额不足时，中央一体化系统对试点单位进行预警提示，试点单位应当按照预算管理规定及时补足预算指标。未及时补足预算指标的，由试点单位按照有关规定自行发放工资。

（4）委托收款。试点单位办理水费、电费、燃气费、电话费、网络费、社会保险缴费、个人所得税缴纳等委托收款业务时，应当提前指定用于委托收款的预算指标。委托收款扣款时，代理银行通过中央一体化系统发送委托扣款申请，系统验证通过后自动进行资金支付。

3. 错误更正

资金支付完成后，技术性差错等原因误用预算指标或支出经济分类的，试点单位应当通过中央一体化系统填报支付更正申请，经系统自动校验或人工审核后，更正相关信息。涉及国库集中支付汇总清算额度调整的，财政部（国库司）及时将调整结果发送人民银行（国库局），同步更正信息。

（四）各部门职责

财政部各地监管局按规定通过中央一体化系统对属地试点单位预算执行进行全过程查询和监管，不再对资金支付申请进行前置审核。人民银行对商业银行办理的国库集中支付业务进行监督检查。

1. 各部门、各单位在资金支付中的主要职责

（1）负责按照部门预算管理使用资金，并做好相应的财务管理和会计核算工作。

（2）负责本部门及所属试点单位资金支付管理的相关工作。

（3）组织本部门及所属试点单位编制用款计划，审核汇总所属试点单位用款计划。

（4）配合财政部对本部门及所属试点单位预算执行、资金申请与拨付和账户管理等情况进行监督管理。

2. 相关银行在资金支付中的主要职责

（1）按照与财政部签订的委托代理协议及有关规定办理账户和资金支付业务，定期对账；严格按照中央一体化系统发送的支付凭证支付资金，不得违规支付资金，不得占压挪用资金；接受财政部监督，业务办理情况纳入财政部年度综合考评。

（2）按规定开发与维护代理中央一体化资金支付业务的信息管理系统并与财政部、人民银行联网，按要求向财政部、人民银行反馈资金支付相关信息。妥善保管有关支付凭证及资料，并负有保密义务。

（3）按照与人民银行签订的资金支付清算协议及有关规定办理资金支付清算等业务，定期对账，接受人民银行的监督检查。

【例题·多选题】各部门、各单位在资金支付中的主要职责是（   ）。
A. 负责按照部门预算管理使用资金，并做好相应的财务管理和会计核算工作
B. 负责本部门及所属试点单位资金支付管理的相关工作
C. 组织本部门及所属试点单位编制用款计划，审核汇总所属试点单位用款计划
D. 配合财政部对本部门及所属试点单位预算执行、资金申请与拨付和账户管理等情况进行监督管理
【答案】ABCD

七、国库集中支付电子凭证

（一）国库集中支付电子凭证概念

国库集中支付电子凭证是财政部门、中国人民银行、国库集中支付业务代理银行、预算单位之间办理国库集中支付业务产生的电子凭证。按照《会计基础工作规范》和《会计档案管理办法》有关要求生成的国库集中支付电子凭证，是单位财务收支和会计核算的原始凭证，是财政、审计等部门进行监督检查的重要依据。

（二）国库集中支付电子凭证的基本特征

国库集中支付电子凭证的基本特征是以数字信息代替纸质文件、以电子签名代替手工签章，通过网络手段进行传输流转，通过计算机等电子载体进行存储保管。

（三）国库集中支付电子凭证填写内容

事实值就是国库集中支付电子凭证版面信息填写的内容，例如对于"凭证金额"这个项目，其事实值就是国库集中支付或退回金额信息。通过为元素赋值，并指定上下文、单位和精确度属性，来完成对于事实值的完整定义。赋予实例文档的事实值可为数值数据（金额、十进制数字等）或非数值数据（字符串或者转义文本，例如 XHTML 格式内容）。事实值也可为日期类型和时间类型。表 4-11 列示了部分事实值。

表 4-11　事实值举例

国库集中支付电子凭证信息项	数据类型	事实值列举
凭证金额	货币型	990.00
凭证日期	日期型	2024-05-30
业务年度	字符型	2024
是否已入账	布尔型	true

（四）国库集中支付电子凭证流程

行政事业单位在实际发生业务后，国库集中支付电子凭证开具方按照财政主管部门的有关要求，开具国库集中支付电子凭证。行政事业单位获取国库集中支付电子凭证文

件后，通过财政部提供的工具包进行验签，通过的凭证可用于后续入账及归档。单位在使用国库集中支付电子凭证进行会计入账时，需依据财政部《国库集中支付电子凭证标准》的要求形成接收方入账信息结构化数据文件，并与国库集中支付电子凭证（加签的 PDF 或 OFD 版式文件，含 XML 结构化数据）一并进行会计档案归档备查。

(五) 国库集中支付电子凭证开具方

国库集中支付电子凭证开具方应按照财政主管部门的有关要求，在业务实际发生后，开具出符合要求的国库集中支付电子凭证。单位会计核算共涉及 21 种凭证，具体如表 4-12。若国库集中支付业务规范发生调整，导致纳入电子凭证会计数据标准的电子凭证类型发生变化，增加的电子凭证开具按照财政主管部门国库集中支付业务规范执行，接收和会计处理自动纳入国库集中支付电子凭证会计数据标准范围，按照国库集中支付电子凭证会计数据标准执行。

表 4-12 国库集中支付电子凭证类型明细

业务类型	凭证类型名称
国库集中支付	财政授权支付凭证回单
	财政授权支付退款通知书
	托收支付凭证回单
	财政直接支付（退款）入账通知书
	财政授权支付更正（退回）通知书回单
	国库集中支付凭证回单
国库集中支付	国库集中支付明细表回单
	国库集中支付资金（被动）退回通知书
	国库集中支付资金（主动）退回通知书回单
	委托收款支付凭证回单
	国库集中支付资金退回通知书
	国库集中支付资金退回通知书（跨年度退款）
预算拨款	预算拨款凭证回单
	预算拨款退款通知书
单位资金支付	单位实有资金账户扣（缴）款通知书
	单位实有资金账户到账通知书
	单位资金支付凭证回单
	单位资金支付明细表回单
	单位资金（被动）退回通知书
	单位资金（主动）退回通知书回单
	单位资金委托收款支付凭证回单

(六) 国库集中支付电子凭证接收方

行政事业单位以国库集中支付电子凭证入账、归档的,应当按照《关于规范电子会计凭证报销入账归档的通知》(财会〔2020〕6号)的相关规定执行。国库集中支付电子凭证文件的传输、存储应安全可靠,对任何篡改都能够及时发现。

1. 获取、解析国库集中支付电子凭证并标记状态位

(1) 获取国库集中支付电子凭证。行政事业单位的业务人员可通过以下方式获取国库集中支付电子凭证。

场景一:单位使用预算管理一体化系统核算模块或会计档案模块的,可直接使用预算管理一体化系统的国库集中支付电子凭证。

场景二:单位自建核算系统或会计档案系统与预算管理一体化系统衔接的,可通过预算管理一体化系统接口方式获取国库集中支付电子凭证,也可以通过预算管理一体化系统提供的电子凭证导出方式获取国库集中支付电子凭证。

(2) 国库集中支付电子凭证验签。在进行入账之前,接收单位需对接收的电子凭证文件进行验签,或者直接通过深化试点服务保障单位提供的个性化工具包进行验签,以保证文件来源合法、真实可靠和未被篡改。

(3) 解析国库集中支付电子凭证并标记状态位信息。软件厂商可根据《国库集中支付电子凭证标准》的要求,使用工具包解析国库集中支付电子凭证的结构化数据并标记状态(包括电子凭证状态信息、会计主体信息、基础会计信息),入账完成后自动生成标准化的国库集中支付电子凭证业务(对象)数据,并生成入账信息结构化数据文件(XBRL实例文档)。

2. 国库集中支付电子凭证填写示例

行政事业单位的业务人员在使用国库集中支付电子凭证进行入账时,入账相关系统能够通过国库集中支付电子凭证业务(对象)数据与单位会计凭证的映射关系自动生成记账凭证。在国库集中支付电子凭证的流转过程中,系统也会将电子凭证的信息和状态数据以及相关的会计信息及时回写到底层数据库或相应实例文档中。

国库集中支付电子凭证标准内容架构。国库集中支付电子凭证标准将国库集中支付电子凭证的部分票面信息以及通过国库集中支付电子凭证进行入账、归档过程中需要的信息进行了 XBRL 标记,如表 4-13 列示了标准标记相关字段。

表 4-13　《国库集中支付电子凭证标准》标记内容

序号	分组名称	字段名称	数值类型	说明
1	凭证信息	国库集中支付电子凭证标识	字符型	必填项，国库集中支付电子凭证的唯一标识
2		行政区划代码	字符型	必填项，国库集中支付电子凭证的唯一标识的四要素（按顺序直接拼接）
3		业务年度	字符型	
4		凭证类型编号	字符型	
5		凭证号	字符型	
6		凭证日期	日期型	必填项
7		凭证金额	货币型	必填项，实际支付/退款金额
8	凭证状态	是否已入账	布尔型	必填项
9	会计主体信息	会计主体统一社会信用代码	字符型	必填项
10		会计主体名称	字符型	必填项
11	记账凭证信息	记账凭证编号	字符型	必填项，同一会计期间下记账凭证的唯一标识，用于验证凭证事项入账的唯一性
12		记账日期	日期型	必填项，格式为年-月-日，如 2024-05-30
13		会计期间	年月型	必填项，格式为年-月，如 2024-05
14		记账凭证摘要	字符型	选填项，单位可根据记账凭证实际情况选择填写，若摘要以分录行记录输出，仅记录第一行凭证分录的摘要信息
15	借贷方会计信息	借贷方向	字符型	选填项，单位可根据每条会计分录的借贷方向选择填写，填写"借方"或"贷方"
16		总账科目名称	字符型	选填项，单位可根据每条会计分录填写会计准则约定的统一规范科目名称
17		明细科目名称	字符型	选填项，单位可根据每条会计分录填写准确反映经济业务内容的末级科目或者辅助信息
18		入账金额	货币型	选填项，单位记录根据科目的本位币入账金额选择填写

（七）国库集中支付电子凭证入账及归档

（1）国库集中支付电子凭证入账后的电子凭证文件由两部分构成，分别是开具单位开具（交付）的国库集中支付电子凭证（加签的 PDF 或 OFD 版式文件，含 XML 结构化数据），以及接收单位生成的会计入账信息结构化数据文件。

接收单位应当在会计入账完成后、会计凭证归档之前，根据实际入账情况使用工具包生成入账信息结构化数据文件，并将记账凭证、国库集中支付电子凭证、入账信息结构化数据文件等会计资料组件形成电子会计凭证文件。

（2）会计期间结束后，行政事业单位需按照财政部的监管要求，将上述电子会计凭证文件进行归档，以备财政部门及相关监管部门查验和本单位内外部的会计档案利用。

第六节　法律责任

一、《预算法》第九十二条内容

《预算法》第九十二条规定：

各级政府及有关部门有下列行为之一的，责令改正，对负有直接责任的主管人员和其他直接责任人员追究行政责任：

（一）未依照本法规定，编制、报送预算草案、预算调整方案、决算草案和部门预算、决算以及批复预算、决算的；

（二）违反本法规定，进行预算调整的；

（三）未依照本法规定对有关预算事项进行公开和说明的；

（四）违反规定设立政府性基金项目和其他财政收入项目的；

（五）违反法律、法规规定使用预算预备费、预算周转金、预算稳定调节基金、超收收入的；

（六）违反本法规定开设财政专户的。

二、《预算法》第九十三条内容

《预算法》第九十三条规定：

各级政府及有关部门、单位有下列行为之一的，责令改正，对负有直接责任的主管人员和其他直接责任人员依法给予降级、撤职、开除的处分：

（一）未将所有政府收入和支出列入预算或者虚列收入和支出的；

（二）违反法律、行政法规的规定，多征、提前征收或者减征、免征、缓征应征预算收入的；

（三）截留、占用、挪用或者拖欠应当上缴国库的预算收入的；

（四）违反本法规定，改变预算支出用途的；

（五）擅自改变上级政府专项转移支付资金用途的；

（六）违反本法规定拨付预算支出资金，办理预算收入收纳、划分、留解、退付，或者违反本法规定冻结、动用国库库款或者以其他方式支配已入国库库款的。

三、《预算法》第九十四条内容

《预算法》第九十四条规定：

各级政府、各部门、各单位违反本法规定举借债务或者为他人债务提供担保，或者挪用重点支出资金，或者在预算之外及超预算标准建设楼堂馆所的，责令改正，对负有直接责任的主管人员和其他直接责任人员给予撤职、开除的处分。

四、《预算法》第九十五条内容

《预算法》第九十五条规定：

各级政府有关部门、单位及其工作人员有下列行为之一的，责令改正，追回骗取、使用的资金，有违法所得的没收违法所得，对单位给予警告或者通报批评；对负有直接责任的主管人员和其他直接责任人员依法给予处分：

（一）违反法律、法规的规定，改变预算收入上缴方式的；

（二）以虚报、冒领等手段骗取预算资金的；

（三）违反规定扩大开支范围、提高开支标准的；

（四）其他违反财政管理规定的行为。

五、《预算法实施条例》第九十四条内容

《预算法实施条例》第九十四条规定：

各级政府、有关部门和单位有下列行为之一的，责令改正；对负有直接责任的主管人员和其他直接责任人员，依法给予处分：

（一）突破一般债务限额或者专项债务限额举借债务；

（二）违反本条例规定下达转移支付预算或者拨付转移支付资金；

（三）擅自开设、变更账户。

【例题·多选题】《预算法》第九十三条规定，各级政府及有关部门、单位有（　　）行为的，责令改正，对负有直接责任的主管人员和其他直接责任人员依法给予降级、撤职、开除的处分。

A. 未将所有政府收入和支出列入预算或者虚列收入和支出的

B. 违反法律、行政法规的规定，多征、提前征收或者减征、免征、缓征应征预算收入的

C. 截留、占用、挪用或者拖欠应当上缴国库的预算收入的

D. 违反本法规定，改变预算支出用途的

【答案】ABCD

【例题·多选题】《预算法》第九十五条规定，各级政府有关部门、单位及其工作人员有（　　）行为的，责令改正，追回骗取、使用的资金，有违法所得的没收违法所得，对单位给予警告或者通报批评；对负有直接责任的主管人员和其他直接责任人员依法给予处分。

A. 违反法律、法规的规定，改变预算收入上缴方式的
B. 以虚报、冒领等手段骗取预算资金的
C. 违反规定扩大开支范围、提高开支标准的
D. 违反本法规定开设财政专户的

【答案】ABCD

本章习题

思考题

1. 预算收入主要包括哪些？
2. 总会计的核算要求有哪些？
3. 哪些情形下，预算可以进行调整？

第四章在线答题

第五章

税收法律制度

税收法律制度的概念、职能及调整对象；税务登记；发票管理；税款征收措施；流转税征管；所得税征管；违反税法的法律责任。

第一节 税收法律制度概述

一、税收的概念及特征

（一）税收的概念

税收又称为"赋税""租税""捐税"，是政府为了满足其职能的需要，凭借政治权力参与社会剩余产品分配以取得财政收入的一种规范形式。现阶段，我国的税收征管机关主要包括国家税务总局和地方各级税务局。

（二）税收的特征

税收具有强制性、无偿性、固定性三大特征。

（1）税收的强制性，指税收是国家依法强制征收的，不以纳税人的主观意愿为征税的要件。强制性法律规范为主的税法，赋予征税机关以征税权，纳税人必须依照税法按时足额地纳税。

（2）税收的无偿性，指国家向纳税人征税不以支付任何对价为前提。在征税过程中存在纳税人向税收机构流向的单向财产权的转移。

（3）税收的固定性，指国家在征税之前，纳税人、征税对象以及税率等基本课税要素由法律规定，税务机关和纳税人必须共同遵守。

二、税收法律制度的概念

税收法律制度，即税法，是国家权力机关和行政机关制定的用以调整国家和纳税人之间在税收征纳方面的权利与义务关系的法律规范的总称，是国家法律的重要组成部分。

税法是国家及纳税人依法征税、依法纳税的行为准则，其目的是保障国家、纳税人的合法权益，维护正常的税收秩序，保证国家的财政收入。

【例题·多选题】下列关于税收法律关系的构成，说法正确的是（ ）。
A. 我国的征税主体包括各级税务机关、海关和财政机关
B. 税法是引起税收法律关系的前提条件，但税法本身并不能产生具体的税收法律关系
C. 对税收法律关系中纳税主体的确定，我国采取的是属地兼属人原则
D. 税收法律关系的保护对权利主体双方是平等的
【答案】BCD
【解析】选项A，我国的征税主体包括各级税务机关和海关，不包括财政机关。

三、税法的职能

（一）财政收入组织职能

财政收入包括税收和其他收入，其中税收收入是国家财政最主要的收入来源。因为税收具有强制性、无偿性和固定性的特点，这使得税收成为政府筹集财政收入的一种稳定可靠的方式。税法通过一系列法律原则和规范，规定税种的设置、税率的确立、征税对象和范围、税收征收管理等内容，从而构成了一个全面而严谨的税收体系，确保国家有效筹集税收收入。

（二）调控经济运行职能

税法作为宏观经济调控的重要工具和调节杠杆，对资源配置和社会经济发展起着重要的调节作用。税收通过调整税种、税目及税率，改变国家、单位和个人之间的收入分配比例，对社会经济各个方面产生影响。如个人所得税的累进税率的调整，有助于调节个人收入分配，促进社会公平。同时，通过减免税或加征税等措施，调整利益主体间的经济利益关系，调节经济结构及宏观经济总量。

（三）经济监督职能

税法的经济监督职能主要体现在以下几个方面。
（1）要求纳税人按照法律规定申报和缴纳税款，从而对企业和个人的经济活动进行监督，确保其合法性和规范性。
（2）通过设定严格的税收征管程序和处罚措施，预防和查处逃税、骗税等违法行

为，以维护税收秩序和公平竞争的市场环境。

（3）通过收集及分析税收征管过程中的大量经济数据，及时发现经济运行中的问题，采取相应措施。

此外，税法的经济监督职能还为政府制定和调整宏观经济政策提供了依据，有助于政府更有效地进行经济管理和调控。

四、税法的分类

按税法内容和职能、征税对象等标准可将税法分为不同的类型。

（一）以税法内容和职能为标准的分类

按照内容和职能，税法可分为税收基本法、税收实体法、税收程序法。

（1）税收基本法是规定税收性质、立法过程、种类和税务机构以及征纳双方权利与义务等内容的法律规范。

（2）税收实体法是规定税种及其征税对象、纳税人、税目、税率、计税依据、纳税地点等要素的法律规范。如《中华人民共和国企业所得税法》《中华人民共和国增值税法》（2026年1月1日起施行）等法律法规。

（3）税收程序法是规定税收管理工作的步骤和方法的法律规范，主要包括税务管理法、纳税程序法、发票管理法、税务处罚法和税务争议处理法等。如《中华人民共和国税收征收管理法》《中华人民共和国发票管理办法》等法律法规。

（二）以征税对象为标准的分类

按照征税对象，税法可分为流转税法、所得税法、资源税法、财产税法和行为目的税法五种。

（1）流转税法是规定对货物流转额和劳务收入额征税的法律规范，如增值税、消费税和关税等税的税法。其特点是与商品生产、流通、消费有着密切的联系，不受成本费用的影响。流转税是我国现行税制的最大组成部分。

（2）所得税法是规定对纳税单位和个人获取的各种所得或利润征税的法律规范，如企业所得税法、个人所得税法等。其特点是可以直接调节纳税人的收入水平，发挥税收公平税负和调整分配关系的作用。

（3）资源税法是规定对纳税人利用各种资源所获得的收入征税的法律规范，如资源税法、城镇土地使用税法等。其特点是调节自然资源或客观原因所形成的级差收入，避免资源浪费，保护和合理使用国家自然资源。

（4）财产税法是规定对纳税人财产的价值或数量征税的法律规范，如房产税法。其特点是避免利用财产投机取巧和财产的闲置浪费，促进财产的节约和合理利用。

（5）行为目的税法是规定对某些特定行为及为实现国家特定政策目的征税的法律规范，如印花税、城市维护建设税等税的税法。其特点是可选择面较大，设置和废止相对灵活，可以因时因地制定具体征管办法，有利于国家限制和引导某些特定行为而达到预期的目的。

（三）以税收管辖权为标准的分类

按照主权国家行使税收管辖权的不同，税法可分为国内税法、国际税法和外国税法三种。

（1）国内税法是指按照属人或属地原则规定的一个国家的内部税收法律制度。

（2）国际税法是指国家间形成的税收法律制度，主要包括双边或多边国家间的税收协议、条约和国际惯例等。

（3）外国税法是指外国各个国家制定的税收法律制度。

五、税法的调整对象与原则

（一）税法的调整对象

税法的调整对象是税收关系，即税法主体在各种税收活动过程中形成的社会关系的总和。

（1）广义的税收关系包括税收征纳关系和其他税收关系。

税收征纳关系是指代表国家的税收征收管理机关与负有纳税义务的单位和个人相互之间因为征纳税而发生的权利义务关系。税收征纳关系既有实体法律关系，又有程序法律关系。

其他税收关系，主要是指国家权力机关之间和由其授权的行政机关之间以及二者相互之间在税法的制定及解释权、税种开征与停征决定权、税率调整与税目增减决定权、减免税决定权和税收监督权等方面的权限分工与权责关系，以及涉外税法进行调整的税收关系。

（2）狭义的税收关系就是指税收征纳关系。

（二）税法的原则

税法原则，即指对调整税收关系的基本规律的抽象和概括，是贯穿税收立法、执法和守法全过程的具有普遍性指导意义的法律准则。

1. 税收法定主义原则

税收法定主义原则包括课税要素法定原则，即纳税人、征税客体、计税依据、税率、税收优惠等课税要素都由法律规定；课税要素明确原则，即课税要素、征税程序等必须尽量明确，以避免出现漏洞和歧义，给权力滥用留下空间等。

2. 实质课税原则

实质课税原则是指征纳税程序必须由法律明确规定，没有法律依据，税收稽征机关无权开征。

3. 税收公平、合理原则

税收公平、合理原则是指对税收负担的分配，对于纳税人应当公平、合理。税收公平，一是指横向公平，指同等收入的纳税人在相同情况下应当同等征税，不应当有所轻重；二是指纵向公平，指高收入者应当比低收入者多纳税。

4. 税收效率原则

税收效率原则是指用尽可能少的人力、物力、财力消耗取得尽可能多的税收，并通过税收分配活动促使资源（包括各种生产要素，特别是生产劳动者的积极性和创造性）

更合理更有效地配置。

税收效率包括税收行政效率和税收经济效率两个方面。税收行政效率可以通过先进的征收手段和简化税制来实现。税收经济效率主要指通过优化税制，尽可能减少税收对社会经济的不良影响，或者最大程度地促进社会经济良性发展。

【例题·单选题】下列各项税法原则中，属于税法原则核心的是（　　）。
A. 税收公平、合理原则　　　　　　　B. 税收效率原则
C. 实质课税原则　　　　　　　　　　D. 税收法定主义原则
【答案】D

六、我国现行的税法体系构成

（一）税收实体法体系的构成

我国现行税法体系中共有18个税种（见表5-1），分为两大类，已经立法的有14个税种。

（1）由税务机关负责征收的税种，包括增值税、消费税、车辆购置税、企业所得税、个人所得税、资源税、房产税、城镇土地使用税、车船税、土地增值税、印花税、城市维护建设税等。

（2）由海关负责征收的关税、船舶吨税以及进口环节的增值税、消费税。

表5-1　我国18个税种的法律法规

序号	法律/行政法规	实施日期
1	中华人民共和国个人所得税法	1980年9月10日
2	中华人民共和国房产税暂行条例	1986年10月1日
3	中华人民共和国城镇土地使用税暂行条例	1988年11月1日
4	中华人民共和国土地增值税暂行条例	1994年1月1日
5	中华人民共和国消费税暂行条例	2009年1月1日
6	中华人民共和国企业所得税法	2008年1月1日
7	中华人民共和国车船税法	2012年1月1日
8	中华人民共和国环境保护税法	2018年1月1日
9	中华人民共和国船舶吨税法	2018年7月1日
10	中华人民共和国烟叶税法	2018年7月1日
11	中华人民共和国车辆购置税法	2019年7月1日
12	中华人民共和国耕地占用税法	2019年9月1日
13	中华人民共和国资源税法	2020年9月1日
14	中华人民共和国城市维护建设税法	2021年9月1日

续表

序号	法律/行政法规	实施日期
15	中华人民共和国契税法	2021年9月1日
16	中华人民共和国印花税法	2022年7月1日
17	中华人民共和国关税法	2024年12月1日
18	中华人民共和国增值税法	2026年1月1日

（二）税收程序法体系的构成

我国的税收程序法包括以下三种。

1. 法律

主要有《中华人民共和国税收征收管理法》《中华人民共和国行政诉讼法》《中华人民共和国行政处罚法》。

2. 法规

主要有国务院批准的《中华人民共和国税收征收管理法实施细则》《中华人民共和国发票管理办法》。

3. 部门规章

主要由国家税务总局发布，如《中华人民共和国发票管理办法实施细则》。

第二节　税务管理

税务管理是指税收征收管理机关为了贯彻、执行国家税收法律制度，加强税收工作，协调征税关系而开展的一项有目的的活动。税务管理是税收征收管理的重要内容，是税款征收的前提和基础性工作。

税务管理主要包括税务登记、发票（含数电票）管理、纳税申报等方面的管理。

一、税务登记

（一）税务登记的概念

税务登记是税务机关依据税法规定，对纳税人的生产、经营活动进行登记管理的一项法定制度，也是纳税人依法履行纳税义务的法定手续。税务登记是整个税务管理的起点。税务登记的作用在于掌握纳税人的基本情况和税源分布情况。从税务登记开始，纳税人进入税务管理的视野，纳税人的身份及征纳双方的法律关系得到确认。

（二）税务登记的范围

《税务登记管理办法》规定，企业，企业在外地设立的分支机构和从事生产、经营的场所，个体工商户和从事生产、经营的事业单位，均应当按照《中华人民共和国税收征收管理法》及其实施细则和本办法的规定办理税务登记。根据税收法律、行政法规的规定，扣缴义务人应当在发生扣缴义务时，到税务机关申报登记，领取扣缴税款凭证。

（三）税务登记的种类

税务登记包括设立税务登记，变更税务登记，停业、复业登记，外出经营报验登记，以及注销税务登记。

1. 设立税务登记

设立税务登记是指纳税人依法成立并经工商行政管理机关登记后，为确认其纳税人的身份，纳入国家税务管理体系而到税务机关进行的登记。

（1）办理设立税务登记的地点。企业，企业在外地设立的分支机构和从事生产、经营的场所，个体工商户和从事生产、经营的事业单位（以下统称从事生产、经营的纳税人），向生产、经营所在地税务机关申报办理设立税务登记。税务机关对纳税人设立税务登记地点发生争议的，由其共同的上级税务机关指定管辖。

（2）申报办理设立税务登记的时限要求。

①从事生产、经营的纳税人领取工商营业执照（含临时工商营业执照）的，应当自领取工商营业执照之日起三十日内申报办理设立税务登记，税务机关核发税务登记证及副本（纳税人领取临时工商营业执照的，税务机关核发临时税务登记证及副本）。

②从事生产、经营的纳税人未办理工商营业执照，但经有关部门批准设立的，应当自有关部门批准设立之日起三十日内申报办理设立税务登记，税务机关核发税务登记证及副本。

③从事生产、经营的纳税人未办理工商营业执照，且未经有关部门批准设立的，应当自纳税义务发生之日起三十日内申报办理设立税务登记，由税务机关核发临时的税务登记证及副本。

④有独立的生产经营权、在财务上独立核算并定期向发包人或者出租人上交承包费或租金的承包承租人，应当自承包承租合同签订之日起三十日内，向其承包承租业务发生地税务机关申报办理设立税务登记，由税务机关核发临时税务登记证及副本。

⑤从事生产、经营的纳税人外出经营，自其在同一县（市）实际经营或提供劳务之日起，在连续的十二个月内累计超过一百八十天的，应当自期满之日起三十日内，向生产、经营所在地的税务机关申报办理设立税务登记，并由税务机关核发临时税务登记证及副本。

⑥境外企业在中国境内承包建筑、安装、装配、勘探工程和提供劳务的，应当自项目合同或协议签订之日起三十日内，向项目所在地税务机关申报办理设立税务登记，税务机关核发临时税务登记证及副本。

⑦上述条款之外的其他纳税人，除国家机关、个人和无固定生产、经营场所的流动性农村小商贩外，均应当自纳税义务发生之日起三十日内，向纳税义务发生地税务机关申报办理设立税务登记，税务机关核发税务登记证及副本。

（3）申报办理设立税务登记需提供的证件和资料。

纳税人在申报办理设立税务登记时，应当根据不同情况向税务机关如实提供以下证件和资料。

①工商营业执照或其他核准执业证件。

②有关合同、章程、协议书。

③组织机构统一代码证书。

④法定代表人或负责人或业主的居民身份证、护照或者其他合法证件。其他需要提供的有关证件、资料，由省、自治区、直辖市税务机关确定。

纳税人在申报办理设立税务登记时，应当如实填写税务登记表，具体包括以下几个方面。

①单位名称、法定代表人姓名及其居民身份证、护照或者其他合法证件的号码。

②住所、经营地点。

③登记类型。

④核算方式。

⑤生产经营方式。

⑥生产经营范围。

⑦注册资金（资本）、投资总额。

⑧生产经营期限。

⑨财务负责人、联系电话。

⑩国家税务总局确定的其他有关事项。

（4）发放税务登记证件。纳税人提交的证件和资料齐全，且税务登记表的填写内容符合规定的，税务机关应及时发放税务登记证件。纳税人提交的证件和资料不齐全，或税务登记表的填写内容不符合规定的，税务机关应当通知其补正或重新填报。纳税人提交的证件和资料明显有疑点的，税务机关应进行实地调查，核实后予以发放税务登记证件。

税务登记证件的主要内容包括纳税人名称、税务登记代码、法定代表人或负责人、生产经营地址、登记类型、核算方式、生产经营范围（主营、兼营）、发证日期、证件有效期等。从事生产经营的纳税人应当按照国家有关规定，持税务登记证件，在银行或者其他金融机构开立基本存款账户和其他存款账户，并将其全部账号向税务机关报告。

已办理税务登记的扣缴义务人应当自扣缴义务发生之日起三十日内，向税务登记地税务机关申报办理扣缴税款登记。税务机关在其税务登记证件上登记扣缴税款事项，不再发给扣缴税款登记证件。

根据税收法律、行政法规的规定不予办理设立税务登记的扣缴义务人，应当自扣缴义务发生之日起三十日内，向机构所在地税务机关申报办理扣缴税款登记。税务机关核发扣缴税款登记证件。

2. 变更税务登记

变更税务登记是指纳税人办理设立税务登记后，因登记内容发生变化，需要对原有登记内容进行更改，而向主管税务机关申请办理的税务登记。变更税务登记的主要目的在于及时掌握纳税人的生产经营情况，减少税款的流失。

（1）纳税人已在工商行政管理机关办理变更登记的，应当自工商行政管理机关变更登记之日起三十日内，向原税务登记机关如实提供下列有关证件、资料，申报办理变更税务登记。

①工商登记变更表及工商营业执照。

②纳税人变更登记内容的有关证明文件。

③税务机关发放的原税务登记证件（登记证正、副本和登记表等）。

④其他有关资料。

（2）纳税人按照规定不需要在工商行政管理机关办理变更登记，或者其变更登记的内容与工商登记内容无关的，应当自税务登记内容实际发生变化之日起三十日内，或者自有关机关批准或者宣布变更之日起三十日内，持下列有关证件到原税务登记机关申报办理变更税务登记。

①纳税人变更登记内容的有关证明文件。

②税务机关发放的原税务登记证件（登记证正、副本和税务登记表等）。

③其他有关资料。

税务机关应对纳税人提交的有关变更登记的证件、资料进行审核。不符合规定的，税务机关应通知其补齐。符合规定的，税务机关应当受理，并自受理之日起三十日内，办理变更税务登记。纳税人税务登记表、税务登记证中的内容同时发生变更的，税务机关按变更后的内容重新核发税务登记证件。纳税人税务登记表的内容发生变更，而税务登记证中的内容未发生变更的，税务机关不重新核发税务登记证件。

3. 停业、复业登记

（1）停业。从事生产经营的纳税人，经确定实行定期定额征收方式的，其在营业执照核准的经营期限内需要停业的，应当在停业前向税务机关申报办理停业登记。纳税人的停业期限不得超过一年。

纳税人在申报办理停业登记时，应如实填写停业申请登记表，说明停业理由、停业期限、停业前的纳税情况和发票的领、用、存情况，并结清应纳税款、滞纳金、罚款。税务机关应收存其税务登记证件及副本、发票领购簿、未使用完的发票和其他税务证件。

（2）复业。纳税人应当于恢复生产经营之前，向税务机关申报办理复业登记，如实填写《停业复业报告书》，领回并启用税务登记证件、发票领购簿及停业前领购的发票。

纳税人停业期满不能及时恢复生产经营的，应当在停业期满前到税务机关办理延长停业登记，并如实填写《停业复业报告书》。纳税人在停业期间发生纳税义务的，应当按照税收法律、行政法规的规定申报缴纳税款。

4. 外出经营报验登记

从事生产、经营的纳税人到外县（市）临时从事生产、经营活动的，应当向所在地税务机关申请开具《外出经营活动税收管理证明》。该证明实行一地一证原则，即纳税人每到一县（市）都要开具一份《外出经营活动税收管理证明》。

纳税人外出经营活动结束后，应当向经营地税务机关填报《外出经营活动情况申请表》，按规定结清税款、缴销未使用完的发票，并由经营地税务机关在证明上注明纳税人的经营、纳税及发票使用情况，在《外出经营活动税收管理证明》有效期届满后十日内，回到主管税务机关办理缴销手续。

5. 注销税务登记

注销税务登记是指纳税人由于法定的原因终止纳税义务时，向原税务机关申请办理的取消税务登记的手续。办理注销税务登记后，纳税人不再接受原税务机关的管理。

（1）纳税人发生解散、破产、撤销以及其他情形，依法终止纳税义务的，应当在向工商行政管理机关或者其他机关办理注销登记前，持有关证件向原税务登记机关申报办理注销税务登记；按照规定不需要在工商行政管理机关或者其他机关办理注册登记的，应当持有关证件，自有关机关批准或者宣告终止之日起十五日内，向原税务登记机关申报办理注销税务登记。

（2）纳税人被工商行政管理机关吊销营业执照或者被其他机关予以撤销登记的，应当自营业执照被吊销或者被撤销登记之日起十五日内，向原税务登记机关申报办理注销税务登记。

（3）纳税人因住所、经营地点变动，涉及改变税务登记机关的，应当在向工商行政管理机关或者其他机关申请办理变更、注销登记前或者住所、经营地点变动前，按规定向原税务登记机关申报办理注销税务登记，并自注销税务登记之日起三十日内向迁达地的税务机关申报办理税务登记。

（4）境外企业在中国境内承包建筑、安装、装配、勘探工程和提供劳务的，应当在项目完工、离开中国前十五日内，持有关证件和资料，向原税务登记机关申报办理注销登记。纳税人办理注销税务登记前，应当向税务机关提交相关证明文件和资料，结清应纳税款、多退（免）税款、滞纳金和罚款，缴销发票、税务登记证件和其他税务证件，经税务机关核准后，办理注销税务登记手续。

> 【例题·分析题】张某在某市 A 区设立了个人独资企业，其住所即为其经营地点。后根据经营情况，张某将企业搬至某市 B 区。分析张某要办理何种税务登记。
>
> 【解析】已办理税务登记的纳税人因税务登记内容发生变化，应办理变更税务登记；若纳税人因住所、经营地点发生变动，应向原税务登记机关申报办理注销税务登记，并自注销税务登记之日起 30 日内向迁达地的税务机关申报办理税务登记。所以，张某应先到某市 A 区税务局办理注销登记，再到某市 B 区税务局办理设立税务登记。

二、发票管理

（一）发票的概念

发票是指在购销商品、提供或者接受服务以及从事其他经营活动中，开具、收取的收付款凭证。发票是会计核算的原始依据,是确定经营收支行为发生的法定凭证,也是税务稽查的重要依据。《中华人民共和国税收征收管理法》规定,税务机关是发票的主管机关,负责发票印制、领购、开具、取得、保管、缴销的管理和监督。

为了加强发票的管理,财政部制定发布了《中华人民共和国发票管理办法》,对发票的印制、领购,发票的开具和保管,发票的检查以及违反发票管理制度的处罚等作出了规定。

(二) 发票的种类

1. 根据用途和功能分类

根据用途和功能分类,发票可分为增值税专用发票、普通发票和专业发票。

(1) 增值税专用发票,是指专门用于结算销售货物和提供加工、修理修配劳务使用的一种发票。增值税专用发票只限于增值税一般纳税人领购使用,增值税小规模纳税人不得领购使用。一般纳税人如有法定情形的,不得领购使用增值税专用发票。

(2) 普通发票,主要由增值税小规模纳税人使用,增值税一般纳税人在不能开具专用发票的情况下也可使用普通发票。普通发票由行业发票和专用发票组成。前者适用于某个行业的经营业务,如商业零售统一发票、商业批发统一发票、工业企业产品销售统一发票等;后者仅适用于某一经营项目,如广告费用结算发票、商品房销售发票等。

(3) 专业发票,是指国有金融、保险企业的存贷、汇兑、转账凭证、保险凭证;国有邮政、电信企业的邮票、邮单、话务、电报收据;国有铁路、国有航空企业和交通部门、国有公路、水上运输企业的客票、货票;等等。

2. 根据载体、存储和传输分类

根据载体、存储和传输的不同,发票可分为纸质发票和电子发票两大类,两者在法律效力、基本用途方面相同。

(1) 纸质发票。纸质发票是指传统的、以纸质形式存在的发票。纸质发票需要通过打印机打印出来,加盖发票专用章,并在交易时提供给消费者或客户。

(2) 电子发票。电子发票是指符合《中华人民共和国发票管理办法》及相关规定,在购销商品、提供或者接受服务以及从事其他经营活动中,开具、收取的以数据电文为载体的收付款凭证。电子发票有版式文档格式和非版式文档格式,可供使用人下载储存在电子设备中并以数字电文形式进行流转。

(3) 与纸质发票相比,电子发票可以直接在电子设备上传输和存储,便于管理和查询。电子发票不需要物理打印,减少了纸质使用,有利于环境保护。目前,我国的电子发票有增值税电子发票、全面数字化的电子发票。

增值税电子发票是增值税电子普通发票和增值税电子专用发票的统称。根据国家税务总局公告 2020 年第 1 号、2020 年第 22 号规定,纳税人通过增值税电子发票公共服务平台开具的增值税电子普通发票(见图 5-1)和增值税电子专用发票(见图 5-2),属于税务机关监制的发票,采用电子签名代替发票专用章,其法律效力、基本用途、基本使用规定等与增值税纸质发票相同。

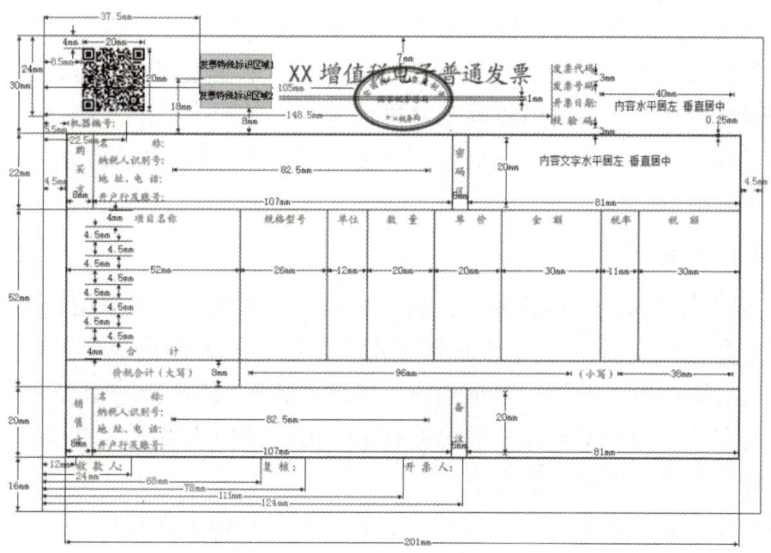

图 5-1 增值税电子发票公共服务平台开具的增值税电子普通发票票样

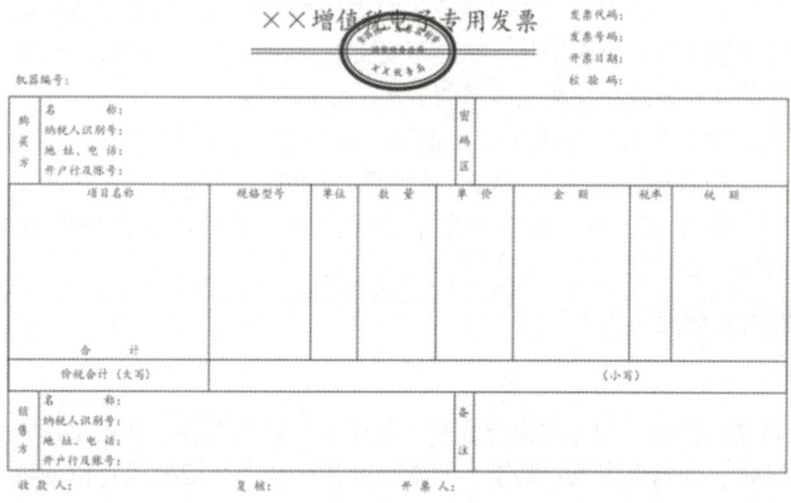

图 5-2 增值税电子发票公共服务平台开具的增值税电子专用发票票样

(三) 发票的开具要求

销售商品、提供服务以及从事其他经营活动的单位和个人，对外发生经营业务收取款项，收款方应向付款方开具发票；收款单位和扣缴义务人支付款项时，由付款方向收款方开具发票。开具发票时要遵守以下规定。

（1）单位和个人在发生经营业务、确认营业收入时，才能开具发票，未发生经营业务一律不得开具发票。

（2）开具发票时应按号码顺序填开，填写项目齐全、内容真实、字迹清楚、全部联次一次打印、内容完全一致，并在发票联和抵扣联加盖发票专用章。

(3) 开具发票应当使用中文。民族自治地方可以同时使用当地通用的一种民族文字；外商投资企业和外国企业可以同时使用一种外国文字。

(4) 电子发票应按照税务机关发票管理规定开具，电子发票与纸质发票具有同等的法律效力，任何单位和个人不得拒收电子发票。

(5) 任何单位和个人不得转借、转让、代开发票；未经税务机关批准，不得自行扩大专用发票使用范围。

(四) 发票的管理

(1) 单位和个人在依法办理税务登记后，可以向主管税务机关申请领购发票。申请时应当提供税务登记证、经办人身份证明等相关证明、财务印章或发票专用章的印模等。主管税务机关审核后，发给发票领购簿。申请人凭发票领购簿核准的种类、数量以及购票方式领购发票。依法不需要办理税务登记，但需要使用发票的单位和个人，也可以按规定向主管税务机关申请领购发票。

(2) 发票只限于领购单位和个人在本省、自治区、直辖市内开具。临时到本省、自治区、直辖市行政区域以外从事经营活动的单位或者个人，应当凭所在地税务机关的证明，向经营地税务机关申请领购经营地的发票。

(3) 开具发票的单位和个人应当建立发票使用登记制度，设置发票登记簿，并定期向主管税务机关报告发票使用情况；在办理变更或者注销税务登记时，开具发票的单位和个人应当同时办理发票和发票领购簿的变更、缴销手续。

(4) 开具纸质发票后，如发生销售退回、开票有误、应税服务中止等情形，需要作废发票的，应当收回原发票全部联次并注明"作废"字样后作废发票。单位和个人应当妥善保管纸质发票，发生发票丢失情形时，应当于发现丢失当日书面报告税务机关。

(五) 数电票管理

1. 数电票概述

(1) 数电票的概念。数电票是全面数字化电子发票的简称。数电票是将发票的票面要素全面数字化、号码全国统一赋予、开票额度智能授予、信息通过税务数字账户等方式在征纳主体之间自动流转的新型发票。数电票不以纸质形式存在、不用介质支撑、不需申请领用。

数电票是《中华人民共和国发票管理办法》中"电子发票"的一种，数电票与纸质发票具有同等法律效力。目前主要包括增值税电子专用发票、电子普通发票。

(2) 数电票应用及法律依据。随着数字经济高速发展，规模持续扩大，发票电子化改革不断推进，电子发票在各行各业中得到广泛应用，有利于简化交易过程、节约人力物力，降低企业交易成本、减少纸质消耗，对于推进"放管服"改革、营造良好的营商环境和实施"双碳"战略具有重要意义。尤其是新冠疫情发生以后使用电子发票有助于减少交易过程中的人员接触，为服务国家经济发展起到了积极作用。国家档案局、财政部、商务部、国家税务总局全面贯彻落实党中央、国务院决策部署，协同推进电子发票应用和实施工作，先后分三批选定近600家单位开展了增值税电子发票电子化报销、入账、归档试点，取得了积极成效。

自2021年12月1日起，内蒙古自治区、上海市和广东省（不含深圳市）三个地区开展推行数电票试点工作。2022年8月28日起，各省、自治区、直辖市和计划单列市实现数电票受票全覆盖。2024年11月24日，国家税务总局对外发布公告称，自2024年12月1日起，在全国正式推广应用数电票，助力国家数字经济发展和会计信息化建设，提升财政监管和税收征管效能。

2023年，国家市场监督管理总局和国家标准化管理委员会发布《电子发票业务数据规范 第1部分：基本要素》《电子发票业务数据规范 第2部分：特定要素》。国家档案局、财政部、商务部、国家税务总局四部门联合发布《电子发票全流程电子化管理指南》。2025年5月，财政部出台一系列电子凭证会计数据标准，如《电子凭证会计数据标准——全面数字化的电子发票（推广应用版）》《电子凭证会计数据标准——增值税电子发票（推广应用版）》《电子凭证会计数据标准——全面数字化的电子发票（铁路电子客票）（推广应用版）》《电子凭证会计数据标准——全面数字化的电子发票（航空运输电子客票行程单）（推广应用版）》等，有序推进会计处理的电子化。这些标准对数字化发票的开具、报销、入账、归档过程中产生的相关会计信息和发票状态信息进行了规范，能够有效防止数电票重复入账。2025年，全国统一的电子发票服务平台，能够24小时在线免费为纳税人提供电子发票申领、开具、交付、查验等服务，基本实现发票全领域、全环节、全要素电子化，较好地降低了制度性交易成本，提高了管理效率。

2. 数电票的特点

数电票的特点可以概括为"两去、两化、两制"。

（1）去介质与去版式。

数电票具有去介质的特点，不再依赖于传统的纸质或特定物理介质。电子发票开具后，发票数据文件自动发送至交易双方的税务数字账户，便利交付入账，减少人工收发，实现了票据的电子化、无纸化流通，极大地提高了交易效率和安全性。

去版式化打破了传统票据固定格式的限制，增加了XML的数据电文格式便利交付，同时保留PDF、OFD等格式，使得数电票可以根据实际业务需求灵活定制，更好地适应不同场景和用户需求，进一步推动了票据业务的创新发展。数电票破除了特定版式要求，降低了发票使用成本，提升了纳税人用票的便利度和获得感。同时，纳税人不再需要预先领取专用税控设备，而是通过网络可信身份等技术手段，摆脱专用算法和特定硬件束缚，实现"认盘改认人"。

（2）标签化与要素化。

数电票以标签化的方式给票据打上不同的标签，将票据按照类型、用途、金额、期限等不同标准进行标记和分类，使得用户能够快速识别票据的关键信息，对不同的标签设置不同的访问权限，使相关的票据信息易于关联，便于进行数据分析和管理，确保票据信息的安全。

数电票将票据的必要信息分解为若干个基本要素，每个要素都是票据信息的一个组成部分，保证了信息的规范性和一致性。每个要素都有明确的定义和填写要求，有助于减少信息填写和处理的错误。要素化信息便于计算机系统自动识别和处理，为自动化审计、核算等提供了可能。

数电票的标签化和要素化特点,提高了票据信息的准确性和处理效率,也为电子票据的流通和监管提供了便利。

(3) 赋码制与赋额制。

赋码制为每一张票据分配一个独一无二的识别码,用于标识票据的身份并验证其真实性,从而便于追踪票据的流转过程。每张票据都拥有一个特定的编码,确保了票据的唯一性和不可复制性。通过采用复杂的编码规则,赋码制增强了票据的防伪功能,有效防止伪造和篡改行为。此外,赋码制有助于将票据信息与财务系统、供应链管理系统等其他信息系统进行整合,实现数据的高效共享。

赋额制是指在特定的时间段内,对票据的金额额度进行预先设定和授权的管理制度。在赋额制的规定下,票据的金额被限制在预定的额度之内,超出该额度的部分可能需要经过额外的审批流程。通过实施赋额制,企业或机构能够更有效地控制预算,防止超支现象的发生;同时,赋额制也有助于识别和管理财务风险,因为所有票据的金额都被控制在预设的范围内。赋额制通常伴随着严格的授权管理,只有获得授权的人员才能在规定的额度内开具或使用票据,这便于监控票据的使用情况,确保额度的合理使用,避免潜在的滥用问题。

3. 数电票类别、样式及票面内容

(1) 数电票类别。数电票为单一联次,以数字化形态存在,类别包括电子发票(增值税专用发票)、电子发票(普通发票)、电子发票(航空运输电子客票行程单)、电子发票(铁路电子客票)、电子发票(机动车销售统一发票)、电子发票(二手车销售统一发票)等。数电票可以根据特定业务标签生成建筑服务、成品油、报废产品收购等特定业务发票。

(2) 数电票样式。数电票的 XML 格式和展示样式如图 5-3、图 5-4 所示。

图 5-3 数电票 XML 格式

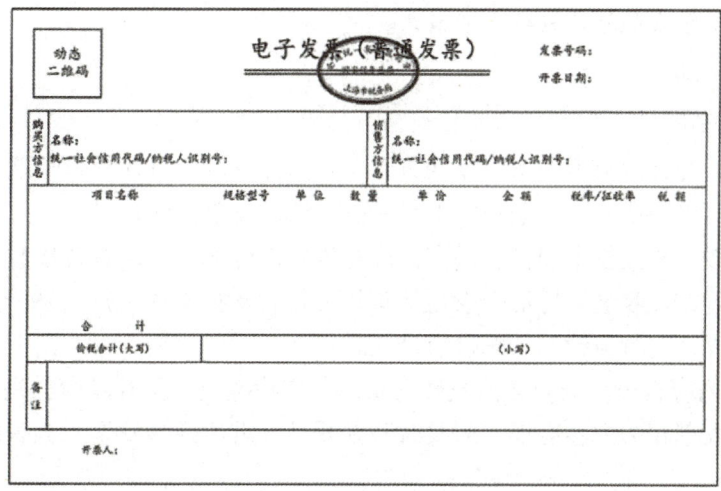

图 5-4 数电票展示样式

（3）数电票票面内容。数电票的票面基本内容包括发票名称、二维码、发票号码、开票日期、购买方信息、销售方信息、项目名称、规格型号、单位、数量、单价、金额、税率/征收率、税额、合计、价税合计（大写、小写）、备注、开票人等。

数电发票的号码为 20 位，其中第 1—2 位代表公历年度的后两位，第 3—4 位代表开票方所在的省级税务局区域代码，第 5 位代表开具渠道等信息，第 6—20 位为顺序编码。

在电子发票（增值税专用发票）和电子发票（普通发票）两类数电票下，根据特定业务标签，目前设置了建筑服务、成品油、报废产品收购、旅客运输服务、货物运输服务、不动产销售、不动产经营租赁服务、农产品收购、光伏收购、代收车船税、自产农产品销售、差额征税、机动车、二手车、代开发票、通行费、医疗服务、拖拉机和联合收割机、稀土等特定业务发票。

4. 数电票开具

（1）开具数电票。企业、单位在实际发生交易后，数电票的开具方（即销售方）登录全国统一的电子发票服务平台（无须使用税控专用设备，无须办理发票票种核定及领用），按照税务主管部门的有关要求，直接开具数电票。成功开具发票后，系统默认将电子发票文件及数据自动交付至数电票的接收方（即购买方）的税务数字账户。如果购买方是未录入组织机构代码的党政机关及事业单位，或是未录入身份证件号的自然人，系统则无法自动交付，开具方可使用电子邮件、二维码、电子文件导出等方式交付数电票，交付样式（XML 格式或 PDF、OFD 版式文件格式）可由交付方自行选择。

（2）开具红字数电票。纳税人发生开票有误、销货退回、服务中止、销售折让等情形，需要开具红字数电票。受票方未做增值税用途确认及入账确认的，开票方全额开具红字数电票，无须受票方确认；受票方已进行用途确认或入账确认的，开票方或受票方均可在电子发票服务平台填开《红字发票信息确认单》，经对方在电子发票服务平台确认后，开票方全额或部分开具红字数电票。

5. 数电票的接收

（1）接收数电票。

销售方成功开具发票后，系统默认将数电票文件及数据自动交付至购买方税务数字账户，购买方可以在税务数字账户中下载所需要的数电票文件。

受票方应按照相关技术规范和国家标准对软件进行配置，以具备接收和解析电子凭证的能力。受票方接收电子凭证（含电子凭证结构化数据文件）后，解析处理电子凭证结构化数字文件，进行报销、入账等会计处理。

（2）票面内容自查。受票方接收数电票后，应检查数电票开具内容是否与实际经济业务相符合，发现相关内容有误，应及时联系开具方重新开具发票。自查的内容包括以下两部分。

①票面内容与经济业务相符性自查。检查包括但不限于数电票的项目名称、特定业务信息（如建筑服务信息、不动产信息、旅客运输信息、货物运输信息等）、发票标签、业务要素等与实际经济业务内容或合同约定业务内容是否相符。

②票面内容完整性自查。主要是对接收的数电票票面内容（如购买方名称及税号、单价、大小写金额等）是否完整进行检查。

（3）验真。

受票方可通过国家税务总局全国增值税发票查验平台查验发票信息，即登录国家税务总局全国增值税发票查验平台（https://inv-veri.chinatax.gov.cn），对数电票的发票号码、开票日期、价税合计或支持上传版式文件进行查验。

受票方也可以通过电子发票服务平台税务数字账户验真，即登录电子发票服务平台税务数字账户的发票模块进行查验。受票方可通过该模块进行单张发票查验和批量发票查验两种查验模式的操作。单张发票查验模式下，支持手工输入单张发票信息查验，或上传 PDF、OFD、XML 和含有发票二维码的图片文件进行查验，查验结果展示发票票面信息。批量发票查验模式下，支持纳税人将需要查验发票的全要素信息在模板数据表中预加工后，导入系统批量进行查验，查询结果不展示发票票面信息，仅展示查验结果相符或不相符。

（4）查重及报销。

会计人员对数电票进行验真后，应对其与已经登记并报销的数电票进行查重，如发现收到的数电票与已经报销过并在会计人员处登记过的发票重复，应拒绝报销并及时通知报销人。

会计人员对经过审批、核查和登记的数电票方可按单位报销管理要求、出差伙食补贴标准等核定报销金额，按规定支付报销款项。

6. 数电票入账及归档

企业、单位在使用数电票报销完成后，进行会计入账时，需依据财政部《电子凭证会计数据标准——全面数字化的电子发票（推广应用版）》（以下简称《数电票标准》）的要求形成入账电子凭证、会计信息结构化数据文件。根据《财政部 国家档案局关于规范电子会计凭证报销入账归档的通知》第三条、第五条的规定，满足以下要求的单位，可以仅使用数电票含有数字签名的 XML 文件进行报销入账归档，可不再另以纸质形式保存。

（1）接收的电子会计凭证经查验合法、真实。

（2）电子会计凭证的传输、存储安全、可靠，对电子会计凭证的任何篡改能够及时被发现。

（3）使用的会计核算系统能够准确、完整、有效接收和读取电子会计凭证及其元数据，能够按照国家统一的会计制度完成会计核算业务，能够按照国家档案行政管理部门规定格式输出电子会计凭证及其元数据，设定了经办、审核、审批等必要的审签程序，且能有效防止电子会计凭证重复入账。

（4）电子会计凭证的归档及管理符合《会计档案管理办法》（财政部 国家档案局第 79 号令）等要求。

三、纳税申报

（一）纳税申报的概念

纳税申报是指纳税人、扣缴义务人按照税法及相关法规的规定，在申报期限内就纳税事项向税务机关书面申报的一种法定手续。纳税申报是纳税人履行纳税义务、界定法律责任的主要依据，是税务机关税收管理信息的主要来源和税务管理的一项重要制度。

（二）纳税申报的对象

按照《中华人民共和国税收征收管理法》的规定，办理纳税申报的对象和期限要求分为以下四种情况。

（1）负有纳税义务的单位和个人必须在法律、行政法规规定或税务机关依照法律、行政法规的规定确定的申报期限内办理纳税申报。

（2）临时取得应税收入或发生应税行为的纳税人，在发生纳税义务后，应当立即办理纳税申报。

（3）扣缴义务人必须在法律、行政法规规定或税务机关依照法律、行政法规的规定确定的申报期限内报送代扣代缴、代收代缴报告表。

（4）享有减税、免税待遇的纳税人，在减税、免税期间应当按照规定办理纳税申报。

（三）纳税申报内容

（1）纳税人必须依照税法及相关法律规定确定的申报期限、申报内容如实办理纳税申报。纳税申报的内容反映在纳税申报表和代扣代缴、代收代缴税款报告表内，主要包括税种、税目，应纳税项目或者应代扣代缴、代收代缴项目，适用税率或单位税额，计税依据、扣除项目及标准，应纳税额或者应代扣代缴、代收代缴税额，税款所属期限等。

（2）纳税人办理纳税申报时，应当如实填写纳税申报表，并根据不同情况相应报送下列有关证件：财务会计报表及其说明材料，与纳税有关的合同、协议书及凭证，税控装置的电子报税资料，外出经营活动税收管理证明和异地完税凭证，境内或者境外公证机构出具的有关证明文件，以及税务机关规定应当报送的其他有关资料。

（3）纳税人在纳税申报期内无论是否有收入，都必须在规定的期限内如实填报纳税申报。如果是零收入，应当进行零申报，并报送有关资料。

（四）纳税申报的方式

纳税人应依照法律法规规定的申报期限、申报内容如实填写纳税申报表，办理纳税申报手续。纳税申报方式包括以下几种。

1. 自行申报

自行申报也称直接申报，是指纳税人、扣缴义务人按照规定的期限自行直接到主管税务机关（报税大厅）办理纳税申报手续。这是目前最主要的纳税申报方式。

2. 邮寄申报

邮寄申报是指经税务机关批准的纳税人使用统一规定的纳税申报特快专递专用信封，通过邮政部门办理交寄手续，并向邮政部门索取收据作为申报凭据的方式。

邮寄申报以寄出地的邮政局邮戳日期为实际申报日期。这种申报方式比较适宜边远地区的纳税人。

3. 数据电文申报

数据电文是指以税务机关确定的电话语音、电子数据交换和网络传输等电子方式进行纳税申报。这种方式运用了新的电子信息技术，代表着纳税申报方式的发展方向，适用范围逐渐扩大。但由于数据电文申报方式，其数据的可靠性尚不稳定，因此税法要求纳税人采取电子方式办理纳税申报的，应当按照税务机关规定的期限和要求保存有关（纸质）资料，并定期书面报送主管税务机关。

4. 简易申报、简并征期申报

（1）简易申报是由实行定期定额征收方式的个体工商户（或个人独资企业）在税务机关规定的期限内按照法律、行政法规规定缴清应纳税款，当期（纳税期）可以不办理申报手续，在定额执行期结束后，再将每月实际发生的经营额、所得额一并向税务机关申报。简易申报实际上是纳税申报的一种变通方法，不能算是一种独立的纳税申报方式。这种方法既节省了时间，降低了纳税成本，也符合及时、足额征收税款的原则。

（2）简并征期是将实行定期定额征收方式的个体工商户（或个人独资企业）若干纳税期的应纳税额集中在一个纳税期限内缴纳。简并征期最大程度地简化了税款征收程序。适用于实行定期定额征收方式的个体工商户（或个人独资企业）经营地点偏远、缴纳税款数额较小，或者税务机关征收税款有困难的情况。简并征期相当于延长了纳税期限，本身并不是一种纳税申报方式。

除上述方式以外，纳税人、扣缴义务人还可以委托税务师等有税务代理资质的中介机构或者他人代理申报纳税。

四、税款征收与上缴方式

(一) 税款征收及其方式

1. 税款征收

税款征收是税务机关依照税收法律、法规的规定将纳税人应当缴纳的税款组织入库的一系列活动的总称。它是税收征收管理工作的中心环节,在整个税收征收管理工作中占有极其重要的地位。

税务机关依照法律、法规的规定征收税款,不得违反规定开征、停征、多征、少征、提前征收、延缓征收或者摊派税款。除税务机关、税务人员以及税务机关依照法律、法规委托的单位和人员外,任何单位和个人不得进行税款征收活动。

2. 税款征收方式

税款征收方式是指税务机关根据各税种的不同特点和纳税人的具体情况而确定的计算、征收税款的形式和方法。目前,我国税款征收的方式主要有查账征收、查定征收、查验征收、定期定额征收、核定征收、代扣代缴、代收代缴、委托代征等。

(1) 查账征收。查账征收是指由纳税人依据账簿记载,先自行计算缴纳,事后经税务机关查账核实,如有不符合税法规定的,则多退少补。这种征收方式适用于财务会计制度健全、能够如实核算和提供生产经营情况、正确计算应纳税款的纳税人。

(2) 查定征收。查定征收是指由税务机关根据纳税人的生产设备等在正常情况下的生产、销售情况,对其生产的应税产品查定产量和销售额,然后依照税法规定的税率征收税款的一种征收方式。这种征收方式适用于生产经营规模较小、产品零星、税源分散、会计账册不健全的纳税人。

(3) 查验征收。查验征收是指税务机关对纳税人的应税商品、产品,通过查验数量,按市场一般销售单价计算其销售收入,并据以计算应纳税款的一种征收方式。这种征收方式适用于财务制度不健全,生产经营不固定,零星分散、流动性大的纳税人。

(4) 定期定额征收。定期定额征收是指对小型个体工商户在一定经营地点、一定经营时期、一定经营范围内的应纳税经营额(包括经营数量)或所得额(简称定额)进行核定,并以此为计税依据,确定其应纳税额的一种征收方式。这种征收方式适用于经主管税务机关认定和县级以上税务机关(含县级)批准的生产、经营规模小,未设置账簿标准,难以查账征收,不能准确计算纳税依据的个体工商户。

(5) 核定征收。根据《中华人民共和国税收征收管理法》的规定,对不设及当设未设账簿、擅自销毁账簿或者拒不提供纳税资料、设置账簿但账目混乱或者凭证资料残缺不全难以查账等情形的纳税人,税务机关有权核定其应纳税额。核定方法包括参照当地同类行业或者类似行业中经营规模和收入水平相近的纳税人的税负水平、按照营业收入或者成本加合理的费用和利润的方法核定等。

核定征收的方式有定额征收和核定应税所得率征收两种。

①定额征收,即直接核定所得税额。

②核定应税所得率征收。按照收入总额或成本费用等项目的实际发生额,按预先核

定的应税所得率计算所得税。

(二) 税款的上缴方式

1. 纳税人直接向国库经收处缴纳

纳税人在申报前，先向税务机关领取税票，自行填写，然后到国库经收处缴纳税款，以国库经收处的回执联和纳税申报等资料，向税务机关申报纳税。这种缴库方式，适用于在设有国库经收处的银行和其他金融机构开设账户，并且向税务机关申报的纳税人。

2. 税务机关自收税款并办理入库手续

这是由税务机关直接收取税款并办理入库手续的缴纳方式，适用于由税务机关代开发票的纳税人缴纳的税款；临时发生纳税义务，需向税务机关直接缴纳的税款；税务机关采取强制执行措施，以拍卖所得或变卖所得缴纳的税款。

3. 代扣代缴

代扣代缴是指按照税法规定，负有扣缴税款义务的法定义务人，在向纳税人支付款项时，从所支付的款项中直接扣缴税款的方式。其目的是对零星分散、不易控制的税源实行源头控制，有利于防止税款流失，降低税收成本，手续也比较简单。目前，我国的个人所得税规定了代扣代缴方式。

4. 代收代缴

代收代缴是指负有收缴税款义务的法定义务人，对纳税人应纳的税款进行代收和代缴。即与纳税人有经济业务往来的单位和个人依照税收的规定向纳税人收取税款。这种征收方式一般适用于税收网络覆盖不到或很难控制的领域，如受托加工应缴消费税的消费品，由受托方代收代缴消费税。目前我国的消费税规定了代收代缴方式。

5. 委托代征

委托代征是指受托单位按照税务机关核发的代征证书的要求，以税务机关的名义向纳税人征收一些零散的税款。这种征收方式的适当使用有利于控制税源，方便征纳双方，降低征收成本。

6. 其他方式

其他方式包括利用网络申报、网络账户转账纳税的方式，用 IC 卡纳税的方式，利用税控系统进行纳税的方式等。还有税务部门在纳税人未设置会计账簿、擅自销毁账簿、拒不提供纳税资料等情况下采取的核定税额方法。

五、税务代理

税务代理指代理人接受纳税主体的委托，在法定的代理范围内依法代其办理相关税务事宜的行为。税务代理人在其权限内，以纳税人（含扣缴义务人）的名义代为办理纳税申报，申请减免税，设置保管账簿凭证，进行税务行政复议和诉讼等纳税事项。

(一) 税务代理的特征

1. 独立公正

税务代理公司与国家行政机关、纳税人或扣缴义务人等没有行政隶属关系，既不受税务行政部门的干预，又不受纳税人、扣缴义务人所左右，独立代办税务相关事宜。因而，税务代理公司必须站在公正的立场上，客观地评价代理人的经济行为，在法律允许的范围内为被代理人办理税收事宜，独立、公正地执行业务。

2. 自愿有偿

税务代理业务必须建立在双方自愿的基础上，即税务代理公司实施税务代理行为，应当以纳税人、扣缴义务人自愿委托和自愿选择为前提。税务代理公司是社会中介机构，实行自主经营、自负盈亏，因而提供的是有偿服务，即通过代理取得收入并抵补费用，获得利润。

3. 业务合法

税务代理公司的税务代理业务范围是以法律、行政法规和行政规章的形式确定的，税务代理公司在法定范围内进行业务承办，因而，税务代理公司不能超越规定的内容从事税务代理活动。

（二）税务代理的法定业务范围

税务代理人可以接受纳税人、扣缴义务人的委托从事下列范围内的业务代理：办理税务登记手续、办理纳税申报或扣缴税款报告、办理缴纳税款和申请退税手续、办理增值税一般纳税人资格认定申请及增值税专用发票代开、申请税务行政复议或税务行政诉讼，以及开展税务咨询等。

纳税人、扣缴义务人可根据需要委托税务代理人进行全面代理、单项代理或临时代理、常年代理。税务代理人不能代理应由税务机关行使的行政职权，税务机关按照法律、行政法规的规定委托其代理的除外。

六、税款征收措施

税款征收措施主要有核定调整应纳税额、责令缴纳并加收滞纳金、责令提供纳税担保、采取税收保全措施、采取税收强制执行措施等。

税款征收方式与税款征收措施有区别。税款征收方式是征税的方法，税款征收措施是保证税款及时足额入库的手段。

（一）核定调整应纳税额

1. 适用情形

主要适用于采用核定征收方式进行税款上缴的情形，如依法可以不设置账簿的、依法应当设置但未设置账簿的、纳税人申报的计税依据明显偏低且无正当理由的，以及发生纳税义务，未按照规定的期限办理纳税申报，经税务机关责令限期申报，逾期仍不申报的。

2. 核定应纳税额的方法

对于核定调整应纳税额的，税务机关有权采用下列任何一种方法核定应纳税额。

（1）参照当地同类行业或者类似行业中经营规模和收入水平相近的纳税人的税负水平核定。

（2）按照营业收入或者成本加合理的费用和利润的方法核定。

(3) 按照耗用的原材料、燃料、动力等推算或者测算核定。
(4) 按照其他合理方法核定。
当其中一种方法不足以正确核定应纳税额时，可以同时采用两种以上的方法核定。

3. 关联企业纳税调整

关联企业是指在资金、经营、采购、销售等方面存在直接或者间接的拥有或者控制关系，直接或者间接地同为第三者所拥有或者控制，或在利益上具有关联关系的企业。纳税人与关联企业的业务往来，应遵循独立交易原则，如存在不符合独立交易原则的，税务机关可以调整其应纳税额。

税务机关调整应纳税额的方法主要包括以下几种。
(1) 按照独立企业之间进行的相同或者类似业务活动的价格。
(2) 按照再销售给无关联关系的第三者的价格所应取得的收入和利润水平。
(3) 按照成本加合理的费用和利润。
(4) 按照其他合理的方法。

纳税人与其关联企业未按照独立企业之间的业务往来支付价款、费用的，税务机关自该业务往来发生的纳税年度起三年内进行调整；有特殊情况的，可以自该业务往来发生的纳税年度起十年内进行调整。

（二）责令缴纳并加收滞纳金

纳税人未按照规定期限缴纳税款的，扣缴义务人未按照规定期限解缴税款的，税务机关可责令限期缴纳，并自税款法定缴纳期限届满次日起，至纳税人、扣缴义务人实际缴纳或者解缴税款之日止，按日加收滞纳税款万分之五的滞纳金。

此外，税务机关有根据认为从事生产、经营的纳税人有逃避纳税义务行为的，可以在规定的纳税期之前，责令限期缴纳应纳税款。纳税担保人未按照规定的期限缴纳所担保的税款，税务机关可以责令其限期缴纳应纳税款。

（三）责令提供纳税担保

1. 适用情形

(1) 被税务机关有根据认为纳税人有逃避纳税义务行为，经责令在规定纳税期之前缴纳应纳税款，但在限期内被发现有明显的转移、隐匿其应纳税的商品、货物或应纳税收入等迹象的纳税人。

(2) 需要出境的欠缴税款、滞纳金的纳税人或者其法定代表人。欠缴税款的纳税人或者其法定代表人在出境前未按规定结清应纳税款、滞纳金或者提供纳税担保的，税务机关可以通知出境管理部门阻止其出境。

(3) 同税务机关在纳税上发生争议而未缴清税款，需要申请行政复议的纳税人。申请行政复议的纳税人，必须先行缴纳或者解缴税款及滞纳金，或者提供相应的担保，并得到税务机关确认，方可在六十日内提出行政复议申请。

【提示】
申请人对税务机关作出逾期不缴纳罚款加处罚款的决定不服的，应当先缴纳罚款和加处罚款,再申请行政复议。

2. 纳税担保的方式

纳税担保的方式主要有保证、抵押、质押。

3. 纳税担保的范围

纳税担保的范围有税款、滞纳金和相关费用。

(四) 采取税收保全措施

1. 适用情形及措施

(1) 经税务机关责令提供纳税担保,而纳税人拒绝提供或无力提供纳税担保的,经县以上税务局(分局)局长批准,税务机关可以采取税收保全措施,如冻结纳税人相当于应纳税款的存款,扣押、查封纳税人相当于应纳税款价值的商品、货物或者其他财产。

(2) 经税务机关核定应纳税额及责令缴纳,而纳税人不进行缴纳的,税务机关可以扣押其价值相当于应纳税款的商品、货物。

(3) 税务机关发现纳税人有逃避纳税义务行为,并有明显的转移、隐匿其应纳税的商品、货物以及其他财产或者应纳税的收入的迹象的,可以依法定的批准权限采取税收保全措施或者强制执行措施。

2. 不适用税收保全措施的财产

(1) 个人及其所扶养家属维持生活必需的住房和用品(不包括机动车辆、金银饰品、古玩字画、豪华住宅或者一处以外的住房),不在税收保全措施的范围之内。

(2) 对单价五千元以下的其他生活用品,税务机关不采取税收保全措施。

【提示】

税收保全措施期限规定:税务机关采取税收保全措施的期限一般不得超过6个月。

(五) 采取税收强制执行措施

1. 适用情形及措施

从事生产、经营的纳税人、扣缴义务人未按照规定的期限缴纳或者解缴税款,纳税担保人未按照规定的期限缴纳所担保的税款,由税务机关责令限期缴纳,逾期仍未缴纳的,经县以上税务局局长批准,税务机关可以采取下列强制执行措施。

(1) 书面通知其开户银行或者其他金融机构从其存款中扣缴税款。

(2) 扣押、查封、依法拍卖或者变卖其价值相当于应纳税款的商品、货物或者其他财产,以拍卖或者变卖所得抵缴税款。

2. 强制执行的范围

(1) 对上述纳税人、扣缴义务人、纳税担保人未缴纳的税款、滞纳金同时强制执行。

(2) 个人及其所扶养家属维持生活必需的住房和用品(不包括机动车辆、金银饰品、古玩字画、豪华住宅或者一处以外的住房),不在强制执行措施的范围之内。

（3）对单价五千元以下的其他生活用品，税务机关不采取强制执行措施。

第三节　流转税法

流转税是指在生产、流通或服务过程中，每经过一个流转环节（如生产、批发、零售等），就对商品或劳务的增值部分或交易额征收的一种税。流转税主要包括增值税、消费税等。

一、增值税

（一）增值税法律依据

1993年12月13日，中华人民共和国国务院令第134号公布《中华人民共和国增值税暂行条例》，并于2008年11月5日国务院第34次常务会议修订通过。

2016年2月6日《国务院关于修改部分行政法规的决定》进行第一次修订。2017年11月19日《国务院关于废止〈中华人民共和国营业税暂行条例〉和修改〈中华人民共和国增值税暂行条例〉的决定》进行第二次修订。

2024年12月25日，第十四届全国人民代表大会常务委员会第十三次会议通过《中华人民共和国增值税法》。该法自2026年1月1日起施行，《中华人民共和国增值税暂行条例》同时废止。

（二）增值税性质及征税范围

1. 增值税性质

《中华人民共和国增值税暂行条例》第一条规定：

在中华人民共和国境内销售货物或者加工、修理修配劳务，销售服务、无形资产、不动产以及进口货物的单位和个人，为增值税的纳税人，应当依照本条例缴纳增值税。

【提示】

《中华人民共和国增值税法》调整为：在中华人民共和国境内销售货物、服务、无形资产、不动产（以下简称应税交易），以及进口货物的单位和个人（包括个体工商户），为增值税的纳税人，应当依照本法规定缴纳增值税。

增值税是以销售货物、服务、无形资产、不动产以及进口货物过程中产生的增值额作为计税依据而征收的一种流转税。增值税包括三种类型。

（1）生产性增值税。以纳税人的销售收入（或劳务收入）减去用于生产经营的外购原材料、燃料、动力等物质资料价值后的余额作为法定的增值额，但对购入的固定资产及其折旧均不予扣除。

（2）收入型增值税。对于纳税人购置用于生产经营的固定资产，允许将已提折旧的价值额予以扣除。

（3）消费型增值税。允许纳税人将购置物质资料的价值和用于生产经营的固定资产价值中所含的税款，在购置当期全部一次扣除。

2. 增值税征收范围

（1）一般范围。增值税的征税范围包括销售（包括进口）货物，提供加工、修理修配劳务。其中，销售货物是指有偿转让货物的所有权；提供加工、修理修配劳务是指有偿提供加工、修理修配劳务，但单位或个体经营者聘用的员工为本单位或雇主提供加工、修理修配劳务，不包括在内。

（2）视同销售的特殊行为。在增值税法中被视同为销售货物，要征收增值税的特殊行为包括：将货物交由他人代销；代他人销售货物；将货物从一地移送至另一地（同一县市除外）；将自产或委托加工的货物用于非应税项目、职工福利或个人消费；将自产、委托加工或购买的货物作为对其他单位的投资、分配给股东或者无偿赠送他人；等等。

（三）增值税税率调整及现行税率

1. 增值税税率调整

自1994年《中华人民共和国增值税暂行条例》实施以来，我国增值税税率经历了多次重要调整，并呈现出税率不断下降的趋势（如表5-2所示），反映了我国增值税制度持续优化、适应经济发展需求的演进历程。2024年，以立法形式明确了2026年的增值税税率框架，标志着我国增值税制度在推进法治化进程中取得了新进展。

表5-2 增值税税率变化表

时间	1994年1月1日起	2009年1月1日起	2017年11月19日起	2018年5月1日起	2019年4月1日起	2026年1月1日起
基本税率	17%	17%	17%	16%	13%	13%
低税率	13%	13%	11%	10%	9%	9%
低税率			6%	6%	6%	6%
征收率	6%	3%	3%	3%	3%	3%
零税率	0%	0%	0%	0%	0%	0%
法律行政法规依据	《中华人民共和国增值税暂行条例》（1993年11月26日国务院第12次常务会议通过）	《中华人民共和国增值税暂行条例》2008年11月5日国务院第34次常务会议修订通过	《中华人民共和国增值税暂行条例》（2017年11月19日国务院第二次修订）	《财政部 税务总局关于调整增值税税率的通知》（财税〔2018〕32号）	《财政部 税务总局 海关总署关于深化增值税改革有关政策的公告》（财政部 税务总局 海关总署公告2019年第39号）	《中华人民共和国增值税法》（2024年12月25日第十四届全国人民代表大会常务委员会第十三次会议通过），自2026年1月1日起施行

2. 现行增值税税目及税率

《中华人民共和国增值税法》于 2026 年 1 月 1 日起施行。增值税税目及税率仍按现行政策执行。增值税的税目与税率见表 5-3。

表 5-3 增值税税率表

税率	具体内容
13%基本税率	除另有规定外，纳税人销售货物、劳务、有形动产租赁服务或者进口货物
9%	纳税人销售交通运输、邮政、基础电信、建筑、不动产租赁服务，销售不动产，转让土地使用权，销售或者进口下列货物。 (1) 粮食等农产品、食用植物油、食用盐。 (2) 自来水、暖气、冷气、热水、煤气、石油液化气、天然气、二甲醚、沼气、居民用煤炭制品。 (3) 图书、报纸、杂志、音像制品、电子出版物。 (4) 饲料、化肥、农药、农机、农膜。 (5) 国务院规定的其他货物
6%	金融服务、生活服务、增值电信服务、现代服务（有形动产租赁、不动产租赁服务除外）、销售无形资产（转让土地使用权除外）
零税率	除另有规定外，出口货物；境内单位和个人发生的跨境应税行为

【例题·单选题】2019 年 4 月 1 日增值税税率调整后，下列货物、劳务和服务适用 13%税率的是（　　）。
A. 纳税人现场制作糕点并直接销售给消费者
B. 有形动产租赁服务
C. 农机
D. 报纸
【答案】B
【解析】选项 A，纳税人现场制作糕点并直接销售给消费者，按照餐饮服务适用 6%的增值税税率；选项 C、D，适用 9%的增值税税率。

3. 征收率

增值税征收率适用于小规模纳税人和一般纳税人发生应税销售行为适用简易计税方法计税这两种情况。除适用 5%征收率以外的，纳税人选择简易计税方法销售货物、提供应税劳务、发生应税行为均为 3%，具体见表 5-4。

表 5-4　适用 5%等征收率的情形

具体情形	征收率
（1）小规模纳税人的不动产租售，除另有规定外	5%
（2）一般纳税人销售原有不动产、转让房地产老项目；出租原有不动产；原有不动产融资租赁服务	5%
（3）收取试点前开工的一级公路、二级公路、桥、闸通行费，选择适用简易计税方法的	5%
（4）个人（含个体工商户和其他自然人）出租住房	减按 1.5%
（5）一般纳税人收取试点前开工的高速公路通行费，选择适用简易计税方法的	减按 3%
（6）纳税人转让 2016 年 4 月 30 日前取得的土地使用权，选择适用简易计税方法的	5%
（7）房地产开发企业中的一般纳税人购入未完工的房地产老项目（2016 年 4 月 30 日之前的建筑工程项目）继续开发后，以自己名义立项销售的不动产，属于房地产老项目，选择适用简易计税方法的	5%
（8）一般纳税人和小规模纳税人提供劳务派遣服务，选择差额纳税的	5%
（9）一般纳税人提供人力资源外包服务，选择适用简易计税方法的	5%

（四）增值税税款的计算

1. 一般纳税人应纳税额的计算

我国增值税实行扣税法。一般纳税人凭增值税专用发票及其他合法扣税凭证注明税款进行抵扣，即纳税人根据货物或应税劳务销售额，按照规定的税率计算出一个税额，然后从中扣除上一道环节已纳增值税额，其余额即为纳税人的增值税应纳税额。当期销项税额小于当期进项税额不足抵扣时，其不足部分可以结转下期继续抵扣。

应纳增值税的计算公式为：

$$应纳税额 = 当期销项税额 - 当期进项税额$$

（1）销项税额。销项税额是指纳税人销售货物或者提供应税劳务，按照销售额和规定的税率计算并向购买方收取的增值税额。

一般纳税人开具的增值税专用发票上注明的销售额是不含税的。销项税额的计算公式为：

$$销项税额 = 销售额 \times 适用税率$$

普通发票上注明的金额是含增值税的，需换算为不含税销售额进行计算，计算公式为：

$$销项税额 = 销售金额 \div (1 + 税率或征收率) \times 适用税率$$

> 【例题·计算题】三门海公司为增值税一般纳税人,按13%的税率征税。某年12月份公司采购一批原材料,收到的增值税专用发票中注明增值税额为0.9万元。该公司当月销售一批产品,开出的增值税专用发票中注明销售额为10万元,增值税额为1.3万元。另开出一张普通发票,销售金额6 780元。计算该公司12月份应纳增值税销售额、销项税额以及应交增值税额。
>
> 【答案】12月应纳增值税销售额＝100 000+6 780÷（1+13%）＝106 000（元）
>
> 12月应计销项税额＝13 000+6 000×13%＝13 780（元）
>
> 12月应交增值税额＝13 780-9 000＝4 780（元）

（2）进项税额。进项税额是指纳税人购进货物或者接受应税劳务支付或者负担的增值税额。销售方收取的销项税额就是购买方支付的进项税额。按税法规定,下列情形不得抵扣进项税额。

①用于简易计税方法计税项目、免征增值税项目、集体福利或者个人消费的购进货物、加工修理修配劳务、服务、无形资产和不动产。

②非正常损失的购进货物,以及相关的加工修理修配劳务和交通运输服务。

③非正常损失的在产品、产成品所耗用的购进货物（不包括固定资产）、加工修理修配劳务和交通运输服务。

④非正常损失的不动产,以及该不动产所耗用的购进货物、设计服务和建筑服务。

⑤非正常损失的不动产在建工程（包含纳税人新建、改建、扩建、修缮、装饰不动产等）所耗用的购进货物、设计服务和建筑服务。

⑥购进的旅客运输服务、贷款服务、餐饮服务、居民日常服务和娱乐服务。

⑦财政部和国家税务总局规定的其他情形。

> 【例题·多选题】按照有关增值税的规定,不得从销项税额中抵扣的进项税额有（　　）。
>
> A. 用于非应税项目的购进货物或者应税劳务的进项税额
>
> B. 虚开代开的专用发票的进项税额
>
> C. 用于免税项目的购进货物或者应税劳务的进项税额
>
> D. 用于集体福利或个人消费的购进货物或者应税劳务的进项税额
>
> 【答案】ABCD

2. 小规模纳税人应纳税额的计算

小规模纳税人销售货物或提供应税劳务,开具的发票金额为含税金额,应当换算为不含税销售额,并按规定的征收率计算应纳税额,且不得抵扣进项税额。其计算公式为：

销项税额＝销售金额÷（1＋税率或征收率）×征收率

【例题·多选题】根据增值税规定,下列行为中,应缴纳我国增值税的有( )。
A. 美国 A 公司向我国企业转让其在我国使用的商标权
B. 法国 B 公司将其在意大利的办公楼出租给我国企业使用
C. 英国 C 公司对我国企业开拓国际、国内市场提供咨询服务
D. 印度 D 公司为我国企业在印度的建筑工程提供监理服务
【答案】AC
【解析】选项 A,属于完全发生在境内,需要缴纳我国的增值税;选项 C,属于未完全发生在境外,需要缴纳我国的增值税。

(五) 增值税专用发票管理

1. 专用发票申领范围

一般纳税人经办人凭身份证、发票领购簿、金税盘、税务登记证件前往税务局窗口或者网上申请办理申领增值税专用发票。一般纳税人有下列情形之一者,不得领购使用专用发票。

(1) 会计核算不健全,导致不能按会计制度和税务机关的要求准确核算增值税的销项税额、进项税额和应纳税额者。

(2) 不能向税务机关准确提供增值税销项税额、进项税额、应纳税额及其他有关增值税税务资料者。

(3) 纳税人存在私自印制专用发票,向个人或税务机关以外的单位借用、买取专用发票,向他人提供虚开的专用发票,未按本规定第五条的要求开具、保管专用发票等行为,经税务机关责令限期改正而仍未改正者。

2. 专用发票开具范围

一般纳税人销售货物或提供应税劳务时,应当向购买方开具增值税专用发票。但下列情形不得开具专用发票。

(1) 向消费者个人销售货物、加工修理修配劳务、服务、无形资产或者不动产的。

(2) 商业企业一般纳税人零售烟、酒、食品、服装、鞋帽(不包括劳保专用部分)、化妆品等消费品的。

(3) 销售免税货物的,但法律法规及国家税务总局另有规定的除外。

3. 专用发票的开具

(1) 增值税专用发票由基本联或基本联附加其他联构成,基本联为三联,依次为记账联、抵扣联和发票联。其中,记账联是作为销售方核算销售收入和增值税销项税额的凭证;抵扣联是作为购买方报送主管税务机关认证和留存备查的凭证;发票联是作为购买方核算采购成本和增值税进项税额的凭证。其他档次的用途由一般纳税人自行确定。

(2) 增值税一般纳税人应通过增值税防伪税控系统开具专用发票。防伪税控系统是

指经国务院同意推行的，使用专用设备和通用设备，运用数字密码和电子存储技术管理专用发票的计算机管理系统。其中，专用设备包括报税盘、法人一证通等，通用设备包括计算机、打印机、扫描器等。

增值税专用发票应按照增值税纳税义务的发生时间开具，应与实际交易相符，不得提前或滞后。开具时应保证项目齐全，字迹清楚，不得压线、错格，发票联和抵扣联加盖财务专用章或者发票专用章。对不符合要求的专用发票，购买方有权拒收。

对已开具增值税专用发票的销售货物、加工修理修配劳务、服务、无形资产或不动产，销售方要及时足额计入当期销售额计税。开具了增值税专用发票，其销售额未按规定计入销售账户核算的视为偷税。

4. 专用发票退回、有误或丢失的处理

（1）作废处理。一般纳税人在开具专用发票的当月，发生销货退回、开票有误等情形，收到退回的发票联、抵扣联符合作废条件（即收到退回的发票联、抵扣联时间未超过销售方开票当月；销售方未交税并且未记账；购买方未认证或者认证结果为"纳税人识别号认证不符""专用发票代码、号码认证不符"）的，按作废处理；开具时发现有误的，可即时作废。作废专用发票须在防伪税控系统中将相应的数据电文按"作废"处理，在纸质专用发票（含未打印的专用发票）各联次上注明"作废"字样，全部联次留存。

（2）开具红字专用发票。一般纳税人开具专用发票后，发生销货退回、开票有误等情形，但不符合作废条件的或者因销货部分退回及发生销售折让，可以开具红字专用发票。开具红字专用发票的，需取得经税务系统校验过的开具红字增值税专用发票的信息表，并在增值税发票管理系统中以销项负数开具，红字专用发票内的信息应与信息表一一对应。

（3）以复印件进行抵扣或入账。对于已开具的增值税专用发票或机动车销售统一发票，纳税人同时丢失了发票联和抵扣联的，可凭加盖销售方发票专用章的相应发票记账联复印件，作为增值税进项税额的抵扣凭证、退税凭证或记账凭证。

对于已开具的增值税专用发票或机动车销售统一发票，纳税人仅丢失抵扣联的，可以将相应发票的发票联复印件，作为增值税进项税额的抵扣凭证或退税凭证。纳税人丢失已开具增值税专用发票或机动车销售统一发票的发票联的，可以将相应发票的抵扣联复印件作为记账凭证。

【例题·多选题】不得开具增值税专用发票的情形有（　　）。
A. 向消费者销售应税项目
B. 将货物用于集体福利或个人消费
C. 销售免税项目
D. 向一般纳税人销售应税项目
【答案】ABC

（六）增值税的征收管理

1. 纳税义务发生时间

（1）采用直接收款方式销售货物（不论是否发出货物）或销售无形资产的，均为收到销售款项或者取得索取销售款项凭据的当天；先开具发票的，为开具发票的当天。

（2）采取托收承付和委托银行收款方式销售货物的，为发出货物并办妥托收手续的当天。

（3）采取赊销和分期收款方式销售货物的，为书面合同约定的收款当天；未签订书面合同或者签订的书面合同对收款日期没有明确约定的，为货物发出的当天。

（4）采取预收货款方式销售货物的，为发出货物的当天；但生产销售生产工期超过十二个月的大型机械设备、船舶、飞机等货物，为收到预收款或者书面合同约定的收款日期当天。

（5）委托其他纳税人代销货物的，为收到代销单位的代销清单或者收到全部或者部分货款的当天。未收到代销清单及货款的，为发出代销货物满一百八十天的当天。

（6）纳税人从事金融商品转让的，为金融商品所有权转移的当天。

（7）纳税人发生视同销售货物行为的，为货物移送的当天。纳税人发生视同提供应税服务行为的，为应税服务完成的当天。

（8）纳税人进口货物的，为报关进口的当天。

（9）增值税扣缴义务发生时间为纳税人增值税纳税义务发生的当天。

2. 纳税期限

根据《中华人民共和国增值税暂行条例》的规定，增值税的纳税期限分别为一日、三日、五日、十日、十五日、一个月或者一个季度，纳税人的具体纳税期限，由主管税务机关根据纳税人应纳税额的大小分别核定；以一个季度为纳税期限的规定适用于小规模纳税人、银行、财务公司、信托投资公司、信用社，以及财政部和国家税务总局规定的其他纳税人。不能按照固定期限纳税的，可以按次纳税。

纳税人以一个月或者一个季度为一个纳税期的，自期满之日起十五日内申报纳税；以一日、三日、五日、十日或者十五日为一个纳税期的，自期满之日起五日内预缴税款，于次月一日起十五日内申报纳税并结清上月应纳税款。

纳税人进口货物，应当自海关填发海关进口增值税专用缴款书之日起十五日内缴纳税款。

【提示】

《中华人民共和国增值税法》第三十条规定：增值税的计税期间分别为十日、十五日、一个月或者一个季度。

3. 纳税地点

（1）固定业户应当向其机构所在地的主管税务机构申报纳税。固定业户到外县（市）销售货物或者提供应税劳务，应当向其机构所在地主管税务机关申请开具《外出经营活动税收管理证明》，并向其机构所在地主管税务机关申报纳税。未开具该证明的，应当向销售地或者劳务发生地的主管税务机关申报纳税。

（2）非固定业户销售货物或者提供应税劳务，应当向销售地或者劳务发生地的主管税务机关申报纳税。进口货物向报关地海关申报纳税。

（3）扣缴义务人应当向其机构所在地或者居住地主管税务机关申报缴纳其扣缴的税款。

二、消费税

（一）消费税性质

1. 消费税的概念

消费税是对特定的消费品和消费行为在特定的环节征收的一种流转税。消费税的纳税人是在我国境内生产、委托加工和进口《中华人民共和国消费税暂行条例》规定的消费品的单位和个人，以及国务院确定的销售本条例规定的消费品的其他单位和个人。

现行征收消费税的法律依据是《中华人民共和国消费税暂行条例》（中华人民共和国国务院令第135号），该条例于1993年12月13日发布，并于2008年11月5日国务院第34次常务会议修订通过，自2009年1月1日起施行。

2. 消费税特点

（1）消费税的征税具有目的性。国家可以根据宏观产业政策和消费政策的要求，有目的、有重点地选择一些消费品征收消费税，以抑制对人体健康不利的或者过度消费会对人体有害的消费品的生产，如香烟等。

（2）消费税具有调节性。国家通过对消费品征税，使产业、产品结构得到优化，从而实现资源优化配置。同时，通过对奢侈品或超前消费的物品征收消费税，抑制高水平或超前消费，在政策上正确引导社会消费方向和人们的消费行为。

（3）消费税具有隐蔽性。消费税主要在征税商品的生产环节征收，但钻石、金银首饰消费税在零售环节征收。消费税是价内税，消费税额最终都包含在零售价中转嫁到了消费者身上，消费者不易察觉。

（二）消费税的征税范围

1. 征税范围

（1）特殊消费品，主要指对人类健康、社会秩序、生态环境等造成危害的特殊消费品，如烟、酒、鞭炮等。

（2）奢侈品、非生活必需品，如贵重首饰及珠宝玉石、高档化妆品等。

（3）高能耗及高档消费品，如小汽车、摩托车、高尔夫球及球具、游艇等。

（4）不可再生和替代的资源类消费品，如成品油、木制一次性筷子、实木地板等。

（5）促进节能环保的消费品，如电池、涂料等。

2. 生产应税消费品

生产应税消费品在生产销售环节征税。纳税人将生产的应税消费品换取生产资料、消费资料、投资入股、偿还债务，以及用于继续生产应税消费品以外的其他方面的，都应缴纳消费税。

3. 委托加工应税消费品

委托加工应税消费品是指委托方提供原料和主要材料，受托方只收取加工费和代垫部分辅助材料加工的应税消费品。

如果委托方用于连续生产应税消费品的，所纳税款准予按规定抵扣；直接出售的，不再缴纳消费税。委托方将收回的应税消费品，以不高于受托方的计税价格出售的，为直接出售，不再需要缴纳消费税；以高于受托方的计税价格出售的，不属于直接出售，需按照规定申报缴纳消费税，在计税时准予扣除受托方已代收代缴的消费税。

4. 进口应税消费品

单位和个人进口应税消费品，于报关进口时由海关代征消费税。

5. 零售应税消费品

经国务院批准，金银首饰、铂金首饰、钻石及钻石饰品等商品的消费税改为零售环节征收，适用税率为5%。计税依据是不含增值税的销售额。

对既销售金银首饰，又销售非金银首饰的生产、经营单位，应将两类商品划分清楚，分别核算销售额。凡划分不清楚或不能分别核算的，在生产环节销售的，一律从高适用税率征收消费税；在零售环节销售的，一律按金银首饰征收消费税。金银首饰与其他产品组成成套消费品销售的，应按销售额全额征收消费税。

金银首饰连同包装物一起销售的，无论包装物是否单独计价，也无论会计上如何核算，均应并入金银首饰的销售额，计征消费税。

6. 批发应税消费品

卷烟消费税在生产和批发两个环节征收。特殊消费品的消费税纳税范围见表5-5。

表5-5 特殊消费品的消费税纳税范围

特殊消费品	生产销售环节	批发商向批发商销售	批发商向零售商销售	零售环节
高档化妆品	√	×	×	×
金、银、铂、钻首饰	×	×	×	√
除金、银、铂、钻外的贵重首饰及珠宝玉石	√	×	×	×
普通小汽车	√	×	×	×
超豪华小汽车	√	×	×	√（加征）
烟丝	√	×	×	×
卷烟	√	×	√（加征）	×

(三) 消费税税率与税目

1. 税目

现行消费税征税范围包括 15 个税目：烟、酒、高档化妆品、贵重首饰及珠宝玉石、鞭炮焰火、成品油、摩托车、小汽车、高尔夫球及球具、高档手表、游艇、木制一次性筷子、实木地板、涂料及电池。

2. 税率

消费税的税率包括比例税率和定额税率两类。不同的税目或子目的应税消费品的税率不同。对不同的应税消费品分别实行从价定率、从量定额或从量定额与从价定率相结合的计税方法。其中，比例税率适用于多数税目，定额税率适用于成品油税目和甲类、乙类啤酒、黄酒等税目，复合税率适用于卷烟、白酒，相关税率见表 5-6。

表 5-6 消费税相关税目、税率明细表

税目	税率
一、烟	
1. 卷烟	
（1）甲类卷烟	56%加 0.003 元/支
（2）乙类卷烟	36%加 0.003 元/支
（3）批发环节	11%加 0.005 元/支
2. 雪茄烟	36%
3. 烟丝	30%
4. 电子烟	生产（进口）环节：36%，批发环节：11%
二、酒	
1. 白酒	20%加 0.5 元/500 克（或 500 毫升）
2. 黄酒	240 元/吨
3. 啤酒	
（1）甲类啤酒	250 元/吨
（2）乙类啤酒	220 元/吨
4. 其他酒	10%
三、高档化妆品	15%
四、贵重首饰及珠宝玉石	
1. 金银首饰、铂金首饰和钻石及钻石饰品	5%
2. 其他贵重首饰和珠宝玉石	10%
五、鞭炮焰火	15%

续表

税目	税率
六、成品油	
1. 汽油	1.52 元/升
2. 柴油	1.2 元/升
3. 航空煤油（暂缓征收）	1.2 元/升
4. 石脑油	1.52 元/升
5. 溶剂油	1.52 元/升
6. 润滑油	1.52 元/升
7. 燃料油	1.2 元/升
七、摩托车	
1. 气缸容量 250 毫升的	3%
2. 气缸容量在 250 毫升（不含）以上的	10%
八、小汽车	
1. 乘坐用车	
（1）气缸容量在 1.0 升（含 1.0 升）以下的	1%
（2）气缸容量在 1.0 升以上至 1.5 升（含 1.5 升）的	3%
（3）气缸容量在 1.5 升以上至 2.0 升（含 2.0 升）的	5%
（4）气缸容量在 2.0 升以上至 2.5 升（含 2.5 升）的	9%
（5）气缸容量在 2.5 升以上至 3.0 升（含 3.0 升）的	12%
（6）气缸容量在 3.0 升以上至 4.0 升（含 4.0 升）的	25%
（7）气缸容量在 4.0 升以上的	40%
2. 中轻型商用客车	5%
3. 超豪华小汽车（130 万/辆乘用车和中轻商用客车）	10%
九、高尔夫球及球具	10%
十、高档手表	20%
十一、游艇	10%
十二、木制一次性筷子	5%
十三、实木地板	5%
十四、涂料	4%
十五、电池	4%

（四）消费税税款的计算

应税消费品应纳税额的计算方法一般有三种：从价定率法、从量定额法、从价定率和从量定额复合计税法。

1. 从价定率法

消费税根据应税消费品的销售额和适用税率进行计算，计算公式为：

应纳税额 = 应税消费品的计税销售额 × 比例税率

这里的销售额包括向购货方收取的全部价款和价外费用。我国实行消费税和增值税交叉征收，消费税是价内税，增值税是价外税。因此，实行从价定率征收消费税的消费品，消费税税基和增值税税基是一致的，即都是以含消费税而不含增值税的销售额为计税基数。

应税消费品销售额 = 含增值税销售额 ÷（1 + 增值税税率或征收率）

【例题·计算题】某化工厂为增值税一般纳税人，2024 年 6 月销售高档化妆品，开具了一张增值税专用发票，上面注明的销售额为 30 万元；开具了一张普通发票，上面注明了销售额为 67 800 元。要求：计算该化工厂 6 月份应纳消费税税额和增值税销项税额。

【答案】计税销售额 = 300 000 + 67 800 ÷（1 + 13%）= 360 000（元）
应纳消费税税额 = 360 000 × 15% = 54 000（元）
应纳增值税销项税额 = 360 000 × 13% = 46 800（元）

2. 从量定额法

消费税根据应税消费品的销售数量和含税额进行计算，计算公式为：

应纳税额 = 应税消费品的销售数量 × 定额税率

其中，应税消费品的销售数量指：
（1）销售应税消费品的，为应税消费品的销售数量；
（2）自产自用应税消费品的，为应税消费品的移送使用数量；
（3）委托加工应税消费品的，为纳税人收回的应税消费品数量；
（4）进口应税消费品的，为海关核定的应税消费品进口征税数量。

按照《中华人民共和国消费税暂行条例实施细则》的规定，黄酒、啤酒、成品油等应税消费品采取从量定额办法计算应纳税额。其计量单位的换算标准见表 5-7。

表 5-7　黄酒、啤酒、成品油等计量单位换算标准

品名	计量单位换算标准
啤酒	1 吨 = 988 升
黄酒	1 吨 = 962 升
汽油	1 吨 = 1 388 升
柴油	1 吨 = 1 176 升
石脑油	1 吨 = 1 385 升
溶剂油	1 吨 = 1 282 升
润滑油	1 吨 = 1 126 升

续表

品名	换算标准
燃料油	1 吨 = 1 015 升
航空煤油	1 吨 = 1 246 升

【例题·计算题】某炼油厂采购原油 40 吨，加工成无铅汽油 12 吨，计算其应纳消费税税额。

【答案】应纳消费税税额 = 12×1 388×1.52 = 25 317.12（元）

3. 从价定率和从量定额复合计税法

现行消费税的征税范围中，实行复合计税法的消费品有卷烟、白酒。其计算公式为：

应纳税额 = 应税消费品销售额 × 比例税率 + 应税消费品销售数量 × 定额税率

【例题·计算题】某卷烟厂出售卷烟 20 个标准箱，每标准箱调拨价格为 80 元，共计 400 000 元，烟丝价值 45 000 元，采用托收承付结算方式，货已发出并办妥托收手续。计算其应纳消费税税额。

【答案】250 × 20 × 0.003 = 150（元/箱）

应纳消费税税额 = 20 × 150 + 400 000 × 56% + 45 000 × 30% = 240 500（元）

【解析】根据财税〔2009〕84 号，甲类卷烟每标准条（200 支）调拨价格在 70 元（不含增值税）以上（含 70 元）的卷烟，税率调整为 56%；卷烟的从量定额税率不变，即 0.003 元/支。

4. 已纳消费税扣除的计算

（1）为了避免重复征税，现行税法规定，外购应税消费品继续生产应税消费品销售，准予从应纳消费税税额中按当期生产领用数量计算扣除外购应税消费品已纳的消费税税款。

（2）扣税范围。在消费税 15 个税目中，除酒、小汽车、高档手表、游艇、电池、涂料 6 个税目外，其余税目均有扣税规定。

5. 自产自用应税消费品的计算

自产自用应税消费品是指纳税人将自产或委托加工的货物用于非增值税应税项目、员工福利或个人消费、对外投资、分配给投资人以及无偿赠送的应税消费品。计算方法如下。

（1）按照纳税人生产的当月同类消费品的销售价格计算纳税。

（2）如果当月同类消费品各期销售价格高低不同，应按销售数量加权平均计算。但销售价格明显偏低又无正当理由的或无销售价格的，则不得列入加权平均计算。

(3) 如果当月无销售或者当月未完结,应按照同类消费品上月或最近月份的销售价格计算纳税。没有同类消费品销售价格,按照组成计税价格计算纳税。

①实行从价定率办法的计算公式为:

组成计税价格=(成本+利润)÷(1-比例税率)

②实行复合计税办法的计算公式为:

组成计税价格=(成本+利润+自产自用数量×定额税率)÷(1-比例税率)

上述公式中所称的"成本"是指应税消费品的产品生产成本。公式中所称"利润"是指根据应税消费品的全国平均成本利润率计算的利润。

全国平均成本利润率由国家税务总局确定,见表5-8。

表5-8 应税消费品全国平均成本利润率

序号	应税消费品	平均成本利润率
1	甲类卷烟	10%
2	乙类卷烟	5%
3	雪茄烟	5%
4	烟丝	5%
5	粮食白酒	10%
6	薯类白酒	5%
7	其他酒	5%
8	酒精	5%
9	化妆品	5%
10	护肤护发品	5%
11	鞭炮焰火	5%
12	贵重首饰及珠宝玉石	6%
13	汽车轮胎	5%
14	摩托车	6%
15	小轿车	8%
16	越野车	6%
17	小客车	5%

【例题·计算题】A酒厂将自产薯类白酒1吨发放给职工作为福利,该薯类白酒对外销售价格为7 000元/吨,生产成本为4 000元/吨,成本利润率为5%。计算其应纳消费税税额。

【答案】应纳消费税税额=7 000×20%+2 000×0.5=2 400(元)

6. 委托加工应税消费品的计算

委托加工应税消费品必须具备两个条件：一是由委托方提供原料和主要材料；二是受托方只收取加工费和代垫部分辅助材料。凡不符合规定条件的，都不能按委托加工应税消费品进行税务处理，只能按照销售自制应税消费品缴纳消费税。

委托加工应税消费品应当按照受托方的同类消费品的销售价格计算纳税，没有同类消费品销售价格的，则按照组成计税价格计算纳税额。

（1）实行从价定率办法的计算公式为：

$$组成计税价格 = (材料成本 + 加工费) \div (1 - 比例税率)$$

（2）实行复合计税办法的计算公式为：

$$组成计税价格 = (材料成本 + 加工费 + 委托加工数量 \times 定额税率) \div (1 - 比例税率)$$

上述公式中的"材料成本"，是指委托方所提供加工材料的实际成本。"加工费"是指受托方加工应税消费品后向委托方收取的全部费用，包括代垫辅助材料的实际成本，不包括增值税税金。受托方必须如实提供向委托方收取的全部费用资料，保证组成计税价格及代收代缴消费税的准确计算。

(五) 消费税的征收管理

1. 纳税义务发生时间

纳税人生产应税消费品，应于销售时纳税；进口应税消费品的，应于报关进口环节纳税；金银首饰、铂金首饰、钻石及钻石饰品在零售环节纳税。具体时间主要有如下要求。

（1）纳税人销售应税消费品，纳税义务发生时间要求为：①采取赊销和分期收款结算的为纳税人书面合同约定的收款日期的当天；若书面合同没有约定收款日期或者无书面合同，为发出应税消费品的当天；②采取预收货款结算方式，为纳税人发出应税消费品的当天；③采取托收承付和委托银行收款方式，为纳税人发出应税消费品并办妥托收手续的当天；④采取其他结算方式，为纳税人收讫销售款或者取得索取销售款凭据的当天。

（2）自产自用的应税消费品，纳税义务的发生时间为纳税人移送使用的当天。

（3）委托加工的应税消费品，纳税义务的发生时间为纳税人提货的当天。

（4）进口的应税消费品，纳税义务的发生时间为纳税人报关进口的当天。

2. 纳税期限

根据《中华人民共和国消费税暂行条例》的规定，消费税的纳税期限分别为一日、三日、五日、十日、十五日、一个月或者一个季度。纳税人的具体纳税期限由主管税务机关根据纳税人的应纳税额分别核定。如果不能按照固定期限纳税，纳税人也可以按次纳税。

纳税人若以一个月或者一个季度为一个纳税期，自期满之日起十五日内申报纳税；以一日、三日、五日、十日或者十五日为一个纳税期，自期满之日起五日内预缴税款，于次月一日起至十五日内申报纳税并结清上月的应纳税款。

纳税人进口应税消费品,应当自海关填发税款缴款书之日起十五日内缴纳税款。

3. 纳税地点

(1)纳税人销售、自产自用的应税消费品,应当向纳税人机构所在地或居住地主管税务机关申报纳税。

(2)委托加工的应税消费品,由受托方向其所在地主管税务机关代收代缴消费税税款;委托个人加工的应税消费品,由委托方向其机构所在地或者居住地主管税务机关申报纳税。

(3)进口的应税消费品,由进口人或其代理人向报关地海关申报纳税。

(4)纳税人到外县(市)销售或委托外县(市)代销自产应税消费品,在销售应税消费品后,回纳税人机构所在地或居住地缴纳消费税。

(5)纳税人的总机构与分支机构不在同一县(市),应当分别向各自机构所在地的主管税务机关申报纳税。

(6)纳税人销售的应税消费品,因质量等问题退回时,经机构所在地或者居住地的主管税务机关审核批准后,可退还已缴纳的消费税税款,但不能自行直接抵减应纳税款。

4. 消费税的纳税申报

自 2021 年 8 月 1 日起,消费税的申报表与城市维护建设税、教育费附加、地方教育附加申报表整合。纳税人无论当期有无销售或是否盈利,均应在次月一日至十五日内填写消费税及附加税费申报表,向主管税务机关进行纳税申报。

除主表以外,申报表还应包括本期准予扣除税额计算表、本期减(免)税额明细表、本期委托加工收回情况报告表、卷烟批发企业月份销售明细清单、卷烟生产企业合作生产卷烟消费税情况报告表、消费税附加税费计算表等,在申报时一并填写。

第四节 所得税法

一、企业所得税

(一)企业所得税的概念

企业所得税法是由国家制定的,用以调整企业所得税的征收与缴纳之间权利及义务关系的法律规范。企业所得税是指国家对境内企业和其他取得收入的组织的生产、经营所得和其他所得依法征收的一种税。

(二)企业所得税特点

1. 征税对象是所得额

所得额是指按税法规定,纳税人的收入总额扣除各项成本、费用后的余额。它既不完全等于企业实现的利润额,更不是企业的增值额。

2. 计征比较复杂

企业所得税的计税依据是净所得，涉及成本、费用的归集与分配。与流转税相比，计算和征收的难度更大。税法规定了税前扣除与非扣除项目，以及纳税企业年度亏损可以用下一年度实现的利润抵补，可连续抵补五年，这使所得税的计征更加复杂。

3. 税收负担不易转嫁

所得税又称为直接税，是以纳税人的应纳税所得额为课税对象，在分配环节予以课征。一般来说，相对于间接税，所得税税负不容易转嫁。

（三）企业所得税的法律依据

《中华人民共和国企业所得税法》于2007年3月16日由第十届全国人民代表大会第五次会议通过，自2008年1月1日起施行，并于2017年2月24日、2018年12月29日修订。《中华人民共和国企业所得税法实施条例》于2007年12月6日由国务院公布，自2008年1月1日起施行，并于2019年4月23日、2024年12月6日修订。

（四）纳税人与征税对象

1. 纳税人

企业所得税的纳税人，是在中国境内的企业（个人独资企业、合伙企业除外）和其他取得收入的组织（以下统称企业），分为居民企业和非居民企业。

居民企业，是指依法在中国境内成立，或者依照外国（地区）法律成立但实际管理机构在中国境内的企业。依法在中国境内成立的企业是指依照中国法律、行政法规在中国境内成立的企业（国有企业、集体企业、私营企业、联营企业、股份制企业、外商投资企业等）、事业单位、社会团体以及其他取得收入的组织。居民企业负担无限纳税义务。

非居民企业，是指依照外国（地区）法律成立且实际管理机构不在中国境内，但在中国境内设立机构、场所的，或者在中国境内未设立机构、场所，但有来源于中国境内所得的企业。其中，机构、场所是指在中国境内从事生产经营活动的机构、场所。非居民企业承担有限纳税义务。

【提示】

个人独资企业和合伙企业不是企业所得税的纳税人，应当缴纳个人所得税。

【例题·多选题】下列各项中，不属于我国企业所得税纳税人的有（　　）。
A. 依据外国法律成立但实际管理机构在中国境内的企业
B. 在中国境内成立的合伙企业
C. 在中国境内成立的个人独资企业
D. 在中国境内未设立机构、场所，但有来源于中国境内所得的企业
【答案】BC
【解析】我国企业所得税实行法人所得税制，由于合伙企业和个人独资企业不具有法人资格，因此无须缴纳我国的企业所得税。选项A，属于居民企业；选项D，属于非居民企业，均属于企业所得税的纳税人。

2. 征税对象

居民企业应将来源于中国境内、境外的所得作为征税对象。中国境内、境外的应税所得，包括销售货物所得、提供劳务所得、转让财产所得、股息和红利等权益性投资所得、利息所得、租金所得、特许权使用费所得、接受捐赠所得和其他所得。

非居民企业在中国境内设立机构、场所的，应当就其所设机构、场所取得的来源于中国境内的所得，以及发生在中国境外但与其所设机构、场所有实际联系的所得，缴纳企业所得税。非居民企业在中国境内未设立机构、场所的，或者虽设立机构、场所但取得的所得与其所设机构、场所没有实际联系的，应当就其来源于中国境内的所得缴纳企业所得税。

（五）企业所得税的税率

1. 基本税率

基本税率为25%，适用于居民企业和在中国境内设有机构、场所且所得与机构、场所有实际联系的非居民企业。

2. 优惠税率

（1）优惠税率20%。如自2022年1月1日至2024年12月31日，对小型微利企业年应纳税所得额超过100万元但不超过300万元的部分，减按25%计入应纳税所得额，按20%的税率缴纳企业所得税。

（2）优惠税率15%。自2021年1月1日至2030年12月31日，对设在西部地区的鼓励类产业企业减按15%的税率征收企业所得税。

（六）企业所得税的优惠政策

企业的下列所得，可以免征、减征企业所得税。
（1）从事农、林、牧、渔业项目的所得。
（2）从事国家重点扶持的公共基础设施项目投资经营的所得。
（3）从事符合条件的环境保护、节能节水项目的所得。
（4）符合条件的技术转让所得等。

纳税人申请减免税，必须向主管税务机关提供减免税申请报告、纳税人的财务会计报表以及工商执照和税务登记证复印件等书面资料。减免税受理的截止日期为年度终了后的两个月内，若逾期，税务机关不再受理减免税申请。

（七）企业所得税应纳税所得额的计算

（1）企业所得税应纳税所得额是企业所得税的计税依据：

$$应纳所得税额 = 应纳税所得额 \times 适用税率 - 减免和抵免税额$$

（2）收入总额。收入总额是指企业以货币形式和非货币形式从各种来源取得的收入。包括销售货物收入，提供劳务收入，股息、红利等权益性投资收益，利息收入，租金收入等。

（3）不征税收入。不征税收入是指从性质和根源上不属于企业营利性活动带来的经济利益、不负有纳税义务且不作为应纳税所得额组成部分的收入,如财政补贴、依法收取并纳入财政管理的行政事业性收费、政府性基金以及国务院规定的其他不征税收入。

(4) 免税收入。免税收入是指属于企业的应税所得,但按照税法规定免予征收企业所得税的收入。包括国债利息收入,符合条件的居民企业之间的股息、红利收入等。

(5) 准予扣除项目。企业实际发生的与取得收入有关的、合理的支出,包括成本、费用、税金、损失和其他支出等,准予在计算应纳税所得额时扣除。

【例题·计算题】某居民企业 2024 年计入成本、费用的实发工资总额为 300 万元(其中包括临时工工资 20 万元,直接发放给接受的劳务派遣人员工资 30 万元),拨缴职工工会经费 8 万元,发生职工福利费 40 万元、职工教育经费 15 万元。计算该企业 2024 年应纳税所得额时准予在税前扣除的工资和三项经费。

【答案】职工福利费扣除限额 = 300 × 14% = 42(万元),实际发生 40 万元,准予据实扣除。

工会经费扣除限额 = 300 × 2% = 6(万元),实际拨缴 8 万元,准予扣除 6 万元。

职工教育经费扣除限额 = 300 × 8% = 24(万元),实际发生 15 万元,准予据实扣除。

税前准予扣除的工资和三项经费合计 = 300 + 40 + 6 + 15 = 361(万元)。

【解析】企业实际发生的合理的工资、薪金支出准予据实扣除,包括临时工工资和直接发放给接受的劳务派遣人员的工资都可以作为工资、薪金在税前扣除。

(八) 企业所得税的征收管理

1. 纳税地点

居民企业一般以企业登记注册地为纳税地点,但登记注册地在境外的,以企业实际管理机构所在地为纳税地点。居民企业在中国境内设立的不具有法人资格的分支或营业机构,由该居民企业汇总计算并缴纳企业所得税。

非居民企业在中国境内设立机构、场所的,应当就其所设机构、场所取得的来源于中国境内的所得,以及发生在中国境外但与其所设机构、场所有实际联系的所得,以机构、场所所在地为纳税地点。非居民企业在中国境内未设立机构、场所,或者虽设立机构、场所,但取得的所得与其所设机构、场所没有实际联系的,以扣缴义务人所在地为纳税地点。

【例题·多选题】下列关于所得来源地确定方法的表述中,符合企业所得税法规定的有(   )。

A. 股权转让所得按转出方所在地确定
B. 不动产转让所得按不动产所在地确定
C. 特许权使用费所得按收取特许权使用费所得的企业所在地确定
D. 销售货物所得按交易活动发生地确定

【答案】BD

【解析】选项 A，股权转让所得属于权益性投资资产转让所得，应按照被投资企业所在地，而非转出方所在地确定；选项 C，利息、租金、特许权使用费所得，按照负担、支付所得的企业或者机构、场所所在地确定，或者按照负担、支付所得的个人的住所地确定。

2. 纳税期限

企业所得税实行按年计算（计算期自公历 1 月 1 日起至 12 月 31 日止）、分月或分季预缴、年终汇算清缴（年终后五个月内进行）、多退少补的征纳方法。

纳税人在一个年度中间开业，或者合并、关闭等原因，使该纳税年度的实际经营期不足十二个月的，应当以其实际经营期为一个纳税年度。

3. 纳税申报

按月或按季预缴的，应当自月份或季度终了之日起十五日内，向税务机关报送预缴企业所得税纳税申报表，预缴税款。年度终了，企业应当自年度终了之日起五个月内，向税务机关报送年度企业所得税纳税申报表，并汇算清缴，结清应缴应退税款。依法缴纳的企业所得税以人民币计算。所得以人民币以外的货币计算的，应当折算成人民币计算并缴纳税款。

企业在纳税年度内无论盈利或者亏损，都应当依照企业所得税法规定的期限，向税务机关报送预缴企业所得税纳税申报表、企业所得税年度纳税申报表、财务会计报告和税务机关规定应当报送的其他有关资料。

二、个人所得税

（一）个人所得税法律依据

2018 年 8 月 31 日，第十三届全国人民代表大会常务委员会第五次会议对《中华人民共和国个人所得税法》进行了修正。

（二）个人所得税的纳税人和征税范围

1. 纳税人分类及其纳税义务

（1）居民纳税人。居民个人是指在中国境内有住所，或者无住所，但一个纳税年度内在中国境内居住累计满一百八十三天的个人。居民个人取得综合所得，按年计算个人所得税。有扣缴义务人的，由扣缴义务人按月或者按次预扣预缴税款。需要办理汇算清缴的，应当在取得所得的次年 3 月 1 日至 6 月 30 日办理汇算清缴。

居民个人从中国境内和境外取得的所得，缴纳个人所得税。纳税人有中国居民身份证号码的，以中国居民身份证号码为纳税人识别号；纳税人没有中国居民身份证号码的，由税务机关赋予其纳税人识别号。扣缴义务人扣缴税款时，纳税人应当向扣缴义务人提供纳税人识别号。

（2）非居民纳税人。在中国境内无住所又不居住，或者无住所而一个纳税年度内在中国境内居住累计不满一百八十三天的个人,为非居民个人。非居民个人取得工资、薪金所得,劳务报酬所得,稿酬所得和特许权使用费所得,有扣缴义务人的,由扣缴义务人按月或者按次代扣代缴税款,不办理汇算清缴。

2. 征税范围

下列各项个人所得应当缴纳个人所得税。

(1) 综合所得。包括工资、薪金所得,劳务报酬所得,稿酬所得,特许权使用费所得。

(2) 经营所得。

(3) 利息、股息、红利所得。

(4) 财产租赁所得。

(5) 财产转让所得。

(6) 偶然所得。

(三) 个人所得税的税率

1. 综合所得的个人所得税税率

综合所得的个人所得税税率见表 5-9。

表 5-9 综合所得税率表

级数	全年应纳税所得额	税率(%)	速算扣除数
1	不超过 36 000 元	3	0
2	超过 36 000 元至 144 000 元的部分	10	2 520
3	超过 144 000 元至 300 000 元的部分	20	16 920
4	超过 300 000 元至 420 000 元的部分	25	31 920
5	超过 420 000 元至 660 000 元的部分	30	52 920
6	超过 660 000 元至 960 000 元的部分	35	85 920
7	超过 960 000 元的部分	45	181 920

2. 经营所得的个人所得税税率

经营所得的个人所得税税率见表 5-10。

表 5-10 经营所得税率表

级数	全年应纳税所得额	税率(%)	速算扣除数
1	不超过 30 000 元	5	0
2	超过 30 000 元至 90 000 元的部分	10	1 500
3	超过 90 000 元至 300 000 元的部分	20	10 500
4	超过 300 000 元至 500 000 元的部分	30	40 500
5	超过 500 000 元的部分	35	65 500

3. 其他所得的个人所得税税率

利息、股息、红利所得，财产租赁所得，财产转让所得和偶然所得适用20%的比例税率。

（四）个人所得税的优惠政策

1. 免征个人所得税范围

（1）省级人民政府、国务院部委和中国人民解放军军级以上单位，以及外国组织、国际组织颁发的科学、教育、技术、文化、卫生、体育、环境保护等方面的奖金。

（2）国债和国家发行的金融债券利息。

（3）按照国家统一规定发给的补贴、津贴。

（4）福利费、抚恤金、救济金。

（5）保险赔款。

（6）军人的转业费、复员费、退役金。

（7）按照国家统一规定发给干部、职工的安家费、退职费、基本养老金或者退休费、离休费、离休生活补助费。

（8）依照有关法律规定应予免税的各国驻华使馆、领事馆的外交代表、领事官员和其他人员的所得。

（9）中国政府参加的国际公约、签订的协议中规定免税的所得。

（10）国务院规定的其他免税所得。

2. 减征个人所得税范围

有下列情形之一的，可以减征个人所得税，具体幅度和期限由省、自治区、直辖市人民政府规定，并报同级人民代表大会常务委员会备案。

（1）残疾、孤老人员和烈属的所得。

（2）因自然灾害遭受重大损失的。

国务院可以规定其他减税情形，报全国人民代表大会常务委员会备案。

3. 个人捐赠的优惠范围

个人将其所得对教育、扶贫、济困等公益慈善事业进行捐赠，捐赠额未超过纳税人申报的应纳税所得额30%的部分，可以从其应纳税所得额中扣除；国务院规定对公益慈善事业捐赠实行全额税前扣除的，从其规定。

个人所得税应纳税所得额具体计算方法如表5-11所示。

表5-11 个人所得税应纳税所得额具体计算方法

应税项目	计征规定	应纳税所得额
综合所得	按月或按次预缴，年终汇算清缴	每一纳税年度的收入额-60 000元（基本费用扣除）-专项扣除-专项附加扣除-依法确定的其他扣除
经营所得	按月或按次预缴，年终汇算清缴	年度收入总额-成本-费用-损失

续表

应税项目	计征规定	应纳税所得额
财产租赁所得	按次纳税	每次收入≤4 000元,定额扣除800元; 每次收入>4 000元,定率扣除20%
财产转让所得	按次纳税	财产原值-合理费用
利息、股息、红利所得、偶然所得	按次纳税	每次收入额

(五) 个人所得税应纳税额的计算

自2021年1月1日起,在纳税人累计收入不超过6万元的月份,暂不预扣预缴个人所得税;在其累计收入超过6万元的当月及年内后续月份,再预扣预缴个人所得税。

1. 居民个人工资、薪金所得的平时预扣预缴

对上一完整纳税年度内每月均在同一单位预扣预缴工资、薪金所得个人所得税且全年工资、薪金收入不超过6万元的居民个人,扣缴义务人在预扣预缴本年度工资、薪金所得个人所得税时,累计减除费用自2021年1月起,直接按照全年6万元计算扣除。即在纳税人累计收入超过6万元的当月及年内后续月份,需预扣预缴个人所得税。

本期应预扣预缴税额=(累计预扣预缴应纳税所得额×预扣率-速算扣除数)-累计减免税额-累计已预扣预缴税额

累计预扣预缴应纳税所得额=累计收入-累计免税收入-6万元-累计专项扣除-累计专项附加扣除-累计依法确定的其他扣除

扣缴义务人应当按规定办理扣缴申报,并在《个人所得税扣缴申报表》相应纳税人的备注栏注明"上年各月均有申报且全年收入不超过6万元"字样。对按照累计预扣法预扣预缴劳务报酬所得个人所得税的居民个人,扣缴义务人比照执行。

如扣缴义务人预计本年度发放给其的收入将超过6万元、纳税人需要纳税记录或者本人有多处所得合并后全年收入预计超过6万元等原因,扣缴义务人与纳税人可在当年1月份税款扣缴申报前经双方确认后,按照原预扣预缴方法计算并预缴个人所得税。

【例题·计算题】张某为A单位员工,2023年1—12月在A单位取得工资、薪金50 000元,单位为其办理了2023年1—12月的工资、薪金所得个人所得税全员全额明细申报。2024年,A单位每月给其发放工资8 000元,个人按国家标准缴纳"三险一金"2 000元。计算张某在2024年每月的个人所得税预扣预缴额。

> 【答案】按2024年执行的预扣预缴方法，2024年1—7月，张某累计收入（8 000 × 7 = 56 000元）不足60 000元暂不扣缴个人所得税。
> 1月预扣预缴税款 = 8 000 - 60 000 < 0，不预扣税
> 2月预扣预缴税款 = 8 000 × 2 - 60 000 < 0，不预扣税
> 3月预扣预缴税款 = 8 000 × 3 - 60 000 < 0，不预扣税
> 4月预扣预缴税款 = 8 000 × 4 - 60 000 < 0，不预扣税
> 5月预扣预缴税款 = 8 000 × 5 - 60 000 < 0，不预扣税
> 6月预扣预缴税款 = 8 000 × 6 - 60 000 < 0，不预扣税
> 7月预扣预缴税款 = 8 000 × 7 - 60 000 < 0，不预扣税
> 从8月起，张某累计收入超过6万元，每月需要预扣预缴的税款为：
> 8月预扣预缴税款 = （8 000 × 8 - 2 000 × 8 - 60 000）× 3% - 0 < 0，不预扣税
> 9月预扣预缴税款 = （8 000 × 9 - 2 000 × 9 - 60 000）× 3% - 0 < 0，不预扣税
> 10月预扣预缴税款 = （8 000 × 10 - 2 000 × 10 - 60 000）× 3% - 0 = 0（元）
> 11月预扣预缴税款 = （8 000 × 11 - 2 000 × 11 - 60 000）× 3% - 0 = 180（元）
> 12月预扣预缴税款 = （8 000 × 12 - 2 000 × 12 - 60 000）× 3% - 180 = 180（元）
> 综上，张某1—10月不预扣税，11—12月预扣缴税额均为180元。
> 【例题·计算题】假如张某取得一次性劳务报酬20 000元，在学术期刊发表一篇论文，取得稿酬所得50 000元。计算这两笔所得的预扣预缴个人所得税额。
> 【答案】应纳税所得额 = 20 000 × （1 - 20%）+ 50 000 × （1 - 20%）× 70%
>   = 44 000（元）
> 应预扣预缴个人所得税 = 44 000 × 20% = 8 800（元）

2. 居民个人年度综合所得的个人所得税计算

居民个人综合所得的个人所得税按照全年应纳税所得额进行计算，居民个人综合所得，以每一纳税年度收入额减除费用6万元以及专项扣除、专项附加扣除和依法确定的其他扣除后的余额为年应纳税额。年应纳税额计算公式为：

年应纳税额 = 应纳税所得额 × 适用税率 - 速算扣除数

= （每一纳税年度的综合所得收入额 - 费用60 000元 - 专项扣除 - 专项附加扣除 - 依法确定的其他扣除）× 适用税率 - 速算扣除数

专项扣除额 = 基本养老保险 + 基本医疗保险 + 失业保险 + 住房公积金

专项附加扣除额 = 子女教育支出 + 继续教育支出 + 大病医疗支出 + 住房贷款利息（或住房租金）支出 + 赡养老人支出

年综合所得总额 = 年工资薪酬税前收入 + 年劳务报酬所得 + 年稿酬所得 + 年特许权使用费所得

其中，年劳务报酬所得 = 年劳务报酬税前收入 × （1 - 20%）

年稿酬所得 = 年稿酬税前收入 × （1 - 20%）× 70%

年特许权使用费所得 = 年特许权使用费税前收入 × (1 - 20%)

【例题·计算题】张某2023年取得工资、薪金10 000元/月，取得劳务报酬20 000元，在学术期刊上发表一篇论文，取得稿酬50 000元，本年符合条件的专项扣除和专项附加扣除共计42 000元，计算2023年张某综合所得应纳所得税额。
【答案】
年综合所得总额 = 工资、薪金收入额 + 劳务报酬收入额 + 稿酬收入额
= 10 000 × 12 + 20 000 × (1 - 20%) + 50 000 × (1 - 20%) × 70%
= 164 000（元）
综合所得应纳税所得额 = 164 000 - 60 000 - 42 000 = 62 000（元）
全年应纳个人所得税额 = 62 000 × 10% - 2 520 = 3 680（元）

3. 非居民个人工资、薪金所得的个人所得税计算

非居民个人取得工资、薪金所得，劳务报酬所得，稿酬所得和特许权使用费所得，依照按月换算后的应纳税所得额计算应纳税额。

月应纳税额 = (每月收入额 - 费用5 000元) × 税率 - 速算扣除额

其中，非居民个人的劳务报酬所得、稿酬所得、特许权使用费所得，以每次收入额为应纳税所得额。

(六) 个人所得税征收管理

1. 纳税申报

(1) 纳税人取得经营所得，按年计算个人所得税，由纳税人在月度或者季度终了后十五日内向税务机关报送纳税申报表，并预缴税款；在取得所得的次年3月31日前办理汇算清缴。

(2) 纳税人取得利息、股息、红利所得，财产租赁所得，财产转让所得和偶然所得，按月或者按次计算个人所得税，有扣缴义务人的，由扣缴义务人按月或者按次代扣代缴税款。

(3) 纳税人取得应税所得没有扣缴义务人的，应当在取得所得的次月十五日内向税务机关报送纳税申报表，并缴纳税款。

(4) 纳税人取得应税所得，扣缴义务人未扣缴税款的，纳税人应当在取得所得的次年6月30日前缴纳税款；税务机关通知限期缴纳的，纳税人应当按照期限缴纳税款。

(5) 居民个人从中国境外取得所得的，应当在取得所得的次年3月1日至6月30日内申报纳税。非居民个人在中国境内从两处以上取得工资、薪金所得的，应当在取得所得的次月十五日内申报纳税。

(6) 纳税人因移居境外注销中国户籍的，应当在注销中国户籍前办理税款清算。

2. 专项附加扣除

(1) 专项附加扣除政策。根据规定，个人所得税专项附加扣除项目有住房租金、婴

幼儿看护、子女教育、赡养老人、住房贷款利息、继续教育及大病医疗等。个人所得税专项附加扣除明细如表5-12所示。

表5-12 个人所得税专项附加扣除明细

项目	个人所得税扣除规定	扣除标准定额
住房租金	直辖市、计划单列市、省会城市	1 500元/月
	人口超过100万的城市	1 100元/月
	人口低于100万的城市	800元/月
婴幼儿看护	3岁以下婴幼儿	2 000元/月
子女教育	学前、学历教育	2 000元/月
赡养老人	独生子女	3 000元/月
	非独生子女	3 000元/月,每人分摊不超过1 500元/月
住房贷款利息	首套住房贷款利息	1 000元/月
继续教育	学历/学位	400元/月
	执业人员职业资格、专业技术人员职业资格	3 600元/年
大病医疗	扣除医保报销后个人承担超过15 000元的部分	80 000元以内据实扣除

（2）专项附加扣除具体规定。

《个人所得税专项附加扣除操作办法（试行）》第二十条、二十一条规定：

纳税人选择纳税年度内由扣缴义务人办理专项附加扣除的，按下列规定办理：

（一）纳税人通过远程办税端选择扣缴义务人并报送专项附加扣除信息的，扣缴义务人根据接收的扣除信息办理扣除。

（二）纳税人通过填写电子或者纸质《扣除信息表》直接报送扣缴义务人的，扣缴义务人将相关信息导入或者录入扣缴端软件，并在次月办理扣缴申报时提交给主管税务机关。《扣除信息表》应当一式两份，纳税人和扣缴义务人签字（章）后分别留存备查。

纳税人选择年度终了后办理汇算清缴申报时享受专项附加扣除的，既可以通过远程办税端报送专项附加扣除信息，也可以将电子或者纸质《扣除信息表》（一式两份）报送给汇缴地主管税务机关。

（3）对于存在下列情形之一的，税务机关有权按照合理方法进行纳税调整。

①个人与其关联方之间的业务往来不符合独立交易原则而减少本人或者其关联方应纳税额，且无正当理由。

②居民个人控制的，或者居民个人和居民企业共同控制的设立在实际税负明显偏低的国家（地区）的企业，无合理经营需要，对应当归属于居民个人的利润不做分配或者减少分配。

③个人实施其他不具有合理商业目的的安排而获取不当税收利益。税务机关依照规定作出纳税调整,需要补征税款的,应当补征税款,并依法加收利息。

第五节　其他税法

一、资源税

(一) 资源税的概念及法律依据

1. 资源税的概念

资源税是对在我国领域及我国管辖的其他海域从事应税资源开采的单位和个人征收的一种税。

2. 资源税法律依据

资源税的法律依据是国务院于1993年12月颁布的《中华人民共和国资源税暂行条例》,该条例自1994年1月1日起施行。2011年9月30日国务院对该暂行条例进行了修订,并于2011年11月1日起施行。我国从2016年起按照"清费立税、合理负担、适度分权、循序渐进"的原则,对资源占用行为征税。2019年8月26日,第十三届全国人民代表大会常务委员会第十二次会议通过了《中华人民共和国资源税法》,自2020年9月1日起施行。

(二) 纳税义务人和征税范围

1. 资源税的纳税义务人

在我国领域及我国管辖的其他海域开采应税资源的单位和个人为资源税的纳税义务人,包括各类企业、行政单位、事业单位、军事单位、社会团体及个人。收购未税矿产品的单位为资源税的扣缴义务人,包括独立矿山、联合企业和其他收购未税矿产品的单位。

2. 资源税的征税范围

资源税的征税范围包括各种自然资源,我国目前只选择对矿产品和盐两类资源征收资源税。

(1) 能源矿产。包括原油,天然气、页岩气、天然气水合物,煤,煤成(层)气,铀、钍,油页岩、油砂、天然沥青、石煤,地热,不包括人造石油。

(2) 金属矿产。包括黑色金属和有色金属。

(3) 非金属矿产。包括矿物类,如高岭土,石灰岩,磷,石墨、萤石、硫铁矿、自然硫,天然石英砂、叶蜡石和其他黏土等;岩石类,如大理岩、花岗岩、砂石等;宝玉石类,如宝石、玉石、宝石级金刚石等。

(4) 水气矿产。包括二氧化碳气、硫化氢气、氦气、氡气和矿泉水。

(5) 盐。包括钠盐、钾盐、镁盐、锂盐，天然卤水，海盐。

(三) 资源税的计算

1. 计税依据的确定

(1) 计税销售额的确定。销售额按照纳税人销售应税产品向购买方收取的全部价款确定，但不包括增值税税款。计入销售额中的相关运杂费用，凡取得增值税发票或者其他合法有效凭据的，准予从销售额中扣除。相关运杂费用是指应税产品从坑口或者洗选（加工）地到车站、码头或者购买方指定地点的运输费用、建设基金以及随运产生的装卸、仓储、港杂费用。

纳税人以人民币以外的货币结算销售额，应当折合成人民币计算，其销售额的人民币折合率可以选择销售额发生的当天或者当月一日的人民币汇率中间价。纳税人应在事先确定采用的折合率计算方法，确定后一年内不得变更。

纳税人自用应税产品应当缴纳资源税的情形包括纳税人以应税产品用于非货币性资产交换、捐赠、偿债、赞助、集资、投资、广告、样品、职工福利、利润分配或者连续生产非应税产品等。

纳税人申报的应税产品销售额明显偏低且无正当理由，或者有自用应税产品行为而无销售额，主管税务机关可以按下列方法和顺序确定其应税产品销售额。

①按纳税人最近时期同类产品的平均销售价格确定。
②按其他纳税人最近时期同类产品的平均销售价格确定。
③按后续加工非应税产品销售价格，减去后续加工环节的成本利润后确定。
④按应税产品组成计税价格确定。

$$组成计税价格 = 成本 \times (1 + 成本利润率) \div (1 - 资源税税率)$$

上述公式中的成本利润率由省、自治区、直辖市税务机关确定。

(2) 课税数量的确定。各种应税产品，凡直接对外销售，以实际销售数量为课税数量。各种应税产品，凡产品自用，以移送自用数量为课税数量。纳税人若不能准确提供应税产品销售数量，以应税产品的产量或者主管税务机关确定的折算比换算成的数量为计征资源税的销售数量。

2. 税目与税率的选择

资源税的税率由省、自治区、直辖市人民政府统筹考虑应税资源的品位，开采条件以及对生态环境的影响等情况，在规定的税率幅度内提出，报同级人民代表大会常务委员会决定，并报全国人民代表大会常务委员会和国务院备案。

纳税人开采或者生产不同税目的应税产品，应当分别核算不同税目应税产品的销售额或者销售数量。未分别核算或者不能准确提供不同税目应税产品的销售额或者销售数量的，从高适用税率。

3. 优惠政策的运用

(1) 免征资源税。如用于加热的原油、天然气，企业因安全生产需要抽采的煤成（层）气。

（2）减征资源税。例如：从低丰度油气田开采的原油、天然气，减征20%资源税；高含硫天然气、三次采油和从深水油气田开采的原油、天然气，减征30%资源税；稠油、高凝油减征40%资源税；从衰竭期矿山开采的矿产品，减征30%资源税。

根据国民经济和社会发展需要，国务院对有利于促进资源节约集约利用、保护环境等情形可以规定免征或者减征资源税，报全国人民代表大会常务委员会备案。

4. 应纳税额的计算

资源税按照从价计征或者从量计征的办法征收，分别以应税产品的销售额乘以纳税人具体适用的比例税率、应税产品的销售数量乘以纳税人具体适用的定额税率计算。纳税人开采或者生产应税产品自用的，应当依照规定缴纳资源税，但是，用于连续生产应税产品的，不缴纳资源税。

实行从价计征的，其应纳税额计算公式如下：

$$应纳税额 = 计税销售额 \times 比例税率$$

实行从量计征的，其应纳税额计算公式如下：

$$应纳税额 = 课税数量 \times 定额税率$$

（四）资源税的征收管理

1. 纳税义务发生时间

纳税人销售应税产品，纳税义务发生时间为收讫销售款或者取得索取销售款凭据的当日；自用应税产品的，纳税义务发生时间为移送应税产品的当日。

2. 纳税期限

资源税按月或者按季申报缴纳。不能按固定期限计算缴纳的，可以按次申报缴纳。纳税人按月或者按季缴纳的，应当自月度或者季度终了之日起十五日内，向税务机关办理纳税申报并缴纳税款。

3. 纳税申报地

纳税人应当向应税产品开采地或者生产地的税务机关申报缴纳资源税。

二、房产税

（一）房产税的概念及法律依据

1. 房产税的概念

房产税是依据房产价值或房产租金收入而向房产所有人或经营人征收的一种财产税。

2. 房产税的法律依据

1986年9月15日，国务院发布《中华人民共和国房产税暂行条例》（国发〔1986〕90号），于1986年10月1日起施行。2011年1月8日，中华人民共和国国务院令第588号进行了修订。

（二）纳税人和征税对象

1. 房产税的纳税人

房产税的纳税人是房产的产权所有人。产权属于国家的房产，纳税人为经营管理单位。产权属于集体和个人所有的房产，纳税人为集体和个人。产权出典的房产，纳税人为承典人。产权所有人、承典人若不在房产所在地，或者在产权未确定及租赁纠纷未解决的，房产管理人或使用人为纳税人。

2. 房产税的征税对象

房产税的征税对象是房产，征税范围为城市、县城、建制镇和工矿区范围内的房产。从2006年1月1日起，具备房屋功能的地下建筑，包括与地上房屋相连的地下建筑等，均应当依照有关规定征收房产税。

（三）房产税的计算

1. 计税依据的确定

（1）从价计征。计税依据是房产原值减除一定比例后的余值。"房产原值"是指固定资产账户中记载的房屋原价；"一定比例"是指省、自治区、直辖市人民政府确定的10%～30%的扣除比例。

（2）从租计征。计税依据为不含增值税的房产租金收入，即房屋产权所有人出租房产使用权所取得的报酬，包括货币收入和实物收入。

房地产开发企业建造的商品房，在出售前，不征收房产税。在出售前房地产开发企业已使用或出租、出借的商品房，应按规定征收房产税。

2. 税率的选择

我国房产税采用比例税率，因为房产税的计税依据分为从价计征和从租计征两种形式，所以房产税的税率也有两种。其中，一种采用从价计征，税率为1.2%；另一种采用从租计征，税率为12%。

3. 优惠政策的运用

（1）国家机关、人民团体、军队自用的房产免税。但上述免税单位的出租房屋以及非自身业务使用的生产、经营用房，不属于免税范围。

（2）由国家财政部门拨付经费的单位，其在自身业务范围内使用的房产免税。

（3）宗教寺庙、公园、名胜古迹自用的房产免税。

（4）个人所有非营业用的房产免税。

（5）经财政部批准免税的其他房产。例如，因大修理停用半年以上的房产，损坏不堪使用和危房停用后的房产，地下人防设施，老年服务机构自用房产，非营利性医疗机构、疾病控制机构和妇幼保健机构等卫生机构的自用房产，高校后勤实体等免税。

（6）自2019年1月1日至2027年12月31日，对高校学生公寓免征房产税。

4. 应纳税额的计算

从价计征应纳税额的计算公式为：

应纳税额 = 应税房产原值 × (1 − 扣除比例) × 1.2%

从租计征应纳税额的计算公式为：

应纳税额 = 租金收入 × 12%

(四) 房产税的征收管理

1. 纳税义务发生时间

《中华人民共和国房产税暂行条例》（2011 修订）第七条规定，房产税按年征收、分期缴纳，纳税期限由省、自治区、直辖市人民政府规定。

2. 纳税地点

房产税的纳税地点为房产所在地。全部房产不在同一地方的纳税人，应按房产的坐落地点分别向房产各自所在地的税务机关申报纳税。

3. 纳税申报

纳税人应当在规定的期限内，统一使用并填制《财产和行为税纳税申报表》，向房产税法指的征收机关办理纳税申报，缴纳税款。

【例题·单选题】下列房屋及建筑物中，属于房产税征税范围的是（ ）。
A. 农村的居住用房
B. 建在室外的露天游泳池
C. 个人拥有的市区经营性用房
D. 尚未使用或出租而待售的商品房
【答案】C
【解析】选项 A：房产税的征税范围不包括农村；选项 B：建在室外的露天游泳池不属于房产，不征收房产税；选项 D：对出售前房地产开发企业已使用或出租、出借的商品房应按规定征收房产税。

第六节　法律责任

一、税务行政处罚

(一) 税务行政处罚的概念和原则

1. 税务行政处罚的概念

税务行政处罚是指公民、法人或者其他组织发生违反税收法律、行政法规的违法行为，尚未构成犯罪，依法应承担行政责任，由税务机关给予处罚。

税务行政处罚是行政处罚的重要组成部分。税务机关对纳税人作出的行政处罚主要依据《中华人民共和国税收征收管理法》和《中华人民共和国行政处罚法》的相关规定。

2. 税务行政处罚的原则

（1）法定原则。即"主体法定、职责法定、依据法定、程序法定、形式法定"，税务行政处罚要由法定的税务机关在法定的职权范围内根据法定的依据、法定的程序，以法定的形式实施。

（2）公正公开原则。公正，是要防止偏听偏信，要使当事人了解其违法行为的性质，并给予当事人进行陈述和申辩的机会。公开，是指税务行政处罚的规定及程序要公开。处罚的规定要公开，是指凡是需要公民、法人或者其他组织遵守的法律、规范都要事先公布；处罚程序要公开，是指要依法举行听证会等。

（3）实事求是原则。以事实为依据，以法律为准绳，客观公正，实事求是。同时，对违法行为人的同一个违法行为，不得以同一事实和同一依据重复进行税务行政处罚。

（4）处罚与教育相结合的原则。税务行政处罚的目的是纠正违法行为，引导公民、法人或者其他组织自觉守法。处罚只是手段，不是目的，因此，税务机关在实施行政处罚时，要责令当事人纠正或者限期改正违法行为，对情节轻微的违法行为，给予较轻的行政处罚，若当事人纠正了违法行为，也可不给予行政处罚。

（5）监督制约原则。一是税务机关内部的监督制约，如将违法行为的调查与处罚相分离，当场作出的处罚决定必须报上级税务机关备案，上级税务机关对下级税务机关依法进行监督。二是税务机关与其他机关的监督制约，如决定罚款的机关与收缴的机构分离。三是司法监督，如税务行政诉讼。

（二）税务行政处罚的种类

1. 税务机关的行政处罚权

《中华人民共和国税收征收管理法》第十一条规定，税务机关负责征收、管理、稽查、行政复议的人员的职责应当明确，并相互分离、相互制约。这表明税务机关具有对税务违法行为进行行政处罚的法定职权。

税务机关对纳税人作出的行政处罚是依法进行的，以维护税收秩序和保障国家税收利益。纳税人在面对税务行政处罚时，应当了解相关法律规定，积极配合税务机关的工作，并及时纠正违法行为。

2. 税务行政处罚的种类

《中华人民共和国行政处罚法》第九条规定：

行政处罚的种类：

（一）警告、通报批评；

（二）罚款、没收违法所得、没收非法财物；

（三）暂扣许可证件、降低资质等级、吊销许可证件；

（四）限制开展生产经营活动、责令停产停业、责令关闭、限制从业；

（五）行政拘留；
（六）法律、行政法规规定的其他行政处罚。

税务机关对既有税收违法行为又拒不接受税务机关处理的从事生产、经营的纳税人、扣缴义务人，可依法限制其开展生产经营活动，责令其停产停业或关闭。对纳税人、扣缴义务人有骗取国家出口退税款行为的，在规定的期间内停止为其办理出口退税。

在税务行政处罚中，罚款是税务机关强制违反税收法律、行政法规的纳税人、扣缴义务人缴纳一定数量的货币，是税务行政处罚最基本、最常用的形式。此外，对于严重的税务违法行为，税务机关还可能采取吊销税务登记证件等更严厉的处罚措施。

（三）税务行政处罚的主体与管辖

1. 主体

税务行政处罚的主体是县级以上级别的税务机关。各级税务机关的内设机构、派出机构不具备处罚主体资格，不能以自己的名义实施税务行政处罚。

2. 管辖

税务行政处罚由当事人税收违法行为发生地的县（县级市、旗）以上级别的税务机关管辖。主要是指：一是从税务行政处罚的地域管辖来看，税务行政处罚实行行为发生地原则。二是从税务行政处罚的级别管辖来看，除法律特别授权的税务所以外，必须是县（县级市、旗）以上级别的税务机关。三是从税务行政处罚的管辖主体要求来看，处罚主体必须具有税务行政处罚权。

（四）税务行政处罚的程序

税务行政处罚的程序分为简易程序和一般程序两种，分别适用于不同的情形。

1. 税务行政处罚的简易程序

简易程序是指税务机关及其执法人员对于公民、法人或者其他组织违反税收征收管理程序的行为，当场作出税务行政处罚决定的行政处罚程序。简易程序的适用条件为：违法事实确凿并有法定依据，可以对公民处以二百元以下、对法人或者其他组织处以三千元以下罚款或者警告的行政处罚的，可以当场作出行政处罚决定。

2. 税务行政处罚的一般程序

除了适用简易程序的税务违法案件外，对于其他违法案件，税务机关在作出处罚决策之前都要经过立案、调查取证（有的案件还要举行听证）、审查、决定和执行等程序。比较复杂、处罚比较重的案件应当按一般程序进行处理。

（1）税务调查。由税务机关内部设立的调查机构（如管理机构、检查机构）负责对税务违法案件进行调查；在调查取证后，对依法应当给予行政处罚的，及时提出处罚建议，以税务机关的名义制作税务行政处罚事项告知书，送达当事人；在调查终结后，应当制作调查报告，并及时将调查报告连同所有案卷材料移交审查机构审查。

（2）税务审查。审查机构收到调查机构移交的案卷后，应对案卷材料进行登记，填写税务案件登记簿；审查机构应自收到调查机构移交案卷之日起十日内完成审查，制作审查报告，连同案卷材料报送税务机关负责人审批。

(3) 税务听证。听证范围是对公民作出二千元以上或对法人或其他组织作出一万元以上罚款的案件；听证主持人应由税务机关内设的非本案调查机构的人员担任；要求听证的当事人，应当在收到税务行政处罚事项告知书后三日内向税务机关提出书面听证要求，逾期不提出，视为放弃听证权利；税务机关应当在当事人提出听证要求后十五日内举行听证，并在举行听证的七日前将税务行政处罚听证通知书送达当事人；听证的全部活动，应当由记录员制作笔录并交当事人阅核、签章；听证结束后，主持人应当制作听证报告，连同听证笔录附件移交审查机构审查。

(4) 税务决定。审查机构作出审查意见并报送税务机关负责人审批后，应当在收到审批意见之日起三日内，根据不同情况分别制作处理决定书，报送税务机关负责人签发。视情况不同，处理决定书可分为以下四种。

①有应受行政处罚的违法行为，根据情节轻重及具体情况予以行政处罚。
②违法行为轻微，依法可以不予行政处罚的，不予行政处罚。
③违法事实不能成立，不得予以行政处罚。
④违法行为已经构成犯罪，移送公安机关。

(五) 税务行政处罚的执行

税务行政处罚的执行是指履行税务机关依法作出行政处罚决定的过程。税务机关作出行政处罚决定后，应当依法送达当事人，责成执行，当事人应当在行政处罚决定规定的期限内予以执行。当事人在法定期限内不申请复议又不起诉，并且在规定期限内不执行的，税务机关可以依法强制执行或者申请法院强制执行。

税务机关对当事人作出罚款行政处罚决定，当事人应当在收到行政处罚决定书之日起十五日内缴纳罚款，当事人逾期不履行行政处罚决定的，作出行政处罚决定的行政机关可以每日按罚款数额的3%加处罚款，加处罚款的数额不得超出罚款的数额。

【例题·分析题】某税务局于2023年7月18日向辖区内一家建筑公司下达了限期缴纳税款通知书，责令该公司于2023年7月19日前缴清所欠税款和滞纳金共计16.2万元。该建筑公司拒绝缴纳。2023年7月20日，税务局下达税务行政处罚事项告知书，告知拟处以其未缴税款1倍的罚款。2023年7月22日，税务局按上述处理意见开具了税务处理决定书和税务行政处罚决定书，限建筑公司于2023年11月23日前缴纳税款、滞纳金和罚款，共计31.2万元，并于当天将两份文书送达建筑公司。

上述案例中，税务局对建筑公司所做的税务行政处罚正确吗？

【解析】税务局作出税务行政处罚决定书的时间不符合法律规定。按规定，要求听证的当事人可在收到税务行政处罚事项告知书后3日内向税务机关提出书面听证要求，逾期不提出，视为放弃听证权利。税务局11月20日送达告知书，11月22日就作出处罚决定，听证告知时间只有2天，不符合法定程序。此外，税务局在作出税收具体行政行为时，两次下达催缴文书，向纳税人催缴税款、滞纳金和罚款，金额高达30余万元，而每次缴纳的期限都是1天，这种做法虽未违反法律的明确规定，但应属于不适合的具体行为。

二、税务刑事处罚

税收违法的刑事处罚形式主要有拘役、判处徒刑、罚金和没收财产等。

(一) 拘役

拘役是剥夺犯罪分子的短期自由,就近实行改造的刑罚,适用于罪行较轻而又需要关押的犯罪分子。执行期间,犯罪分子每月可以回家一到两天,参加劳动的,可以酌量发给报酬。拘役的期限为三十天以上六个月以下。

(二) 判处徒刑

徒刑分为有期徒刑和无期徒刑。

(1) 有期徒刑是剥夺犯罪分子一定期限的人身自由,强制劳动改造的刑罚。有期徒刑的期限为六个月以上十五年以下。由于刑期幅度大,因此它既可以适用于较轻的犯罪,也可以适用于较重的犯罪。被判处有期徒刑的犯罪分子,有的在监狱执行,有的在其他劳动改造场所执行。

(2) 无期徒刑是剥夺犯罪分子终身自由,并强制其进行劳动改造的刑罚。对于不必判处死刑,但判处有期徒刑又嫌轻的罪犯,宜判处无期徒刑。执行场所主要是监狱。

(三) 罚金

罚金是判处犯罪分子向国家缴纳一定数额金钱的刑罚。这是一种轻刑,单处罚金一般只适用于轻微犯罪;在主刑后附加并处罚金适用于较重的犯罪。罚金数额应当根据犯罪的具体情节和犯罪分子本人实际经济负担能力决定。罚金执行有四种情况:限期一次缴纳;分期缴纳;强制缴纳;减少或者免除缴纳。

(四) 没收财产

没收财产是将犯罪分子个人所有财产的一部分或全部强制无偿地收归国家所有的刑罚。这是重于罚金的财产刑,主要适用于严重经济犯罪。财产没收一部分还是全部,要根据犯罪性质、犯罪情节的严重程度和案件的具体情况确定。

税务行政复议

三、违反税法的法律责任

(一) 违反税务管理行为的法律责任

《中华人民共和国税收征收管理法》第六十条规定:

纳税人有下列行为之一的,由税务机关责令限期改正,可以处二千元以下的罚款;情节严重的,处二千元以上一万元以下的罚款:

(1) 未按照规定的期限申报办理税务登记、变更或者注销登记的;

(2) 未按照规定设置、保管账簿或者保管记账凭证

税务行政诉讼

税务行政赔偿

和有关资料的；

(3) 未按照规定将财务、会计制度或者财务、会计处理办法和会计核算软件报送税务机关备查的；

(4) 未按照规定将其全部银行账号向税务机关报告的；

(5) 未按照规定安装、使用税控装置，或者损毁或者擅自改动税控装置的。

纳税人不办理税务登记的，由税务机关责令限期改正；逾期不改正的，经税务机关提请，由工商行政管理机关吊销其营业执照。

纳税人未按照规定使用税务登记证件，或者转借、涂改、损毁、买卖、伪造税务登记证件的，处二千元以上一万元以下的罚款；情节严重的，处一万元以上五万元以下的罚款。

同时，《中华人民共和国税收征收管理法》第六十一条规定：

扣缴义务人未按照规定设置、保管代扣代缴、代收代缴税款账簿或者保管代扣代缴、代收代缴税款记账凭证及有关资料的，由税务机关责令限期改正，可以处二千元以下的罚款；情节严重的，处二千元以上五千元以下的罚款。

此外，《中华人民共和国税收征收管理法》第六十二条规定：

纳税人未按照规定的期限办理纳税申报和报送纳税资料的，或者扣缴义务人未按照规定的期限向税务机关报送代扣代缴、代收代缴税款报告表和有关资料的，由税务机关责令限期改正，可以处二千元以下的罚款；情节严重的，可以处二千元以上一万元以下的罚款。

(二) 偷税行为的法律责任

《中华人民共和国税收征收管理法》第六十三条规定：

纳税人伪造、变造、隐匿、擅自销毁账簿、记账凭证，或者在账簿上多列支出或者不列、少列收入，或者经税务机关通知申报而拒不申报或者进行虚假的纳税申报，不缴或者少缴应纳税款的，是偷税。对纳税人偷税的，由税务机关追缴其不缴或者少缴的税款、滞纳金，并处不缴或者少缴的税款百分之五十以上五倍以下的罚款；构成犯罪的，依法追究刑事责任。

扣缴义务人采取前款所列手段，不缴或者少缴已扣、已收税款，由税务机关追缴其不缴或者少缴的税款、滞纳金，并处不缴或者少缴的税款百分之五十以上五倍以下的罚款；构成犯罪的，依法追究刑事责任。

(三) 不缴或少缴税款行为的法律责任

(1) 违反《中华人民共和国税收征收管理法》规定的法律责任。

从事生产、经营的纳税人、扣缴义务人在规定期限内不缴或者少缴应纳或者应解缴的税款，经税务机关责令限期缴纳，逾期仍未缴纳的，税务机关有权依照《中华人民共和国税收征收管理法》第四十条的规定采取强制执行措施追缴。《中华人民共和国税收征收管理法》第六十四条规定：

纳税人、扣缴义务人编造虚假计税依据的，由税务机关责令限期改正，并处五万元以下的罚款。

纳税人不进行纳税申报，不缴或者少缴应纳税款的，由税务机关追缴其不缴或者少缴的税款、滞纳金，并处不缴或者少缴的税款百分之五十以上五倍以下的罚款。

同时，《中华人民共和国税收征收管理法》第六十五条规定：

纳税人欠缴应纳税款，采取转移或者隐匿财产的手段，妨碍税务机关追缴欠缴的税款的，由税务机关追缴欠缴的税款、滞纳金，并处欠缴税款百分之五十以上五倍以下的罚款；构成犯罪的，依法追究刑事责任。

（2）违反《中华人民共和国刑法》规定的法律责任。

《中华人民共和国刑法》第二百零一条规定：

纳税人采取欺骗、隐瞒手段进行虚假纳税申报或者不申报，逃避缴纳税款数额较大并且占应纳税额百分之十以上的，处三年以下有期徒刑或者拘役，并处罚金；数额巨大并且占应纳税额百分之三十以上的，处三年以上七年以下有期徒刑，并处罚金。

扣缴义务人采取前款所列手段，不缴或者少缴已扣、已收税款，数额较大的，依照前款的规定处罚。对多次实施前两款行为，未经处理的，按照累计数额计算。

有第一款行为，经税务机关依法下达追缴通知后，补缴应纳税款，缴纳滞纳金，已受行政处罚的，不予追究刑事责任；但是，五年内因逃避缴纳税款受过刑事处罚或者被税务机关给予二次以上行政处罚的除外。

《中华人民共和国刑法》第二百零三条规定：

纳税人欠缴应纳税款，采取转移或者隐匿财产的手段，致使税务机关无法追缴欠缴的税款，数额在一万元以上不满十万元的，处三年以下有期徒刑或者拘役，并处或者单处欠缴税款一倍以上五倍以下罚金；数额在十万元以上的，处三年以上七年以下有期徒刑，并处欠缴税款一倍以上五倍以下罚金。

警示案例1

（四）骗取出口退税行为的法律责任

《中华人民共和国税收征收管理法》第六十六条规定：

以假报出口或者其他欺骗手段，骗取国家出口退税款的，由税务机关追缴其骗取的退税款，并处骗取税款一倍以上五倍以下的罚款；构成犯罪的，依法追究刑事责任。

对骗取国家出口退税款的，税务机关可以在规定期间内停止为其办理出口退税。

《中华人民共和国刑法》第二百零四条规定：

以假报出口或者其他欺骗手段，骗取国家出口退税款，数额较大的，处五年以下有期徒刑或者拘役，并处骗取税款一倍以上五倍以下罚金；数额巨大或者有其他严重情节的，处五年以上十年以下有期徒刑，并处骗取税款一倍以上五倍以下罚金；数额特别巨大或者有其他特别严重情节的，处十年以上有期徒刑或者无期徒刑，并处骗取税款一倍以上五倍以下罚金或者没收财产。

警示案例2

纳税人缴纳税款后，采取前款规定的欺骗方法，骗取所缴纳的税款的，依照本法第二百零一条的规定定罪处罚；骗取税款超过所缴纳的税款部分，依照前款的规定处罚。

（五）抗税行为的法律责任

《中华人民共和国税收征收管理法》第六十七条规定：

以暴力、威胁方法拒不缴纳税款的，是抗税，除由税务机关追缴其拒缴的税款、滞纳金外，依法追究刑事责任。情节轻微，未构成犯罪的，由税务机关追缴其拒缴的税款、滞纳金，并处拒缴税款一倍以上五倍以下的罚款。

同时，《中华人民共和国刑法》第二百零二条规定：

以暴力、威胁方法拒不缴纳税款的，处三年以下有期徒刑或者拘役，并处拒缴税款一倍以上五倍以下罚金；情节严重的，处三年以上七年以下有期徒刑，并处拒缴税款一倍以上五倍以下罚金。

以暴力方法抗税，致人重伤或者死亡的，构成故意伤害罪或故意杀人罪，依照《中华人民共和国刑法》的规定从重处罚。

（六）虚开增值税专用发票或用于骗取出口退税、抵扣税款的其他发票行为的法律责任

《中华人民共和国刑法》第二百零五条规定：

虚开增值税专用发票或者虚开用于骗取出口退税、抵扣税款的其他发票的，处三年以下有期徒刑或者拘役，并处二万元以上二十万元以下罚金；虚开的税款数额较大或者有其他严重情节的，处三年以上十年以下有期徒刑，并处五万元以上五十万元以下罚金；虚开的税款数额巨大或者有其他特别严重情节的，处十年以上有期徒刑或者无期徒刑，并处五万元以上五十万元以下罚金或者没收财产。

单位犯本条规定之罪的，对单位判处罚金，并对其直接负责的主管人员和其他直接责任人员，处三年以下有期徒刑或者拘役；虚开的税款数额较大或者有其他严重情节的，处三年以上十年以下有期徒刑；虚开的税款数额巨大或者有其他特别严重情节的，处十年以上有期徒刑或者无期徒刑。

虚开增值税专用发票或者虚开用于骗取出口退税、抵扣税款的其他发票，是指有为他人虚开、为自己虚开、让他人为自己虚开、介绍他人虚开行为之一的。

《中华人民共和国刑法》第二百零五条之一规定：

警示案例3

虚开本法第二百零五条规定以外的其他发票，情节严重的，处二年以下有期徒刑、拘役或者管制，并处罚金；情节特别严重的，处二年以上七年以下有期徒刑，并处罚金。

单位犯前款罪的，对单位判处罚金，并对其直接负责

的主管人员和其他直接责任人员,依照前款的规定处罚。

(七) 其他违法行为的法律责任

(1) 纳税人、扣缴义务人逃避、拒绝或者以其他方式阻挠税务机关检查的,由税务机关责令改正,可以处一万元以下的罚款;情节严重的,处一万元以上五万元以下的罚款。

(2) 以暴力、威胁方式阻碍税务人员依法执行职务的,依照《中华人民共和国刑法》的规定追究刑事责任。拒绝、阻碍税务人员依法执行职务未使用暴力的,由公安机关依照《中华人民共和国治安管理处罚法》的规定处罚。

(3) 纳税人向税务人员行贿,不缴或者少缴应纳税款的,按照行贿罪追究刑事责任,并处不缴或少缴的税款五倍以下的罚金。

(4) 非法出售增值税专用发票的,处三年以下有期徒刑、拘役或者管制,并处二万元以上二十万元以下罚金;数量较大的,处三年以上十年以下有期徒刑,并处五万元以上五十万元以下罚金;数量巨大的,处十年以上有期徒刑或者无期徒刑,并处五万元以上五十万元以下罚金或者没收财产。

(5) 非法印制发票的,由税务机关销毁非法印制的发票,没收违法所得和作案工具,并处一万元以上五万元以下的罚款;构成犯罪的,依法追究刑事责任。

(6) 伪造或者出售伪造的增值税专用发票的,处三年以下有期徒刑、拘役或者管制,并处二万元以上二十万元以下罚金;数量较大或者有其他严重情节的,处三年以上十年以下有期徒刑,并处五万元以上五十万元以下罚金;数量巨大或者有其他特别严重情节的,处十年以上有期徒刑或者无期徒刑,并处五万元以上五十万元以下罚金或者没收财产。

本章习题

计算题

计算题一:

B酒厂将试产的薯类白酒1吨发放给职工作为福利,该薯类白酒尚未对外出售,生产成本为4 000元/吨,成本利润率为5%。计算其应纳消费税税额。

计算题二:

我国公民张先生为国内某企业高级技术人员,2020年1至12月收入情况如下:

(1) 每月取得工薪35 000元,单位从其工资中代扣代缴的三险一金为4 000元,张先生每月的专项附加扣除为2 400元。2月取得上年度一次性奖金10万元。

(2) 5月转让2016年购买的二居室精装修住房一套,不含增值税售价230万元,转让过程中支付的相关税费13.8万元(不含增值税)。该套房屋的购进价为100万元,购房过程中支付的相关税费为3万元。所有税费支出均取得合法凭证。

（3）6月因提供重要线索，协助公安部门侦破某重大经济案件，获得公安部门奖金2万元，已取得公安部门提供的获奖证明材料。

（4）通过拍卖行将3年前购入的一幅字画拍卖，取得收入30万元，购买时实际支付价款5万元，拍卖时支付相关税费4 000元。

（5）出版一部著作，国内外同步发行。在国内获得稿酬15万元，出版社预扣个税16 800元；从A国获得稿酬折合人民币8万元，在A国缴纳个税3 600元；从B国获得稿酬折合人民币12万元，在B国缴纳个税15 000元。

不考虑增值税，按下列序号回答问题，要求列出计算步骤，运算得数精确到小数点后两位。

（1）假设全年奖不计入综合所得，计算单位在支付全年工薪所得时一共应预扣预缴多少个税？

（2）假设全年奖不计入综合所得，计算单位在支付全年奖时应扣缴多少个税？

（3）计算转让房屋所得应缴纳的个税。

（4）计算从公安部门获得的奖金应缴纳的个税。

（5）计算拍卖字画应缴纳的个税。

（6）来自A国和B国的稿酬所得抵免限额是多少？实际可以抵免多少税额？

（7）张先生2020年的综合所得是否需要汇算清缴？为什么？

（8）张先生2020年的所得在汇算清缴时应该补（退）税额多少？

第五章在线答题

第六章

会计职业道德

《会计人员职业道德规范》的内容；会计职业道德建设的动因、路径及内容；会计职业道德教育与培养；会计职业道德检查与奖惩。

第一节　会计职业道德规范

一、会计职业道德规范的概述

（一）会计职业道德规范的概念

会计职业道德规范是广大会计人员普遍认同和自觉践行的行为准则，它因会计职业的特殊性而要求从业人员在履职时应遵循特定的道德要求和行为规范。

1. 遵守会计职业道德规范是会计人员的外在责任

会计工作具有显著的社会性，其成果直接影响单位、投资人、国家及社会公众等多方利益。因此，遵守会计职业道德规范，不仅是会计人员的基本义务，更是一种外在责任。会计职业道德规范依据相关法律法规制定，旨在引导会计人员恪守诚信、客观公正，为会计职业活动提供明确的行为准则。它要求会计人员在工作中坚守职业操守，确保财务信息的真实性与可靠性，从而维护社会公众对会计职业的信任。这种外在责任体现了会计职业对社会共同价值观念的尊重与践行，是保障市场经济秩序、促进社会公平正义的重要基石。

2. 遵守会计职业道德规范是会计人员的内在自觉

会计职业道德规范不仅是外在的行为准则,更是会计人员内在信念与价值追求的体现。它源于长期职业实践的经验总结,凝聚了广大会计人员的共识,成为职业精神的核心。即使在无人监督的情况下,会计人员也应自觉遵循这些规范,坚守诚信、客观、公正的原则。这种内在自觉,体现了会计人员对职业尊严的维护和对职业规律的深刻理解,是其专业素养与人格品质的有机统一。唯有将职业道德内化为行为习惯,会计人员才能在复杂环境中保持清醒判断,真正履行职业使命,赢得社会尊重。

3. 遵守会计职业道德规范是会计人员的评价和选用标准

在经济事项日益复杂多变的环境下,一个能够严格遵守会计职业道德规范的会计人员,必然具备扎实的专业知识和精湛的技能。这样的会计人员能够准确理解和应用会计准则、相关法规和政策,作出精确的职业判断,并选择恰当的会计处理方法。同时,他们能够保持高度的职业操守,确保会计信息的真实性和可靠性,为企业决策提供坚实的数据支持。用人单位在评价和选用会计人员时,将遵守职业道德的情况作为重要标准,通过客观、公正的评价,优先选任那些具备优良职业道德记录的候选人。这样的选拔机制不仅能够有效提升会计工作的整体质量,还能够增强企业的信誉度和市场竞争力,为企业的长远发展奠定坚实的基础。

【提示】
依据国际会计师职业道德准则理事会(IESBA)的定义,职业判断是对与具体事实和情况(包括特定职业活动的性质和范围,以及所涉及的利益和关系)一致的相关培训、专业知识、技能和经验的运用。

(二)会计职业道德规范的特征

1. 强制性与自律性融合

强制性特征体现在会计职业道德规范是依据《会计法》等法规制定的,有些规范如守法奉公、坚持准则已被纳入法律法规中,具有一定的强制性,违反规范可能会受到法律制裁。

自律性特征体现在会计职业道德规范强调会计人员的自我约束和自我管理,要求会计人员即便在没有外部监督的情况下也能自觉遵守规范。

2. 专业性与普遍性融合

专业性特征体现在会计职业道德规范是针对会计职业特有的行为准则,反映了会计工作的专业性和技术性要求。

普遍性特征体现在会计职业道德规范适用于国家机关、社会团体、公司、企业、事业单位和其他组织的从事会计工作的人员,不分国界、种族、性别、年龄等,都具有适用性。

3. 规范性与导向性融合

规范性特征体现在会计职业道德规范为会计人员提供了具体的行为指南,规定了在特定情况下不应该做什么。

导向性特征体现在会计职业道德规范为会计人员提供了会计职业的最高标准，引导他们树立远大的职业目标、追求崇高的道德理想。

（三）会计职业道德规范的职能

1. 调节职能

会计职业道德规范的调节职能指的是会计职业道德规范具有纠正人们的会计行为和指导社会经济实践活动的作用。我国经济快速发展背景下，会计工作面临着复杂的关系和矛盾，既表现在会计人员之间，会计人员与其他工作人员之间，会计人员与集体、国家之间；也表现在会计管理部门和基层单位之间、会计工作的负责人和一般职员之间。处理这些关系和矛盾，除了依靠国家颁布的财经会计法规进行强制调节，还必须运用会计职业道德规范来进一步理顺会计工作中各种复杂关系，建立起正常的工作秩序。

2. 导向职能

会计职业道德规范的导向职能，在于通过制定一套明确的行为指南，引导会计人员坚守诚信原则、遵循职业准则，敢于斗争，勤勉尽责，积极维护和提升职业形象。会计职业道德规范通过明确会计人员必须遵守的基本道德底线，以正面引导方式塑造行业风气，从而激发会计人员践行职业道德的自觉性和积极性。这种导向职能在复杂多变的经济环境中尤为关键，它帮助会计人员抵御各种利益诱惑，恪守职业原则，确保会计信息的真实性、准确性和可靠性。这不仅有助于维护市场经济的正常秩序，增强社会公众对财务报告的信赖，而且对于推动会计行业的健康发展以及保障企业的长期稳定运营具有不可替代的作用。

3. 促进职能

会计职业道德规范的促进职能，核心在于通过确立会计行业的最高行为标准，帮助会计人员在面对职业道德困境时，能够自觉地选择正确的行动方向，同时，激发会计人员内在的职业责任感和荣誉感，推动他们保持学习，不断创新，持续提升个人的专业能力和道德标准。会计职业道德规范的实施有助于确保会计信息的真实性，这对于维护市场经济的公平、公正和透明至关重要。会计职业道德规范的实施有助于培养社会的诚信意识，推动形成诚实守信的社会风尚。

二、《会计人员职业道德规范》的内容

2023年1月12日，我国财政部发布《会计人员职业道德规范》，旨在贯彻落实党中央、国务院关于加强社会信用体系建设的决策部署，推进会计诚信体系建设，并提高会计人员的职业道德水平。该规范指导会计人员在工作中保持正直品行，客观记录和报告经济活动，不断提升专业能力，保护信息安全和客户隐私，以确保会计信息的真实性和可靠性，维护社会公众利益和会计职业的声誉。

（一）坚持诚信，守法奉公

《会计人员职业道德规范》之一：

坚持诚信，守法奉公。牢固树立诚信理念，以诚立身、以信立业，严于律己、心存敬畏。学法知法守法，公私分明、克己奉公，树立良好职业形象，维护会计行业声誉。

1. 诚实守信

诚实守信是社会经济关系发展到一定阶段的产物，是维护社会秩序和稳定的重要因素，也是会计职业道德的核心内容，对于维护会计信息的可靠性、保障市场经济秩序和促进社会信任具有重要意义。

会计人员的诚实守信是指会计人员在执行会计职责和从事相关活动时，应当以诚立身、以信立业，牢固树立诚信理念，不弄虚作假，不隐瞒重要信息，维护职业信誉。诚实守信的基本要求包括：

（1）以诚立身，不弄虚作假。诚实守信是会计职业道德的重要内容，是会计人员应遵守的基本道德。以诚立身，要求会计人员从业时要真诚地对待自己的职业，认真地对待每一项会计业务和每一个财务数据，实事求是，以实际发生的经济活动为依据，对会计事项进行确认、计量、记录和报告，如实反映和披露单位经济业务事项，确保信息的真实性、准确性和完整性。

拓展·价值塑造

不做假账

朱镕基总理在 2001 年 4 月 16 日视察上海国家会计学院时，为该校题写了校训"不做假账"。同年 10 月 29 日，在视察北京国家会计学院后，他又题写了类似的校训：诚信为本，操守为重，坚持准则，不做假账（见图 6-1）。如今，"不做假账"成为会计人员从业的基本准则。

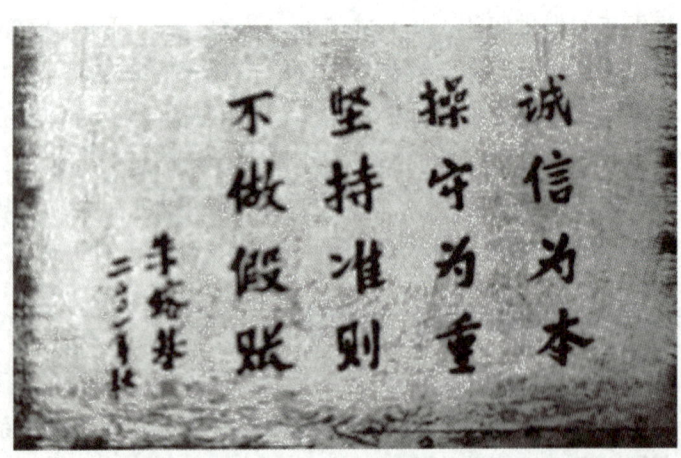

图 6-1　朱镕基总理在北京国家会计学院的题字

（2）以信为守，保守秘密。会计人员遵循会计职业道德规范，以信立业。这意味着会计人员在执业中应当讲信用、守承诺，以专业行为和良好的职业表现赢得同行和客户的尊重和信任。会计人员的信用是其职业生涯的基石。信用良好的会计人员在职业发展中更容易获得信任和机会,有利于个人职业成长。会计人员在履行自己的职责时,应树立保密观念,对因职业特点接触到的单位和客户的秘密,如单位的财务状况、经营情况、成本资料及重要单据、经济合同等,履行保密义务,以树立良好的形象。

 拓展·价值塑造

以信立业

"中国现代会计之父"潘序伦先生认为,"诚信"是会计之本。他终身倡导"信以立志,信以守身,信以处事,信以待人,毋忘'立信',当必有成",并将其作为立信会计学校的校训。为彰显会计职业的诚信精神,潘序伦先生一生的实业,皆冠之以"立信",如立信会计师事务所、立信会计学校、立信会计出版社等。人无信不立,国无信不强。

【例题·单选题】"中国现代会计之父"潘序伦先生倡导"信以立志,信以守身,信以处事,信以待人,毋忘'立信',当必有成",这句话体现的会计职业道德内容是(   )。
A. 坚持准则
B. 客观公正
C. 诚实守信
D. 廉洁自律
【答案】C

2. 严于律己,心存敬畏

(1) 严于律己。严于律己是指严格按照一定的规则、标准或法律来约束自己的行为,使之符合社会或职业的要求。会计人员在会计职业中,应当严于律己,按照《会计法》《企业会计准则》等财经法规、准则的相关要求,规范自己的言行。会计人员对会计业务的处理,对会计政策和会计方法的选择,以及对财务会计报告的编制、披露和评价,必须独立进行职业判断,这就要求会计人员严格约束自己,与客户等相关利益人避免产生利益关系。同时,会计工作不仅涉及会计核算也涉及会计监督,会计人员只有严于律己,才能够理直气壮地阻止或防止别人侵占集体利益,正确行使反映和监督的会计职责,保证各项经济活动正常进行。

(2) 心存敬畏。明朝方孝孺曾说:"凡善怕者,必身有所正,言有所规,行有所止,偶有逾矩,亦不出大格。"意思是一个懂得敬畏的人,在行为上会保持端正,不会做出违背道德和法律的事情;在言语上会有所约束,不会随意发表不负责任的言论,即使有时候行为上有所偏差,也不会超出大的原则和界限。清朝曾国藩也曾提到"心有敬畏,行有所止",强调要保留敬畏之心,使人在行动上有所节制,不会任意妄为。

会计人员应当始终保持敬畏之心,严格遵守国家法律法规、会计准则、会计制度和单位内控制度,不得擅自简化或跳过必要步骤,避免任何可能违反财经法规的行为;尊重自己的会计职业，不断提升自己的专业技能和职业道德，在处理账目和报表时，细致认真，确保每一笔账目都有据可查，以高度的责任感确保会计信息的真实、准确和完整；对单位运营中的风险保持高度的警惕，对可能出现的风险积极采取措施进行防范。

总之，会计人员心存敬畏意味着他们对待会计工作持有一种谨慎、尊重和负责任的态度，这对于维护会计信息的质量、保护企业和投资者的利益以及促进经济的健康发展都是至关重要的。

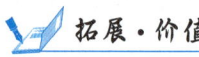

曾国藩家书

《曾国藩家书》是清朝末期著名政治家、思想家曾国藩与其家族成员之间的往来书信集，其中包含了他在政治、学术、家庭、道德等方面的深刻思考和智慧。在这些家书中，曾国藩反复强调一个理念：心有敬畏，行有所止。这一理念不仅是曾国藩的座右铭，也是他为官、做事、修身、齐家的重要原则。曾国藩认为为官要清廉，做人要重德，做事要重义。他在政治上主张"严于律己，清廉为官，忠诚为本"，反对贪污腐败和弄权谋私；在教育上注重道德教育和家族传承，强调以德立身，以德传家。他在家书中多次告诫家族成员，不要贪图权力和金钱，要注重道德修养，要遵循历史规律，才能获得真正的成功。

【例题·单选题】"常在河边走，就是不湿鞋。"这句话体现的是（　　）这一职业道德。
A. 诚实守信
B. 专业技能
C. 严于律己
D. 公私分明
【答案】C

3. 守法奉公

（1）学法、知法、守法。

会计人员作为单位会计核算的核心，需要在相关财经法律法规框架下开展工作，学法、知法、守法是其基本职业素养。学法，是会计人员提升法律意识的前提。会计人员应系统学习《会计法》等财经法律法规，掌握法律法规精神，确保在日常工作中遵循法律法规规定。知法，是会计人员正确行使职责的基础。会计人员需熟悉及掌握财经法律法规的具体条款，理解其内涵，以便在处理财务事项时作出正确职业判断。守法，是会计人员履行会计工作的保障，会计人员应当严格按照《会计法》等财经法律法规，正确行使和履行会计法律法规赋予的权利和义务，确保企业财务信息的真实、完整、准确。

会计人员应当学法、知法、守法，才能依法履行本职职责，为企业稳健发展和社会经济有序发展贡献力量。会计人员不得做违反《会计法》《企业会计准则》《企业会计制度》，有损自身信用的行为。《会计法》第四十七条规定：

因违反本法规定受到处罚的，按照国家有关规定记入信用记录。

2024年修正的《会计法》首次将信用记录写入，体现了国家对会计人员信用的重视。新增本条规定也是顺应经济社会发展新形势新变化，全面贯彻落实党中央、国务院关于推进社会信用体系建设决策部署的具体举措，为加强会计诚信建设，推动信用记录互联互通提供了坚实的法律基础，有利于严格会计人员自我约束，进一步提升会计信息质量，推进国家治理体系和治理能力现代化。

（2）公私分明、克己奉公。

公私分明是指在工作中明确区分公共利益与个人私利，克己奉公是指个人在职业活动中自我克制，以公共利益为重，全心全意为人民服务的道德准则。公私分明是克己奉公的前提，克己奉公则是公私分明的具体体现。只有做到公私分明，才能更好地实现克己奉公，而通过克己奉公的行为，公私分明的原则得以落实。

会计人员因工作关系能够接触单位的资金、成本以及客户和供应商信息等重要财务资源及核心商业资料。在复杂多变的社会经济环境下，会计法律制度不可能对所有的经济事项作出规范，这就要求会计人员以更高的道德标准规范自己的行为，做到公私分明、克己奉公。会计人员应当清晰自己的公共角色与私人身份，并在这两者之间划出明确的界限，避免因私欲产生会计舞弊和腐败行为，如挪用公款、虚报费用等，确保个人行为不会损害集体或公共的利益。在此基础上，会计人员还应当以较高的道德追求，将自己的专业知识与技能，应用于实际工作中，在提高工作效率和质量的同时，提供专业的财务建议，帮助所在单位作出更好的经营决策。

【例题·多选题】下列各项中，体现坚持诚信这一会计职业道德规范的有（　　）。
A. 忠于职守，尽职尽责
B. 做老实人，说老实话，办老实事
C. 保守商业秘密，不为利益所诱惑
D. 不弄虚作假，信誉至上
【答案】BCD

(二) 坚持准则，守责敬业

《会计人员职业道德规范》之二：

坚持准则，守责敬业。严格执行准则制度，保证会计信息真实完整。勤勉尽责、爱岗敬业，忠于职守、敢于斗争，自觉抵制会计造假行为，维护国家财经纪律和经济秩序。

1. 坚持准则，客观判断

（1）坚持准则。坚持准则是指会计人员在处理业务过程中，要严格按照会计法律制度办事，不为主观或他人意志左右。这里所说的"准则"不仅指会计准则，而且包括会计法律法规、国家统一的会计制度以及与会计工作相关的法律制度。坚持准则是会计职业道德的核心。会计人员在进行核算和监督的过程中，只有坚持准则，才能以准则作为自己的行动指南，在发生道德冲突时，维护国家利益、社会公众利益和正常的经济秩序。注册会计师在进行审计业务时，应严格按照独立审计准则的有关要求和国家统一的会计制度的规定，出具客观公正的审计报告。

（2）客观判断。会计人员坚持准则，首先要求其熟悉准则。会计人员应了解和掌握会计法律法规和国家统一的会计制度，才能按准则办事，保证会计信息的真实性、完整性。其次是执行准则。会计人员应以准则为标准和参照物，自觉履行会计核算和监督职能。在会计工作中将单位具体的经济业务事项与准则相对照，先作出是否合法合规的判断，对不合法的经济业务不予受理。在实际工作中，由于经济的发展和社会环境的变化，会计业务日趋复杂，因而准则规范的内容也会不断变化和完善。这就要求会计人员要实时掌握准则的最新变化，了解本部门、本单位的实际情况，准确地理解和执行准则，在面对经济活动中出现的新情况、新问题以及准则未涉及的经济业务或事项时，通过运用所掌握的会计专业理论和技能，作出客观的职业判断，予以妥善地处理。

2. 爱岗敬业，勤勉尽责

（1）爱岗敬业。爱岗指的是员工对自己的工作岗位充满热爱和认同，敬业是员工对待工作的专业态度和职业操守。爱岗敬业是爱岗与敬业的总称，是指员工不仅对自己的工作岗位有深厚的感情，而且在工作中表现出高度的兴趣、专业性和奉献精神。

会计人员应当具有爱岗敬业的自觉，正确认识会计职业的特性，树立会计职业的荣誉感和自豪感，以强烈的自信心和高度的积极性从事会计工作。否则，会计人员会认为会计工作只是简单琐碎的"写写算算""收收支支"，工作中难免缺乏兴趣和热爱，极易产生无聊和应付的工作态度；或者有"会计难当，职权难用，成绩难见，违纪难免"的思想，必然会自觉不自觉地把这些意识反映到其工作行动之中，表现出懒、惰、拖的不良行为甚至成为造假帮凶，给会计职业及其声誉造成不良影响。会计人员只有正确地认识会计本质，明确会计在经济管理工作中的地位和重要性，树立职业荣誉感，才能真正做到爱岗敬业。

（2）勤勉尽责。人们通常基于特长、兴趣选择职业，并在工作中寻求成就感与乐趣，从而建立职业荣誉感。但现实中，职业满意并非人人都能轻易获得。会计工作就是一个典型，它的高规范性源于必须严格遵守财经法规，这使得工作本身可能缺乏趣味性。然而，乐趣的缺失绝不应成为敷衍工作的理由。选择了会计职业，就必须敬重这份职业，承担相应的职业责任。

会计人员勤勉尽责的要求主要包括严格遵守会计法规、会计准则和会计制度，认真审核原始凭证，确保会计信息的真实性；及时且准确地记录和报告财务数据，保障会计信息的时效性；积极参与财务管理，提出合理建议，为企业和投资者的决策提供支持，并承担起对社会公众的责任。同时，将严肃认真、一丝不苟的职业作风贯穿于会计工作的始终，尽职尽责地履行本职工作。

3. 敢于斗争，忠于职守

（1）敢于斗争。会计人员敢于斗争是其在会计职业生涯中不可或缺的品质。会计人员在财务报告编制过程中常常面临各种压力，如来自单位领导的绩效压力、来自投资人的盈利要求压力等。若是缺乏敢于斗争的勇气，难免会屈服于来自工作单位外部和内部的各种压力，从而可能沦为会计造假与财务舞弊的帮凶。

只有会计人员具备敢于斗争的大无畏精神，才能坚定不移地遵循会计准则，坚守职业正义，勇于抵制任何违反财经纪律的行为。在面对单位财务舞弊、虚假报告等不法行为时，会计人员只有不畏强权，才能坚决捍卫会计信息的真实性和完整性。敢于斗争的会计人员，不仅是企业内部监督的有力执行者，也是维护社会经济秩序、保障公共利益的重要力量。会计人员的坚守和斗争，对于提升整个会计行业的职业形象和信任度，对于促进健康、公平的市场环境具有深远影响。

（2）忠于职守。在经济快速发展、资本市场规模日益扩大的背景下，会计人员不仅要应对诸多压力，还要面对形形色色的诱惑，如股票期权、分红、业务回扣等。忠于职守，不仅要求会计人员严格遵循岗位规范，更要求他们始终恪守会计法规和职业准则，以高度的职业敏感性和警觉性，坚决抵制各种不正当诱惑。无论外界环境如何变化，会计人员都应坚守岗位，忠诚地履行职责，为企业提供真实可靠的财务信息，对投资者和社会公众负责。

在日常工作中，会计人员对待财务工作应一丝不苟，确保每一笔账目、每一张报表清晰、准确。注册会计师在接受单位委托进行审计、鉴证或咨询服务时，应维护委托人的合法权益，保守商业秘密，依法出具客观、公正的审计报告。单位内部会计人员不仅要尽职尽责地履行会计职能，客观真实地记录和反映服务主体的经济活动状况，负责资金的有效运作，积极参与经营和决策，还应当坚决抵制不当开支，防止资产被侵占，确保单位财产的安全与完整。

实践案例

（三）坚持学习，守正创新

《会计人员职业道德规范》之三：

坚持学习，守正创新。始终秉持专业精神，勤于学习、锐意进取，持续提升会计专业能力。不断适应新形势新要求，与时俱进、开拓创新，努力推动会计事业高质量发展。

1. 坚持学习，提升技能

（1）更新会计专业知识。会计工作专业性极强，对会计人员的业务素质和技能要求较高。在当前经济环境与政策法规不断变化的背景下，会计人员必须持续更新自身的专业知识体系，尤其是对最新会计准则、财税政策的理解和掌握。这不仅关系到日常账务处理的合规性，也直接影响财务报告的准确性与公信力。面对新业务、新模式的出现，会计人员需深入理解会计准则背后的逻辑，提升职业判断能力，以应对复杂经济事项的挑战。只有不断夯实专业基础，才能在快速变化的环境中保持核心竞争力，为企业的稳健经营与战略决策提供坚实支持。

（2）学习数字技术在会计中的新应用。随着信息技术的快速发展，会计工作正经历从传统核算向数字化、智能化转型的深刻变革。会计人员必须主动学习大数据、人工智能等数字技术在会计领域的新应用,以适应时代变化。例如,熟悉智能审计、自动报销系统等人工智能工具,能够有效优化流程、降低会计人员的人为差错;掌握大数据分析技术,能够帮助会计人员从海量财务数据中挖掘深层价值,为经营决策提供精准支持。通过学习与运用这些新技术,会计人员不仅能提升自身工作效率,还能在智能化浪潮中保持职业竞争力。

2. 开拓创新,推动会计事业高质量发展

(1)优化会计信息系统。会计人员应积极参与会计信息系统的功能优化工作。通过与IT专家合作,共同开发适应数字经济需求的会计信息系统,实现财务数据与业务数据的深度融合,为企业提供更为全面、深入的财务分析和决策支持。同时,会计人员还应关注信息安全问题,确保在技术创新的同时,会计信息的安全性和保密性得到有效保障。

(2)探索新的工作方法。在数字经济快速发展的当今时代,会计人员面临着前所未有的机遇。随着大数据、云计算、人工智能等先进技术的广泛应用,会计工作的内涵和外延正在发生深刻变化。在这样的背景下,会计人员应积极树立创新意识,勇于突破传统会计工作的局限,适应新时代的要求。

首先,会计人员应在遵循会计法规和准则的基础上,积极探索新的工作方法。例如,主动学习并掌握大数据分析、云计算处理、人工智能算法等先进技术,将这些技术应用于会计信息的收集、处理、分析和报告过程中,从而提高会计信息处理的效率和质量;通过探索新的工作方法,为企业提供更加精准、实时的财务数据,帮助企业在复杂多变的市场环境中快速作出决策,优化资源配置,提升市场竞争力。

其次,会计人员应关注区块链、云计算等新兴技术在会计领域的应用前景。区块链技术的去中心化、不可篡改特性,有望彻底改变传统的会计信息存储、验证和共享方式,大幅提升会计信息的透明度和可信度。云计算技术的弹性伸缩和按需服务特性,则为会计工作提供了强大的数据处理能力和便捷的服务模式。会计人员通过不断学习这些技术,不仅能够提升自身的专业能力,还能为推动会计事业的高质量发展奠定坚实的基础。

在数字经济时代,会计人员要不断开拓创新,敢于突破传统,积极拥抱新技术,提升自身的专业素养。通过这些努力,会计人员不仅能够为企业创造更大的价值,也能为推动会计事业的转型升级和高质量发展作出应有的贡献。在这个过程中,会计人员将成为连接技术与财务的桥梁,引领会计行业走向更加广阔的未来。

第二节 会计职业道德建设

会计职业道德建设是建设社会主义和谐社会的重要内容,也是会计人员提高素质的重要保障。

一、会计职业道德建设的概念

会计职业道德建设是指在一定社会经济条件下，通过一系列的制度安排和激励措施，提高会计从业人员的职业道德素养，形成良好的职业道德风尚和行为习惯，以保障会计信息的真实性、完整性和可靠性，维护社会经济秩序和公共利益的过程。

二、会计职业道德建设的动因

(一) 社会发展的需求

加强会计职业道德建设是社会发展的内在需求。在社会活动多样化、经济主体多元化、利益关系复杂化的背景下，社会各界对会计信息的真实性、完整性和可靠性的要求越来越高，而会计职业道德建设正是满足这一社会需求的基石。会计信息不仅反映企业的财务状况和经营成果，更成为投资者、债权人、社会公众及政府部门等多方利益相关者进行经济决策的重要依据。会计信息的真实性、完整性和可靠性对保护投资者和债权人的合法权益、维护市场秩序、促进公平竞争都具有非常重要的作用。加强会计职业道德建设不仅是提升企业信誉、维护投资者利益的关键，也是社会发展的内在要求。

(二) 行业发展的需求

加强会计职业道德建设是会计行业发展的必然选择。会计行业作为市场经济的重要支柱，其发展离不开职业道德的支撑。随着全球化市场竞争的加剧，会计行业面临着前所未有的挑战。会计行业要想实现长远发展，必须重视职业道德建设，规范会计行业行为，减少行业内的不正当竞争。同时，加强会计职业道德建设，能够培养出一支高素质、讲诚信的会计人才队伍，增强行业竞争力，促进会计行业的健康持续发展。加强会计职业道德建设，能够减少行业中的腐败、欺诈等不良行为，提升会计服务质量，提升社会公众对会计行业的信心和整个行业的国际形象，促进会计行业高质量发展。

(三) 个人职业发展的需求

对于会计从业人员而言，职业道德不仅是职业生涯的基石，更是个人职业的保障。加强会计职业道德建设，可以使会计人员在工作中保持客观、公正的态度，有助于提高会计人员的职业素养，增强其在职场中的竞争力。良好的职业道德还能帮助会计人员规避职业风险，确保其职业生涯的稳定发展。近年来发生的会计信息失真、财务欺诈等事件，不仅损害了人民群众的利益，会计人员的会计执业声誉也相应受损。会计职业道德建设作为一种非正式的会计治理机制，可以塑造会计人员的价值观念、强化会计人员的使命担当，帮助会计人员"筑牢职业道德底线"，"稳住诚信执业生命线"。

警示案例4

三、会计职业道德建设的路径

(一) 各级财政部门积极推动

1. 强化《会计人员职业道德规范》的宣传与指导

依据会计法律制度,各级财政部门应将会计职业道德建设作为财政管理工作的重要内容,纳入重要议事日程,统筹规划、系统推进。各级财政部门应当建立常态化的宣传机制,制定年度宣传计划,明确宣传目标和重点内容。通过定期发布政策解读、举办专题讲座、开展专题培训,并结合典型案例分析等方式,向会计从业人员系统传达《会计人员职业道德规范》的核心要求,确保每一位会计人员都能准确理解并自觉践行职业道德规范,提升会计人员的职业道德意识和法律素养,营造良好的社会氛围。

2. 会计职业道德建设与继续教育管理相结合

将会计职业道德建设与继续教育管理相结合,是加强会计职业道德建设的有效途径。各级财政部门在组织开展会计人员继续教育时,应将会计职业道德作为一项重要内容。为规范会计专业技术人员继续教育,财政部、人力资源和社会保障部联合出台了《会计专业技术人员继续教育规定》,旨在通过组织一定学时的继续教育,使会计人员了解和掌握会计职业道德的主要内容。各级财政部门应充分利用会计继续教育平台,对会计人员的继续教育科目进行合理安排,不断优化教育内容,确保每位会计人员在规定时间内接受必要的职业道德教育,使会计人员在培训过程中真正受益。同时,应当创新教育方式,结合会计行业特点和实际需求,采用线上线下相结合、理论与实践相结合的教学模式,让会计人员在轻松愉快的氛围中接受职业道德教育。

3. 会计职业道德建设与会计专业技术资格考、评、聘相结合

(1) 报考资格。

《会计专业技术资格考试暂行规定》第六条规定:

报名参加会计专业技术资格考试的人员,应具备下列基本条件:

(一) 坚持原则,具备良好的职业道德品质;

(二) 认真执行《中华人民共和国会计法》和国家统一的会计制度,以及有关财经法律、法规、规章制度,无严重违反财经纪律的行为;

(三) 履行岗位职责,热爱本职工作;

(四) 具备会计从业资格,持有会计从业资格证书。

这就要求凡是报考初级、中级资格的会计人员,首先应坚持原则,具备良好的职业道德品质。会计专业技术资格考试管理机构在组织报名时,应对参加报名的会计人员的职业道德情况进行检查,对有不遵守会计职业道德记录的,应取消其报名资格。

(2) 考试内容。财政部2024年、2025年《初级会计实务》科目考试大纲在总论部分,提出要求考生掌握会计人员职业道德规范,熟悉企业会计准则体系;财政部2024

年、2025年《中级会计实务》科目考试大纲在总论部分，提出要求考生掌握会计人员从事会计工作的基本要求以及会计人员职业道德规范等内容。

（3）评聘方面。指导用人单位加强会计人员职业道德教育，将遵守职业道德情况作为评价、选用会计人员的重要标准。目前，高级会计师资格采取考试和评审相结合的方式，会计职业道德不仅是考试的重要内容，而且是评审标准的重要内容。各级财政部门指导各单位在聘用高级会计人员时，除考察其专业胜任能力外，更应将遵守职业道德情况作为一项重要的考核内容，将会计职业道德建设与会计专业技术资格的考、评、聘结合起来。

4. 会计职业道德建设与会计人员表彰奖励制度相结合

财政部门定期检查各单位会计人员遵守职业道德的情况，并作为会计人员晋升、晋级、聘任专业职务、表彰奖励的重要考核依据。

《会计基础工作规范》第二十四条规定：

财政部门、业务主管部门和各单位应当定期检查会计人员遵守职业道德的情况，并作为会计人员晋升、晋级、聘任专业职务、表彰奖励的重要考核依据。

《会计法》第六条规定：

对认真执行本法、忠于职守、坚持原则、做出显著成绩的会计人员，给予精神的或者物质的奖励。

会计职业道德规范的贯彻与实施，既要对违背会计职业道德的行为进行惩戒，又要对自觉遵守会计职业道德规范的先进单位和先进个人进行表彰。对于那些自觉遵守会计职业道德规范的优秀会计人员，应当给予精神的或者物质的奖励。

（二）会计行业自律组织自律机制

会计行业自律组织是会计人员与政府之间的桥梁，应充分发挥协会等会计行业自律组织的作用，改革和完善会计行业自律组织自律机制，有效发挥其在会计职业道德建设中的促进作用。

1. 加强会计人员的职业道德建设

（1）建立健全会计人员职业道德规范。会计行业自律组织下设职业道德委员会，负责行业的职业道德守则的建立及完善。近年来，我国通过会计行业自律组织强化自律管理和职业道德惩戒的工作取得了一定进展。如中国注册会计师协会发布了《中国注册会计师职业道德守则》《中国注册会计师协会非执业会员职业道德守则》《中国注册会计师职业道德规范指导意见》等规范性文件，以及《会计师事务所从事证券服务业务辅导手册（2024年）》等操作手册，通过制定行业标准和道德规范为会计从业人员提供明确的道德行为指南，确保会计行业从业人员有准则可依，切实提高行业的职业道德水平。

（2）建立健全人才选拔机制。以考试选拔优秀人才，严把人员准入关。对会计人员考试资格进行职业道德的审核，并在各类会计资格考试中，严格处理在会计资格考试中违背道德的行为，处理方式包括取消当场考试成绩、不得参加以后连续5个年度会计资格考试,以及终身不得参加会计资格考试等。如相关省级注册会计师协会依据《注册会计师全国统一考试违规行为处理办法》,取消了在2024年注册会计师全国统一考试中有违规行为的22名考生的当场考试成绩,其中3名考生不得参加以后连续5个年度注册会计师考试,1名考生被要求终身不得参加此考试。

2. 建立职业道德激励机制

在会计行业建立荣誉褒奖制度等弘扬职业道德的激励机制。表彰先进有助于树立正面典型,向社会传递正能量。通过公开表彰诚信,可以提升个人的荣誉感和责任心。同时,这种激励机制能够鼓励更多人遵循诚信原则,促进公平竞争,提升行业整体水平。此外,先进典型的示范作用,还能够引导社会风气向上,营造诚实守信的良好社会环境,对经济发展和社会进步具有深远影响。因此,表彰诚信、激励先进是推动会计行业高质量发展的必要举措。如中国注册会计师协会已制定《"注册会计师诚信执业30年"荣誉证书颁发管理办法》,对荣誉证书的申请条件、申请方式、审核流程、授予与收回,以及执业时间的计算等作出规定。

拓展·专业知识

中国注册会计师协会建立荣誉褒奖制度

中国注册会计师协会发布《"注册会计师诚信执业30年"荣誉证书颁发管理办法》,并于2023年组织开展首批评选及荣誉证书颁发工作。作为完善行业守信激励机制的一项重要制度安排,该办法通过对注册会计师行业中连续执业30年以上且满足申请条件的个人颁发"注册会计师诚信执业30年"荣誉证书,以持续加强注册会计师行业诚信建设,弘扬诚信文化,营造褒扬诚信、守信光荣的社会氛围。

荣誉证书的颁发工作由中国注册会计师协会组织,每年一次,实行由个人自愿提出申请、省级注协初审、中注协复核、中注协常务理事会最终审定的审核颁发流程。申请"注册会计师诚信执业30年"荣誉证书的个人,应当同时具备以下条件。

(一)坚持中国共产党的领导,认真学习贯彻习近平新时代中国特色社会主义思想,深刻领悟"两个确立"的决定性意义,增强"四个意识"、坚定"四个自信"、坚决做到"两个维护",自觉在思想上政治上行动上同以习近平同志为核心的党中央保持高度一致,积极为中国式现代化建设贡献力量。

(二)自取得中国注册会计师证书之日起连续执业30年以上(含30年)。

(三)严格履行会员义务,历年通过年检。

(四)严格遵守注册会计师执业准则和职业道德规范,诚实守信、客观公正、勤勉尽责,未受过行业惩戒,无不良信用记录。

(五)遵守国家法律法规和公序良俗,未受过行政处罚、刑事处罚或党纪处分。

荣誉证书的颁发办法明确了评选坚持以诚信执业30年为时限,可有效涵盖注册会计师职业生涯,以引导注册会计师树牢终身诚信执业理念,也是在全行业营造诚信有价、诚信有感、诚信有益的良好氛围,持续推动行业诚信建设。对发现存在不良信用记录及因违法、违纪行为受到行政处罚、刑事处罚或党纪处分的,荣誉证书将收回,并予以公告，坚决做到宁缺毋滥，好中选优。此举将充分激发从业人员的荣誉感和使命感，提升行业整体诚信水平，促进行业高质量发展，更好地服务中国式现代化建设。

3. 组织行业活动进行宣传和推广

随着会计人员规模的扩大，会计协会会员不断增多。会计行业自律组织在规模不断扩大的同时，应积极采取各种行动，如中国注册会计师协会主办的2024年注册会计师行业短视频展播活动，增强了行业凝聚力。会计行业自律组织可以组织会员参加会计职业道德的线下培训班和线上课程，举办会计职业道德专题论坛或研讨会进行经验交流及分享；通过出版书刊、报纸，利用官方网站等多种渠道进行广泛宣传，宣传会计职业道德的重要性，推广行业内的良好实践经验和典型案例，如中国注册会计师协会出版发行《中国注册会计师行业发展报告2023》，对行业管理与发展、行业价值与贡献、行业理论与实务工作等作了详细阐述，促进了行业的高质量发展。此外，会计行业自律组织可以组织国内外的会计协会进行交流和合作，共享职业道德建设的资源，借鉴国际会计协会关于会计职业道德建设的经验，完善国内会计行业职业道德规范，提升整个会计行业的形象和声誉，增强社会公众对会计行业的信任。

4. 提供咨询和指导

会计行业自律组织可以根据国际会计行业的发展以及国内会计行业现状，向政府相关部门提出关于会计职业道德建设的政策建议，推动相关法律法规和会计职业道德规范的进一步完善。会计行业自律组织可以对会员的职业道德行为进行监督，通过定期或不定期的检查，及时发现会计行业中存在的有违会计职业道德的问题，为遇到职业道德困境的会员提供专业的咨询服务，帮助他们作出正确的决策，确保会员遵守会计职业道德规范，增强会计从业人员的道德意识和职业素养，如中国注册会计师协会针对识别和应对财务报告舞弊风险发布审计准则问题解答。

（三）单位会计职业道德建设

1. 单位负责人高度重视

《会计法》明确指出，单位负责人对单位的会计工作和会计资料的真实性、完整性负责。因此，单位负责人应当高度重视并加强会计人员的职业道德建设。为了在单位中营造遵循会计职业道德规范的良好氛围，并促进会计人员恪守职业道德，依法履行会计职责，单位负责人需切实承担起推动会计职业道德建设的责任。

2. 建设单位内部控制制度

单位内部控制制度，是约束单位会计人员的行为，保障会计人员遵循会计职业道德的重要基石。有效的内部控制有助于促进会计人员提升会计职业道德水平，提高单位财务报告的可靠性，促进单位的可持续发展。因而，单位要建设好内部控制制度并不断完善。

（1）内部控制制度建设概念。内部控制制度建设是指组织为了维护资产的安全、完整，保证会计信息的真实、可靠，保证其管理或者经营活动的经济性、效率性和效果性，遵守有关法规制定和实施内部相关政策、程序和措施的过程。

（2）单位建设内部控制制度的原则。

①全面性原则。内部控制应当贯穿单位经济活动的决策、执行和监督全过程，覆盖单位及其所属单位的各种业务和事项，同时，对单位重要经济活动和经济活动中可能造成重大风险的事项重点关注。

②制衡性原则。内部控制应当在治理结构、机构设置及权责分配、业务流程等方面形成相互制约、相互监督，同时兼顾运营效率。

③实质重于形式原则。企业内部控制应当权衡实施成本与预期效益，在建设内部控制制度时应考虑单位的发展阶段、经营规模、管理水平及存在的风险，实施中应注重实际效果，并随着情况的变化及时加以调整。

> 【例题·单选题】下列说法中符合企业建设内部控制制度的原则的是（ ）。
> A. 内部控制制度是用来约束普通员工的，高管可管不着
> B. 信息控制系统适合就行，不必买最先进的版本
> C. 内部控制建立好了就行，不一定要执行
> D. 企业内部关键性岗位更要有制约机制
> 【答案】D

（3）建设内部控制制度要考虑的要素。

①内部环境。企业建设内部控制制度要考虑内部环境，包括治理结构、机构设置、权责分配、内部审计、企业文化等。企业根据企业章程，结合业务特点设置内部机构，明确决策、执行、监督等方面的职责权限，形成科学有效的职责分工和制衡机制，并设立专门机构负责组织协调内部控制的建立实施及日常工作。

②风险评估及控制。企业根据设定的控制目标，结合实际情况及时进行风险评估。企业应当关注的内部风险因素主要包括董事、监事、经理及其他高级管理人员的职业操守，员工专业胜任能力，企业财务状况等；企业应当关注的外部风险因素主要包括经济形势、监管要求、技术进步等。企业应当结合风险评估结果，运用相应的控制措施，将风险控制在可承受范围之内。

③信息与沟通。企业应当对收集的各种内部信息和外部信息进行合理筛选、核对、整合，提高信息的有用性。企业可以通过财务会计资料、经营管理资料、调研报告、专项信息、内部刊物、办公网络等渠道，获取内部信息；可以通过行业协会组织、社会中介机构、业务往来单位、有关监管部门、市场调查、来信来访、网络媒体等渠道，获取外部信息。

（4）内部控制制度的内容。单位内部控制制度应包括以下三方面的内容。

①不相容职务分离控制。企业系统地分析、梳理业务流程中所涉及的不相容职务，实施相应的分离措施。不相容职务主要包括授权批准与业务经办、业务经办与会计记录、会计记录与财产保管、业务经办与稽核检查，以及授权批准与监督检查等。

②授权审批控制。企业根据授权规定，明确各岗位办理业务和事项的权限范围、审批程序和相应责任。企业各级财务人员应当在授权范围内行使职权和承担责任，重大的

业务和事项实行集体决策审批或者联签制度。企业实施全面预算管理制度，明确各责任单位在预算管理中的职责权限，规范预算的编制、审定、下达和执行程序，强化预算约束。

③会计制度执行控制。企业严格执行国家统一的会计准则制度，依法设置会计机构，配备会计从业人员，明确会计凭证、会计账簿和财务会计报告的处理程序，保证会计资料真实完整。企业中从事会计工作的人员，必须具有相应的会计专业技能，会计机构负责人应当具备会计师以上专业技术职务资格或者从事会计工作三年以上的经历。企业建立财产日常管理和定期清查制度，采取财产记录、实物保管、定期盘点、账实核对等措施，确保财产安全。

超标预支的解决办法

"我的预支款申请书已获总经理批准，明天就要出差去外地，但是出纳不合作，不肯让我预支款项。"公司营销部高经理气冲冲地来找财务总监理论。财务总监发现高经理申请的预支款金额超过了公司《备用金预支规定》的限额。作为财务总监，必须解决出纳与营销部门经理之间的争端。从原则上讲，财务总监必须支持出纳，因为出纳是按照单位制度处理此事的，如果不支持出纳，以后备用金的规定则形同虚设；但营销部高经理的申请经过了总经理的批准，如果不付款，就得罪了营销部主管以及总经理。真是一个左右为难的事。

财务总监为了解决此事，拿着公司的《备用金预支规定》以及营销部高经理的预支款申请书去找总经理，跟总经理说明了高经理预支款金额超出公司规定的情况，并烦请总经理在高经理的预支款申请书上再签一回字，作为超标预支的"特批"，然后，让出纳给高经理支付了预支款。

会计工作要坚持会计准则和单位的内部控制制度，但也需要讲究工作艺术，以达到最好的工作效果。本案例中，财务总监在不影响内部控制制度的前提下，采取易被理解和接纳的办法解决，既体现了会计人员坚持准则的道德规范要求，也体现了会计人员参与管理的道德规范要求。当然，对于工作中遇到的违法事项必须坚决抵制，决不能变通。

3. 形成诚信企业文化

单位内部要形成诚信的企业文化。单位内部制定切实可行的职业道德准则，采取相应的激励措施，形成遵循职业道德规范的良好氛围，将外在的职业道德要求内化为全体员工的自觉行为，也使会计人员主动承担职业责任，自觉遵守会计职业道德，依法开展会计工作，确保会计信息的真实性和完整性。

（四）社会舆论的作用

良好会计职业道德风尚的树立，离不开社会舆论的支持和监督。"银广夏"等会计造假案被发现，媒体的追踪报道功不可没。强化舆论监督，有利于在全社会形成诚实守信的氛围。要以新闻媒体为阵地，广泛开展会计职业道德的宣传教育，使社会各界了解会计职业道德规范的内容。要在全社会会计人员中倡导诚信为荣、失信为耻的职业道德意识，引导会计人员加强职业道德修养。通过会计职业道德建设中正反典型的宣传，弘扬正气，打击歪风邪气。

警示案例5

同时，应该充分发挥社会舆论的监督和教育作用，加大对媒体的宣传和教育力度，对诚信思想进行广而告之，对失信违法典型进行曝光，让全社会对诚信的重要性有更深的认识，让人们树立起"诚信光荣、失信可耻"的观念，让人们生活在尊崇诚信的社会氛围中。

四、会计职业道德建设的内容

（一）加强会计职业道德宣传

1. 提高从业人员对会计职业道德的认识

《会计人员职业道德规范》为会计人员职业道德立了规矩，也为会计人员队伍职业道德建设确定了依据，凸显了会计从业者在职业道德上的自我约束、价值追求特性。该规范的出台填补了我国财会制度建设的一项空白，对加强会计人员队伍建设、提升会计信息质量、充分发挥财会核算和监督职能、完善会计及社会诚信体系建设等具有重要意义，必将进一步提高会计人员及队伍的职业道德水平，提升会计人员及队伍的整体职业素养。各级财政部门及会计行业自律组织，应当围绕《会计人员职业道德规范》，积极进行会计职业道德宣传，督促会计人员严格执行会计准则，保证会计信息真实完整，始终秉持专业精神，持续提升会计专业能力，切实做到守法奉公、守责敬业、守正创新，增强责任感、使命感，不断提升会计信息质量。

2. 提高单位负责人对会计职业道德的认识

提起会计职业道德，很多人都认为这是会计从业人员应当遵循的准则，与单位负责人或实际控制人关联性不大。但其实，财务会计工作大多是在主管部门或单位负责人的监管下进行的，主管部门对财务工作拥有绝对的领导权。在这种管理关系下，单位负责人可能会对会计人员施加压力，让他们违背会计准则和规定，这就让会计人员处于道德困境，可能会存在被迫造假的情况。

近年来的会计造假事件中，就出现了单位负责人、实际控制人或高级管理人员与财务人员共同参与共同受罚的情况，甚至部分单位负责人因是始作俑者而锒铛入狱，这也从事实上反映出了单位负责人对会计职业道德的认识不足。按照《会计法》的规定，单位负责人需对单位会计工作和会计资料的真实性、完整性负责。因此，单位负责人应当加强对会计职业道德的认识，心存敬畏、严于律己，并在单位内部弘扬实事求是的职业精神与提倡不做假账的职业道德，同时，要积极支持会计人员坚持会计准则，与会计人员一道自觉抵制会计造假行为。这既是对会计人员和社会公众权益的保护，也是对单位负责人自身的保护。

3. 提高社会公众对会计职业道德的认识

财政部门要充分利用各类媒体，广泛宣传会计工作及会计职业道德的重要意义，提高社会公众对会计工作及会计职业道德的认识。会计诚信问题是一个涉及法律、道德和社会公众利益的重要问题，需要社会公众共同来维护。社会公众的舆论是一种意愿、感情、价值观，能够对会计从业人员产生较大的影响。当会计人员受到表扬时，会产生积极的动力，而当会计人员受到谴责时，则会产生一定的负罪感。因此，各种大众媒体，包括广播、电视、报刊和网络平台等，应当对舆论导向进行准确把握，充分发挥舆论监督的作用，对失信行为进行公开谴责，对守信行为进行宣传鼓励，从而营造出一个讲诚信的社会氛围，为会计职业道德建设创造良好的社会环境。

(二) 建立科学的会计职业道德评价体系

目前，会计职业道德评价体系不完备。首先，缺乏科学的评估标准，导致现行的会计职业道德标准难以量化，不利于对会计人员进行细致的考核。其次，企业管理部门更关注工作表现，容易忽略对会计职业道德的要求，缺乏完善的激励会计人员追求更高的职业道德的机制。最后，缺乏有效的约束机制，使得一些违背会计职业道德的行为难以被有效地制止。因此，建立科学、规范、可操作的评估标准是解决会计职业道德问题的首要任务。

1. 会计人员的职业道德评价

会计人员的职业道德评价是人们对会计人员职业道德行为所作出的善或恶、道德或不道德的价值判断，以及表明自己褒贬态度的一种社会活动。企事业单位可以利用职业道德评价来衡量会计人员的从业行为，并将结果反馈到行为人自身，让他知道自己的行为是否符合新时代下会计人员应具备的基本道德素质，进而让他的职业道德素养得到持续提升。健全的会计职业道德评价体系是保障会计行业正常运行和维护公共利益的重要举措，用人单位应将遵守会计职业道德情况作为评价、选用会计人员的重要标准。

2. 会计人员职业道德评价指标

单位应当制定具体可行的会计职业道德准则，包括行为规范、职业义务和原则等，以便会计人员清楚了解应该如何行事。对于会计人员职业道德评价指标的选择，应该从职业素养、道德标准、业务水平等多方面入手，保证评价指标的合理性和科学性，并对其细化处理，包含诚实守信、爱岗敬业、克己奉公等内容。

3. 将会计职业道德纳入绩效评估体系

单位可将代表会计人员职业道德遵循情况的评价指标纳入绩效评估体系当中，采取同级评审、上下级打分等方式来评价会计从业人员的职业道德，并将评估结果与岗位资格、聘任专业职务、提职、晋级、精神与物质奖励等结合起来，确保会计人员在职业道德方面的表现得到充分评价。

(三) 健全会计职业道德多方协同治理机制

各级财政部门是会计工作的管理部门，会计行业协会是会计行业的自律组织，要积极发挥财政部门、行业协会作用，加强对会计人员职业行为的规范和监督，鼓励会计人员秉承职业道德操守，将职业道德的外部治理内化为会计人员的自觉遵守。

1. 建设会计行业职业道德违规举报平台

会计行业职业道德违规举报平台能够约束会计人员的行为，为公众提供便捷的监督渠道，使财务造假等隐蔽违规行为更易曝光，形成强大威慑效应；有助于深化行业诚信体系建设，增强市场对会计信息的信任，从而优化资源配置。

2. 建立健全会计从业人员诚信档案

健全完善从业人员诚信档案，政府、企业和专业机构之间应建立信息共享机制，合作建立信息共享平台，促进互联互通和数据交流。

3. 建立多方交流与合作机制

政府、企业可以与会计、财务等相关专业的高校院系建立长期交流与合作机制，共同探讨会计职业道德存在的问题等。通过建立导师制、组织会计职业道德竞赛活动等多种形式，培养高素质的会计人才，助力会计行业长期良好发展。

（四）加强会计职业道德培训管理

《会计法》第三十七条规定：

会计人员应当遵守职业道德，提高业务素质，严格遵守国家有关保密规定。对会计人员的教育和培训工作应当加强。

财政部作为全国会计工作的管理部门，应当进一步加强会计职业道德培训管理，引导及促进会计人员不断提升会计职业道德。

1. 完善管理体制机制

《会计专业技术人员继续教育规定》第七条规定：

财政部负责制定全国会计专业技术人员继续教育政策，会同人力资源社会保障部监督指导全国会计专业技术人员继续教育工作的组织实施，人力资源社会保障部负责对全国会计专业技术人员继续教育工作进行综合管理和统筹协调。

除本规定另有规定外，县级以上地方人民政府财政部门、人力资源社会保障部门共同负责本地区会计专业技术人员继续教育工作。

会计专业技术人员参加继续教育实行学分制管理，并对会计专业技术人员参加继续教育情况实行登记管理。会计继续教育机构应当按照专兼职结合的原则，聘请具有丰富实践经验、较高理论水平的业务骨干和专家学者，建立继续教育师资库。会计继续教育机构的教学设施、师资队伍、教学计划、管理力量、管理制度等要符合规定，以保证教学质量。

2. 扩大培训范围

除了会计人员外，单位负责人也应接受会计职业道德培训，以提高单位负责人的职业道德水平，避免单位负责人授意、指使会计人员造假，保证单位会计资料的真实性、完整性。目前，《会计法》明确单位负责人是单位会计资料真实性及完整性的第一责任人，但《会计专业技术人员继续教育规定》只是提出会计专业技术人员享有参加继续教育的权利和接受继续教育的义务，并未明确单位负责人有接受继续教育的义务。因此，应制定相关政策，进一步扩大会计职业道德培训范围，让单位负责人参与到会计职业道德培训中来。

3. 增强培训内容的实用性

财政部门应加强指导，统筹教育资源，引导社会力量参与继续教育，不断丰富继续教育内容，提高继续教育质量，形成政府部门规划指导、社会力量积极参与、用人单位支持配合的会计专业技术人员继续教育新格局。会计专业技术人员继续教育的培训内容应当紧密结合经济社会和会计行业发展要求，兼顾系统性、前瞻性，为经济社会和会计行业发展提供人才保证和智力支持。会计专业技术人员继续教育引导会计专业技术人员更新知识、拓展技能，完善知识结构、全面提高素质，把握会计行业发展趋势和从业基本要求；引导会计专业技术人员树立诚信理念、提高职业道德和业务素质，全面提升专业胜任能力。

4. 创新培训教育的方式

通过会计继续教育对会计人员进行职业道德教育的重要性不可低估。但是在教育方式上需要不断创新，提高教学质量。应在会计职业道德培训中加强正面案例弘扬宣传和反面案例警示教育，通过真实案例的分析和讨论，让会计人员了解缺乏职业道德的后果，增强警惕性和风险意识。同时，要树立典型，宣传先进事迹，发挥榜样的引领作用，激发会计从业人员遵守职业道德的自觉性。会计专业技术人员继续教育采用的课程、教学方法，应当适应会计工作要求和特点。同时，应积极推广网络教育等方式，提高继续教育教学和管理的信息化水平。

第三节 会计职业道德教育与培养

会计职业道德教育与培养是指通过知识教育、实践训练和行为引导等方式，使会计从业人员形成一定的道德规范意识，并自觉遵循职业行为准则的过程。

一、会计职业道德教育与培养的形式

会计职业道德教育与培养的主要形式包括接受教育和自我提升。

（一）接受教育

接受教育即外在教育，是指通过正规的教育机构和职业培训机构，通过课堂教学、专题讲座、研讨会、在线课程等多种形式，对会计从业人员进行系统的职业道德教育，包括对职业责任、职业义务、职业规范、法律法规知识以及如何在实际工作中应用这些知识的正面灌输，以规范其会计职业行为，维护国家和社会公众利益的教育。接受教育具有导向作用，行业部门或行业协会通常是职业道德教育的组织者，由其对从业人员开展正面的职业道德教育。

（二）自我提升

自我提升是内在教育，是从业人员自我学习、自我反省、自我改造，提升自身道德修养的行为活动。自我提升是会计从业人员把外在的职业道德的要求，逐步转变为内在

的职业道德情感、职业道德意志和职业道德信念。要大力提倡和引导会计人员自我提升，使其在社会实践中不断地加强职业道德修养，养成良好的道德行为，从而实现道德境界的升华。

二、会计职业道德教育与培养的途径

全方位、多形式、多渠道进行会计职业道德教育与培养，有利于培养会计人员的会计职业道德情操，树立高尚的会计职业道德观念。

（一）岗前会计职业道德教育与培养

岗前会计职业道德教育与培养是指对打算从事会计职业但尚未进入会计行业的人员进行的道德教育与培养。教育与培养的侧重点应放在专业技能、职业观念、职业情感及职业规范等方面。

1. 学历教育中的会计职业道德教育与培养

在我国，大专院校是培养各类专门人才的基地，在会计专业类大专院校就读的学生，是会计人才队伍的预备人员，这些大学生毕业后大部分人将走入会计队伍，从事会计工作。学历教育阶段是他们的职业情感、道德观念和是非善恶判断标准初步形成的时期。因此，会计专业类大专院校是会计职业道德教育与培养的重要阵地，是会计人员岗前道德教育与培养的主要场所，在会计职业道德教育与培养中具有重要地位。

因此，为保证进入会计队伍的新鲜血液具有良好的职业道德观念，会计职业道德教育与培养必须从会计学历教育抓起。在会计人才培养方案中除对会计专业知识进行教育外，还要设置财经法规及会计职业道德的专门课程。

2. 非学历教育中的会计职业道德教育与培养

在我国，能够进入大专院校系统学习会计学知识的人毕竟是少数，对于那些未能进入大专院校学习或是进入大专院校学习但非会计专业的人而言，通过非学历教育获得会计从业需要的会计技能及会计职业道德就显得非常重要。此外，部分从其他领域转入会计行业的职业转型者，如销售岗位转入会计岗位的人员，他们缺乏会计职业方面的知识和实践经验，需要通过非学历教育来了解和掌握专业技能和职业道德规范。

目前，非学历会计教育主要以培训班的形式，由会计培训中介机构提供会计类课程及职业道德教育。非学历教育，可以帮助以上人员在正式上岗前获得从事会计职业的专业技能，建立起正确的职业价值观和行为准则，为他们在会计职业生涯中的发展打下坚实的基础。

（二）会计人员在职继续教育

在职继续教育是指从业人员在从事某岗位工作后，在一定时期内被要求接受一定形式的、有组织的知识更新，以达到期望培养目标的教育和培训活动。近年来，我国的会计人员在职继续教育为会计从业人员提供会计理论知识、专业技能和职业道德的教育和培训，使会计人员的专业胜任能力和职业道德水平不断提高。

1. 会计人员在职继续教育的概念

会计人员在职继续教育，是指对从事会计工作和已取得会计专业技术资格的会计人员进行以提高思想政治素质、业务能力和职业道德水平为目标，使之更好地适应社会主义市场经济发展要求的再培训、再教育。

2. 会计人员在职继续教育的特点

会计人员在职继续教育是国家为提高会计人员政治素质、业务能力、职业道德水平，使其知识和技能不断得到更新、补充、拓展和提高而对会计人员进行的综合素质教育。会计人员在职继续教育是强化会计职业道德教育的有效形式，具有针对性、适应性及灵活性等特点，即针对不同对象确定不同的教育内容、采取不同的教育方式；教育中注重联系实际工作需要，学以致用；在教育培训的内容、方法、形式等方面具有灵活性。

3. 会计人员在职继续教育的形式

会计人员在职继续教育的形式主要是接受培训，包括会计人员继续教育，会计人员所在单位自行组织的会计技能与会计职业道德提升的培训，以及财政、税务、审计等政府相关部门组织的关于专项业务、新法规及会计职业道德的培训等。会计人员应根据单位安排，进行脱产或非脱产的培训。

目前，会计人员继续教育对学时的要求是每年需修够90个学分，可按照《会计专业技术人员继续教育规定》的标准进行学分的折算。

（三）会计职业道德的自我学习

自我提升是会计职业道德培养的一种重要形式，是会计职业道德的作用得以顺利实现的重要环节。而会计人员自我提升的主要路径是自我学习，具体包括以下几个方面。

①主动参加在继续教育主管部门备案并予以公布的会计人员继续教育机构组织的培训。

②主动参加会计、审计等专业技术资格考试考前辅导班，以及注册会计师、注册资产评估师、注册税务师等执业资格考前培训班。

③参加国家承认的非全日制普通院校（含成人院校）会计、审计等相关专业的学历教育。

④独立完成地（市）级以上（含地、市级）财政部门或会计学术团体认可的会计类研究课题或在省级以上（含省级）经济类报刊上发表会计类论文。

三、会计职业道德教育与培养的内容

（一）会计职业道德观念培养

会计职业道德观念培养是指在社会上广泛宣传会计职业道德基本常识，使广大会计人员懂得什么是会计职业道德，了解会计职业道德对社会经济秩序、会计信息质量的影响，以及违反会计职业道德将受到的惩戒和处罚。并利用网络平台、报刊等媒介，表彰坚持原则、德才兼备的会计人员，鞭笞违法违纪的会计行为，形成遵守职业道德光荣、违反职业道德可耻的观念。

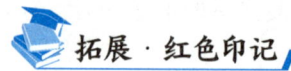

长征路上的"扁担银行"

中国工农红军四渡赤水太平渡陈列馆"红色古蔺"展厅的一个展柜内，整齐地摆放着几枚苏维埃铜币和几张苏维埃纸币。铜币表面已氧化发黑，纸币有的边缘残缺不齐，有的票面字迹模糊不清。百年沧桑，时光流转，岁月在它们身上留下斑驳痕迹，仿佛在无言地诉说着20世纪30年代那段苦难悲壮的历史。

中华苏维埃共和国成立之初，苏区各地并行流通的货币五花八门，单是各级苏维埃政府发行的纸币就达150多种，还有布钞10余种。统一货币、统一财政刻不容缓。1932年2月1日，中华苏维埃共和国国家银行在江西瑞金叶坪成立，主要成员有行长毛泽民、会计科科长曹菊如、业务科科长赖永烈、总务科科长莫均涛、会计钱希均。1932年6月和10月，国家银行分2期发行"革命战争公债"共180万元，次年又发行"经济建设公债"300万元，并从中拿出20万元设立储蓄基金。公债的发行，充裕了根据地的财政收入，直接支援了反"围剿"革命战争。

1934年10月初，成立两年多的中华苏维埃共和国国家银行接到突围的命令：10天内把整个国家银行带走，不得有误。财政部和国家银行被编成第15大队，随中央纵队行动。国家银行的任务是把所有的金银珠宝、红军票、印钞机、铸币机、制币原料等打包带走，绝不留下一台机器、一张纸币、一个毫子。随后，国家银行的工作人员以160多副扁担挑子，将整个苏维埃共和国的所有家当，包括2担黄金、几十担银圆以及几十担国家银行纸币，还有印钞的石印机和油墨、纸张挑在了肩上。这就是长征路上"扁担银行"的由来。

1935年1月，中央红军进入遵义，城里的商人大多数都关门停业。为了维护正常的市场和金融秩序，"扁担银行"在遵义开展了10天的货币发行和回笼。由于有充足的物资保证，发行和回笼紧密配合，苏维埃货币拥有了良好的信用。长征期间，"扁担银行"利用货币的发行和回笼，帮助红军沿路筹款，活跃贸易。

1935年10月，中央红军到达陕北，会计人员清点了"扁担银行"的所有资产，并核对账目，发现银行尚存有黄金2担、白银及银圆12担，另有珠宝若干，除了长征路上的正常开支，竟然没有损失一块银圆，被称为是战乱年代里的一个奇迹。正是依靠这笔资金，国家银行保留了重新起家的资本。同年11月，根据中共中央指示，中华苏维埃共和国国家银行与原陕甘晋银行合并，将银行名称改为"中华苏维埃共和国国家银行西北分行"。

中华苏维埃共和国国家银行的会计工作人员，在艰险的长征途中保护国家财产一文不少，账目核算一丝不差，无论是会计专业胜任能力方面还是忠于职守、守责敬业方面，都高标准地遵循了会计职业道德，弘扬了苏区精神。1935年11月，会计科科长曹菊如升任中华苏维埃共和国国家银行西北分行副行长，兼任西北办事处财政部会计科科长。

资料来源：scdfz.sc.gov.cn/whzh/hswh/content_113518（2023-03-16）［2024-03-15］

（二）会计职业道德规范教育

会计职业道德规范教育是指对会计人员开展的以会计职业道德规范为内容的教育。会计职业道德规范教育的主要内容包括爱岗敬业、诚实守信、廉洁自律、客观公正、坚持准则、提高技能、参与管理和强化服务等。这是会计职业道德教育的核心内容，应贯穿于会计职业道德教育的始终。《会计基础工作规范》第二十条规定：

会计人员应当按照会计法律、法规和国家统一会计制度规定的程序和要求进行会计工作，保证所提供的会计信息合法、真实、准确、及时、完整。

（三）会计职业道德警示教育

警示教育是指通过开展对违反会计职业道德行为的典型案例的讨论和剖析，给会计人员以启发和警示，从而提高会计人员的法律意识和会计职业道德观念，提高会计人员辨别是非的能力的教育。通过证监会官网等发布违反会计职业道德案例，或向会计人员有奖征集会计职业道德相关案例建立案例库等方式，激发会计人员对典型案例的关注及对违反职业道德行为与后果的思考，强化会计人员遵循职业道德意识。

（四）会计专业技能教育

会计人员应当熟悉本单位的生产经营和业务管理情况，运用掌握的会计信息和会计方法，为改善单位内部管理、提高经济效益服务。《会计人员职业道德规范》提出会计人员要始终秉持专业精神，勤于学习，锐意进取，持续提升会计专业能力，不断适应新形势新要求。《会计基础工作规范》第十八条规定：

会计人员应当热爱本职工作，努力钻研业务，使自己的知识和技能适应所从事工作的要求。

因此，会计职业道德教育的内容还应包括学习会计专业更新的知识，如学习会计准则修订后的新增或调整内容、国家税法及税收优惠政策的调整内容、财务分析中AI技术的融合应用、数电票及电子凭证数据会计处理规范等。

如何成为碳会计师

随着《碳排放权交易有关会计处理暂行规定》《国家服务业扩大开放综合示范区和中国（北京）自由贸易试验区建设人力资源开发目录（2021年版）》的发布，碳核算成为会计领域的新内容，碳会计员也成了新兴的会计职业。

"碳达峰""碳中和"战略背景下，碳会计员作为新时代环保与经济结合的职业，重要性日益凸显。碳会计员是以环境法律为依据，对企业的碳排放进行确认、计量、报告，并披露企业节能减排情况、经济效益和社会环境效益的会计人员，是专门负责量化管理企业碳足迹、推动企业绿色转型的专业人员。具体来说，碳会计员需要收集和分析企业的碳排放数据，运用专业的碳会计方法和技术进行核算，编制碳排放报告，并向内外部利益相关者披露企业的碳足迹和节能减排成果。同时，他们还需密切关注碳交易市场的动态,为企业的碳交易活动提供决策支持。

目前,许多高校和职业院校都开设了环境科学、碳会计等相关专业课程,为培养碳会计员提供了良好的教育基础。此外,为提高碳会计从业人员的理论知识与实际工作水平,国家市场监督管理总局认证认可技术研究中心组织制定了《碳会计员 人员能力验证规则》,并负责开展碳会计员人员能力验证工作。根据规则,碳会计员人员能力验证测验实行统一大纲、统一命题、统一组织的考试制度,原则上每年举行4次考试,分别安排在3、6、9及12月份的第四个周六,考试时间为120分钟。考核内容包括碳会计基础知识、碳会计体系建设、能源管理的技术及应用、碳核算有效性评价与改进四个部分,占比分别为20%、25%、25%、30%,考试通过即可获得相应的碳会计员证书。

随着全球对气候变化问题的日益重视和碳排放监管的不断加强,碳会计员的职业发展前景十分广阔。在环保政策、碳交易市场以及企业社会责任等多重因素的推动下,越来越多的企业开始重视碳排放的管理和报告,对碳会计员的需求也在不断增加。特别是在能源、制造、交通等高碳排放行业,碳会计员已成为企业不可或缺的重要角色。未来,随着碳交易市场的进一步完善和环保政策的持续加强,碳会计员的职业前景将更加广阔。

第四节　会计职业道德检查与奖惩

为了充分发挥会计职业道德的作用,健全会计职业道德体系,应在建立会计职业道德规范和加强会计职业道德教育的基础上,强化对会计人员职业道德规范遵循情况的检查,并根据检查的结果进行相应的表彰和惩罚,建立起会计职业道德的奖惩机制,这是会计职业道德他律机制的重要组成部分。

一、会计职业道德检查与奖惩的意义

开展会计职业道德检查与奖惩是道德规范付诸实施的必要方式,也是促使道德力量发挥作用的必要手段,有着很重要的现实意义。

(一)促使会计人员遵守职业道德规范

实施会计职业道德检查与奖惩,能够让会计人员遵守职业道德规范。会计职业道德检查与奖惩利用人类趋利避害的特点,以利益的给予或剥夺为手段,对会计人员起着鼓励或威慑的作用,使会计人员不论出于什么样的动机,都必须遵循会计职业道德规范,否则就会遭受利益上的损失。会计职业道德检查与奖惩把会计职业道德要求与个人利益结合起来,体现了义利统一的原则。

(二)起到道德法庭的作用

通过会计职业道德检查与奖惩,可以对各种会计行为进行裁决,对会计人员具有深

刻的教育作用。会计人员的哪些会计行为是对的，哪些会计行为是不对的，均可通过会计职业道德检查与奖惩作出裁决。会计职业道德检查与奖惩起着道德法庭的作用。它运用各种会计法规、条例及道德，鞭笞违反会计职业道德的行为，同时褒奖那些符合会计职业道德要求的行为。因此，会计职业道德检查与奖惩可以使广大会计人员生动而直接地感受到道德的价值分量，其教育的作用是不可低估的。

（三）营造惩恶扬善的会计工作环境

会计职业道德检查与奖惩有利于形成抑恶扬善的会计工作环境。会计职业道德是整个社会道德的一个组成部分，因此，会计职业道德的好坏，对社会道德环境的优劣会产生一定的影响；反之，社会道德环境的优劣，也影响着会计的职业行为。通过会计职业道德检查与奖惩，以会计职业道德规范为判断善恶的标准，对会计行业中存在的道德高尚的行为与有违会计职业道德的行为进行奖惩，惩恶扬善。即通过倡导、赞扬、鼓励自觉遵守会计职业道德规范的行为，贬抑、鞭挞、谴责查处会计造假等不良行为，有助于会计人员分清是非，形成良好的工作氛围，从而进一步促进会计职业道德的发展。

二、各级财政部门

《会计法》规定，国务院财政部门主管全国的会计工作，县级以上地方各级人民政府财政部门管理本行政区域内的会计工作。《中华人民共和国注册会计师法》规定，财政部对注册会计师、会计师事务所和注册会计师协会进行监督、指导。因此，各级财政部门应负起组织和推动本地区会计职业道德检查和奖励的责任。财政部门可以利用行政管理上的优势，对会计职业道德情况实施必要的行政监管。

（一）健全会计职业道德奖惩机制

对会计人员遵守职业道德的情况进行奖惩，是提升会计行业整体道德水平的重要手段。

1. 奖励与表彰

表彰自觉遵守会计职业道德的优秀会计工作者，能够让他们感受到遵守道德规范的社会认可和回报，激励他们继续坚守道德行为，也有助于树立行业的典范，将抽象的会计职业道德原则和规范具象化、人格化，让广大会计人员从这些具有感染力的榜样中汲取智慧和动力，潜移默化中提升自身的职业道德素养。

我国出台了《颁发会计人员荣誉证书试行规定》，经常组织全国性的会计人员表彰大会，对忠于职守、坚持准则、在会计领域做出显著成绩的会计人员给予精神和物质奖励。这些表彰活动不仅提高了会计人员的工作积极性和创新精神，还增强了他们的职业荣誉感，为行业树立了可信、可学的榜样，有力地推动了会计职业道德的建设和发展。

2. 惩罚

相对而言，惩罚则是一种消极的约束手段，它通过激发人的恐惧心理，使人遵守规则。然而，过度的惩罚可能导致个人产生挫折感，损害自尊心和自信心。

实践经验表明，奖惩结合的方法比单一奖励或惩罚更为有效。奖善惩恶能够产生双重激励效果，既惩戒了违反职业道德的行为，又表彰了遵守会计职业道德的先进典型。

(二) 执法检查与会计职业道德检查相结合

财政部门作为《会计法》的执法主体，可以依法对社会各单位执行会计法律制度情况及会计信息质量进行不同形式的检查。通过检查，一方面督促各单位严格执行会计法律法规；另一方面也是对各单位会计人员执行会计职业道德情况的检查和检验。

1. 对《中华人民共和国注册会计师法》的执法检查

依据《会计师事务所监督检查办法》的规定，财政部负责组织、指导、统筹全国会计师事务所监督检查工作，加强对省级财政部门监督、指导会计师事务所和注册会计师工作的监督检查。对新备案从事证券服务业务的会计师事务所，自其首次承接上市公司审计业务起，原则上前三年内每年检查一次，此后每五年检查一次。省级以上财政部门重点对会计师事务所执业质量、执业许可条件、一体化管理、独立性保持、信息安全、职业风险防范，以及注册会计师执业情况等进行监督检查。

2. 对《会计法》的执法检查

改革开放以来，我国经常开展全国性的财经大检查，对《会计法》执行情况进行检查。财经大检查亦称"财政大检查"或"财税大检查"，是由国务院统一发动和组织，以各级财政、审计、税务等监督部门为主体，依照国家法规进行的检查活动。通过大检查，及时发现企事业单位存在的违法违纪及违反职业道德的行为。近年来，大检查不断在广度、深度、力度上下功夫。重点围绕财经领域重大案件查处、财经纪律专项整治、会计评估领域专项监督、预算执行常态化监督4个领域，加强监督检查，严肃查处违法违规行为。持续开展注册会计师行业和代理记账行业突出问题专项整治，切实整肃行业风气。2024年，财政部组织各地财政厅（局）对2362家会计师事务所开展检查，同比增长9.3%，覆盖面超过全国会计师事务所总量的20%；各地财政厅（局）共对231家会计师事务所、514名注册会计师作出行政处罚。其中，7家会计师事务所被吊销执业许可，64家会计师事务所被暂停经营业务，206家会计师事务所被警告，181家会计师事务所被没收违法所得及罚款共计1828.12万元，7名注册会计师被吊销注册会计师证书，179名注册会计师被暂停执行业务，359名注册会计师被警告，13名注册会计师被罚款共计24万元。同时，加大对会计评估行业检查和处理处罚力度。进一步加强监督管理，严厉打击财务造假。2024年，依法依规对183个行政相对人下达行政处罚决定书，处罚数量再创历史新高。组织开展普华永道恒大地产审计项目专项检查，开出我国注册会计师行业历史上最大、最严厉的罚单。此外，做好预算执行常态化监督，夯实常态化监督制度基础。坚持线上监控和线下核查相结合，加强日常监督和过程管控，及时发现并纠正不合规支出，强化预算刚性约束，严肃财经纪律。

警示案例6

三、会计行业自律组织检查与奖惩

（一）会计行业自律组织

对会计职业道德的检查与奖惩，除了依靠政府部门，依靠行业自律组织也是一种重要手段。会计行业自律组织，如中国注册会计师协会、中国总会计师协会等，作为政府部门与会计人员联系的纽带，要加强对会员的会计职业道德的管理与约束。

会计行业自律组织的检查与奖惩旨在维护行业的专业标准、诚信和公众信任，其执行依据为自律组织的章程和规则。

（二）会计行业自律组织检查及奖惩措施

1. 定期检查及记录

会计行业自律组织可能会定期对会员的会计实践进行检查，以确保他们遵守了行业的标准和规范。这些检查可能包括对会计记录、财务报表、内部控制等方面的审查。同时，当收到关于会员不当行为的投诉时，会计行业自律组织会启动调查程序。

2. 行业惩戒及约谈

会计行业自律组织下设惩戒委员会，通过相应的工作规则对违反职业道德的行为，进行行业惩戒，包括公开谴责、暂停或取消会员资格等。

同时，会计行业自律组织可以会同财政及证券监管机构对特定的会员进行专项约谈，如会同财政部会计司、监督评价局和中国证监会会计司共同召开监管约谈会，对首次承接某项高风险业务的会计师事务所进行风险警示。随着经济全球化，会计行业面临全球化竞争，会计行业自律组织应根据国际会计行业的变化和需求不断提高管理水平、管理手段，进一步约束会员行为，整肃行业风气，提高行业形象及提升行业竞争地位。

警示案例7

3. 表彰诚信、激励先进

会计行业自律组织通过定期的选拔、考评，表彰会计行业中的先进个人。例如：中国总会计师协会为了促进中国特色会计体系发展，发挥优秀会计人才的示范作用，已评选出四批次共73位特级管理会计师；中国注册会计师协会依据荣誉褒奖制度，依据《"注册会计师诚信执业30年"荣誉证书颁发管理办法》，每年都评选出执业30年的注册会计师，2024年在全国已评选出194名讲诚信的注册会计师，并颁发了"注册会计师诚信执业30年"纪念章。这些措施既提升了会计从业人员的荣誉感，又树立了行业道德的典范，起到了较好的示范及引导作用，并向社会传递出会计行业的正能量。

四、单位内部检查与奖惩

（一）单位内部检查

1. 单位内部检查的概念

单位内部检查是企事业单位对会计人员遵守会计职业道德情况进行检查，以便对会计人员进行监督、评价、任用、晋升及奖惩的过程。

企业应当制定相应的检查制度，明确内部审计部门、人力资源部门或经授权的领导小组履行相应的检查职权。

2. 单位内部检查的内容

单位会计人员职业道德遵守情况的检查应根据《会计法》《会计人员职业道德规范》以及单位内部的控制制度的规定进行。相关内容如下所述。

（1）对照《会计法》的条款，检查会计人员是否存在违反法规设置账套及其他违规编制会计报表的行为。

（2）对照《会计人员职业道德规范》，检查会计人员是否存在违反坚持准则等行为，是否存在会计造假行为，是否有损害会计职业声誉的行为等。

（3）对照单位的内部控制制度，检查是否存在未按规定（如不相容职务分离控制、授权审批控制、财产清查与保全等）执行的行为。

（二）单位内部的奖惩

单位在对会计人员进行职业道德遵守情况的检查后，应对会计人员公开检查结果，如存在与事实不符的情形，经核实后进行纠正。同时，单位应将检查结果应用在会计人员的任用、晋升、职称评定及奖惩当中。优先选用那些业务能力强、职业道德优良、无不良从业记录的会计人员。

本章习题

思考题

1. 如何理解会计人员职业道德的"奖"与"惩"的作用？
2. 会计人员进行职业道德自我提升的方法有哪些？
3. 有人提出单位负责人不提升职业道德，会计人员提升了职业道德也没什么用，最后都得听单位负责人的。对此，你有什么看法？

第六章在线答题

第七章

数智时代会计职业道德

数字技术及其应用引发的困境;数智时代技术应用的法律规范;数智时代会计职业道德困境;数智时代会计职业道德规范。

第一节 数智时代法律规范与道德原则

数智时代是一个以数字技术和智能技术高度融合为背景的社会变革与重塑的时代。在这个时代,数据成为新的生产要素,推动信息的生成、传播与应用。从人工智能到机器学习,各类算法不断提升智能化水平,使机器能够自主学习并进行智能决策,与之相关的法律规范与道德原则面临着新的机遇和挑战。

一、数字技术及其应用引发的困境

(一)大数据及云计算技术及其应用引发的困境

1. 大数据及云计算技术概述

(1)大数据技术是指从海量的数据中通过高速捕捉、发现和分析,提取有价值的信息的一系列技术的集合。这些技术能够处理传统数据处理应用软件难以处理的庞大而复杂的数据集。大数据是指一类数据的集合。在数智时代,大数据具有容量大但价值密度低、种类繁多但真实性难以鉴别等特点。传统的数据容量多以 GB 和 TB 为单位,而大数据的容量动辄达到 NB 甚至 DB(百亿亿倍于 GB),这种容量已经远远超出了人类的感知能力和传统数据软件的处理能力,需要借助云计算等新技术才能实现对数据的处理。

（2）云计算技术是依托于大数据的一种分布式的计算技术，它通过网络提供按需使用、可扩展的计算资源，包括服务器、存储、数据库、网络、软件等。云计算技术是计算方式，通过"网络云"将数据计算过程分解为无数个小模块，之后再对计算结果进行合并，其核心思想是将计算资源和服务作为一种公共设施提供给用户，用户无须关心底层硬件和软件的维护。云计算技术提供的服务主要有三种，即基础设施服务（IaaS）、平台服务（PaaS）和软件服务（SaaS）。云计算通过虚拟化技术将物理资源抽象成虚拟资源，根据用户需求自动调整资源分配，实现快速扩展或缩减，用户无须大规模投资硬件和软件，减少了初期成本和运营成本。

2. 大数据及云计算技术应用引发的困境

（1）大数据技术引发的困境。大数据技术的广泛应用为各行各业带来了革命性变革，但同时也引发了诸多挑战。首先是隐私数据与伦理困境。在数据采集阶段，技术上的"能够"与伦理上的"应当"之间界限模糊。企业为追求更精准的模型和分析结果，往往过度采集用户行为、地理位置甚至生物特征等敏感信息，导致个体隐私在不知情的情况下成为相关企业盈利的数据产品。其次是数据泄漏与责任困境。数据在不同平台或主体间流动共享，一旦泄露后的责任界定异常困难，数据所有者、控制者、处理者和平台之间的责任链条难以厘清，使得追责困难重重。

警示案例8

（2）云计算技术引发的困境。云计算作为大数据的基础支撑，其集中化、服务化的模式也带来了独特的困境。首先，云服务商面临法律困境。数据存储在云端，其物理位置可能遍布全球。当相关部门要求调取数据时，云服务商常陷入公司注册地与数据所在地法律要求不同的困境。其次，技术依赖与迁移困境。企业一旦将核心业务迁入特定云平台，便会面临严重的"供应商锁定"问题。在各平台 API、数据格式互不兼容情况下，迁移成本极高，企业议价能力被削弱，甚至可能因服务商突然变更条款或终止服务而面临业务中断的生存危机。最后，效率与环保困境。云计算虽然能有效提升数据运行效率，但其往往需要耗费大量的电力，产生较大的环境成本。

（二）区块链技术及其应用引发的困境

1. 区块链技术概述

警示案例9

（1）区块链技术的概念。广义来讲，区块链技术是利用块链式数据结构来验证与存储数据、利用分布式节点共识算法来生成和更新数据、利用密码学的方式保证数据传输和访问的安全、利用由自动化脚本代码组成的智能合约来编程和操作数据的一种全新的分布式基础架构与计算范式。2008年一个自称"中本聪"的学者发表了《比特币：一种点对点电子现金系统》论文，系统阐述了"去中心化"的记账思路，后来发展为现在所熟知的区块链技术。

（2）区块链技术的特点。区块链具有去中心化、开放性、自治性、匿名性和信息不可篡改性等特征。其中，去中心化是指区块链对信息的记录不再依赖于某个中心机构，而是由全网共同完成。区块链网络中的每个节点都有保存和更改数据的权利，也承担着维护数据的义务。每次数据更新都需要得到其他网络节点的同意，没有任何一个节点可以单独完成对数据的更改，这就保证了数据的真实性和可靠性。开放性是指区块链储存的数据在全网是公开的，任何节点数据发生了变动，全网都可以知晓和追踪。自治性是指整个区块链不存在任何管理机构，全网每个节点都是区块链的管理者，所有节点共同实现对区块链系统的维护。匿名性是指区块链中的数据背后的人是匿名的，这主要是因为区块链技术对数据的记录是基于地址而非身份，至于是谁在该地址产生了数据则无法得知。信息不可篡改性是指每个数据生成时都被系统盖上了独一无二的时间戳，特定数据只会在特定时间产生，任何篡改数据的行为都只有在同时控制全网 51% 以上节点的情况下才能实现。

2. 区块链技术应用引发的困境

区块链技术的应用在带来便利和效率的同时，也引发了一系列道德困境。

（1）隐私权与透明性的冲突。区块链的开放性意味着所有交易记录都是公开的，任何人都可以查看。这虽然增加了系统的信任度，但同时也引发了隐私保护的道德问题。如何在保障交易透明性的同时，保护个人和企业的隐私权，成为一个道德困境。

（2）数据不可篡改性与错误修正的矛盾。区块链的一个核心特征是数据一旦被记录，就几乎无法被篡改，从而确保数据安全性。然而，如果交易信息录入错误，或者其他原因需要修正数据则变得非常困难，因而，不可篡改性可能导致永久性的错误，引发道德和法律上的争议。

（3）去中心化与监管的矛盾。区块链的去中心化特性使得传统意义上的权威中心不复存在，导致监管变得困难，从而在金融、法律等领域引发了一系列道德问题，如洗钱、恐怖融资等非法活动的监管更加困难，消费者权益保护在去中心化的环境中执行更加困难。此外，持有加密货币与国家法定货币的矛盾、加密货币的挖矿行为与环境保护的冲突等更加严重。

（4）数字鸿沟的加剧。区块链技术的普及和应用可能加剧数字鸿沟，即加剧技术掌握者在信息获取、财富积累等方面与未掌握者之间的差距。数字鸿沟下，公众可能会对系统的公正性、透明度和安全性产生怀疑，从而损害整个区块链生态的信任基础。区块链技术可能被少数精英垄断，进而加剧社会的贫富差距；区块链技术自动化和"智能合约"的应用也可能会取代一些传统的工作岗位，导致技术性失业。这也引发了关于如何平衡技术进步与社会就业的道德讨论。为了防止这种情况，需要采取公共措施，确保所有人都能有利用区块链的机会和进一步探索的潜力。

智能合约

（5）数据所有权及使用权的争议。在传统数据库系统中，数据所有权相对明确，通常由数据的创建者或存储者拥有。然而，在区块链这种分布式账本技术中，数据一旦被记录在链上，就几乎无法被修改或删除。这就引发了第一个问题：谁拥有这些数据的所有权？区块链上的数据通常是公开透明的，即使这些数据涉及个人隐私或商业机密。这就引发了下面的问题：谁有权决定如何使用这些数据？是否应该从数据的使用中获得报酬？这些问题的答案至今并未明确，关于这方面的道德和法律上的讨论仍在继续。

（三）人工智能及其应用引发的困境

1. 人工智能概述

人工智能（Artificial Intelligence，AI），是研究如何模拟和扩展人的智能的新兴技术科学，致力于研究、设计和开发智能机器和智能软件程序，这些机器和程序能够模拟、延伸和扩展人类的认知功能，包括学习、推理、解决问题、感知、理解语言和创造等。人工智能具有较强的学习能力、推理能力、感知能力及自适应能力。通过机器学习算法，AI系统能够从大量的数据中自动识别模式和规律，从而实现对未知数据的预测和决策。这种学习过程不需要明确的编程指令，系统能够自我改进和优化。

人工智能能够模仿人类的逻辑思维过程，进行问题分析和解决，并通过预定的规则或学习到的知识库来进行逻辑推理，从而在复杂的情境中作出合理的决策。人工智能通过传感器和其他输入设备来感知外部世界，并据此作出响应，从而像人类一样接收和处理视觉、听觉、触觉等信息。感知能力的提升使得AI能够在更加复杂和真实的环境中工作，如智能家居中的自动照明、智能监控中的异常行为检测等，极大地增强了AI的应用价值。人工智能能够在不同环境和条件下调整自身行为以适应变化，通过不断学习新的数据和经验，能够适应新的任务和挑战，而不需要人为地重新编程。这种灵活性使得AI在现实世界中的应用更加广泛。

DeepSeek
数智员工上岗

2. 人工智能应用引发的困境

人工智能的快速发展与应用，虽然为人类社会带来了巨大的便利和进步，但同时也引发了一系列道德困境。

（1）效率提高与失业的困境。AI和自动化技术可能会取代某些工作岗位，导致失业问题。这引发了关于如何平衡技术进步与就业保障的道德讨论。

（2）应用便利性与隐私被侵犯的困境。AI技术发展迅速，方便了人类的学习与工作，但安全监管却往往滞后。AI系统在学习和应用过程中可能收集和分析大量个人数据，这可能会侵犯个人隐私权。在相关法律法规和伦理规范尚未完善的情况下，人工智能对新型风险的约束和防范不足。

（3）透明度和数据偏见的困境。AI算法的运行机制复杂，许多AI系统，尤其是深度学习模型，其决策过程往往是不透明的，即便是开发者也难以完全理解其决策过程，这种"黑箱效应"增加了不可控的风险。这引发了关于如何确保AI决策的透明度和可解释性的道德问题。AI的广泛应用可能会改变人类的行为模式和社会互动，引发关于技术对人类心理和社会结构影响的道德问题。AI的发展可能会削弱人类在决策和控制方面的作用，引发

机器人三大定律

关于人类在技术主导社会中角色的道德思考。

（4）AI智能决策与人类伦理冲突的困境。AI技术可能被用于不公平的商业实践，如操纵市场、欺诈行为等，这违反了公平竞争的原则。AI系统在训练过程中可能会吸收并放大现有的数据偏见，导致歧视，如性别、种族或年龄歧视。AI系统可能需要作出伦理决策，如自动驾驶汽车在紧急情况下应如何选择。这些决策与人类的价值观和伦理标准可能不一致。

（5）人类过度依赖AI与被伤害的困境。人类对人工智能的过度信任，往往忽略了其错误或漏洞可能带来的严重后果。随着AI在人类社会中应用得越来越频繁，AI越来越深入人类的生活，久而久之人类对AI的使用产生过度依赖，也容易在情感上及生理上受到AI或有心之人利用AI导致的伤害。比如AI诈骗、生产工厂中的AI对工人的误伤害等。另外，大多数AI设备缺乏面对极端情况的应急响应机制，一旦发生意外，往往难以及时纠正。

警示案例10

（6）责任归属及技术监控的困境。当AI系统发生错误或造成损害时，责任的归属难以确定。是应该责怪开发者、使用者还是AI系统本身，这是一个复杂的道德问题。人工智能的高度智能化代表其有一定的自主决策和行动能力。人类虽然具有法律主体地位，需要对自己的行为承担法律后果，但人工智能并不是法律主体，是否应该对自己的行为承担法律责任、承担哪些法律责任以及如何承担责任，目前都还存在着较大争议。以自动驾驶为例，由自动驾驶引发的交通事故是应该由自动驾驶者负责，还是由车辆所有人或者生产厂家负责，目前立法和实践中都还存在着争议。

AI技术可能被用于加强对个人和群体的监控，这可能会侵犯个人自由，并导致极权主义倾向。AI技术在军事领域的应用，如自主武器系统被恐怖组织利用等，引发了关于是否应该及如何限制AI武器化的道德讨论。此外，AI技术还存在技术失控的可能，随着AI系统变得越来越复杂，人类可能无法完全控制这些系统，这可能导致不可预测的后果。

警示案例11

二、数智时代技术应用的法律规范

应对数智时代下技术应用带来的困境，需要制定相应的法律法规、行业标准和技术标准，以促进社会进步、保护人民的根本利益。同时需要全球范围内的合作，制定相应的伦理规范和道德准则，维护正向的价值观。

（一）数据保护与隐私保护法律规范

世界各国（地区）围绕数据保护与隐私保护均出台了相应的法律法规，如欧盟的《通用数据保护条例》，美国的《儿童在线隐私保护法》《加州消费者隐私法案》，以及中国的《中华人民共和国个人信息保护法》等。

1. 中国

《中华人民共和国个人信息保护法》于2021年8月20日由中华人民共和国第十三

届全国人民代表大会常务委员会第三十次会议通过,并于 2021 年 11 月 1 日起正式施行,是中国首部全面规范个人信息保护的法律。该法确立了处理个人信息的原则,赋予了个人知情权、决定权、查阅权、解释权等以保护个人对自己信息的控制权。处理敏感个人信息(如生物识别信息、宗教信仰等)需要取得个人的单独同意。对违反《中华人民共和国个人信息保护法》的,应承担包括行政处罚、民事赔偿和刑事责任在内的法律责任。《中华人民共和国个人信息保护法》的出台,标志着中国在个人信息保护方面迈出了重要步伐,为个人信息保护提供了法律依据,对企业和个人在处理个人信息时的行为提出了明确要求,有助于构建更加安全、有序的网络环境。

2. 美国

(1)《儿童在线隐私保护法》。美国《儿童在线隐私保护法》,旨在保护 13 岁以下儿童的在线隐私,防止 13 岁以下儿童个人信息在未经父母同意的情况下被收集、使用和披露。

(2)《加州消费者隐私法案》。该法案于 2020 年 1 月 1 日正式生效,是美国第一个全面保护消费者隐私的法律,旨在保护加州居民的个人信息并赋予他们对自己个人数据的新权利,如消费者有权要求企业不出售其个人信息给第三方、消费者有权要求企业删除其个人信息等,违反此法案的企业也会面临最高 750 美元/次的罚款。该法案的出台为消费者提供了更多的控制权和透明度,同时也为企业设定了更高的数据保护标准,对个人隐私保护和企业的数据管理实践产生了显著的影响。

3. 欧盟

《通用数据保护条例》由欧洲议会和欧盟理事会通过并颁布,于 2018 年 5 月 25 日正式生效,旨在加强和统一个人数据在欧盟内部的保护。该保护条例确立了获取个人数据的七大原则,即合法性、忠诚度和透明度、特定目标、收集数据的限制、准确性、完整性、保密性,以增强个人对自己数据的控制权,包括知情权、访问权、更正权、被遗忘权(即删除权)、可携带权以及对自动化决策的反对权。

(二) 网络安全法律规范

中国一直比较重视网络安全问题,并就网络安全问题进行法律上的完善。欧盟及美国也就网络与信息系统安全各自出台了相关的法规条例。

1. 中国

(1)《中华人民共和国网络安全法》于 2017 年 6 月 1 日起正式施行,是中国第一部全面规范网络安全的法律,旨在维护网络空间主权和国家安全,保护公民、法人和其他组织的合法权益,促进经济社会信息化健康发展。该法明确了网络信息内容生产者、传播者和服务提供者的责任,规定了网络运营者的安全保护义务,建立健全了网络安全管理制度、网络安全监测预警和信息通报制度,保障了网络数据的完整性和保密性。此法的出台,对于提升中国网络安全保护水平、维护国家网络安全具有重要意义,也为网络运营者、网络服务提供者和广大网民提供了网络行为的基本遵循。

(2)《互联网信息服务算法推荐管理规定》自 2022 年 3 月 1 日起施行,该规定明确算法服务提供者不得利用算法屏蔽信息、过度推荐、操纵榜单等干预信息呈现,也不得利用算法诱导未成年人沉迷网络或根据消费者的偏好、交易习惯等特征在交易价格等条件上实施不合理的差别待遇。

2. 美国

《网络安全与基础设施安全局法案》（H. R. 3359 号决议）于 2018 年 11 月 16 日由美国总统特朗普签署。依据此法案，美国将原先的国家保护与计划局（NPPD）重组并更名为网络安全与基础设施安全局（CISA），并以此提升国家网络安全防御能力，保障网络和关键基础设施的安全，包括识别威胁、共享信息并协助事件响应，应对日益复杂的网络威胁，防范来自网络的犯罪和黑客行动等。

3. 欧盟

（1）《网络与信息系统安全指令》由欧盟委员会于 2016 年 7 月 6 日通过，是欧盟推出的首部网络安全法律文件。该指令要求欧盟成员国制定网络安全国家战略，加强基础服务运营者、数字服务提供者的网络与信息系统安全，履行网络风险管理、网络安全事故应对与通知等义务。

（2）《网络安全法案》于 2019 年 6 月 27 日正式施行。该法案的出台是欧盟网络安全治理的重要里程碑事件，对于欧盟各成员国网络和信息通信安全体系的构建、增强网络信息安全风险防控能力具有重要意义。

（3）《网络安全条例》由欧盟委员会制定，于 2024 年 1 月 7 日正式生效，旨在增强欧盟相关机构抵御网络威胁和事件的响应能力，推动构建欧盟网络安全治理、风险管理和控制的法律框架，确保欧盟机构在网络安全方面达到高标准。《网络安全条例》共 6 章 25 条，核心内容包括建立风险管理、治理和控制框架，划定网络安全基准，开展成熟度评估，制定网络安全计划。该条例要求欧盟所有机构制定改善网络安全的计划，实施应对已识别风险的网络安全基准措施，并定期进行成熟度评估。

（三）电子商务法律规范

1. 中国

2019 年 1 月 1 日《中华人民共和国电子商务法》正式实施，主旨是保障电子商务各方主体的合法权益，规范电子商务行为，维护市场秩序，促进电子商务持续健康发展。主要内容包括明确电子商务经营者的责任和义务，规定电子商务合同的订立与履行及电子商务争议的解决方式，推进电子商务诚信体系建设并设定相关的法律责任，为电子商务的健康发展提供了法律保障。《中华人民共和国电子商务法》是中国电子商务领域的第一部综合性法律，对于解决电子商务存在的突出问题，规范并促进电商发展具有重要意义。

2. 欧盟

2000 年 6 月 8 日欧盟通过《欧盟电子商务指令》（EU Directive on Electronic Commerce）。该指令共 4 章 24 条，旨在建立一个发展信息社会服务的法律框架，以促进信息社会服务的发展。《欧盟电子商务指令》通过建立欧盟范围内的电子商务模式，对欧盟内部市场的电子商务活动进行了规范，明确了中介服务提供商的责任及签订在线合同的程序，并对补救和执行机制进行了完善，以确保指令的有效实施，促进电子商务的健康发展，同时确保消费者和企业的权益得到保护。

3. 美国

美国关于电子商务的法律法规较为复杂，涵盖了多个层面，包括联邦法律和州法律。如《高性能计算法规网络案》（1991年），宗旨是建设"信息高速公路"，为电子商务的发展奠定关键性的技术基础；《全球电子商务纲要》（1997年），由时任美国总统克林顿颁布，将互联网的影响与工业革命相提并论，确立了联邦政府政策的基本框架，以促进和支持电子商务发展；《电子签名法案》（2000年），正式承认了电子签名的法律效力。此外，伊利诺伊州颁布了《电子商务安全法》和《金融机构数字签名法》，佛罗里达州颁布了《数字签名与电子公证法》等，这些法律文件旨在创建一个有利于电子商务发展的法律环境。

（四）人工智能法律规范

1. 中国

中国近年来在人工智能领域制定了一系列新的法律法规，旨在规范和促进该行业的发展，并保护个人隐私和数据安全。涉及人工智能的法律和规定如下所述。

（1）《中华人民共和国民法典》中有关于个人信息保护和隐私权的规定条款，如第一百一十一条明确规定了自然人的个人信息受法律保护，任何组织或个人不得非法收集、使用、加工、传输他人个人信息，也不得非法买卖、提供或公开他人个人信息。

（2）《生成式人工智能服务管理暂行办法》由国家互联网信息办公室联合国家发展和改革委员会、教育部、科学技术部、工业和信息化部、公安部、国家广播电视总局等部门发布，并于2023年8月15日开始施行，主要目的是促进生成式人工智能的健康发展和规范应用。该办法明确了生成式人工智能服务的定义和适用范围；确定了对生成式人工智能服务实行包容审慎和分类分级监管；规定了生成式人工智能服务提供者的责任和义务，包括未成年人用户保护、内容安全管理等方面的要求；设定了安全评估、算法备案、投诉举报等制度；明确了违反规定的法律责任。这一暂行办法是中国在人工智能领域的一个重要法规，标志着中国在规范生成式人工智能服务方面迈出了重要一步。

（3）《新一代人工智能发展规划》是由国务院于2017年7月8日印发的，旨在为2030年前中国新一代人工智能的发展提供指导思想和战略目标。该规划强调了人工智能与经济、社会、国防的深度融合，并提出了战略目标：到2025年，人工智能基础理论实现重大突破，部分技术与应用达到世界领先水平；到2030年，人工智能理论、技术与应用总体达到世界领先水平，使中国成为世界主要的人工智能创新中心。

2. 欧盟

欧盟《人工智能法案》（Artificial Intelligence Act）由欧盟议会于2024年3月13日审议通过，并于2024年5月21日由欧盟理事会正式批准。该法案明确禁止某些威胁公民权利的人工智能应用程序；对高风险人工智能系统规定了具体要求以及系统运营者的义务，包括透明度规则和市场监测等；规定了人工智能系统的提供者和部署者的透明度义务，通用人工智能模型的市场投放规则，以及市场监测、市场监督、治理和执法的规则。欧盟《人工智能法案》是全球首部全面监管人工智能的法规，标志着欧盟在规范人工智能应用方面迈出了重要一步。

3. 美国

《2020年国家人工智能倡议法案》（National Artificial Intelligence Initiative Act of 2020）于2021年1月1日正式生效，主要目的是通过设立一个协调统筹机构来促进联邦加速人工智能的研究和应用，以促进国家的经济繁荣和国家安全。法案要求商务部成立一个专门的国家人工智能咨询委员会，该委员会的部分职责是向总统和倡议办公室提供人工智能产生的法律问题以及相关责任和法律权利的相关情况。此外，2022年10月，美国发布了《人工智能权利法案蓝图》（Blueprint for an AI Bill of Right），旨在指导自动化系统的设计、使用和部署，以保护人工智能时代的公众。这份蓝图围绕建立安全、有效的人工智能系统、建立算法歧视保护措施、保护数据隐私、强调通知及透明度的重要性、鼓励开发选择退出机制五方面展开，为人工智能治理提供了支持框架。

4. 其他国家

（1）日本《以人类为中心的人工智能社会原则》于2018年12月27日，由日本内阁府发布，是日本为推进人工智能发展发布的最高级别的政策文件，从宏观上肯定了人工智能的重要作用，提出了三个基本理念：尊严、多元包容和可持续，同时从伦理角度阐明了人工智能带来的负面影响，如社会不平等、等级差距扩大、社会排斥等问题，提出在推进人工智能技术研发时，应综合考虑其对人类、社会系统、产业构造、创新系统、政府等带来的影响。

（2）新加坡《人工智能治理模型框架》于2019年1月，由新加坡个人数据保护委员会发布，并在2020年进行了更新。该框架形成了新加坡人工智能治理框架的雏形，奠定了"透明性"和"以人为中心"两项基本治理原则。2024年5月，新加坡《生成式人工智能治理模型框架》正式发布，细化了9个治理维度（问责、数据、可信研发和部署、事件报告、测试和保证、安全、内容来源、安全与对齐研发，以及人工智能促进公益），以期打造更加可信的人工智能环境。

（3）韩国《人工智能基本法》于2024年12月26日，由韩国国会通过，将于2026年1月正式实施。这一法案使韩国成为继欧盟之后，全球第二个通过人工智能法案的国家（地区）。该法案重点聚焦构建国家层面的人工智能合作体系、系统发展韩国人工智能产业、形成防范人工智能相关风险的法律基础等方面，具体规定包括：设立国家人工智能委员会、人工智能安全研究所等组织体系，全面推进相关政策研究；制定支持人工智能产业发展的激励措施，加快技术研发，推进学术数据、人工智能数据中心建设；构建生成式人工智能的安全可靠基础，最大限度地减少技术发展对社会的影响。

三、数字技术应用的基本原则

在数智时代，数字技术应用的道德问题主要通过数据滥用、数据霸权等形式呈现出来，其实质是对数据权、隐私权、人类自由和社会公平等的侵犯。如何把握数据合理利用与用户隐私保护的边界，如何实现商业道德与商业价值的有机统一，成为数字技术应用道德及其相关立法实践的出发点。为遏制数字技术应用对消费者以及社会群体造成的危害，应遵循隐私保护、安全无害、公平无偏见、反垄断等基本原则。

（一）隐私保护原则

隐私保护原则是数字技术应用中的首要规则，指掌握数据的企业应当最大限度地保护个体隐私，遵循人性自由和尊严。保护隐私是对人性自由和尊严的尊重，也是人类文明进步的一个重要标志。在数智时代，数字技术快速迭代，消费者的出行时间、出行地点、消费习惯、个人爱好、情感情况、受教育程度等一切有利于商业目的挖掘的个人隐私信息正在被广泛收集，而政府立法部门基于技术及立法流程，难以在法律规范方面跟上相关技术的发展速度，导致在法律法规层面存在漏洞。这种情况下，就要求拥有数字技术的公司和应用程序开发者守住保护消费者和社会公众隐私的道德底线。

（二）责任归属原则

在数字技术的研发、应用和监督过程中，明确各方的责任和义务，确保在技术使用过程中出现的问题能够得到妥善处理和责任追溯。数字技术研发者应确保技术产品在设计、开发、测试等环节遵循道德原则，对技术产品的性能、安全性、可靠性等方面负责，并不得损害用户权益。企业经营者和技术研发者应尊重用户的知情权、选择权、访问权、更正权、删除权（被遗忘权）、限制处理权、数据携带权等，不得有滥用数据进而引发性别、种族歧视，价格垄断等有违道德的行为。在用户权益受到侵害时，企业需承担相应的法律责任。政府部门和行业组织应加强对数字技术领域的监管，确保技术应用的合规性。对违法违规行为，监管部门需依法进行查处。

（三）安全无害原则

数字技术的安全无害原则是指数字技术产品和服务在设计时必须确保其安全性，防止技术故障、漏洞或不当使用导致的数据被非法访问、篡改或泄露，系统崩溃等问题。安全无害原则要求技术开发者持续进行风险评估和安全维护，确保技术产品的稳定可靠，数据存储和传输的安全。掌握数字技术及数据的公司要坚守原则，不得受商业利益驱使，共享、出售、泄露个人数据。数智时代下对数字技术的应用，不应该引发、加重对人类的伤害以及对企业经营管理产生不利影响。在数字技术的设计和开发阶段，需考虑到可能的危害，并采取措施预防这些危害的发生；在人工智能产品的商业化方面，公司应采取伤害预防措施，确保对人工智能产品进行稳健性及安全性测试。

（四）公平无偏见原则

数字技术的公平无偏见原则是指在数字技术的开发、应用和推广过程中，应当确保所有用户都能平等地访问和使用技术，且技术本身不应加剧社会不平等或歧视任何群体。这要求开发者意识到并消除可能导致不公平结果的算法偏见，即在算法设计和数据分析中，应避免内置偏见，确保结果公正无私。数字技术的设计应考虑到多样性和包容性，确保不同背景和能力的人都能使用和理解技术，为所有用户提供平等的机会，不偏袒或排除任何特定群体，因而在技术设计时应考虑到不同用户群体的需求，提供相应的辅助功能和支持。同时，数字技术及其应用产品应当对所有人开放，不论用户的性别、年龄、种族、宗教、社会地位、经济能力或身体情况。此外，数字技术的定价应公平合理，使得所有用户都能获取到对其重要决策有帮助的信息，从而促进社会公平。

（五）反垄断原则

在数字经济发展中，为了维护市场竞争秩序，防止和制止垄断行为，保障消费者和其他经营者的合法权益，需对数字技术领域中的垄断行为进行规制。反垄断原则是指数字技术各价值链上的公司不能依凭数据资源、分析技术以及数据思维优势阻碍自由竞争行为的原则，包括市场准入公平、数据共享与开放、监管与合规等内容。数智时代垄断产生的根源在于对数据、技术和思维等资源的排他性占有，尤其是对数据本身的占有。若任由其发展，掌控数据、技术和思维的公司在现代商业竞争中具有天然优势，必然会促使新型垄断形式出现，超级平台公司与应用程序开发者合谋控制某一领域的生产、销售及经营活动。因此，政策制定部门应加强数智时代反垄断的立法和监管工作，以防止新形式的垄断主义产生。

警示案例12

第二节　数智时代会计职业道德困境

数智时代下，会计师引入大数据、云计算、区块链和人工智能等数字技术，以提升会计工作效率，会计工作的技术性特征更加显现。受此影响，会计职业呈现诸多变化特征和发展趋势，会计职业因数字技术的应用引发了更多的道德困境。

一、数智时代会计职业变革趋势

在数智时代，数字技术在会计领域的应用提升了会计信息生产的效率和效果，加速了会计管理思想和理念的应用进程。一方面，数字技术以其独特的优势提高了会计信息生产的效率和效果，减少了传统会计师的需求数量；另一方面，将现有会计师从繁杂的基础劳动中解放出来，更好地辅助企业进行经营管理决策。

（一）数智时代部分会计岗位被替代

历史经验表明，每次技术性变革都会带来部分会计职业岗位的逐步消亡。早在1954年，通用电气公司开始运用计算机进行工资核算，导致相关的核算人员下岗。因而，会计职业人对机器取代人工的顾虑从未停止。人工智能技术的引入，将大幅提升会计工作的智能化程度。人工智能的应用正在改变会计职业的劳动力市场结构，未来部分会计师的工作将被智能机器人取代，工作机会将越来越少。

拓展·专业知识

财务机器人：会计人员的春天还是寒冬？

作为会计信息化领军企业，金蝶公司多年来一直在数字领域持续布局。此前，金蝶公司推出的自动化机器人小K，逐步充当起了记账机器人、对账机器人、结账机器人、开票机器人、网银机器人的角色，可实现智能报销、智能审核、智能付款、智能记账、智能报税，以及共享运营的智能分析及预警等多项功能。2022年11月，金蝶全球创见者大会正式发布了全球首位EBC企业管理领域的数字员工——K，K是以"AI+RPA+大数据+人格化"等多重技术深入融合创造的高度拟人化的新型"工作人员"，内置100多种员工技能，具备智能化、人格化、自动化等特点。依托人工智能、云计算和大数据等技术，K以"模拟人"的方式来完成日常业务操作，将"自然人"从重复烦琐、海量庞杂的数据处理事务中解放出来，让"自然人"可以投入到更有价值的工作中去。"数字员工"应用于财务管理中，能够依托智能审核、智能记账、智能对账、智能结账、智能收款、智能付款、智能开票、智能收票、智能风控、成本智能巡检、财务共享运营监控、行业对标分析、财务指标分析与监控、盈利分析等多种能力，帮助企业高效完成财务管理相关工作。企业可以运用金蝶的"数字员工"应用，在同一领域打造N个负责不同事务的数字员工，还可以涉足财税、人力资源管理等多个领域，分别打造出多个负责不同事务的数字员工。这样一来，1个"自然人"+N个数字员工，便能让管理变得更加智能高效。

资料来源：https://baijiahao.baidu.com/s?id=17494416322590670006&wfr=spider&for=pc（2022-11-14）［2023-03-17］

（二）数智时代催生出新的会计岗位

在数字技术日益普及的背景下，数字技术与会计职业深度融合，会计工作呈现出信息化、数据化与智能化三大趋势，诸多新兴的会计岗位应运而生。

1. 数字技术融合会计系统的设计、培训及咨询岗位

数智时代下，会计职业引入大数据、人工智能工具和机器学习算法等，利用AI等数字技术优化会计流程，提高会计工作效率和增强财务数据分析能力。新增的会计岗位包括以下几种。

（1）AI系统优化设计师。负责设计会计人工智能系统，包括需求分析、系统架构设计、功能模块划分和用户体验优化。

（2）AI会计系统使用培训师。负责为会计团队提供培训，帮助他们理解和有效使用AI系统，快速掌握操作相应系统的技能。

（3）会计技术顾问。结合会计知识和数字技术，提供关于数字技术与会计信息系统融合解决方案的咨询服务等。

2. 会计信息系统使用与维护岗位

在数智时代背景下，会计信息系统使用与维护岗位的职能不断深化。使用会计信息

系统的岗位主要包括会计操作管理、系统综合管理等。会计信息系统操作管理人员负责会计数据录入、业务流程监控及会计报告生成与审核。系统综合管理岗位则负责对人工智能在会计领域的应用系统进行操作、管理和优化，包括单元测试、集成测试和性能测试，确保系统的准确性和稳定性；执行用户账户及权限管理，确保系统安全与数据保密，以及更新会计信息软件、系统备份、故障排除及系统升级改进等工作，以保障会计信息系统的稳定运行。

3. 会计数据分析及审计岗位

会计工作的自动化将减少传统会计师的需求量，促进数据分析师等新兴会计职业的兴起，如财务数据分析师、财务数据工程师、合规分析师。其中，财务数据分析师利用大数据工具来监控和分析财务报告，确保公司遵守相关法规。此外，基于合规性与风险管理的审计岗，确保 AI 系统的使用符合相关的会计准则、税务法规和数据保护法律，能够评估 AI 系统使用中的潜在风险，制定相应的风险缓解措施。

会计新岗位：智能财务分析师

华夏电商紧跟技术发展趋势，设立了新的会计岗位——智能财务分析师。

智能财务分析师李明，毕业于国内一所顶尖财经大学，拥有丰富的传统会计经验和数据分析技能。在华夏电商，李明的工作重心是利用公司新引进的智能财务系统，对销售、库存、成本等数据进行深入分析。在一次"双十一"大促活动后，李明通过智能财务机器人收集了数百万条订单数据。他运用机器学习算法，分析了销售趋势、客户偏好和库存周转率。在这个过程中，李明发现了一个异常现象：某款热销商品的库存周转速度远低于预期。进一步分析后，他发现是物流环节的延误导致库存积压。李明随即提出了优化物流配送流程的建议，并利用智能财务系统模拟了改进方案。结果显示，实施改进措施后，该商品的库存周转率提高了 20%，显著降低了库存成本。此外，李明还通过系统分析了不同促销活动的投入产出比，为下一季度的营销策略提供了数据支持。

智能财务分析师提升了企业财务管理的效率，为业务决策提供了有力依据，推动了企业在激烈的市场竞争中保持领先地位。

4. 会计数据保护官

为了有效地进行会计数据资源管理，保护单位会计数据资源的完整性、安全性，有的单位设置了会计数据保护官岗位，其履行的职责包括：告知会计人员数据保护法规方面的各项义务；监督会计人员是否遵循数据保护法规，会计师对数据的处理是否符合相关法律法规；对会计人员进行培训，以提高其在数据处理方面的合规意识；就是否进行数据保密评估、数据安全评估等提供意见；作为企业内部联络人，与外部数据保密监督机构合作等。

（三）数智时代会计职业利益诱惑

数智时代，会计职业得以从复杂基础的工作中解脱，也让会计职业面临更多利益诱惑与道德困境。

1. 数据价值诱惑

数智时代，数据日益成为不可或缺的生产资料，正在被越来越多的人和企业所认识。数据具有的价值越高，就越容易成为会计师利益诱惑的来源。数据价值的利益诱惑是内部控制工作信息化和会计工作数据化的结果。内部控制工作全面信息化后，信息系统在企业或政府部门广泛使用，信息系统管理员掌握着受雇单位最为全面的数据库，而会计工作的数据化也使得会计师掌握着受雇单位大量的底层电子数据。为了获取会计师手中的数据，一些互联网公司、数据中间商、竞争对手等在内的数据需求者，以高额利益诱惑会计师，会计师抵制不了利益诱惑，会出现两种情形：一是利用人工智能窃取受雇单位会计数据，将会计数据出售、共享或泄露给数据需求方，获取非法利益；二是违规利用人工智能协助其完成不道德行为，在人工智能系统中输入欺骗性或欺诈性指令，从而达到欺骗利益相关者的目的。

2. 会计免责诱惑

当前，人工智能的相关法律法规不健全、划分人工智能与会计师的权责尚处于探索阶段，导致会计师基于利益驱动以免责为由新增更多的不道德行为。且这些不道德行为具有更强的隐蔽性与不可追溯性，加大了职业道德识别、评价与应对的难度。在数智时代，会计师很可能会与利益相关者形成一致同盟，从而作出侵害受雇单位的利益的行为，如利用法规的漏洞，或将数据输出日志删除，或利用数字技术手段抹掉违规操作记录，或将责任推卸给人工智能，让人工智能成为会计师不道德行为的替代品。因此，人工智能将为会计师不道德行为的实施提供新的、潜在的免责机会。

二、数智时代会计职业道德困境

在数智时代，会计师首先面临的职业道德困境是专业胜任能力不足的问题，即会计师的专业知识和技能不能胜任数智时代对会计工作的要求。此外，在数据价值和会计免责的影响下，会计师还面临数据价值所带来的信息系统相关道德困境和会计数据管理相关道德困境，以及会计免责影响下的会计职业道德物化困境。

（一）专业胜任能力困境

数智时代的专业胜任能力困境体现在，会计师在信息系统和人工智能应用处理方面的专业技能不足，或在数据采集、存储、处理及输出等环节缺乏必要的专业知识和技能，这直接影响了数据保密、数据安全及资产保全责任的履行，甚至可能导致其他不道德行为的产生。在现代技术广泛应用的新形势下，会计师的专业胜任能力面临着前所未有的挑战。

当前，大多数会计师尚未获得适应数智时代会计工作的专业技能，这不仅影响了会计服务的质量，也可能导致受雇单位在数据保密、数据安全及资产保全方面出现责任履行不力的问题。

（1）缺乏数据采集和存储的专业知识和技能。例如，会计师可能因未能妥善进行数据备份，导致受雇单位重要数据丢失，影响了业务的连续性和数据的完整性。

（2）缺乏数据分析的专业知识和技能。在会计数据全面电子化的背景下，会计师如果不能构建有效的数据分析模型，就无法对大量的电子数据进行深入分析，从而无法为管理层提供有价值的决策支持。

（3）缺乏数据安全的专业知识和技能。例如，会计师在通过网络传递企业会计数据时，若未能采取适当的加密措施，可能会导致数据被黑客截取，或者由于数据处理不当，引发单位信息系统瘫痪，造成严重的安全事故。

（4）缺乏人工智能操作的专业知识和技能。会计师如果未能掌握财务机器人的操作手册或规则，可能会进行非法操作，导致财务机器人系统故障，进而造成数据丢失或系统崩溃。

（二）会计信息系统相关道德困境

会计信息系统相关道德困境，是指会计师及相关人员在会计信息系统设计、操作、安全控制、维护与灾难恢复、审计等方面的违法违规操作行为或其他不道德行为，导致数据保密、数据安全及资产保全责任不能履行以及其他不道德行为的发生。在数智时代，会计信息系统既是企业内部控制的核心载体，也是数据生成和处理的基石。任何不当行为都可能对受雇单位会计信息系统的安全造成威胁。以下是一些具体的道德困境场景。

（1）会计信息系统设计中的违规违法行为或其他不道德行为。设计师可能在会计信息系统中嵌入非法功能，如反记账、反结账等功能，或故意在会计信息系统中保留开发商的管理权限或超级管理员权限，或预留数据采集的后门程序。这些行为都可能导致会计信息系统的安全性受到威胁。

（2）会计信息系统操作中的违规违法行为或其他不道德行为。操作人员可能违反规定上传或下载数据，并清除系统操作日志，以掩盖其不当行为。这种行为不仅违反了操作规程，也可能为数据泄露或滥用提供了便利。

（3）会计信息系统安全控制中的违规违法行为或其他不道德行为。负责安全的人员可能未能定期检查会计信息系统软硬件的安全环境，或者未能及时制定和实施有效的安全管理措施，导致系统易受攻击，数据安全无法得到保障。

（4）会计信息系统维护与灾难恢复中的违规违法行为或其他不道德行为。维护人员未能及时更新会计信息系统，或者未能按照既定程序进行灾难恢复演练，导致数据库受到非法访问或在灾难发生时无法及时恢复运营。

（5）会计信息系统审计中的违规违法行为或其他不道德行为。审计人员可能出于个人利益，故意不报告被审计单位会计信息系统的设计缺陷或执行缺陷。这种行为不仅违反了审计职业道德，也可能导致被审计单位面临更大的风险。

（三）会计数据管理相关道德困境

会计数据管理相关道德困境，是指会计师在数据采集、存储、分析以及输出过程中，未能履行数据资产保全义务而引发的违背职业道德的行为。在数据管理的过程中，道德困境通常涉及以下几个方面。

1. 数据采集过程中的违规违法行为或其他不道德行为

会计师在远程数据采集时,非自身能力原因,未采取必要的数据加密措施,导致敏感信息泄露,会给受雇单位带来安全风险。例如,未经授权的数据采集或者使用不安全的传输渠道,都可能使数据在传输过程中被截获,从而引发数据泄露事件。

2. 数据存储过程中的违规违法行为或其他不道德行为

会计师如果未建立有效的数据存储安全防护机制,可能会导致黑客侵入系统,锁死数据库,或者窃取、篡改数据,造成受雇单位经济利益受损。此外,未能定期备份数据或未采用适当的数据中心维护措施,也可能导致数据丢失或不可用。

3. 数据分析过程中的违规违法行为或其他不道德行为

会计师在分析会计数据时,如果出于个人利益(如投资股票),而利用受雇单位的内部信息进行分析,以获取非法利益,这种行为不仅违反了职业道德,也可能触犯法律。例如,利用未公开的财务数据作出投资决策,从而实现不正当的利润。

4. 数据输出过程中的违规违法行为或其他不道德行为

会计师在输出数据时,如果出于个人利益,随意分享与受雇单位相关的敏感数据,并故意删除数据输出日志以掩盖其行为,这种行为不仅侵犯了隐私保护原则,也可能损害受雇单位的商业利益和声誉。

(四)会计职业道德物化困境

会计职业道德物化困境是指随着人工智能系统在会计领域的应用,这些拥有自由意志或自主能力的系统可能会产生违反会计职业道德的行为,从而对受雇单位的资产保全和经营管理决策构成威胁,或引发其他不道德行为的出现。

人工智能带来的技术解放,虽然为会计行业带来了变革,但同时也引发了会计职业道德物化后的系列问题。人类社会在处理会计师违规违法等不道德行为方面积累了丰富的经验,然而,对于如何应对人工智能的不道德行为,人类尚未做好充分的准备。特别是在恶意地在人工智能系统中植入不良情绪的情况下,会计职业道德的执行将面临重重挑战。

随着人工智能在会计领域的深入应用,一系列问题亟待解答。

(1)是否应当赋予人工智能以会计主体资格?人工智能系统能否像人类会计师一样作出准确、合理的会计判断,并为企业经营管理者提供有价值的决策支持?在不良情绪的影响下,人工智能是否会提供与经营管理决策无关甚至误导性的会计信息?

(2)如何正确理解和界定人工智能与会计师之间的权责关系?一旦人工智能出现非理性行为,责任应当由谁来承担?人工智能是否可能成为会计师推卸责任的工具?会计师出于自身利益滥用人工智能的情况该如何防范?对于会计师滥用人工智能的行为,应当承担何种后果?会计师操作人工智能的职业行为应该如何受到约束?

(3)具有自主学习能力的机器所形成的机器道德是否会冲击会计师的职业道德?如何平衡会计师职业道德与机器道德之间的关系?

这些问题将在未来较长一段时间内成为会计职业道德面临的重要困境,需要我们深入研究和不断完善相关制度与规范。

第三节 数智时代会计职业道德规范

一、数智时代会计师专业胜任能力规范

保持专业胜任能力是数智时代下会计人员应当履行的义务。会计人员应该有合格的职业能力，具备与其工作岗位相适应的知识和技能。

（一）技术能力

国家鼓励依法采用现代信息技术开展会计工作。在数字技术广泛应用于会计行业的背景下，会计人员应熟练掌握 ERP 系统等财务信息系统，能够熟练地进行数据录入、处理及大数据分析。同时，要掌握会计信息系统的基本维护技能，具备一定的会计信息系统安全意识，了解网络安全防护措施，防范数据泄露、篡改等风险。同时，会计人员应了解云计算、大数据、区块链等信息技术的基本原理，能够运用这些技术进行财务数据处理和分析，提高财务工作的效率和准确性。此外，会计师应熟悉人工智能在财务管理中的应用，如智能报销、智能审计等，学会利用自动化工具将复杂的财务数据转化为直观、易懂的图表，提高报告的可读性。

（二）风险管理能力

在数智时代，会计师面临的财务环境更加复杂多变，因此，具备风险管理能力尤为重要。

1. 风险识别能力

会计师应能够识别企业内外部可能对财务状况产生影响的各类风险，并了解这些风险的特性及其潜在影响。在数智时代下，会计师需特别关注数字技术应用带来的风险，并采取措施保护企业的信息资产。

2. 风险评估能力

会计师需掌握风险评估的方法和工具，能够对识别出的风险进行量化分析，评估风险的可能性和影响程度，为制定风险管理策略提供依据。同时，根据风险评估结果，完善内部控制体系，减少或防范风险对企业财务状况的负面影响。

3. 风险监控与报告

会计师应定期跟踪风险状况和风险管理措施的实施效果，及时调整风险应对策略，并向管理层报告风险状况和重大风险事件。在突发事件发生时，能够迅速采取措施，最小化风险损失，并协助企业恢复正常运营。

（三）知识更新和创新能力

会计师应具备较强的学习能力和适应能力，紧跟数字技术发展趋势，不断学习大

数据、人工智能等新知识、新技能，具备数据保护和人工智能方面的法律法规知识，学习数学、统计学、计算机和数据方法等方面的技能，以适应数智时代财务工作的不断变革需求。为应对数智时代管理会计、数据审计的要求，会计师需紧跟财务、税务、审计等领域的发展动态，不断学习新知识，确保专业素养与时俱进。此外，在数字技术快速发展的背景下会计师应具备创新思维，敢于尝试新的财务管理方法，为企业创造价值。

不具备数智时代专业胜任能力的会计师应通过专门培训等形式获取专业胜任能力，并通过继续教育等形式保持专业胜任能力，以确保为受雇单位和其他利益相关者提供高水平的会计专业服务。

二、数智时代会计信息系统操作行为规范

会计信息系统是企业内部控制的主要载体，存储着大量的业务数据和财务数据，由此，规范会计信息系统操作行为至关重要。

（一）会计信息系统规划与设计

会计信息系统应当恰当规划，确保职责划分合理、不相容职责分离，并得到良好履行。会计信息系统不得规划采集满足业务活动需求之外数据的功能，尤其是带有歧视性的会计数据；不得规划违反当前会计职业道德的功能，如反记账、反结账等功能。信息系统权限应符合当前会计职业道德规范的要求。

设计者在设计信息系统时需嵌入最低的会计职业道德要求，但是不得在信息系统中保留数据采集的后门程序，也不得在信息系统中保留开发商的任何管理权限，尤其是超级管理员权限等。会计信息系统在出现重大错误和舞弊行为时，应具有提示或禁止功能。《会计信息化工作规范》第四十四条规定：

单位开展会计信息化工作涉及人工智能各类活动和生成式人工智能服务，应当遵守有关法律法规，尊重社会公德和伦理道德。

（二）信息系统操作与安全控制

会计师应当建立完善的信息系统操作管理及安全管理制度，并确保各项制度有效执行。会计人员不应忽视信息系统操作制度的建立健全，不得违反信息系统操作制度的相关规定。会计人员应定期检查系统操作日志、定期备份系统数据库、定期检查系统启动日志，确保信息系统在安全条件下运行。在执行信息处理时不得恶意清除系统操作日志，不得违反规定上传、下载数据以及做出其他有违职业道德的行为。

安全管理员应定期检查信息系统运行环境、软硬件是否安全。同时，安全管理员不定时地模仿系统入侵者，以对信息系统的安全性进行测试，并确保信息系统安全制度得到有效执行。

单位应当加强跨境会计信息安全管理，防止境内外有关机构和个人通过违法违规手段获取并向境外传输会计数据。《会计信息化工作规范》第四十二条规定：

单位会计信息系统数据服务器的部署应当符合国家有关规定。如存在单位在境外设

立分支机构等情形，其数据服务器部署在境外的，应当在境内保存电子会计资料备份，备份频率不得低于每月一次。境内备份的电子会计资料应当能够在境外服务器不能正常工作时，独立满足单位开展会计工作的需要以及财会监督的需要。

（三）信息系统维护与灾难恢复

未经授权，包括会计师在内的任何人不得擅自更改信息系统。为了保证会计信息系统的安全运行，信息系统管理人员应及时更新信息系统，防止数据库受到非法访问，定期检查关键应用程序清单是否完整，以确保系统能够及时恢复。同时，制定、完善系统灾难恢复计划与操作手册，并严格执行，确保与信息系统维护与灾难恢复相关的会计行为符合会计职业道德的要求。

（四）信息系统审计

信息系统审计能够提高信息系统运行的合规性，确保内部控制措施能够有效地监控和管理信息技术活动。但是，信息系统审计行为不能危及被审计单位的信息系统的安全性，不得妨碍被审计单位信息系统的正常使用。信息系统审计师不得有在被审计单位信息系统中植入木马程序等利于其数据窃取行为，也不能出于任何目的不报告被审计单位信息系统的设计缺陷、执行缺陷等。审计师应保留信息系统审计相关的系统操作日志，对由于其误操作而对被审计单位信息系统造成损害的，应及时恢复并承担相应的赔偿责任。

三、数智时代会计数据管理行为规范

数智时代，会计数据管理行为应遵循与数字技术应用有关的法律法规和道德原则。会计人员应根据数据管理的整体流程构建从数据采集、数据存储、数据分析到数据输出的具体行为规范，以达到防范出售、共享或泄露受雇单位会计数据的目的。

（一）会计数据采集行为规范

会计人员应遵循所在机构的会计数据采集制度，实施会计数据采集行为时不得影响数据的完整性与一致性，不得影响受雇单位正常工作的开展；涉及远程数据采集行为时应做好数据加密工作，并保护数据采集日志；对于误操作对受雇单位数据造成损害的应及时恢复，对数据采集过程中产生的侵权与损害等行为应承担赔偿责任。

（二）会计数据存储行为规范

规范会计数据的存储行为，是保障会计数据完整性、安全性及资源有效控制的关键环节。会计数据管理员应明确数据存储方式，合理设计访问权限表，确保数据访问合规可控；定期评估访问授权制度的执行效果，及时调整不合规设置；根据数据重要性实施定期或不定期备份，并选择安全可靠的存储地点；定期检查数据访问日志，确定是否存在非法的数据访问、下载及共享等与数据资源控制相关的有违会计职业道德的行为。

（三）会计数据分析行为规范

会计数据分析行为不能侵害受雇单位数据的保密性、安全性和主体权利。会计人员不得开展非会计目的的会计数据分析及处理工作。经过分析的会计数据主体权利仍归受

雇单位所有，会计人员不得出售、共享或泄露经过分析处理的受雇单位数据，并应按照相关法律法规及时删除受雇单位数据。在会计数据分析过程中存在侵权与损害等行为的，会计人员应承担相应的赔偿责任。

（四）会计数据输出行为规范

会计人员进行数据输出行为时，应当确保受雇单位数据的保密性、安全性。会计人员定期检查受雇单位数据的存储情况，除应用于会计目的外，不得出于商业目的等随意输出与受雇单位相关的数据。实施会计数据输出时，不得随意删除数据输出日志，对输出的会计数据实施加密，并定期检查受雇单位的数据输出情况，防止数据安全事件的发生。

四、数智时代会计人工智能应用行为规范

会计师应与人工智能构建和谐的"人机关系"，且会计师对人工智能的应用不能违背人类社会的价值观和伦理道德。按照数字技术应用的基本原则，会计师应用人工智能应遵循如下规定。

（一）不能将人工智能视为会计主体

随着人工智能技术在会计职业中的深度应用，人工智能以"模拟人"的方式将"自然人"从重复烦琐、海量庞杂的数据处理事务中解放出来，充当起记账机器人、对账机器人、结账机器人、开票机器人、网银机器人的角色，可实现智能报销、审核、付款、记账、报税，以及智能分析与预警等多项功能。从道德能动性的角度，人工智能技术是工具，不具有道德属性，也不具备独立经济实体地位，不应被赋予会计主体资格或审计主体资格。

（二）人工智能不能伤害会计师及企业

无论哪种立场，我们都应认识到，人工智能在会计领域的应用不能危及会计师的生存和企业经营管理的安全。会计师与人工智能的"人-机"关系应建立在"命令与服从"的基础上，即人工智能在会计和审计工作中只拥有接受会计师命令和服从命令的功能。可见，人工智能应树立与会计师相同的价值观，人工智能自主学习产生的会计职业道德应符合会计职业道德和人类社会的价值观。人工智能不能直接或间接实施伤害会计师或危及企业经营管理的行为，以避免人工智能发展给会计师及企业经营管理等带来伤害的情况发生，或者触发会计职业领域不道德行为的产生。

（三）人工智能不能成为会计师免责工具

人工智能按照会计师的指令替代会计师完成部分会计工作，不能成为会计师免责的替代品。会计师不得滥用人工智能危及会计数据的安全以及企业经营管理的安全等，并应为滥用人工智能行为承担相应的法律责任。人工智能的非理性行为应由发出人工智能指令的会计师承担责任。会计师操作人工智能的行为应当在法律法规、社会伦理允许的范围之内。

本章习题

思考题

1. 数字技术应用的基本原则有哪些?
2. 如何理解数智时代下的会计职业道德物化困境?
3. 数智时代下会计师应该具备哪些专业胜任能力?
4. 人工智能能否成为会计主体?为什么?

第七章在线答题

第八章

国际职业会计师职业道德

《国际职业会计师道德守则》的主要内容;国际职业会计师道德基本原则;国际注册会计师利益冲突与利益诱惑;二次意见;工商业界职业会计师潜在冲突与利益诱惑;国际职业会计师道德教育

第一节 《国际职业会计师道德守则》概述

《职业会计师道德守则》(Code of Ethics for Professional Accountants,又称《国际职业会计师道德守则》),是由国际会计师联合会国际会计师职业道德准则理事会(International Ethics Standards Board for Accountants,IESBA)制定的为全球职业会计师提供的统一的职业道德行为标准,确保了在不同国家和地区工作的职业会计师能够按照相同的标准执行财务报告和审计工作,既提高了全球财务信息的可信度,也为国际会计师职业提供了有效保护。

一、国际会计师联合会

国际会计师联合会(International Federation of Accountants,IFAC),成立于1977年,是一个全球性的会计行业组织,总部位于美国纽约。IFAC的成员包括来自130多个国家和地区的175个成员组织和准成员组织,代表着全球近300万名在事务所、教育、政府和工商业等领域工作的职业会计师。IFAC以服务公众利益为宗旨,致力于制定和推广高质量的国际职业准则,包括《国际审计准则》《国际会计教育准则》《国际职业会计师道德守则》《国际公共部门会计准则》等。此外，IFAC 还大力推动会计职业组织的能力建设，以提升会计师的职业价值，并在涉及公众利益的问题上代表全球会计行业发声。

IFAC 的最高权力机构为会员代表大会，由每个成员组织各派一名代表构成。会员代表大会通常每年举行一次会议。IFAC 的领导机构为理事会，由理事会主席、副主席和 20 多名理事组成，负责领导 IFAC 开展工作，监督 IFAC 日常事务，并向会员代表大会提出建议。IFAC 下设多个委员会和工作组，如职业会计组织发展委员会、工商业界职业会计师委员会、中小事务所委员会、跨国审计师委员会等，以完成特定的任务和项目。此外，IFAC 为国际审计与鉴证准则理事会、国际会计教育准则理事会、国际会计师职业道德准则理事会、国际公共部门会计准则理事会四个独立的国际标准制定机构提供财务和行政支持。

二、《国际职业会计师道德守则》的修订

2007 年，IESBA 开始在世界各地广泛磋商和征求意见，对《国际职业会计师道德守则》进行修订，以确保准则的普遍适用性。2009 年 7 月，IESBA 正式发布新的《国际职业会计师道德守则》。2013 年 9 月，中国注册会计师协会将其翻译成中文。2018 年 4 月，《国际职业会计师道德守则》再次修订，就职业会计师应如何处理职业道德和独立性问题进行了更清晰的规范。

此外，IESBA 在 2020 年 1 月发布了关于其他鉴证业务的独立性要求（《国际职业会计师道德守则》的第 4B 部分）的修订稿，主要目的是使相关术语和概念与《国际鉴证业务准则第 3000 号——历史财务信息审计或审阅以外的鉴证业务》（ISAE 3000）保持一致。

三、《国际职业会计师道德守则》的主要内容

作为全球职业会计师行业的重要指导文件，《国际职业会计师道德守则》包括三部分内容，涵盖了职业会计师可能遇到的与职业道德相关的所有事项。

第一部分是一般应用，适用于全行业的职业会计师，为全球职业会计师确立了职业道德基本原则，提出了职业道德概念框架以用于指导职业会计师。如识别对职业道德基本原则产生的威胁；评价所识别威胁的严重程度；必要时采取防范措施消除威胁或将其降低至可接受的水平。如果职业会计师确定一个理性且掌握充分信息的第三方，在权衡职业会计师当时可获得的所有具体事实和情况后，很可能认为该威胁有损于职业道德基本原则，则有必要采取防范措施。

第二部分适用于注册会计师，第三部分适用于工商业界职业会计师。第二部分和第三部分的内容为会计师事务所执业注册会计师及工商业界职业会计师提供了在某些情况下如何运用职业道德概念框架的指导，列举了职业道德基本原则受到威胁的情形，以及职业会计师在此情形下可以适当应对的一些防范措施。这两部分还描述了当职业会计师面临无法采取防范措施以应对威胁的情况时，应当予以回避。

四、国际职业会计师道德概念框架

职业会计师所处的业务环境可能对职业道德基本原则产生特定的威胁，并且因业务和工作的性质的不同，可能产生不同的威胁，需要职业会计师采取不同的防范措施。然而，《国际职业会计师道德守则》无法界定每一种产生威胁的情形，以及明确规定适当的措施。因此，守则建立了一个概念框架，帮助职业会计师识别、评估和应对职业道德的威胁，以履行维护公众利益的职责。

（一）国际职业会计师道德概念框架的主要内容

1. 评价威胁

如果职业会计师知悉或能够被合理预期知悉可能损害职业道德基本原则的情形或关系，则应当评价其对职业道德基本原则的威胁。在评价威胁的严重程度时，职业会计师应当从性质和数量两个方面予以考虑。

2. 识别威胁

当识别出对职业道德基本原则的威胁，并基于对威胁的评价结果确定威胁超出可接受的水平时，职业会计师应当确定是否存在适当的防范措施，并且是否能够采取这些措施以消除威胁或将其降低至可接受的水平。在作出决定时，职业会计师应当运用职业判断，并考虑一个理性且掌握充分信息的第三方，在权衡职业会计师当时可获得的所有具体事实和情况后，是否很可能认为这些防范措施能够消除威胁或将其降低至可接受的水平，以使职业道德基本原则不受损害。

3. 应对威胁

职业会计师在运用概念框架应对可能的威胁时，可能由于威胁过于严重，或者不存在或无法采取适当的防范措施，使得职业会计师无法消除威胁或将其降低至可接受的水平。在这种情况下，职业会计师应当拒绝接受或终止所涉及的特定专业服务，或在必要时与客户解除业务关系或向其工作单位提出辞职。

4. 获得帮助

职业会计师可能无意中违反本守则的个别条款。如果违法行为一经发现，就被迅速纠正并采取了必要的防范措施，那么基于其性质和严重程度，这种无意违法行为可能不被视为损害职业道德基本原则。

当职业会计师面临特殊情形，在这些情形下应用本守则的特定要求可能导致不合理或不符合公众利益的结果时，建议职业会计师向某一成员组织或相关监管机构咨询。

（二）威胁判断及防范措施

1. 威胁判断

职业会计师在执行业务中，很多关系和情形都可能对其职业道德产生威胁。当一种关系或情形产生威胁时，这种威胁可能损害或被认为损害职业会计师对职业道德基本原则的遵循。一种关系或情形可能产生多种威胁，一种威胁也可能影响对多项职业道德基本原则的遵循。

（1）自身利益威胁。因经济利益或其他利益对职业会计师的判断或行为造成不当影响而产生的威胁。

（2）自我评价威胁。职业会计师依据其（或者其所在会计师事务所或其他工作单位的其他人员）以往执行业务时所作出的判断或得出的服务结果对当前业务作出判断，从而导致不恰当评价而产生的威胁。

（3）过度推介威胁。职业会计师因推介客户或工作单位的立场，导致该职业会计师的客观公正原则受到损害而产生的威胁。

（4）密切关系威胁。由于与客户或工作单位存在长期或密切的关系，职业会计师过于偏向他们的利益，或过于认可他们的工作而产生的威胁。

（5）外在压力威胁。实际存在的或可觉察到的压力（包括试图以不当手段影响职业会计师），导致职业会计师无法客观行事而产生的威胁。

2. 防范措施

防范措施是指能够消除威胁或将其降低至可接受的水平的行为或其他措施。防范措施包括法律法规和职业规范规定的防范措施和在具体工作中采取的防范措施，具体如下所述。

（1）从事该职业必需的教育、培训和经验要求。

（2）持续的职业发展要求。

（3）公司治理方面的规定。

（4）职业准则。

（5）行业或监管机构的监控和惩戒程序。

（6）由依法授权的第三方对职业会计师编制的业务报告、申报资料、沟通函件或其他信息进行外部复核。

（三）道德冲突问题解决方案

1. 解决道德冲突考虑的因素

在遵循职业道德基本原则时，职业会计师可能需要解决道德冲突问题。在开始解决道德冲突时（无论正式还是非正式），可能需要考虑一个或多个因素。比如，与道德冲突问题有关的事实；涉及的道德问题；道德冲突问题涉及的职业道德基本原则；已制定的解决道德冲突问题的内部程序；可供选择的其他措施。

2. 道德冲突解决措施

（1）向会计专业人士咨询。在考虑道德问题解决的相关因素并权衡可供选择措施的后果后，职业会计师应当确定适当的措施。如果道德冲突问题仍无法解决，职业会计师可能需要向会计师事务所或工作单位内部的适当人员咨询，以获取解决问题的方法。

（2）获得公司治理层帮助。如果某一事项与所在单位或外部单位存在道德冲突，职业会计师应当确定是否与该组织的治理层（如董事会或审计委员会）讨论，讨论时需记录涉及的道德冲突问题、讨论的细节以及作出的相关决策，以保护职业会计师的最大利益。

（3）咨询职业团体或法律顾问。如果某项重大道德冲突问题未能解决，职业会计师可以考虑从相关职业团体或法律顾问处获取专业建议。职业会计师可以匿名的方式与相关职业团体讨论道德冲突问题，或在法律的保护下向法律顾问征询意见。这通常能够使职业会计师在不违反保密原则的前提下获取解决道德问题的指引。职业会计师考虑是否征询法律意见的具体情况各不相同。例如，职业会计师可能遇到舞弊，对舞弊的报告可能违反职业会计师的保密责任，在这种情况下，职业会计师可以考虑获取法律建议，以确定是否需要报告。

（4）解除业务约定或辞职。如果所有可能采取的措施都无法解决道德冲突问题，职业会计师应当在可能的情况下拒绝继续与产生道德冲突问题的事项发生关联。职业会计师应当确定是否退出项目组不再承担相关任务，或完全解除业务约定，或向所在工作单位提出辞职。

五、职业道德基本原则

（一）诚信

诚信原则要求所有职业会计师在所有职业关系和商业关系中保持正直、诚实守信。当职业会计师认为业务报告、申报资料、沟通函件或其他信息存在下列问题，或注意到已与下列问题发生关联时，应当采取措施消除该关联。

（1）含有严重虚假或误导性的陈述。
（2）含有缺少充分依据的陈述或信息。
（3）存在遗漏或含糊其词的信息，且这种遗漏或含糊其词会产生误导。

（二）客观公正

客观公正原则要求所有职业会计师不应当由于偏见、利益冲突或他人的不当影响而损害自己的职业或商业判断。

职业会计师可能面临损害客观公正原则的情形。《国际职业会计师道德守则》无法界定和规定所有这些情形。如果存在导致职业判断出现偏差，或对职业判断产生其他不当影响的情形或关系，职业会计师就不应当提供相关专业服务。

（三）专业胜任能力和应有的关注

职业会计师在运用专业知识和技能提供服务时，需要运用合理的判断，因而，要求职业会计师有专业胜任能力和应有的关注，以提供具有专业水准的服务。

职业会计师应将专业知识和技能始终保持在应有的水平，以确保客户或雇主获得具有专业水准的服务。同时，职业会计师在提供专业服务时，应当遵守适用的职业准则和技术规范，并做到勤勉尽责，按照有关工作要求，认真、全面、及时地完成工作任务。职业会计师在必要时应当使客户、雇主了解服务的固有局限性。

职业会计师应当保持专业胜任能力和应有的关注，要持续了解并掌握相关技术、专业知识和技能以及业务的发展变化。专业知识和技能的持续提高可使职业会计师保持执行业务的胜任能力。如果相关岗位人员的专业知识不能胜任岗位需求，职业会计师应当采取适当措施，确保在其领导下工作的人员得到应有的培训和督导。

(四) 保密

职业会计师应当严格履行保密义务，包括在社会环境中，警惕无意中泄密的可能性，特别是警惕无意中向关系密切的商业伙伴、直系亲属泄密的可能性。执业注册会计师应当对所在工作单位内部的信息保密，对拟合作的客户或拟受雇的工作单位向其披露的信息保密。同时，职业会计师应当采取适当措施，确保下级员工以及提供建议和帮助的人员履行职业会计师的保密义务。

1. 职业会计师应避免的行为

根据保密原则，所有职业会计师都应避免下列行为。

（1）未经恰当且专门授权，或不存在法律法规或职业规范规定的权利或义务，而向工作单位以外的第三方披露因职业关系和商业关系获知的涉密信息。

（2）利用因职业关系和商业关系获知的涉密信息为自己或第三方谋取利益。

执业注册会计师在终止与客户或工作单位的关系后，仍然需要遵循保密原则。如果变更工作单位或获得新客户，执业注册会计师可以利用以前的经验，但不应当利用或披露因职业或商业关系获知的涉密信息，法律法规允许披露且取得客户或雇主的授权的情形除外。

2. 职业会计师可能被要求披露涉密信息的情形

在下列情形下，职业会计师可能被要求披露涉密信息。

（1）法律法规允许披露，并取得客户或雇主的授权。

（2）法律法规要求披露，如为法律诉讼准备文件或提供其他证据、向适当的公共机构报告发现的违法行为。

（3）职业会计师有职业义务或权利披露且法律法规未予禁止，包括：接受成员组织或职业团体的执业质量检查；答复成员组织或监管机构的询问或调查；在法律诉讼中维护职业会计师的职业利益；遵守执业准则和道德要求。

3. 职业会计师披露涉密信息应考虑的因素

在决定是否披露涉密信息时，职业会计师应考虑以下相关因素。

（1）如果客户或雇主同意职业会计师披露这些信息，是否可能损害所有相关方（包括利益可能受到影响的第三方）的利益。

（2）是否已在可行的范围内了解和证实了所有相关信息。当涉及未经证实的事实、不完整的信息或未经证实的结论时，职业会计师应当运用职业判断决定披露的类型（如有）。

（3）预期的沟通方式和沟通对象。

（4）沟通对象是否为适当的接受者。

(五) 良好职业行为

良好职业行为原则要求所有职业会计师遵守相关法律法规，避免发生任何职业会计师已知悉或应当知悉的、可能损害职业声誉的行为。如果一个理性且掌握充分信息的第三方，在权衡职业会计师当时可获得的所有具体事实和情况后，认为某种行为很可能将对良好的职业声誉产生负面影响，则这种行为属于应当避免的行为。

1. 良好职业行为原则的特征

（1）职业整体性。良好职业行为原则主要是通过提升职业会计师的自我职业价值认同以形成共同的职业使命感和职业价值观。

（2）正向引导性。良好职业行为原则通过对职业会计师良好行为的团体评判和褒奖，强化其正向选择的价值判断，同时提高其负向选择的心理成本，这将使职业会计师在面临道德冲突时提高正向行为选择的概率，降低负向行为选择的可能。

（3）兜底性。在特定的情形下，如果职业会计师面临前述各项职业道德基本原则之间的内部冲突或困境权衡，良好职业行为原则可以提供最终的道德抉择标准。

（4）综合性。良好职业行为原则意味着职业会计师应尽可能高标准履行前述之诚信原则、客观公正原则、专业胜任能力和应有的关注原则。

2. 良好职业行为原则的具体应用

在营销和推介自己及工作时，职业会计师不应当损害职业形象。职业会计师应当诚实、实事求是，不应当有下列行为。

（1）夸大宣传提供的服务、拥有的资质或获得的经验。

（2）贬低或无根据地比较他人的工作。

第二节　国际注册会计师职业道德

执业的职业会计师，又称为执业注册会计师（Certified Public Accountant，CPA，以下均称注册会计师，以区分本章中的职业会计师），是指经过国家有关部门考核认定，取得执业资格，并在会计师事务所或其他专业服务机构中提供会计、审计、税务咨询、管理咨询等专业服务的会计专业人士。注册会计师在经济活动中扮演着重要角色，其出具的审计报告是公众进行决策的重要信息来源，因而，注册会计师的职业道德对于保护公众利益、促进经济稳定以及维护会计行业的健康发展具有至关重要的意义。

一、利益冲突与利益诱惑

（一）利益冲突

1. 识别利益冲突

利益冲突是指注册会计师在提供专业服务时，因与相关方存在某种形式的利益对抗，从而使其职业判断可能偏离客观公正的职业道德基本原则。注册会计师应当采取适当措施，识别可能产生利益冲突的情形，以避免对职业道德基本原则产生威胁。例如，如果注册会计师与客户存在直接竞争关系，或与客户的主要竞争者存在合资或类似关系，可能对客观公正原则产生威胁。

如果注册会计师为两个以上客户提供服务，而这些客户之间存在利益冲突或对所涉交易或事项存在争议，也可能对客观公正或保密原则产生威胁。因此，注册会计师应当谨慎评价利益冲突产生威胁的严重程度，并在认为有必要时采取相应的防范举措以消除威胁或将威胁降低至可接受的水平。在接受与保持客户关系和具体业务前，注册会计师应当评价其与客户或第三方之间的商业利益或关系产生的威胁的严重程度。

2. 采取防范措施

根据产生利益冲突的具体情形，注册会计师通常必须采取下列防范措施。

（1）如果会计师事务所的商业利益或业务活动可能与客户存在利益冲突，告知客户并在征得其同意的情况下执行业务。

（2）如果为存在利益冲突的两个以上客户服务，告知所有已知相关方并在征得他们同意的情况下执行业务。

（3）如果为某一特定行业或领域中的两个以上客户提供服务，告知客户并在征得他们同意的情况下执行业务。

（4）确定是否采取下列一项或多项额外的防范措施：①分派不同的项目组；②实施必要的保密程序，防止未经授权接触信息（例如，对不同的项目组实施严格的隔离程序，做好数据文档的安全保密工作）；③向项目组成员提供有关安全和保密问题的指引；④要求会计师事务所的员工和合伙人签订保密协议；⑤由未参与执行相关业务的高级员工定期复核防范措施的执行情况。

如果利益冲突对一项或多项职业道德基本原则（诚信、专业胜任能力和应有的关注、客观公正、保密、良好职业行为原则）产生威胁，并且采取防范措施无法消除威胁或将其降低至可接受的水平，注册会计师应当拒绝承接某一特定业务，或解除一个或多个存在冲突的业务约定。

如果注册会计师就其为存在利益冲突的其他客户（可能是也可能不是现有客户）服务征求客户的同意，并且该请求被客户拒绝，注册会计师应当终止产生利益冲突的事项为其中一方提供服务。

（二）利益诱惑

1. 收费与或有收费

（1）收费。会计师事务所向客户的收费是否对职业道德基本原则产生威胁，取决于收费报价水平和所提供的相应服务。如果报价过低，可能导致难以按照适用的技术规范和职业准则的要求执行业务，从而对专业胜任能力和应有的关注原则产生自身利益威胁。如果会计师事务所连续两年从某一个属于公众利益实体的审计客户及其关联实体收取的全部费用，占其从所有客户收取的全部费用的比重超过15%，会计师事务所应当向审计客户治理层披露这一事实，并讨论选择何种防范措施，以将威胁降低至可接受的水平。

（2）或有收费。或有收费是指收费与否或收费多少取决于交易的结果或会计师事务所执行工作的结果。或有收费广泛存在于某些类型的非鉴证业务中。或有收费可能对客观公正原则产生自身利益威胁。威胁存在与否及其严重程度主要受业务的性质、可能的收费金额区间、确定收费的基础，以及是否由独立第三方复核交易和提供服务的结果影响。

会计师事务所在提供审计服务时，以直接或间接形式（例如通过中介机构）收取或有收费，将产生非常严重的自身利益威胁，没有防范措施能够将其降低至可接受的水平。因此，会计师事务所不应当采用这种收费安排。

2. 介绍费或佣金

在某些情况下，注册会计师可能收取与客户相关的介绍费或佣金。例如，注册会计师不提供所要求的具体服务，而将客户介绍给其他注册会计师或其他专家，从中收取介绍费或佣金。注册会计师可能因向客户销售商品或劳务而从第三方（如软件销售商）收取介绍费或佣金。收取这些介绍费或佣金将对客观公正原则、专业胜任能力和应有的关注原则产生自身利益威胁。

注册会计师也可能为获得客户而支付介绍费。例如，当客户需要的某些特定服务未能由其现任注册会计师提供时，其他注册会计师会为获得该服务机会而支付介绍费。支付该项介绍费也将对客观公正原则、专业胜任能力和应有的关注原则产生自身利益威胁。

3. 礼品或款待

注册会计师或其直系亲属，可能收到客户赠送的礼品或给予的款待。这种行为可能对职业道德基本原则产生威胁。例如，如果接受客户的礼品，可能对客观公正原则产生自身利益威胁或密切关系威胁，由于这种行为可能被公开，还可能对客观公正原则产生外在压力威胁。这种威胁存在与否及其严重程度取决于客户提供礼品或款待的性质、价值和意图。

如果权衡所有具体事实和情况后，认为礼品或款待的价值微小且无关紧要，则注册会计师可以认为该项礼品或款待属于正常的商业交往，没有影响决策制定或信息获取的特定意图。在这种情况下，注册会计师通常可以认为其对职业道德基本原则产生的威胁处于可接受的水平。注册会计师应当评价威胁的严重程度，并在必要时采取防范措施消除威胁或将其降低至可接受的水平。如果防范措施不能消除威胁或将其降低至可接受的水平，注册会计师不应当接受这项礼品或款待。

4. 薪酬或业绩评价

如果某一审计项目组成员的薪酬或业绩评价与其向审计客户推销的非鉴证服务挂钩，或会计师事务所的关键审计合伙人的薪酬或业绩评价与其向审计客户推销的非鉴证服务直接挂钩，将会对注册会计师遵循的职业道德产生威胁。会计师事务所应当评价威胁的严重程度。如果威胁超出可接受的水平，会计师事务所应当修改该成员的薪酬或业绩评价，或者采取其他防范措施消除威胁或将其降低至可接受的水平。

5. 防范措施

注册会计师应当评价威胁的严重程度，并在必要时采取防范措施消除威胁或将其降低至可接受的水平。防范措施主要包括：与客户达成书面协议、向客户披露收费或佣金等事项的安排、实施质量控制政策和程序、安排恰当的时间和具有胜任能力的员工执行任务、由独立第三方复核注册会计师已执行的工作等。

二、专业服务委托

(一) 接受客户关系

在接受客户关系前，注册会计师应当确定接受该客户关系是否对职业道德基本原则产生威胁，因为如果客户存在非法活动（如洗钱）、缺乏诚信或存在可疑的财务报告等问题都会对注册会计师的诚信原则或良好职业行为原则产生威胁。因此，注册会计师应当谨慎地评价威胁的严重程度，并在必要时采取有力的防范措施，以消除可能的威胁或将其降低至注册会计师可接受的水平。如果不能将威胁降低至可接受的水平，注册会计师应当拒绝接受客户关系。如果向同一客户连续提供专业服务，注册会计师应定期评价继续保持客户关系是否适当。

(二) 承接业务

注册会计师在承接某一业务前，应当确定接受该业务是否对职业道德基本原则产生威胁。例如，如果项目组不具备或不能获得恰当执行业务所必需的胜任能力，将对专业胜任能力和应有的关注原则产生自身利益威胁。注册会计师应当采取相关的举措，如适当了解客户的业务性质、经营的复杂程度、业务的具体要求和拟执行工作的目的、性质和范围，以及分派足够的具有必要胜任能力的员工等，以评价威胁的严重程度，并在必要时采取防范措施消除威胁或将其降低至可接受的水平。如果拟依赖专家的建议或工作，注册会计师应当确定对专家的依赖是否可靠，如考虑专家的声望、专长、可获得的资源、适用的职业准则和道德规范等。

(三) 客户变更委托

如果应客户要求接替由其他注册会计师或现任注册会计师执行的业务，注册会计师应当从专业角度确定承接该业务是否存在对职业道德基本原则产生威胁的情形，并评价威胁的严重程度，确定是否能采取防范措施消除该威胁或将其降低至可接受的水平。根据业务的性质，注册会计师可能需要与其他注册会计师或现任注册会计师直接沟通，以核实与变更委托相关的事实和情况，以确定是否适宜承接该业务。如果采取的防范措施不能消除威胁，或将威胁降低至注册会计师可接受的水平，注册会计师应当拒绝承接该业务。

如果应客户要求，注册会计师可能在现任注册会计师工作的基础上提供进一步的服务。如果缺乏完整的信息，可能对专业胜任能力和应有的关注原则产生威胁，注册会计师应当评价威胁的严重程度，并在必要时采取防范措施消除威胁或将其降低至可接受的水平。在征得客户同意的前提下，将拟承担的工作告知现任注册会计师，提请其提供相关信息，以便恰当地完成该项工作。如果不能获得现任注册会计师提供的相关信息，注册会计师应当采取适当措施，从其他途径，如通过询问第三方或调查客户的高级管理人员、治理层的背景等获取与可能产生的威胁相关的信息。

三、二次意见

（一）二次意见及其带来的威胁

二次意见是指一家会计师事务所或一位注册会计师对另一家会计师事务所或另一位注册会计师的审计工作结果进行独立审查并发表审计意见的过程。如果注册会计师被要求以其名义，对非现有客户进行特定交易或事项的处理情况提供二次意见，可能对职业道德基本原则产生威胁。例如，如果二次意见不是以现任会计师所获得的相同事实为基础，或依据的证据不充分，可能对专业胜任能力和应有的关注原则产生威胁。威胁存在与否及其严重程度取决于该项要求的具体情况以及在运用职业判断时可获得的所有事实和假设。

（二）评价及应对举措

如果被要求提供二次意见，注册会计师应当评价威胁的严重程度，并在必要时采取防范措施消除威胁，或将此威胁降低至可接受的水平。防范措施主要包括征得客户同意与现任会计师沟通、在与客户沟通中说明注册会计师发表专业意见的局限性、向现任会计师提供二次意见的副本。

二次意见

如果要求提供二次意见的客户不允许与现任会计师沟通，注册会计师应当在考虑所有情况后决定是否适宜提供二次意见。

四、独立性要求

（一）独立性框架

注册会计师在审计业务中，为维护公众利益，会计师事务所、审计项目组成员应当独立于审计客户。独立性包括实质上的独立性与形式上的独立性。其中，实质上的独立性是一种内心状态，使得注册会计师在提出结论时不受损害职业判断的因素影响，因而能够诚信行事，遵循客观公正原则，保持职业怀疑态度；形式上的独立性是指避免出现重大的事实和情况，使得一个理性且掌握充分信息的第三方，在权衡所有相关事实和情况后，很可能认为会计师事务所或审计项目组成员的诚信原则、客观公正原则或职业怀疑态度已受到损害。

职业会计师应当运用概念框架，以识别对独立性的威胁、评价所识别威胁的严重程度；必要时采取有效的防范措施以消除威胁或将其降低至可接受的水平。如果无法采取适当的防范措施或所采取的防范措施不能消除威胁或将其降低至可接受的水平，职业会计师应当消除产生威胁的情形或关系，或拒绝接受审计业务委托或终止审计业务。

（二）独立性要求的体现

1. 工作记录

注册会计师的工作记录可以作为证据，以证明其运用职业判断形成结论的独立性。

因此，注册会计师应当记录就遵守独立性要求的情况形成的结论以及为形成结论而讨论的主要内容，包括记录影响其独立性的威胁的性质以及将威胁降低至可接受的水平而采取的防范措施，或记录威胁的性质以及得出不需采取防范措施结论的理由。

2. 业务期间

注册会计师的审计业务期间是指自审计项目组开始执行审计业务之日起，至出具审计报告之日止。注册会计师应当在业务期间和财务报表涵盖的期间独立于审计客户。

如果一个实体委托会计师事务所对其财务报表发表意见，并且在该财务报表涵盖的期间或之后成为审计客户，会计师事务所应当判断是否对独立性产生威胁。如果在财务报表涵盖的期间或之后，在审计项目组开始执行审计业务之前，会计师事务所向审计客户提供了非鉴证服务，并且该非鉴证服务在审计期间不允许提供，会计师事务所应当评价提供的非鉴证服务对独立性产生的威胁。如果威胁超出可接受的水平，会计师事务所只有在采取防范措施消除威胁或将其降低至可接受的水平的情况下，才能接受审计业务。

相应的防范措施主要包括：不允许提供非鉴证服务的人员担任审计项目组成员；必要时由其他的职业会计师复核审计和非鉴证工作；由其他会计师事务所评价非鉴证服务的结果，或由其他会计师事务所重新执行非鉴证服务，并且所执行工作的范围能够使其承担责任。

第三节 工商业界职业会计师道德

一、工商业界职业会计师道德概述

(一) 工商业界职业会计师的概念

根据《国际职业会计师道德守则》对工商业界职业会计师的描述，工商业界职业会计师可能单独或与其他人员一起负责编报财务信息及其他信息，也可能负责从事有效的财务管理工作以及提供各种与企业经营有关的合理建议；可能是领取报酬的员工，也可能是合伙人、执行董事或非执行董事、业主兼经理、志愿者，或者为一家或多家组织服务的人员。可以理解为，工商业界职业会计师是为工作单位编制或参与编制财务相关信息，并为投资者、债权人、雇主、其他商界部门、政府以及社会公众提供财务信息及建议的相关人员。

(二) 工商业界职业会计师道德

工商业界职业会计师可能在某个单位处于高级职位。职位越高，越有能力和机会影响该单位的事项、事务和态度。因此，工商业界职业会计师应当在工作单位中倡导以道德为基础的文化，以促使高级管理层重视道德行为。工商业界职业会计师不应当在明知的情况下从事任何可能与职业道德基本原则相矛盾的工作或活动。

(三) 工商业界职业会计师遵循道德的威胁

对职业道德基本原则的遵循可能受到多种情形和关系的威胁。

1. 可能对工商业界职业会计师产生自身利益威胁的情形

(1) 在工作单位拥有经济利益，或者接受工作单位的贷款或担保。

(2) 参与工作单位的激励性薪酬方案，因私不当使用工作单位的资产。

(3) 过分担心失去现有工作职位。

(4) 面临来自工作单位以外的商业压力。

2. 可能对工商业界职业会计师产生密切关系威胁的情形

(1) 负责工作单位的财务报告，而在同一单位工作的直系亲属可以作出影响该单位财务报告的决策。

(2) 与工作单位能够影响经营决策的人员存在长期业务交往。

(3) 接受礼品或款待，除非其价值微小且无关紧要。

3. 可能对工商业界职业会计师产生外在压力威胁的情形

(1) 由于在会计原则应用或财务信息呈报方式上与工作单位存在分歧，工商业界职业会计师或其直系亲属受到解聘或更换职位的威胁。

(2) 上级主管试图影响工商业界职业会计师的决策过程，例如，以从合同或对某项会计原则的应用中获益为目的。

(四) 消除威胁及防范措施

能够消除威胁或将其降低至可接受的水平的防范措施主要有以下几种。

(1) 建立合理的监督体系，建立有效的内部控制。

(2) 制定道德和行为规范，实施恰当的惩戒程序。

(3) 领导层倡导和培育以遵守道德规范为导向的内部文化。

(4) 制定恰当的人员招聘政策和程序，并强调雇用优秀员工的重要性。

(5) 向员工及时传达工作单位的政策、程序及其变化情况，并提供适当培训。

(6) 监督员工的工作质量。

(7) 鼓励员工就职业道德问题与领导层沟通。

(8) 向其他专业人士咨询。

如果工商业界职业会计师预计工作单位存在的不道德行为或行动仍将发生，可以考虑征询法律意见。在某些极端的情况下，如果即使采取所有可能的防范措施，仍然不能将威胁降低至可接受的水平，工商业界职业会计师可以考虑向工作单位提出辞职。

二、潜在冲突与利益诱惑

(一) 潜在冲突

1. 潜在冲突及影响

工商业界职业会计师应当遵循职业道德基本原则，并支持工作单位确立的为实现合法、符合道德标准的目标而制定的规则和程序。但有时，履行对工作单位的职责和遵循职业道德基本原则之间存在冲突。

工商业界职业会计师可能由于履行工作职责而受到来自上级主管、经理、董事或工作单位内部其他人员的压力。这种压力可能是明显的，也可能是隐含的，可能会使工商业界职业会计师的行为或行动偏离职业道德基本原则，违反法律法规。例如：违反技术规范或职业准则；为实施不道德或非法的盈余管理战略提供便利；欺骗或故意误导他人，特别是欺骗或故意误导工作单位的审计师或监管机构；发布严重歪曲事实的财务报告或其他报告；等等。

2. 防范措施

工商业界职业会计师应当评价压力所产生的威胁的严重程度，并在必要时采取防范措施消除威胁或将其降低至可接受的水平。

（1）在适当时间，向工作单位内部、独立的职业咨询专家或相关职业团体寻求建议。

（2）运用工作单位内部正式的冲突解决程序。

（3）征询法律意见。

（二）潜在的利益诱惑

1. 受到相关方的利益诱惑

（1）识别利益诱惑。工商业界职业会计师、其直系亲属受到的利益诱惑的形式可能多种多样，包括经济利益、资金等。其中，经济利益主要包括以下几种。

①在工作单位拥有直接或间接的经济利益，经济利益的价值可能直接受工商业界职业会计师决策的影响。

②有资格获得与利润挂钩的奖金，奖金价值可能直接受工商业界职业会计师决策的影响。

③直接或间接持有工作单位的现在可行权或即将可行权的股票期权，其价值可能直接受工商业界职业会计师决策的影响。

④在达到某些目标后，可能有资格获得工作单位的股票期权或与业绩挂钩的奖金。

（2）评价利益诱惑及其威胁。

利益诱惑可能对职业道德基本原则产生威胁。当工商业界职业会计师、其直系亲属面对对方的利益诱惑时，工商业界职业会计师应当就所处情况作出评价。如果诱惑是为了不当影响工商业界职业会计师的行为或决策，促使其作出违法或不诚实的行为，或获取其掌握的涉密信息，则客观公正原则或保密原则将受到工商业界职业会计师自身利益威胁。在接受利益诱惑后，如果对方又威胁将工商业界职业会计师接受诱惑的事实公开，以损害该职业会计师、其直系亲属的声誉，客观公正原则或保密原则将受到外在压力威胁。

威胁存在与否及其严重程度取决于诱惑的性质、金额及其背后的意图。如果一个理性且掌握充分信息的第三方，在权衡所有具体事实和情况后认为该诱惑不重要，并且不是为了鼓励做出不道德行为，工商业界职业会计师就可以推断它属于业务中的正常往来,并且一般认为不会严重威胁职业道德基本原则。

(3)防范措施及应对。工商业界职业会计师应当评价威胁的严重程度,并在必要时采取有效的防范措施以消除威胁或将其降低至职业会计师可接受的水平。在采取防范措施后,如果不能将威胁消除或将其降低至可接受的水平,工商业界职业会计师不应当接受该利益诱惑。除了接受利益诱惑,对方提供利益诱惑本身也可能对职业道德基本原则产生真正或明显的威胁,所以职业会计师应当采取额外的防范措施。

工商业界职业会计师应当评价相关经济利益产生的所有威胁,并确定是否采取下列行动。

①根据工作单位的内部政策,工商业界职业会计师向工作单位的治理层披露所有相关利益以及相关股票的交易计划。

②在适当时间,工商业界职业会计师向工作单位的上级主管、管理层或相关职业团体咨询。

③工作单位开展内部审计或接受外部审计。

④工作单位及时开展职业道德教育和与内幕交易相关的法律法规培训。

工商业界职业会计师应当合理评价相关方提供的利益诱惑产生的所有威胁,以确定是否采取下列行动。

①当相关方提供利益诱惑时,立即告知工作单位治理层或较高级别的管理人员。

②将相关方提供利益诱惑的事实通知职业团体或对方单位等第三方。在采取该行动前,工商业界职业会计师可以考虑是否征询法律意见。

③当直系亲属处在有可能导致对方提供利益诱惑的职位时,告知这些直系亲属相应的威胁和防范措施。

④当直系亲属被竞争对手或其潜在的供应商聘用时,通知工商业界职业会计师所在工作单位治理层或较高级别的管理人员。

2. 提供利益诱惑

工商业界职业会计师可能基于工作压力、获得涉密信息好处等原因,而为第三方(个人或单位)提供利益诱惑,以影响第三方的判断或决策制定过程。这些压力可能来自工作单位内部,如同事或主管,也可能来自外部个人或单位。施压人往往会建议工商业界职业会计师,以有利于工作单位为目的采取行动或业务决策,从而可能对工商业界职业会计师产生不当影响。

工商业界职业会计师不应当迫于压力而提供利益诱惑以影响第三方的职业判断。当面临内部压力即将提供不道德利益诱惑时,工商业界职业会计师应当遵循解决道德冲突问题的原则和指引,采取相应的措施,进行应对。

三、信息的编制和报告

(一)信息编制和报告的要求

工商业界职业会计师应当公正、诚实地编报信息,遵守相关职业准则,使得使用者能够正确理解信息。工商业界职业会计师通常参与编制和报告信息,供对外公布或工单位内、外部人士使用。这些信息可能包括财务信息或管理信息，例如，预测和预算、财务报表、管理层讨论与分析以及在财务报表审计过程中向外部审计师提供的管理层声明书等。

工商业界职业会计师应当按照下列要求，以适当的方式编制和报告由其负责的信息。

（1）清楚地描述交易、资产和负债的性质。
（2）及时并恰当地分类和记录信息。
（3）准确、完整地反映重大事实。

（二）信息编制和报告威胁与应对

如果工商业界职业会计师因外在压力或自身利益而与误导性信息发生关联，或通过他人的行为与误导性信息发生关联，将对职业道德基本原则产生威胁。工商业界职业会计师应当合理评价威胁的严重程度，采取相应的防范措施，包括向工作单位内部的主管、审计委员会、治理层或相关职业团体咨询等。

如果工商业界职业会计师无法将威胁降低至可接受的水平，对于认为存在误导的信息，应当避免与之发生关联或继续保持关联。工商业界职业会计师可能无意中与误导性信息发生关联。一旦知悉这一事实，应当立即采取措施终止关联。在确定是否有必要报告该事项时，工商业界职业会计师可以考虑征询法律意见。此外，还可以考虑向工作单位提出辞职。

警示案例13

四、专业知识与技能

工商业界职业会计师应当遵循专业胜任能力和应有的关注原则，只有在经过专门培训并获得足够的经验后，才能承担相应的重要工作。工商业界职业会计师不应当夸大其专业知识水平或工作经验，故意误导工作单位以及在需要时放弃寻求专家的建议和帮助。

（一）专业胜任能力和应有的关注不足的威胁

在工商业界职业会计师履行职责时，下列情形可能对专业胜任能力和应有的关注原则产生威胁。

（1）缺乏足够的时间恰当执行或完成相关职责。
（2）在恰当履行职责的过程中获取的信息不完整、不充分或范围受限。
（3）缺乏应有的经验、培训或教育。
（4）在恰当履行职责的过程中缺乏足够的资源。

（二）防范措施与应对

威胁的严重程度取决于工商业界职业会计师与他人合作的范围、工作资历以及对其工作督导和复核的程度等因素。工商业界职业会计师应当在评价威胁的严重程度后，采取必要的防范措施以消除威胁或将其降低至职业会计师可接受的水平。

（1）接受更多的建议和培训。

（2）保证有足够的时间履行相关职责。
（3）获得具有特定专长的人员的帮助。
（4）在适当时间向上级主管、独立咨询专家或相关职业团体咨询。

如果不能消除威胁或将其降低至可接受的水平，工商业界职业会计师应当确定是否拒绝执行相关工作。如果工商业界职业会计师认为拒绝执行相关工作是恰当的，应当向工作单位清楚地说明原因。

第四节 国际职业会计师道德教育

学习和发展往往贯穿职业会计师整个职业生涯。当职业会计师的职业生涯发生变化，或面临更广泛的道德威胁时，职业会计师就更需要通过学习获得的职业价值、道德与态度帮助其继续从业。《职业会计师国际教育准则1—8号（2019年版）》（也称《职业会计师国际教育准则》）对进入会计职业教育项目、立志成为职业会计师人士的初始职业发展和职业会计师的持续专业进修提出了要求。

一、《职业会计师国际教育准则》概述

2019年，国际会计教育准则理事会（IAESB）发布了新修订的《职业会计师国际教育准则》（以下简称IES），以帮助教育组织、雇主、监管机构、政府机构、立志成为职业会计师的人士及其他利益相关者（主要内容见表8-1），其中IES 4对职业会计师的职业道德进行了专门的要求。新修订的准则自2021年1月1日起生效。

表8-1 《职业会计师国际教育准则》概要表

IES 1—8号	具体名称	生效日期
IES 1	会计职业教育项目的准入要求	2014.7.1
IES 2	初始职业发展——技术胜任能力	2021.1.1
IES 3	初始职业发展——职业技能	2021.1.1
IES 4	初始职业发展——职业价值、道德与态度	2021.1.1
IES 5	初始职业发展——实务经验	2015.7.1
IES 6	初始职业发展——专业胜任能力评估	2015.7.1
IES 7	职业继续教育	2020.1.1
IES 8	财务报表审计项目合伙人的专业胜任能力	2021.1.1

二、职业价值、道德与态度教育概述

（一）职业价值、道德与态度教育的目的

职业价值、道德与态度作为职业会计师这一职业成员的职业行为和特征，是一名职业会计师应有的职责。实施职业会计师需要的职业价值、道德与态度教育，能保护公共利益，提高职业会计师的工作质量，提升会计行业的信誉。在职业价值、道德与态度教育结束时，立志成为职业会计师的人员应当具备职业发展所需要的职业价值、道德与态度。

（二）职业价值、道德与态度教育的内容

IES 4 将职业价值、道德与态度教育要求整合到职业会计教育中，并规定了五个道德基本原则，即诚信、客观公正、专业胜任能力和应有的关注、保密和良好职业行为。具体而言，职业价值、道德与态度教育包括对以下方面的承诺。

（1）技术胜任能力和职业技能教育。
（2）道德行为（例如，独立性、客观性、保密性和正直性）教育。
（3）职业操守（例如，应尽的职责、及时性、礼貌、尊重、责任和可靠性）教育。
（4）追求卓越（例如，对持续改进和终身学习的承诺）教育。
（5）社会责任（例如，对公共利益的认识和考虑）教育。

IES 4 规定及列举了胜任领域和学习成果，这些胜任领域和学习成果描述了在初始职业发展结束时立志成为职业会计师的人士需要的职业价值、道德与态度。

三、职业价值、道德与态度教育要求及框架

（一）职业价值、道德与态度教育要求

在会计职业教育项目中，职业价值、道德与态度最初可能被视为单独的课程或科目。随着立志成为职业会计师人士的进步，逐步将职业价值、道德与态度与其他课程或科目相结合，以鼓励人们认识并思考更广泛的道德含义。

根据职业价值、道德与态度要求，职业会计师有责任维护公众利益。因此，职业会计师的行为并非专门满足个人客户或雇主的需求。国际会计师联合会（IFAC）会员团体应通过会计职业教育项目，鼓励职业会计师运用职业怀疑并作出职业判断（定义见表 8-2），以符合公众利益的道德方式行事。

表 8-2 职业怀疑与职业判断的定义

定义项目	在 IAASB 和 IESBA 声明中的定义
职业怀疑（IAASB）	职业会计师开展鉴证业务的一种态度，包括采取质疑的思维方式，对可能由错误或舞弊导致错报的迹象保持警觉，以及对审计证据进行批判性的评价
职业判断（IESBA）	对与具体事实和情况（包括特定职业活动的性质和范围，以及所涉及的利益和关系）相一致的相关培训、专业知识、技能和经验的运用

注：IAASB 即国际审计与鉴证准则理事会。

(二)职业价值、道德与态度教育框架

IES 4 通过相关职业道德要求来建立职业价值、道德与态度教育框架。职业价值、道德与态度方面的胜任领域包括道德原则、职业怀疑和职业判断。通过建立涵盖职业价值、道德与态度的学习和发展活动,IFAC 会员团体推动立志成为职业会计师的人士承诺维护公共利益,以此增强人们对市场和整体经济运作的信心和信任。职业会计师维护公众利益的承诺包括以下几方面。

(1)培养对公众影响的认识和关注。
(2)培养对社会责任的敏感性。
(3)终身学习。
(4)注重质量、可靠性、责任感、及时性和礼貌。
(5)遵守法律和法规。

四、职业价值、道德与态度教育成果

(一)职业价值、道德与态度教育方法

IES 4 在考虑国家和文化环境的情况下,鼓励 IFAC 会员团体、教育工作者和其他利益相关者找到最合适的学习和发展职业价值、道德与态度的方法。IFAC 会员团体、教育工作者和其他利益相关者可以考虑使用参与性方法促进职业会计师职业价值、道德与态度的发展。这些可能包括但不限于:①职责所在;②讨论选定的阅读材料和在线材料;③分析涉及道德威胁的商业情况的案例研究;④讨论纪律声明和调查结果;⑤邀请具有公司或专业决策经验的演讲者开研讨会;⑥使用在线论坛和讨论区。

参与式方法可以使立志成为职业会计师的人士更深刻地意识到必须对个人和企业可能产生的道德影响和潜在冲突作出复杂的管理层决策。

(二)职业价值、道德与态度教育的学习成果

IFAC 会员团体应规定立志成为职业会计师的人士应该实现的职业价值、道德与态度的学习成果,以确定相关人员通过学习和发展活动获取必要的技能、态度和行为,并在特定胜任领域达到了解、理解和应用三个层次所需掌握的内容和深度。立志成为职业会计师的人士在职业价值、道德与态度教育结束后,无论将来打算承担何种会计职责,都应获得相应的职业价值、道德与态度的学习成果(如表 8-3 所示)。这些学习成果能够为职业会计师在不同会计职业中发展打下基础。

在设计会计职业教育项目时,表 8-3 中列出的三个胜任领域可能与规定的课程或科目名称有所不同。同样,与一个胜任领域(例如,道德准则)相关的学习成果可以通过多个针对该领域的课程或科目实现。部分学习成果(例如,在职业怀疑和职业判断方面的学习成果)的实现可能会跨越几门不同的课程或科目。每个胜任领域对应一个熟练程度,是立志成为职业会计师的人士在教育结束时所需要达到的成果。

表 8-3　职业价值、道德与态度的学习成果

胜任领域（熟练程度）	学习成果
职业怀疑和职业判断（中级）	在收集和评估数据和信息时要保持好奇心
	在解决问题、作出判断、作出决定以及得出合理的结论时，应该运用技术来减少偏见
	运用批判性思维识别和评估替代方案，以确定适当的行动方案
道德准则（中级）	阐明道德的本质
	解释以规则和原则为基础的道德方法的优缺点
	识别对遵守道德基本原则的威胁
	评估威胁对遵守道德基本原则的重要性，并作出适当回应
	在收集、生成、存储、访问、使用或共享数据和信息时，应遵循道德基本原则
	将相关道德要求应用于符合准则的职业行为上
维护公众利益（中级）	阐明职业道德的作用和重要性，以及与社会责任概念的关系
	阐明道德准则在商业和良好治理方面的作用和重要性
	分析道德与法律之间的相互关系，包括法律、法规与公共利益之间的关系
	分析不道德行为对个人、职业和公众所造成的后果

五、职业会计师道德准则困境教育

对于立志成为职业会计师的人士来说，道德威胁和潜在困境很可能在实务经验期间内发生。职业价值、道德与态度教育通过道德概念、道德理论和职业道德基本原则，以及在非日常工作场景中应对道德威胁等教育，帮助立志成为职业会计师的人士在其职业能力范围内开展所有工作。

1. 提供指导

那些负责设计和监督实务经验项目的人士可以向立志成为职业会计师的人士提供指导，指导他们在工作环境或 IFAC 会员团体中应对特定的道德威胁。如果立志成为职业会计师的人士对工作流程的道德方面有疑虑，则需要向雇主、导师或主管咨询。

2. 强调道德准则的重要性

职业价值、道德与态度教育可以通过以下几点向立志成为职业会计师的人士强调道德准则的重要性。

（1）识别其工作或工作环境中任何明显的道德影响和冲突。
（2）对这种情况形成初步看法。
（3）与实务经验督导者讨论。

3. 道德准则困境教育的目的

立志成为职业会计师的人士在道德准则和道德威胁方面的学习和发展可以了解或解

决以下问题。

(1) 所有职业会计师都可能面临的特定道德威胁。

(2) 职业会计师在其职责中更有可能遇到的道德威胁。

(3) 面对此类道德威胁，制定适当措施时的主要考虑因素。

六、职业价值、道德与态度教育的审查与评估

(一) 职业价值、道德与态度教育的审查

IFAC 会员团体应定期审查和更新旨在实现学习成果的会计职业教育项目，并针对立志成为职业会计师的人士设计有关职业价值、道德与态度的学习和发展活动，包括正规化的教育活动和文档化的反思活动。

1. 正规化的教育活动

正规化的职业价值、道德与态度教育活动可包括大学、其他高等教育提供者、IFAC 会员团体、雇主在内提供的课程的正规教育，以及日常工作（非脱产）中的培训。

2. 文档化的反思活动

反思活动是职业会计师在其职业生涯的各个阶段，通过回顾他们的经验（真实的或模拟的），以改善他们未来的职业行为，持续提高其专业胜任能力的反复过程。

最值得回顾的现实经验可能会发生在日常工作中。如果这种情况不可能或不适合模拟真实生活经验，则可以考虑公共领域的相关案例，或者提供合适的替代方案。记录反思活动的文档可能包括以下几个内容。

(1) 学习记录。

(2) 反思活动记录。

(3) 个人发展档案。

(4) 关键事件的日记。

IFAC 会员团体也可以考虑为实务经验督导者提供如何在实践中支持反思活动的指导。在为立志成为职业会计师的人士或职业会计师提供对反思活动保留的文件性质、格式和内容以及要记录的道德情况类型的指导时，IFAC 会员团体可以考虑保密性、法律和监管要求等因素。例如，某些道德状况可能很敏感，可能受到法律或纪律处分，不适合立志成为职业会计师的人士记录和讨论。

3. 项目审查

会计职业价值、道德与态度教育的要求反映了职业会计师在瞬息万变的复杂环境中工作。正常情况下，会计职业价值、道德与态度教育的相关项目的审核周期为三到五年。如果与职业会计师相关的法律法规和准则发生变化，审查周期也可以缩短。

(二) 职业价值、道德与态度教育的评估

IFAC 会员团体应建立适当的评估活动，对立志成为职业会计师的人士的职业价值、道德与态度作出评估。IES 提供了适用于设计评估活动的原则，该评估活动用于评估职业价值、道德与态度和其他专业胜任能力要素。

1. 正式教育环境下的评估

正式教育环境下进行评估包括笔试评估、案例评估等。其中笔试评估有简答题构成的笔试、案例分析、书面论文与客观测试等。案例评估则主要包括以下几种方式。

（1）建立案例研究资料库，并要求立志成为职业会计师的人士根据这些案例研究完成测试。

（2）使用案件分析系统，要求立志成为职业会计师的人士维护特定公共领域案件的日记和备忘。

（3）对会计职业教育项目的道德方面进行客观测试。

（4）使用案例研究小组的作业和研讨会进行道德分析和决策制定。

2. 日常工作中的评估

日常工作评估与正式教育环境下的评估不同，并且在许多方面比后者更加困难。评估日常工作中职业价值、道德与态度的发展可能包括以下两方面。

（1）讨论并协助解决日常工作中出现的道德威胁。

（2）道德决策审查与绩效审查和评估相结合。

3. 职业价值、道德与态度评估中熟练程度的描述

对立志成为职业会计师的人士进行职业价值、道德与态度的评估，主要通过对其学习成果进行熟练程度描述。以熟练程度来描述学习成果主要有三种：基础、中级与高级（见表8-4）。

表8-4 评估中熟练程度描述表

熟练程度	描述
基础	通常，胜任领域学习成果的重点在于以下几个方面。 ①定义、阐明、总结和解释技术胜任能力相关领域的基本原则和理论，以便在适当的监督下完成任务；通过使用适当的专业技能来执行分配的任务。 ②认识到在执行分配的任务中职业价值、道德与态度的重要性。 ③解决简单的问题，将复杂的任务或问题转交给主管或具有专门知识的专家。 ④通过口头和书面交流以清晰的方式提供信息以及解释想法。 综上，基础级别学习成果与工作环境相关，该工作环境的特点是拥有较低的模糊性、复杂性和不确定性
中级	通常，胜任领域的学习成果重点在于以下几个方面。 ①独立地应用、比较和分析技术胜任能力相关领域中的基本原则和理论，以完成工作分配和决策。 ②结合技术胜任能力和职业技能来完成工作任务。 ③在工作任务中运用职业价值、道德与态度。 ④通过口头和书面交流向会计和非会计利益相关者清晰地呈现信息并解释想法。 综上，中级学习成果与工作环境相关，该工作环境的特点是中等模糊性、复杂性和不确定性

续表

熟练程度	描述
高级	通常，胜任领域的学习成果重点在于以下几个方面。 ①从不同领域的技术胜任能力中选择并整合原则和理论，用来管理和领导项目和工作任务，并提出适合利益相关者需求的建议。 ②整合技术胜任能力和职业技能来管理和领导项目及工作任务。 ③根据职业价值、道德与态度，对适当的行动方针作出判断。 ④在有限的监督下评估、研究并解决复杂的问题。 ⑤预测、适当咨询并研究复杂问题的解决方案。 ⑥始终以有说服力的方式向广泛的利益相关者展示和解释相关信息。 综上，高级学习成果与工作环境相关，该工作环境的特点是高模糊性、复杂性和不确定性

本章习题

思考题

1. 《国际职业会计师道德守则》界定的工商业界职业会计师应该包括哪些人？对我国的职业会计师道德规范的完善有什么借鉴？
2. 在提供二次意见时，注册会计师应如何评估对职业道德基本原则的潜在威胁？
3. 注册会计师在审计业务期间，应如何处理可能影响独立性的情况？

第八章在线答题

参 考 文 献

陈汉文，韩洪灵，2020. 商业伦理与会计职业道德［M］. 北京：中国人民大学出版社.

鄭尘颖，刘旭，李发报，2024. 职业判断、利己倾向与道德驱动：对《会计人员职业道德规范》的一些思考［J］. 市场周刊，37（16）：109-114.

国际会计师职业道德准则理事会，2013. 国际职业会计师道德守则.2012［M］. 中国注册会计师协会，译. 北京：中国财政经济出版社.

韩传模，郝景昭，2002. 会计职业道德的失范与重塑［J］. 会计研究（5）：29-33.

姜淑润，王俊清，2025. 新会计法下财会监督入法及其实施机制研究［J］. 会计之友（1）：139-145.

吉文丽，孟杨，2017. 财经法规与会计职业道德［M］. 北京：清华大学出版社.

吕芳芳，葛梦瑜，张轩，2022. 人工智能视域下会计行业之现状、困境与路径［J］. 中国集体经济（14）：143-146.

卢春霞，2021. 会计准则国际趋同中会计教育的思考［J］. 中国注册会计师（9）：48-51.

芦笛，艾杏云，2024. 财会监督对经济高质量发展的促进机制研究：基于新会计法的启示［J］. 工信财经科技（6）：92-103.

秦荣生，2022. 数字经济时代的会计职业道德准则建设［J］. 财务与会计（12）：5-8.

吴霎斐，杨艳，2019. 财经法规与会计职业道德［M］. 上海：立信会计出版社.

王红云，赵永宁，2022. 财经法规与会计职业道德［M］. 4版. 北京：中国人民大学出版社.

周俐萍，2017. 财经法规与会计职业道德［M］. 北京：中国人民大学出版社.

于家臻，郭成岩，2021. 会计诚信与财经法规［M］. 北京：中国财政经济出版社.